国家级一流本科课程配套教材
科学出版社"十四五"普通高等教育本科规划教材
新编高等学校旅游管理专业精品教材

旅游电子商务

主　编　章　牧
副主编　景秀丽　姚　丹

科学出版社
北　京

内 容 简 介

本教材从文旅产业和新技术与电子商务发展的相关性角度，探讨不同场景下旅游电子商务的应用。重点介绍新技术给旅游业带来的业态创新，介绍电子旅行社、智慧酒店、智慧景区、智慧餐饮和航空公司电子商务的发展与运营，描述旅游电子商务的相关技术与方法，同时介绍旅游电子商务的需求特征及技术适应性，总结旅游电子商务的运营特征，提出电子商务发展战略的编制思路与电子商务体系设计。

本教材可作为高等院校的旅游管理、酒店管理、会展经济与管理、电子商务、企业管理等专业的高年级本科生的教材和参考书；也可作为从事旅游电子商务研究、应用与技术开发人员和高等学校教师和研究生的研究与学习参考书；同时还可供不同层次的从事经济与企业管理的专业人员参考使用。

图书在版编目（CIP）数据

旅游电子商务 / 章牧主编. -- 北京：科学出版社，2024.8. -- （国家级一流本科课程配套教材）(科学出版社"十四五"普通高等教育本科规划教材)(新编高等学校旅游管理专业精品教材). -- ISBN 978-7-03-079422-2

Ⅰ. F590.6-39

中国国家版本馆 CIP 数据核字第 2024MA7921 号

责任编辑：王京苏 / 责任校对：王晓茜
责任印制：张 伟 / 封面设计：有道设计

科 学 出 版 社 出版
北京东黄城根北街 16 号
邮政编码：100717
http://www.sciencep.com

三河市骏杰印刷有限公司印刷
科学出版社发行 各地新华书店经销
*
2024 年 8 月第 一 版　开本：787×1092　1/16
2024 年 8 月第一次印刷　印张：19
字数：451 000
定价：58.00 元
（如有印装质量问题，我社负责调换）

前　言

自从携程等在线旅行社（online travel agency，OTA）公司加入在线旅游业，旅游商业业态不断迭代升级并发生了巨大的变化。第一阶段，携程、艺龙、去哪儿等新型在线旅游企业引领旅游电子商务的发展。第二阶段，物联网、云计算、人工智能、5G、扩展现实（extended reality，XR）等新技术的发展，催生了文旅产业的新业态与新场景应用。

我萌发研究旅游信息化和旅游电子商务的想法，始于2002年，因为那一年我被调入暨南大学深圳旅游学院任教，过去虽然也做过一些与旅游有关的课题研究，但是专门从事旅游信息化的研究，还属于初次。我最早接触的一门与信息化有关的课程是"旅游管理信息系统"，在教学科研之余，我发现关于这方面的教材十分缺乏，当时使用的教材基本上都是计算机+旅游知识的组合，与行业实践差距较大。而且在旅游学院等专业院系，偏文科的倾向很明显，既没有实验教学内容，也没有相应的教材。

因此2004年我负责筹建旅游实验教学中心，以弥补旅游学院缺乏实验场所的不足，该中心于2009年获批为广东省实验教学示范中心，是广东省唯一一个面向旅游管理学科的实验教学示范中心。伴随着旅游实验教学中心的推进，我和同事也开始了专业教材的建设，2005年之后，电子商务趋向热门，因此我们决定编写一本《旅游电子商务》教材，经过两年的艰苦努力，我们完成了教材的编写工作。

2007年，该教材经遴选列入中国水利水电出版社"十一五"规划教材出版计划，于2008年8月正式出版。当年的秋季，该教材就用于暨南大学旅游管理专业（含旅游管理、酒店管理、风景园林、会展经济与管理等各专业方向）及电子商务专业的教学，取得了较好的教学效果，迄今仍在各专业教学中使用。2011年，《旅游电子商务》获评国家旅游局优秀旅游学术成果三等奖。

2018年是文旅融合发展的元年，2019年中国推出了5G技术商用，为文旅产业的电子商务化提供了强大支持，但是现行的旅游电子商务类教材还很少涉及新技术与新应用，所以修订原有的教材，使之与当代新兴信息技术融合，从而更好地推动旅游行业的智能化建设，成为一件十分重要和紧迫的事情。2016年出版的第二版教材使用至今，但新技术催生了文旅融合的新业态和新应用场景，旅游电子商务的内容也发生了变化，为此，从2021年起，我和同事又开始了修订《旅游电子商务》教材的工作。

从结构上看，修订后的《旅游电子商务》教材使用了新的结构。

第一部分：基本概念、新技术的发展与应用（第一章至第四章）。物联网、云计算、人工智能、5G、XR等新技术加入旅游业的应用后，其对技术的应用路径、价值链与服务链产生了深刻的影响。在总结归纳新技术与旅游行业的发展相关性后，提出了旅游电子商务的概念，介绍了旅游电子商务常用的信息技术与方法和应用实例，归纳了信息时代旅游行业的供应链变化以及发展趋势。同时，详细介绍了旅游电子商务创新发展中的新模式、新业务以及运营发展路径。

第二部分：电子商务新业态（第五章至第九章）。重点讲述在新技术的加持下，电子旅行社、智慧酒店、智慧景区、智慧餐饮和航空公司电子商务的建设、发展与运营，并深入讨论新技术背景下的营销策略。

第三部分：旅游电子商务发展战略（第十章）。主要讨论旅游电子商务运营与管理的问题，强调如何实施旅游电子商务战略管理的内容。提出了应用电子商务新技术来更新和改造传统旅游企业的思路与方法，总结旅游电子商务发展的阶段性特征和旅游电子商务发展战略的编制方法，这些内容为学生今后从事旅游电子商务领域工作提供了基础的知识与技能。

本教材的编写思路与理念创新主要体现在以下几个方面。

（1）本教材的鲜明特色之一是采集了大量的行业实践案例，全书各章节总计提供了二十余个案例，作为教学的关键内容。在设计案例时，我们仔细推敲每个知识点，统筹兼顾，给出了一系列典型案例。所有案例都具有代表性、可操作性和实时性，让学生在完成任务中掌握知识、技能与方法。力争在旅游电子商务实务部分中突出案例教学，选择源于实际工作中常见和实用的案例，使学生在案例学习过程中先获取感性认识，再总结规律，过渡提高到理性知识。

（2）在案例教学过程中穿插必需的计算机知识和营销理论，不追求掌握所谓全面技能，仅希望通过各类实例的学习，为学生提供独立思考、自我开拓的开放环境。

（3）提出了新颖的旅游电子商务企业运营控制和战略管理观念。通过学习企业级旅游电子商务平台的规划、设计与建设，让学生掌握有关通过电子旅游提高旅游企业核心竞争力，建立创新机制，在信息技术支持下实现旅游企业再造等方面的知识。

（4）教材体例的设计具有一定特色，每一章均附有讨论与思考，同时提供大量的国内外文献目录和网站地址，可以满足学生深入探索和了解国内外在相关领域的最新应用和技术进展。

本教材共分十章。其中第一章至第四章主要由景秀丽、吴鑫颖、章牧完成，第五章由廖晨梅、陈换、章牧完成，第六章、第八章由姚丹、章牧完成，第七章、第九章和第十章由陈思榕、章牧完成。

在全书的修订、补充与定稿过程中，徐少葵、王晓宇、申文灿、陈捷、郭阵、李婷、王喆等研究生参与了大量的编辑工作，同时，感谢旅游管理专业和电子商务专业的部分本科生的采集整理资料与编辑工作。

他们的勤勉和付出使本教材得以顺利完成，在此表示感谢。

暨南大学旅游实验教学中心、深圳校区电子商务实验室、GIS 与旅游信息技术实验室为本教材的编写提供了工作条件；本教材在撰写过程中参阅和引用了国内学者的许多专著、教材和论文，由于篇幅所限，只列出了主要部分，在此一并表示诚挚感谢。

由于本人水平与时间的限制，书中难免存在疏漏之处，敬请广大专家与读者批评指正。

章　牧

2024 年 5 月于燕晗山麓

目 录

第一章 旅游电子商务概论……1
- 第一节 旅游电子商务概述……1
- 第二节 新技术发展与应用……9
- 第三节 旅游电子商务与新技术的连接……14
- 参考文献……17

第二章 旅游电子商务新技术与应用路径的变化……19
- 第一节 新技术嵌入旅游电子商务……19
- 第二节 物联网技术……25
- 第三节 人工智能的技术赋能……35
- 第四节 5G技术……44
- 第五节 3S技术及其应用……50
- 参考文献……59

第三章 "互联网+"背景下文旅产业技术变革……60
- 第一节 传统旅游业技术创新必要性……60
- 第二节 转型升级新型供应链……65
- 第三节 文旅产业新技术应用……77
- 第四节 旅游信息化创新驱动体系下的旅游业新常态……84
- 参考文献……91

第四章 旅游电子商务模式与运营管理……93
- 第一节 电子商务常规模式……93
- 第二节 旅游电子商务运营与发展……109
- 参考文献……117

第五章 旅行社商务转型……118
- 第一节 旅行社发展概况……118
- 第二节 旅行社信息技术应用……124
- 第三节 旅行社业务流程重组……137
- 第四节 信息技术驱动旅游产业链创新……142
- 第五节 旅行社网络营销策略与模式……153
- 参考文献……161

第六章 酒店业电子商务应用……163
- 第一节 酒店信息化发展……163
- 第二节 技术撬动酒店业新业态……167

第三节　互联网环境下酒店业营销策略 180
　　创新创业技能训练 188
　　网络资源 188
　　参考文献 188

第七章　景区电子商务应用 190
　　第一节　旅游景区产业链与业务流程 190
　　第二节　旅游景区技术应用转型升级 195
　　第三节　旅游景区网络营销 201
　　第四节　"互联网+"旅游目的地营销系统 205
　　创新创业技能训练 209
　　网络资源 210
　　参考文献 210

第八章　餐饮业电子商务应用新场景 211
　　第一节　餐饮行业供应链及其业务流程 211
　　第二节　电子商务推动餐饮行业业务流程改造 213
　　第三节　餐饮业网络营销 222
　　创新创业技能训练 231
　　网络资源 232
　　参考文献 232

第九章　民用航空业电子商务应用 233
　　第一节　航空业发展史 233
　　第二节　航空公司信息化建设 237
　　第三节　航空公司电子商务 245
　　参考文献 255

第十章　旅游电子商务发展趋势与战略设计 256
　　第一节　旅游电子商务发展趋势 256
　　第二节　旅游电子商务战略规划编制 270
　　第三节　旅游电子商务发展战略内容 285
　　创新创业技能训练 297
　　网络资源 298
　　参考文献 298

第一章

旅游电子商务概论

● 学习提示

一、教学内容
- ◇ 旅游电子商务的概念、特点及其发展历程
- ◇ 旅游电子商务的发展现状
- ◇ 旅游电子商务的应用领域

二、学习重点
- ◇ 掌握旅游电子商务的概念及特点
- ◇ 了解旅游电子商务的发展水平
- ◇ 了解旅游电子商务中新技术的应用

第一节 旅游电子商务概述

旅游信息化进程，强调信息化技术在旅游行业的应用过程。旅游电子商务是建立在旅游信息化的基础上，以网络为平台，以旅游信息库、电子化商务银行为基础，利用先进的电子手段运作旅游业及其分销系统的商务体系。

一、旅游电子商务概念

"旅游电子商务"概念最初在20世纪90年代由瑞佛·卡兰克塔（Ravi Kalakota）提出，约翰·哈格尔（John Hagel）将其进一步发展。目前，旅游学界对旅游电子商务概念已作出较为详尽的阐释。在国际上沿用较广的是世界旅游组织对旅游电子商务的定义，它在《旅游电子商务》（*E-Business for Tourism: Practical Guidelines for Destination and Business*）中指出："旅游电子商务就是通过先进的信息技术手段改进旅游机构内部和对外的连通性（connectivity），即提升旅游企业之间、旅游企业与供应商之间、

旅游企业与旅游者之间的交流与交易质量，改进企业内部流程，增进知识共享。"这一定义侧重于对其作用的描述，并概括了旅游电子商务的应用领域。

从旅游电子商务的内涵可知，其目的是降低旅游经营成本，实现旅游信息共享，提高旅游业生产效率，成为旅游业发展的亮点、突破点。基于现有研究成果的分析，我们可以把旅游电子商务视为：通过先进的网络信息技术手段实现旅游商务活动各环节电子化的商务体系，这些环节包括以网络发布、交流旅游基本信息和旅游商务信息，以电子手段进行旅游宣传促销、开展旅游售前售后服务，通过网络查询、预订旅游产品并进行支付；同时也包括旅游企业内部流程的电子化及管理信息系统的应用等，如图 1-1 所示。

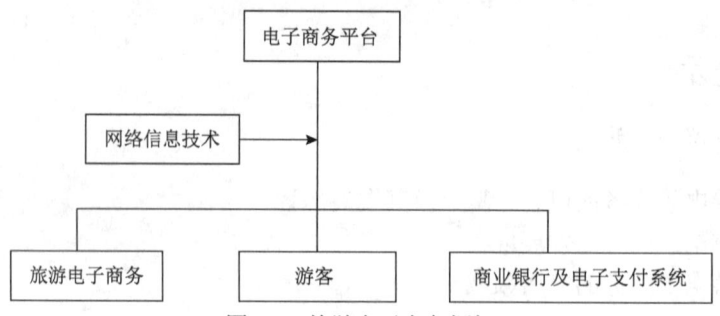

图 1-1　旅游电子商务框架

资料来源：Kalakota R, Whinston A B. 1996. Frontiers of Electronic Commerce[M]. Addison Wesley Longman Publishing Co., Inc

二、旅游电子商务发展沿革

过去旅游行业的发展，从线下到线上、OTA 到门店、从企业对企业（business to business，B2B）到企业对消费者（business to customer，B2C）解决的都是价值传递的问题。互联网打破了信息不对称，不断消除中间环节。伴随国内旅游需求的急剧扩张，旅游电子商务以网络为主体，继在线预订服务之后，逐步出现了垂直搜索、旅游社交、一站式旅游服务集成等旅游新业态，范围不断拓展、内涵日益丰富、规模快速增长，已成为引领新经济增长的重要力量。

我国旅游电子商务的发展历程，大致可分为以下三个阶段。

（一）起步发展期：线上标准化预订服务（1981~2004 年）

20 世纪 80 年代初期，计算机技术真正应用于我国旅游企业。1981 年，中国国际旅行社引进美国 PRIME550 型超级小型计算机系统，用于旅游团数据处理、财务管理、数据统计。1984 年，上海锦江饭店引进美国某公司的电脑管理系统，用于饭店的预订排房、查询、客账管理。中国旅游电子商务网站从 1996 年开始出现，1997 年华夏旅游网的创办，标志着中国旅游电子商务预订网站的兴起。1999 年，携程旅行网创立，将信息技术与现代运作管理理念和传统旅游业相结合，形成了全新的旅游服务模式。同年，艺龙旅行网在美国特拉华州创立，中国的在线旅游业正式进入起步阶段。

我国的旅游电子商务效仿欧美国家的旅游电子商务模式，以发布旅游资讯、机票和酒店代理预订等产品为核心，以预订服务线上化为主要特点，一批"线上旅行社"相继成立，形成了新型线上旅行社与传统线下旅行社共同竞争的局面。受互联网泡沫、行业竞争同质化、盈利模式不清晰等问题的影响，一批旅游网站被市场淘汰。经过分化整合及经营策略的完善，以携程、艺龙为代表的旅游网站脱颖而出，逐步成为行业风向标。2003年和2004年，携程与艺龙相继在纳斯达克成功上市，这加速了中国旅游电子商务市场服务水平的提高，我国以线上预订服务为核心的在线旅游业迎来第一次高速成长期。

这一时期，旅游电子商务行业产业链大致可分为"上游产品供应商—线上代理平台—旅游消费者"三个环节，如图1-2所示。该产业链模式融合信息技术，发挥了互联网信息媒介作用，打破了传统线下旅行社对旅游信息的垄断经营，在一定程度上起到了"信息流通"和"去中介化"的作用。在线平台能高效满足互联网用户对旅游信息的需求。对比线下旅行社，在线旅游产业链的信息汇集程度高、查询成本低、结果透明度高。

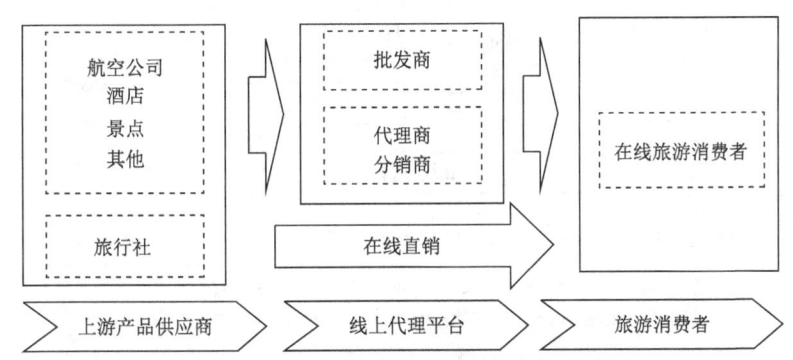

图1-2 旅游电子商务行业产业链（起步发展期）
资料来源：张爽. 2016. 中国在线旅游二十年简史[J]. 互联网经济, (6): 82-89

（二）成长分化期：垂直细分发展（2005~2012年）

这一时期，以线上预订服务为主的旅游电子商务模式，急需寻求新的增长点以满足国内快速增长的旅行需求，丰富应用场景和扩张市场，垂直搜索功能的出现恰逢其时。随着智能移动设备的问世和移动互联网应用的逐渐普及，以论坛为载体、以分享经验和发表评论的形式实现的旅游社交化模式，不仅迎合了旅游市场消费者的需求，也通过产业链分解和领域细分为旅游电子商务市场开辟了新蓝海。同时，支付宝等第三方支付平台解除了网上支付对旅游电子商务发展的限制，为旅游消费者建立了网上支付的途径。

在垂直搜索方面，2005年和2006年，去哪儿和酷讯相继成立，基于对目标航线、度假路线、旅游景点、食宿酒店的高覆盖率，开启了旅游信息垂直搜索市场的探索。垂直搜索模式为用户提供及时的旅游产品价格查询和比较服务，去哪儿和酷讯的成立也为用户进行旅游产品选择和旅行决策搭建了便捷的平台。

在旅游社区和论坛方面，2005~2006 年，乐途旅游网、马蜂窝相继成立，以旅友的社交化需求为核心的旅游社区和论坛模式，为旅游电子商务的专业化、个性化、定制化服务探索奠定了基础，给无数自助游爱好者提供了方便快捷的旅行指南。

这一时期，旅游电子商务行业的产业链形态变为"上游产品供应商—线上代理/专业服务平台—旅游消费者"三个环节，如图 1-3 所示。垂直搜索和社交化服务一方面打破了原有的以预订服务为主的在线旅游产业链，并在此基础上丰富其内容；另一方面从平台服务环节产生了分解和细化的趋势。首先，在原有的"上游产品供应商—线上代理平台—旅游消费者"单向链条基础上，引入用户反馈和内容生产机制，实现了供需双方的双向交互。其次，由于垂直搜索、社区论坛等都是基于互联网平台提供信息整合、分类、传播等扩展服务，是对原有在线预订服务的延伸和丰富，使得在线旅游原产业链条出现了细分。

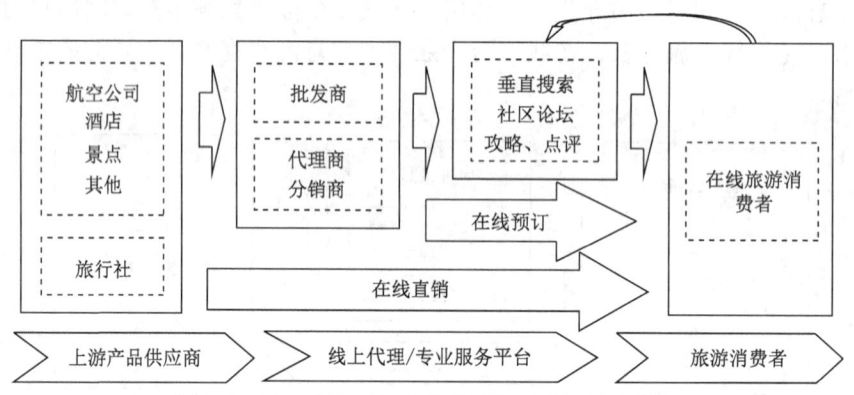

图 1-3　旅游电子商务行业产业链（成长分化期）
资料来源：张爽. 2016. 中国在线旅游二十年简史[J]. 互联网经济, (6): 82-89

从盈利模式上看，无论是垂直搜索的比价模式，还是社区论坛的社交化场景模式，在线付费广告均是其主要的盈利来源。这一模式与在线预订模式最大的区别是，进一步细分用户需求，掌握了更多用户数据。这为基于旅游大数据（big data）和基于用户喜好的精准化、个性化、定制化服务的推出，以及建立以用户为中心的一站式服务，奠定了基础。

（三）整合集成期：旅游服务整合与生态圈构建（2013 年至今）

这一阶段旅游业由国民经济重要产业向战略性支柱产业转型发展。2013 年，智能手机、移动互联网和移动支付广泛应用和普及。这个阶段开始强调旅游网站之间的整合以及旅游网站与传统旅游企业的整合，旅游电子商务聚焦于传统旅游业发展的创新与融合。2013 年，携程正式启动全产业链战略。在企业战略调整及业务整合、用户细分、服务定制的市场需求转变的趋势下，旅游电子商务企业针对国内外旅游部门提供包括线下旅游资源和在线旅游资源，包括旅游社交与游学，抑或邮轮旅行等全类目、全链条的旅游服务，以"平台+流量+数据"为基础，搭建更多资源参与的开放式生态，以谋求进一步发展。

旅游电子商务行业的全链条整合，使得在线旅游步入了一个新发展阶段。这一阶段的产业特征主要体现为产业边界的打破和不同领域的跨界融合。原有的票务代理、信息搜索、在线直销、社交化营销以及出行服务等细分领域通过互联网实现了链接，不同的行业实现了衔接，此外还出现了旅游大数据、旅游云服务、人工智能（artificial intelligence，AI）等新兴业态。

从服务模式来说，盈利方式从信息不对称的"差价盈利"逐步向细分领域、新兴服务的标准化迈进，进而形成线上线下相结合的"一站式"服务，以服务的增值作为核心盈利点。

从服务形式来说，市场驱动从供给方转变为需求方，以景点主动推广为主转变为消费者需求拉动为主，以规模化的生产服务转变为客户的个性化定制服务，旅游电子商务的发展在移动化、社交化、数据化和云服务化方面处于行业前列。

三、旅游电子商务发展评述

（一）国外旅游电子商务研究状况

国外学者对旅游电子商务主要有三种研究方向：在线旅游消费者研究、在线旅游网站研究和旅游电子商务的技术应用。

关于在线旅游消费者方面，国外学者主要研究了消费者对电子旅游平台的使用和对在线旅游的购买意愿。例如，Chang（2017）使用了感性工学工程方法和结构方程进行分析，得出了情感因素对旅游电子商务网站的行为和感知具有更显著的影响这一结论，并提出提高在线旅游购买意愿的建议。关于在线旅游网站方面，国外学者的研究主要集中于网站满意度等方向。例如，Pereira 等（2017）运用结构方程模型分析网站满意度，得出网站形象感知和在线知识对旅游网站的满意度有显著影响的结论。关于旅游电子商务的技术应用方面，国外学者研究的旅游电子商务中的技术主要指增强现实（augmented reality，AR）技术、信息通信技术等。例如，Panagiotopoulos 等（2016）以希腊的扎戈里（Zagori）地区为例，发现通过 AR 与动态视域相结合的技术，可有效克服山地地形给旅游带来的不利影响，提升山区旅游的服务质量。Byun 等（2017）研究 4G 长期演进技术（long term evolution，LTE）对旅游电子商务的影响，提出将物联网移动虚拟网络运营商接入 4G LTE 有利于进一步推动智慧旅游的发展。

（二）国内旅游电子商务研究状况

国内学者则主要集中在旅游网站评价研究、在线旅游者行为和信息技术在旅游电子商务中的运用三大方面。

关于旅游网站，1996 年我国学者开始对其进行研究，目前国内学者主要从网站建设、网络营销以及网站功能评价三个方面进行研究。在网站建设方面，国内学者的研究较为多样化。我国旅游网站空间数量呈现由东向西递减趋势，网站设计、网站内容、网站特色等因素显著影响旅游电子商务网站的运行效应。信息价值、便利性、感知成本和感知风险对旅游网站黏性有较大影响。在网络营销方面，国内学者多关注于对其网站运营功能、营销绩效方面的研究。在网站功能评价方面，国内学者多集中于对景区网站、酒店网站以及在线旅游网站功能评价的研究，且多采用实证研究。只有少数学者对政府旅游门户网站进行研究，关注度与研究量不足。

关于在线旅游者行为的研究，早期主要是一种现象的描述及基于经验的分析与推理。随着我国网民规模的扩大以及旅游电子商务的快速发展，国内学者对在线旅游者行为的研究不断深入，主要围绕感知行为、在线信息搜寻、在线预订和在线旅游分享四个方面。在感知行为方面，在线购物过程中感知风险的大小直接决定消费者是否进行购买，满意度对消费者持续使用在线旅游网站起着重要的中介作用，感知质量、感知价值、避免顾客的抱怨以及品牌形象对用户满意度都有正向影响。在在线信息搜寻行为方面，旅游产品价格、住宿条件、特色餐饮、景点介绍和游览路线是搜寻信息的主要类型。交易、规划、娱乐、消遣和体验则是消费者的主要搜寻动机。在在线预订行为方面，国内学者较多对消费者购买决策的影响因素进行评论性研究。在在线旅游分享行为方面，主要涉及旅游分享行为的影响因素、旅游者在线分享行为以及社会化媒体中的旅游分享行为研究。

关于信息技术在旅游电子商务中的运用，国内学者普遍认为信息技术可解决旅游电子商务中存在的问题。陈衡（2018）利用 Web 技术重新设计旅游网站，对旅行社管理信息系统和旅游电子商务系统的功能进行再设计并进行实验验证，结果表明新构建的网站更优。王婷等（2021）提出区块链技术能够简化旅游跨境电商的支付流程，实现客户与商家之间的点到点交易，避免资金短期利息损失，实现快速且成本低廉的跨境支付。

（三）旅游电子商务的发展趋势和方向

通过中国知网检索，截至 2022 年 10 月，基于篇名查询统计到 2583 条关于旅游电子商务的研究文献结果，旅游电子商务的相关研究整体呈上升趋势，个别年份有下降，在 2016 年达到峰值。近年来，旅游电子商务快速发展，引入大量投资并造成了巨大的社会影响，但随着旅游电子商务市场的不断扩展和新冠疫情的影响，旅游电子商务也面临着更大的挑战（图 1-4）。

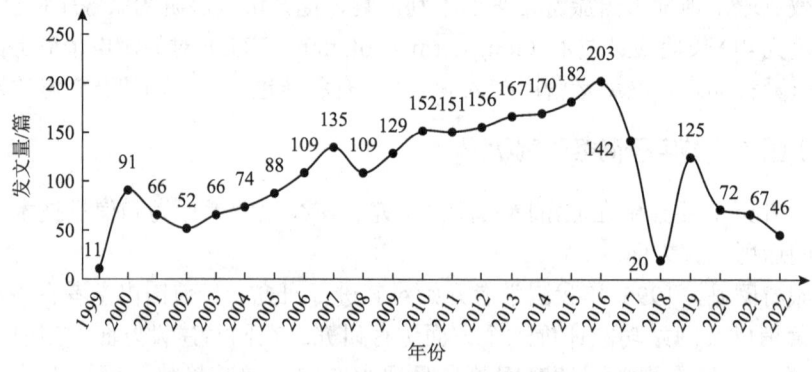

图 1-4　1999～2022 年国内旅游电子商务研究趋势
资料来源：中国知网

同时，基于近 20 年的旅游电子商务领域学术专题研究统计分析，近年来"乡村旅游"主题相关研究逐年高于"移动电子商务""旅游电子商务网站"等主题的研究热度（图 1-5）。乡村旅游业不仅是当前旅游业发展的重要组成部分，也是国家实施乡村振兴战略的重要经济力量，乡村旅游也是我国旅游电子商务重要发展方向之一。

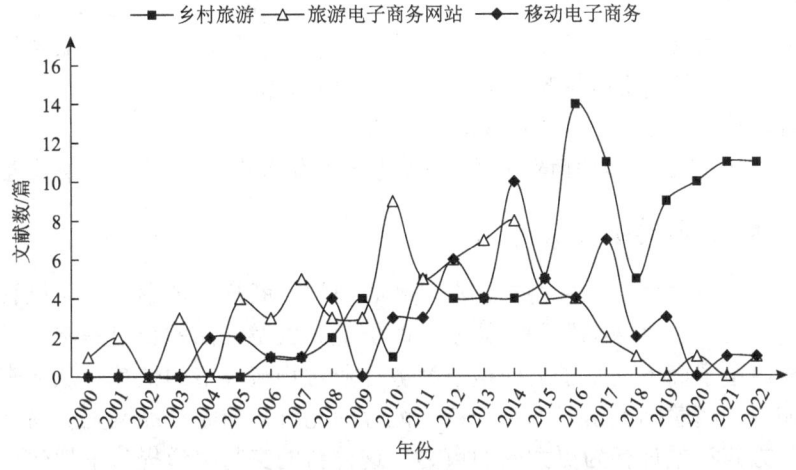

图 1-5　2000~2022 年国内旅游电子商务研究三个主要主题年度发文情况
资料来源：中国知网

案例分析：携程集成在线旅游生态圈

携程集团于 1999 年创立，其总部坐落于中国上海市。该集团起源于旅行服务行业，并在初创阶段即展现出显著的创新特征，即颠覆了传统线上旅行社的运营模式，通过将酒店预订、机票购买等旅行相关产品进行分解销售，赋予用户根据个人需求自由组合这些产品的能力（图 1-6）。

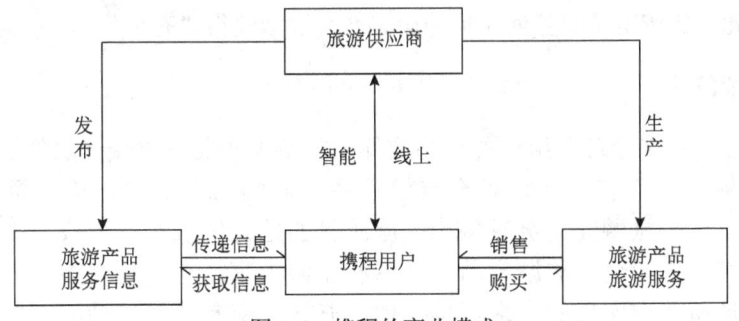

图 1-6　携程的商业模式

该集团通过实施产业链的综合整合策略，向市场推出了包含飞机和酒店预定、旅游路线定制、个性化私人导游服务、携程礼品卡及信用卡绑定服务在内的全方位旅行服务产品体系，旨在为用户构建一个集住宿、交通与游玩于一体的综合旅游服务平台。同时，该集团将围绕出行主线的各项资源有效集成于同一平台之上，使得用户能够根据个人偏好迅速完成旅游规划，显著提升了规划效率。依托其卓越的技术实力，携程的服务准确率已达到国际先进水平。该企业采用"线上（鼠标）"与"线下（水泥）"相结合的运营模式，使得消费者既可通过线上渠道浏览信息、预订产品，亦可随时拨打携程的呼叫中心，享受24小时不间断的客户服务，畅通售前、售中及售后各环节。此外，该集团还引入了先进的六西格玛服务流程管理，力求将服务误差降至最低，从而为用户提供优质的体验，确保服务品质的高标准。

（案例依据公开网络资料自行编写）

分析与讨论：根据携程的商业模式，试分析携程如何打造其旅游电子商务生态圈。

四、旅游电子商务特点

旅游电子商务集合了信息科学、消费者心理学、商户心理学、计算机科学等多门学科，展现和提升了"网络"和"旅游"的价值。旅游产品的交付基本不需要物流环节，使得旅游电子商务摆脱了其他电子商务行业对物流环节的依赖，从而充分发挥网络优势。如今，随着网上第三方平台认证流程的完善，旅游产品网上交易合同将产生比传统交易方式和预订行为更大的约束力。这种新的交易渠道提供虚拟化交易，无须真实发生或可修正调整，从而为商品与服务的交易活动提供了丰富选择。旅游电子商务通过信息技术服务于旅游业并影响着旅游业，它具备有形性、聚合性、高效性、范围经济性、服务性等五大特点。

（一）有形性

旅游产品具有无形性的特点，旅游者在购买该产品前，无法亲自了解，只能从他人的经历或介绍中获得信息。但旅游电子商务突破了时间和空间限制，通过互联网技术实现了随时随地经营的操作模式，消费者无须亲自到旅行社、酒店等询问信息和预订旅游产品。网络突破了空间距离的束缚，使得人们可以随时从网络上了解大量的旅游信息和虚拟旅游产品。旅游电子商务体系的发展为国际旅游营销和销售提供了理想的平台，因此，旅游电子商务使无形的旅游产品逐渐变得"有形"。

（二）聚合性

旅游产品是由多个部分组成的结构实体。旅游电子商务将众多的旅游供应商、旅游中介、旅游者联系在一起，聚合旅游业各方面的信息资源、服务资源、客户资源，并联合服务于旅游业的金融机构、旅游目的地营销机构，形成一个巨大的虚拟市场。旅游产品供应商、旅游产品中间商和旅游者都能充分利用旅游电子商务去实现旅游大市场所要求实现的供求汇集、信息充分、交易通畅的功能，并促进旅游业的交流与协作。

（三）高效性

受地域等影响，旅游服务提供者与最终消费者之间存在许多隔离，造成信息的迁回流动。操作环节复杂、中间商的存在使得旅游产品交易成本提高、交易效率下降。旅游电子商务具有的时空无界性，使其可以通过互联网技术在世界范围内处理市场信息，旅游服务提供者与消费者通过网络直接进行物质上虚拟、信息上真实的接触，信息的传递能在瞬间完成，大大减少了信息迟滞和信息迂回，提高沟通效率，旅游电子商务的高效性决定了它将形成比传统模式更为有效的营销和业务运行体系。

（四）范围经济性

网络经济是典型的"范围经济"（economies of scope），著名的梅特卡夫定律（Metcalfe's law）指出，互联网的价值等于其节点数的平方，即在互联网中，当用户数量增加时，用户之间的交易机会将以成倍的速度增加，网络中的交易机会与互联网节点数目的平方成正比，每一位新的用户将会给其他网络用户带来额外价值。

当信息技术欠发达时，旅游电子商务的功能也是有限的。例如，最初的计算机预订系统仅用于航空公司售票机构之间联网处理业务，后来由于信息技术发展并广泛应用于旅游业，其业务范围扩大到订购机票、预订客房、租车等服务。如今旅游电子商务能为全球的旅游者和旅游企业所应用，网络依赖已逐渐形成，巨大的网络、丰富的产品蕴含大量交易机会，以至于脱离网络的旅游企业就意味着放弃了发展机遇和市场。电子商务的范围经济性和联结经济性还是因信息的共享性而形成的。与传统资源不同，信息资源并不会因为被利用而减少，相反，网络节点越多，信息传播范围就越广，共享群体越多，信息产生的效应就越大。可见，随着旅游电子商务体系用户的增长而呈现的交易机会、信息传播的迅速增长以及平均成本的迅速下降，导致了网络经济独特的范围经济性和联结经济性，即网络效应，它体现了旅游电子商务体系发展的巨大潜力。

（五）服务性

传统的旅游行业以旅游服务商单方面向消费者提供旅游产品。旅游电子商务通过互联网技术为消费者提供以旅游社交化需求为核心的旅游社区和论坛模式，增加消费者访问量，产生大量交易。消费者能够通过旅游社区等方式直接向旅游服务商传达个体需求，从而使旅游服务商对消费者需求有进一步细分，掌握更多的用户数据，通过旅游大数据和用户喜好，建立以用户为中心的一站式服务，为旅游业的专业化、个性化、定制化服务奠定了基础，实现了旅游服务商—消费者的双向交互。

第二节 新技术发展与应用

信息技术的发展与应用使人类社会进入了"数字经济"时代。物联网、云计算、人工智能等新兴科技在产业中的应用，使得数字经济充分地渗透到生产、生活的各个领域，成为经济增长的新动能，提高了社会生产率和促进了供给侧结构性改革。

一、物联网、云计算、人工智能、5G技术

（一）物联网

物联网概念起源于20世纪90年代，英文名称是internet of things，简称IoT。物联网即是"万物皆可相连"的世界，各行业领域在研究和实践中不断对其内涵进行拓展和丰富。2008年，欧洲智能系统集成技术平台（EPoSS）发布《物联网2020：未来之路》（Internet of Things in 2020）报告，把物联网定义为一种网络，它由具有虚拟、标识个性的对象或物体组成，这些个性和标识等信息在智能空间里使用智慧的交接口与环境、社会、用户进行通信。

物联网是互联网的延伸和扩展，使信息的交互突破了人与人或者人与机的范畴，建立起物与物、人与物之间的沟通。它更大程度地运用互联网提供的数据信息，实现自身设备具有的实时追踪监控以及互换数据信息等功能，同时实现智能决策。物联网更加强调在人类社会生活的各个方面、国民经济的各个领域的广泛与深入应用。

物联网作为新一代的信息发展技术，其本身具备以下三个特征。

1. 全面感知

借助各种感知设备[射频识别（radio frequency identification，RFID）技术、传感器、二维码等]，能随时随地获取物品的动态数据信息，全面感知世界。

2. 可靠传输

借助不同类型的无线网络和互联网进行信息实时传输，获得物体数据信息，以实现信息的实时交互与共享。

3. 智能化处理

利用云计算、模糊识别等各种智能计算技术，分析和处理海量的数据与信息，实现对物体的智能监测和控制。

新一代的移动通信技术和互联网技术的发展使得物联网技术的内涵和外延不断延伸。如今，物联网借助更加成熟的技术，将越来越多的"物"转换成信息流，与互联网相结合，形成人与物、物与物之间全新的通信交流模式。物联网带来数字化和智能化变革，为人类社会描绘出智能世界的美好蓝图，未来也将逐渐改变人们的生活与工作方式，促进社会进步和生产力的提高。

（二）云计算

云计算是信息技术革命不断发展的产物，英文名称为cloud computing，简称Cloud Comp。当传统计算机的运算能力无法满足人们对海量数据处理的需求时，"云计

算"概念应运而生。信息和资源的需求不断推动云计算的发展。美国国家标准与技术研究院（National Institute of Standards and Technology，NIST）在2011年将云计算定义为一种能够通过网络以便利的、按需付费的方式获取计算资源（包括网络、服务器、存储、应用、服务等）并提高其可用性的模式，这些资源能够快速部署，并使管理资源的工作量和与服务提供商的交互减小到最低限度。

云计算实际上是针对基础资源的部署、管理和使用等方面，进行理念和技术的创新与改造。其核心是将大量的计算机资源结合在一起，用户可以通过网络不受时间和空间限制来使用无限的资源，为用户提供全新的体验，满足日益增长的数据处理需求。

云计算具备超大规模、虚拟化、高可靠性、通用性、高可扩展性、按需服务、性价比高等基本特征。云计算能够将计算资源进行配置化与共享，云计算的这些特点给电子商务的发展提供了良好的技术支持。

如今，在电子商务的个性化推荐场景下，对海量的用户日志需要并行采集，特别是电商平台大促时，短时间内迸发的流量及数据更是需要系统的稳定性作为支撑。在此场景下，云计算技术可以针对海量、异构用户数据，对复杂数据维度进行建模与存储，以及保证查询的稳定性。

（三）人工智能

人工智能是计算机科学的一个分支，英文名称为artificial intelligence，简称AI。它的核心在于将人的智能赋予机器，即使用机器展示智能，是一门用机器模拟、实现或延伸人类的感知、思考、行动等智力与行为能力的科学与技术。

人工智能作为新一轮产业变革的核心驱动力，正在释放历次科技革命和产业革命的巨大能量，行业应用场景越来越广泛，将重构生产、分配、交换、消费等经济活动各环节，不断催生新技术、新产品、新产业。作为数字经济转型升级的推动力，近年来，世界各国更加重视人工智能产业布局，并将其发展提升为国家战略。从国家颁布的一系列与人工智能相关的政策来看，人工智能是我国非常重视的技术发展领域，也是推动经济发展的新动力，提升国家竞争力的新焦点，保障民生的新手段。

人工智能作为一门集自然科学特性和社会科学特性于一体的复杂学科，对经济社会将产生极其深远的影响。人工智能技术的发展能够提高社会生产力水平和生产效率，甚至会通过智能化给社会生产方式带来巨大变革，创造巨大的经济效益的同时，也能够带来丰富的社会效益。

（四）5G技术

第五代移动通信技术是一种新型移动通信网络，英文名称为5th generation mobile communication technology，简称5G。它采用了大规模天线阵列、超密集组网、新型多址、全频谱接入和新型网络架构等更先进的技术，相比4G技术有了颠覆性的进展。5G技术具有高速率、低时延和大连接等特点，能够更好地满足人们日益增长的数据量处理需求。

目前，5G 移动通信网络的研究和应用主要是围绕移动互联网和物联网两大方面展开的。在移动互联网方面，5G 移动通信网络主要是提供更高速、更低时延、更稳定的网络服务，以支持 AR、虚拟现实（virtual reality，VR）、移动云服务等业务和应用的发展。在物联网方面，5G 移动通信网络主要是拓展传统移动通信的服务范围，为物联网海量设备的连接和"万物互联"的发展目标提供网络服务支持。

未来，5G 技术的服务范围将会越来越广，其支持的终端设备将不局限于智能手机，还将扩展至智能手表、智能家电等多种设备，使人们的生活更加智能化，从而满足消费者日益增长的智能化需求。随着对 5G 技术的深入研究，其大规模商用指日可待，5G 通信设置也将成为支撑经济社会数字化、智能化、网络化转型的关键基础设施。

（五）新技术发展规模

在网络强国战略和科技强国战略的指引下，我国互联网行业实现快速发展，网民规模稳定增长，互联网基础设施全面覆盖，产业数字化转型效果明显，新技术加速发展，数字化应用规模化落地，数字经济蓬勃发展，网络治理逐步完善，网络强国建设取得了历史性成就。

中国互联网协会发布的《中国互联网发展报告（2021）》显示，2020 年，全国电子商务交易额达到 37.21 万亿元。其中，商品类电商交易额为 27.95 万亿元；服务类电商交易额为 8.08 万亿元；合约类电商交易额为 1.18 万亿元。

各项新技术在行业的应用推动电子商务的发展。2020 年，我国云计算整体市场规模达 1781.8 亿元，增速为 33.6%。其中，公有云市场规模达 990.6 亿元，同比增长 43.7%，私有云市场规模达 791.2 亿元，同比增长 22.6%。我国人工智能产业规模达 3031 亿元，同比增长 15%，增速略高于全球增速。我国电子商务运行优势日益凸显，用户规模呈阶梯式上升趋势，市场交易额突飞猛进，商业效率成倍递增。随着 5G 技术的持续落地应用，各类新型信息技术将与实体经济进一步深度融合，赋能产业升级。

二、电子商务转型与技术应用场景变化

新兴信息技术使社会逐渐进入数字经济时代，推动着传统产业转型升级，其中也包括传统电子商务。电子商务在发展初期，凭借其打破时空限制、缩短流通渠道、大幅降低成本等特点，获得高速发展。但随着数字经济时代的到来，传统电子商务因互联网和移动互联网终端大范围普及所带来的用户增长以及流量红利正逐渐萎缩，增长"瓶颈"开始显现，弊端也在多方面显现。因而，新零售模式脱颖而出成为新的潮流，电子商务的转型升级将是必然。电子商务的转型借助数字经济时代的新模式和新技术，以新零售的理念和全新的消费体验打通线上线下消费渠道，促进消费结构的优化，继续推动经济社会的健康发展。

电子商务的转型主要有以下几个方向。

（一）从多渠道向全渠道发展

虽然电子商务将传统零售业的单一渠道拓展为多渠道，拓宽了零售业市场，但不同渠道之间缺乏规范和标准。不同渠道之间的连接和流通难以满足数字经济时代的新消费需求，渠道分散导致的人力及管理成本上升等瓶颈制约电子商务进一步发展，因而电子商务的渠道范围需向全渠道转型。全渠道包括全部的销售渠道、生产渠道、物流渠道等，打通线上线下会员管理体系的一体化，让会员只用一个ID号即可在所有渠道内通行，降低运输及存储次数，提升效率并降低运营成本。同时，全渠道运营更利于企业全程跟踪和积累消费者购物行为的各环节数据，建立并分析消费者和商家全景数据库以解决问题，进而快速响应消费市场的变化，提升消费者购物体验。

（二）从技术驱动向数字驱动转变

传统电子商务快速发展离不开其为传统零售业带来的技术变革，打破传统零售业的时空限制，拓宽市场并降低运营成本，技术的革新是传统电子商务发展的驱动要素。互联网、物联网、无线通信技术、人工智能、云计算以及大数据等数字技术飞速发展，传统的电子商务结合这些新兴技术完成从电子商务到数字商务的转变。以电子化为基础，以数字化为特征，以网络化为载体，以智能化为方向，企业通过数字技术勾画消费者画像，挖掘消费意愿，将销售端与供应链、产业链、价值链紧密相连，全渠道满足消费者个性化需求。

（三）跨界融合成为电子商务发展的重要趋势

新技术的发展，使电子商务行业打破原有业态边界，逐渐形成多业态融合的商业形态，实现多行业跨界合作，以满足消费者日益增长的多样化需求。电子商务将不再局限于零售业，而是与多产业融合，向教育、医疗等领域发展，实现全行业融合。

数字经济深刻影响新时代社会和经济的发展，随着新一轮信息技术的出现和深化应用，当代经济活动的生产要素和生产关系发生了变化。物联网、互联网、云计算、大数据和人工智能等成为新的生产要素，而共享经济、众包、网络协同等模式重构了新的生产关系，并在此过程中影响了生产活动的形式。以物联网、云计算、人工智能及5G技术为代表的数字技术迅速渗透到各个行业领域，促进传统产业的转型升级，使社会经济焕发新的活力。对于电子商务行业而言，数字技术的发展，为电子商务的转型创造了新的机遇，顺应数字技术的发展，电商行业将最大限度地向智慧化、社交化、全渠道的场景布局，通过与数字技术相融合，电子商务将会创造新的业务领域，形成可持续发展的创新能力。

第三节 旅游电子商务与新技术的连接

一、商务与技术的关联

（一）数据赋能

数据的采集和监测是旅游电子商务技术智能化决策推进的基础。数据采集和监测一般同步进行。数据采集的方式一般有三种：第一，主动采集。采集方式是建设基站、铺设点位。第二，数据集成。数据获取渠道有：通信运营商（如移动、联通等）、OTA（如同程、携程等）、目的地自有企业（如景区、酒店、码头等）。第三，数据共享。公安、消防、银联等机构的数据打通，产生旅游数据的强关联。在数据量足够大的基础上，即可将流量监测用于某一区域某一点位。

数据的挖掘和分析是旅游电子商务技术智能化决策的依据。旅游电子商务平台按照旅游进程进行大数据收集，挖掘及分析用户的数据，包括用户搜索、预订、导览、导购、互动等环节，并在数据结果的基础上进行精准营销。数据挖掘和分析需要结合技术和市场的情况，从海量大数据中提取有效数据并展示分析结果，是大数据价值存在的关键步骤。以同程旅行大数据中心为例，通过可视化的方式，可以及时获取并了解当天的订单情况、客源地情况，一方面能以较全局的视野看出全国游客分布与行为大盘，另一方面可以基于数据结果与预期结果的偏差，引导市场中心更好地进行营销策略的调整。

数据洞察和指导为旅游电子商务智能化的决策发展提供方向。数据洞察是指旅游电子商务平台可以整合数据，把握市场发展趋势，及时发现业务问题。例如，通过勾画用户画像，分析用户的各类特征（用户的性别结构、支付偏好、用户轨迹、出行习惯、消费习惯等）因素进行判断，能够进一步加强对决策的指导。数据指导即通过数据洞察结果提出下一步发展、改进方向的建议，明确下一步发展的目标以及关键点。

（二）个性化推荐

传统的电子商务模式是由线上平台企业为消费者提供产品信息，消费者主要以主动搜索的方式获取所需产品信息。个性化推荐系统的应用能够通过大数据勾画用户画像，分析消费者的喜好，从而对消费者进行产品推荐。即对用户的相关网络行为进行挖掘和分析，如用户登录注册信息、网页浏览记录、历史收藏记录、订单信息等，从而建立用户行为模型并利用相关推荐算法来进行数据分析，为用户推荐其可能感兴趣的内容和信息。

个性化推荐服务可以方便消费者查询相关的旅游信息以及做出定制化的旅游服

务，在旅游电子商务平台中有着广泛的应用，如亿客行（Expedia）、携程和途牛等国内外知名旅游网站，在平台中都有个性化推荐服务。

个性化推荐技术流程如图 1-7 所示，首先用户可以对平台页面进行个性化设置，然后用户信息和用户行为会被分别记录到用户特征信息库的个人信息记录模块和行为兴趣模块中，并且系统会构建相应用户行为模型。接着系统会根据用户行为模型和旅游商品信息进行个性化筛选，为用户提供个性化推荐和个性化检索服务，并反馈给用户个性化页面。

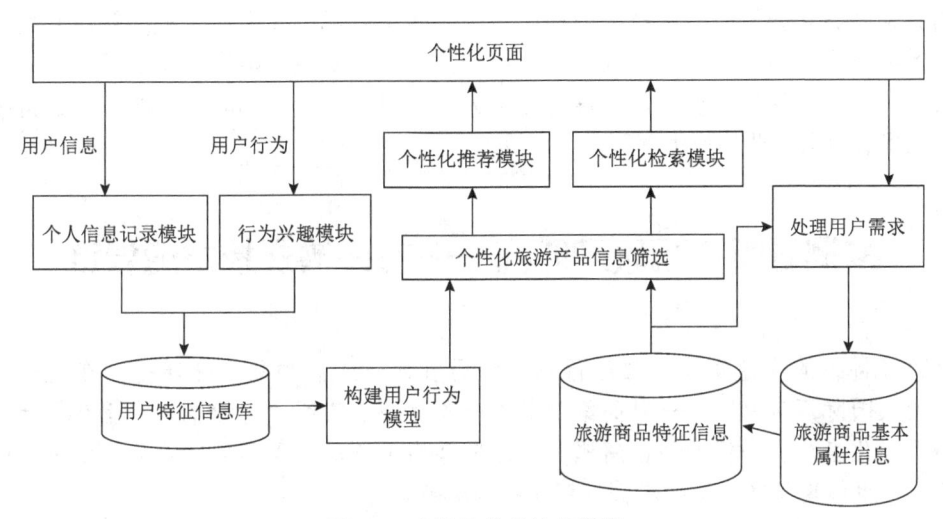

图 1-7　个性化推荐技术流程

资料来源：吴敏.2018.基于个性化服务的移动旅游电子商务系统设计研究[D]. 南昌：江西师范大学

二、疫情防控时期旅游电子商务与技术融合

（一）景区旅客行程追踪

国内的新冠疫情防控常态化阶段，各景区在遵守防疫政策的基础上开放，并普遍采用在游客进入景区时查验"健康码"是否为绿码的方式进行行程追踪。"健康码"是以真实数据为基础，由居民通过自行网上申报，经后台审核，即可生成的属于个人的二维码。"健康码"最初版本为杭州市余杭区的"余杭绿码"，后走向浙江全省乃至全国，实现全国各省市"健康码"全覆盖。"健康码"作为个人的"电子健康证明"，承载着持有人的疫情风险等级信息，疫情风险等级通常以红、黄、绿三色可视化呈现，即所谓"绿码行、黄码管、红码禁"。"健康码"融合了个人申报信息、出行数据、接触信息、就诊数据等，同时通过大数据进行身份识别、数据比对、规则判别，实现了个人疫情风险等级的标识。因此，景区工作人员可由"健康码"为绿码判定旅客在到达景区之前的行为、路径和个人状况均为低风险等级，从而确保景区和游客的防疫安全。

（二）非接触式服务

非接触式指的是人与人以及人与物保持一定的距离，不发生直接接触。像人脸识别、虹膜识别、声波识别、步态识别等一系列技术都归属于非接触式技术。在疫情防控常态化下的旅游业，非接触式技术被广泛用于各旅游场景中。酒店和交通服务业鼓励旅客通过移动设备进行线上办理入住手续或使用二维码支付乘坐公共交通工具。旅客可以在对应的线上端口如专属应用程序中进行订购及支付服务费用。目前，越来越多的旅游服务功能集成于各类应用程序中，旅客可以通过线上应用程序解决问题，而不必致电或面对面与相关服务人员沟通。非接触式技术最大限度地减少了人与人之间的接触和互动，保障了疫情防控常态化下大众的卫生安全，同时对旅游业务的持续运营也发挥着至关重要的作用。

案例分析：万豪和雅高——非接触式技术的尝试

随着科技的飞速发展，酒店行业正经历着前所未有的数字化转型。在这一背景下，两大国际酒店集团——雅高集团与万豪国际酒店集团，纷纷推出了旨在提升客户体验、强化卫生安全标准的创新服务。这些举措不仅反映了酒店行业对技术进步的积极响应，也体现了其对消费者需求变化的深刻理解。

2021年，雅高集团正式推出了其首座全方位数字化酒店——伦敦格洛斯特路宜必思尚品酒店。该酒店的数字化功能全面且深入，包括在线及移动平台上的入住登记、账单结算、数字钥匙解决方案、数字化餐饮预订系统，以及利用瓦次艾普（WhatsApp）平台实现的宾客沟通等。住客仅凭智能手机即可完成从入住到退房的全过程。特别值得一提的是，通过手机端获取的数字钥匙，住客能自由进出客房、会议室及指定楼层电梯，极大地提升了便利性。此外，雅高集团的Click Pay Collect技术还使住客能在酒店的数字菜单中预订餐饮服务，并允许在入住前、中、后各阶段进行费用结算，进一步丰富了住客的住宿体验。雅高集团将此举视为推进非接触式服务战略的首个里程碑，计划在未来五年内覆盖北美及中美洲地区至少50%的酒店，涵盖所有品牌细分市场。同年2月，雅高集团还宣布在全球范围内推出数字化客房密钥，并率先在新开业的酒店使用，随后逐步拓展至其他酒店。

同时，万豪国际酒店集团也在积极探索非接触式服务的新模式。该集团正在若干精选酒店物业测试非接触式自助服务站，并在两家万枫酒店试点推行非接触式外卖服务。自助服务站使住客能够绕过前台人工服务，独立完成入住手续并即时生成客房数字钥匙，同时配备紫外线消毒技术的触摸屏，确保了卫生安全。此外，住客还可通过自助服务站的非接触式功能完成退房流程并查阅账单，同时注册万豪集团的旅享家忠诚度计划。目前，此类自助服务站已部署于纽约时代广场的万隆（Moxy）酒店及路易斯安那州伯锡尔城的万豪广场套房酒店，并计划扩展至迈阿密南海岸的万隆酒店。外卖服务则在马里兰州弗雷德里克的两家万枫酒店及阿伦德尔米尔斯巴尔的摩国际机场的万枫酒店推出，由配备免接触蓝牙支付功能的隔墙服务亭提供精选餐饮服务，并融入了免费早餐服务。

数字化转型不仅是提高客户满意度的关键，也是酒店业应对未来不确定性的有效手段之一。通过引入自助服务站和非接触式支付等技术，酒店能够减少人工交互的需求，从而降低运营成本并提升卫生标准。同时，数字化服务还能为客户提供更加灵活和个性化的体验，这对于吸引新一代旅客至关重要。然而，值得注意的是，成功的数字化转型需要企业具备前瞻性的战略规划和灵活的执行力，以便在快速变化的市场环境中保持竞争优势。新技术的应用应当以客户需求为导向，持续收集和分析客户反馈以优化服务流程。随着技术的发展，酒店从业者需要不断探索新的方式来提升服务质量，同时保持对客户偏好的敏感性。

（案例依据公开网络资料自行编写，部分资料参考 https://www.pinchain.com/article/243732）

分析与讨论：如何评价酒店采用非接触式服务？请思考除案例提及的场景，是否还有其他场景可采用非接触式服务？

分析提示：非接触式服务尽量减少了酒店服务人员与旅客的直接接触，能够在一定程度上防止疫情的传播，为旅客创造更为安全的居住环境。

讨论与思考

1. 新技术从哪几个方面影响旅游业传统的经营模式？
2. 什么是旅游电子商务？请列举出它的特征。
3. 电子商务转型与技术应用场景变化对旅游业的发展具体有哪些影响？
4. 旅游电子商务的应用领域包括哪些？请举例说明其应用表现和特点。

参 考 文 献

陈衡. 2018. Web 技术的旅游网站开发与实现[J]. 现代电子技术, 41(7): 85-89.
陈凌君. 2020. 新冠肺炎疫情下电子商务的机遇和挑战[J]. 全国流通经济, (15): 11-13.
陈莹盈, 林德荣. 2020. 强关系网络移动社交平台旅游分享行为研究：基于微信与 QQ 用户的资料分析[J]. 旅游学刊, 35(4): 89-103.
郭鹏. 2020. 疫情之下的文化和旅游数据资源建设思考[J]. 中国旅游评论, (3): 47-52.
洪海. 2019. 5G 时代电子商务前景[J]. 计算机产品与流通, (6): 152-153.
黄寿佳. 2021. "互联网+全域旅游"背景下产业融合发展路径[J]. 当代旅游, 19(17): 25-27.
李君轶. 2010. 基于游客需求的旅游目的地网络营销系统评价：以我国省级旅游官网为例[J]. 旅游学刊, 25(8): 45-51.

李敏. 2018. 人工智能: 技术、资本与人的发展[D]. 武汉: 中南财经政法大学.

李守林. 2016. 基于物联网驱动的物流园区信息化研究[D]. 北京: 北京交通大学.

李爽. 2014 基于云计算的物联网技术研究[D]. 合肥: 安徽大学.

刘淼. 2014. 云计算技术的价值创造及作用机理研究[D]. 杭州: 浙江大学.

潘澜, 林璧属, 方敏, 等. 2016. 智慧旅游背景下旅游APP的持续性使用意愿研究[J]. 旅游学刊, 31(11): 65-73.

史晨, 耿曙, 钟灿涛. 2020. 应急管理中的敏捷创新: 基于健康码的案例研究[J]. 科技进步与对策, 37(16): 48-55.

史晨, 马亮. 2020. 协同治理、技术创新与智慧防疫: 基于"健康码"的案例研究[J]. 党政研究, (4): 107-116.

王海霞. 2013. 物联网在电子商务物流中的应用研究[D]. 株洲: 湖南工业大学.

王婷, 李萍, 柯敏燕, 等. 2021. 旅游环境下区块链技术在跨境支付的应用分析[J]. 黑龙江粮食, (7): 123-124.

杨玲. 2021. 国内外旅游分享研究进展: 基于citespace知识图谱的分析[J]. 中国经贸导刊(中), (5): 175-178.

查云飞. 2020. 健康码: 个人疫情风险的自动化评级与利用[J]. 浙江学刊, (3): 28-35.

湛研. 2019. 智慧旅游目的地的大数据运用: 体验升级与服务升级[J]. 旅游学刊, 34(8): 6-8.

张红梅, 梁昌勇, 徐健. 2016. "旅游+互联网"背景下的智慧旅游云服务体系创新[J]. 旅游学刊, 31(6): 12-15.

张继平, 龚靖, 雷俊智, 等. 2013 云存储解析[M]. 北京: 人民邮电出版社: 292.

郑鹏, 马耀峰, 李天顺, 等. 2009. 基于虚拟旅游的网站实现与镜像体验研究[J]. 华东经济管理, 23(2): 107-111.

中国互联网协会. 2021. 中国互联网发展报告（2021）[R]. 北京.

Isaeva Dinara, 李旭芳. 2021. 中国旅游电子商务发展现状分析[J]. 物流科技, 44(5): 79-80, 83.

Byun J, Kim B W, Ko C Y, et al. 2017. 4G LTE network access system and pricing model for IoT MVNOs: spreading smart tourism[J]. Multimedia Tools and Applications, 76(19): 19665-19688.

Chang K C. 2017. Feeling leads to believing: a Kansei-based approach to explore website users' purchase intention in the travel agency sector[J]. Information Systems and e-Business Management, 15(1): 21-50.

Joint European Commission/EPOSS Expert Workshop. 2008. Intern of Things in 2020[R]. Technical Report.

Linthicum D S. 2017. Cloud computing changes data integration forever: what's needed right now[J]. IEEE Cloud Computing, 4(3): 50-53.

Panagiotopoulos G, Misthos L M, Kaliampakos D. 2016. Beyond existing e-tourism for mountains: findings from the Case of Zagori, Greece[J]. Sustainable Mountain Regions: Challenges and Perspectives in Southeastern Europe. Springer, Cham: 123-136.

Pereira H G, de Fátima Salgueiro M, Rita P. 2017. Online determinants of e-customer satisfaction: application to website purchases in tourism[J]. Service Business, 11(2): 375-403.

World Tourism Organization Business Council. 2001. E-Business for Tourism: Practical Guidelines for Destination and Business[M]. Madrid: UNWTO Publications.

第二章 旅游电子商务新技术与应用路径的变化

● 学习提示

一、教学内容

- ◇ 旅游电子商务中新技术的基础理论与方法
- ◇ 旅游电子商务中新技术的特征和应用场景
- ◇ 旅游电子商务中新技术的应用实例

二、学习重点

- ◇ 掌握有关旅游电子商务中新技术的基础理论与方法
- ◇ 了解旅游电子商务中新技术的特征和应用场景
- ◇ 了解旅游电子商务中新技术的应用实例

第一节 新技术嵌入旅游电子商务

互联网的兴起给旅游业带来了新的机遇,旅游电子商务应运而生。旅游电子商务还是一个不成熟的概念,旅游业和电子商务结合过程中存在很多问题,但伴随着各种新技术的不断发展和应用,旅游电子商务也将迎来化劣势为优势的发展契机。

一、旅游电子商务发展短板

(一)不利于游客实际体验感知

旅游电子商务的虚拟性不利于游客实际体验感知。电子商务具备非常典型的虚拟性,这虽有利于旅游电子商务的业务拓展,但也成为其发展的劣势,尤其不利于游客的实际体验和感知。游客对旅游，从根本上有着实际感知和体验的要求，但旅游电子商务又有着天然的虚拟性，给游客带来不便，有时实际体验和虚拟信息的差异，可能导致游客的不满意。

（二）信息化水平有待提高

虽然现在的信息技术已经为旅游电子商务的发展提供了有效的技术支持，但由于行业发展过快，信息化水平还有待进一步提高。在信息安全、隐私权保护等领域，仍存在很多不足和漏洞，可能导致游客的经济损失和个人隐私泄露，带来技术性风险。信息化的进一步提高，满足旅游电子商务的快速发展，这是行业发展的必然技术要求。

（三）旅游企业信息更新慢且发展滞后

旅游电子商务的发展，促使所有的旅游企业都要融入电子商务时代，这给很多旅游企业，特别是传统的中小型旅游企业带来了巨大的挑战。很多旅游企业在旅游电子商务领域的工作不足，信息更新慢且发展滞后。

（四）人才队伍发展不足

旅游电子商务的发展给旅游企业人才培养带来巨大挑战。发展旅游电子商务，需要大量既懂得旅游市场，又能应用电子技术的复合型人才，但很多传统的旅游企业从业人员无法满足这样的人才要求，从而导致旅游电子商务人才队伍严重不足，特别是高端的旅游电子商务人才更是稀缺，不能满足旅游电子商务迅猛发展的需要，导致行业发展滞后，失去了不少时代机遇。

二、新技术助推旅游电子商务

（一）旅游电子商务突围对策

1. 加快景区数字化建设

实名预约系统、景区客流分析、流量预警、重要场所实时监控等可助力景区有序管理、全面把握景区实时态势变化、更好地保障游客安全，增强景区整体运营和管理能力，优化服务质量，提高游客体验，降低成本。

2. 大力发展"云旅游"

可利用图文、短视频、直播等方式将精心挑选的游玩项目呈现给"云游客"，让游客不出门也能感受到景区的魅力；还可以通过直播带货的方式推动土特产、手工纪念品、文创产品的销售，实现景区盈利方式多元化发展。

3. 重视宣传，加强营销

旅游景区要充分利用微信公众号、新浪微博、抖音、小红书等社交媒体平台，提出官方宣传口号，结合时下热点，制作具有吸引力、内容丰富的宣传片或宣传文案，拓宽宣传范围，将景区的"美"和"特"呈现给公众。

（二）相关信息技术

1. 物联网

物联网作为强调物物之间信息交换和通信的一种网络概念，就是将各种信息传感设备与互联网结合起来而形成的一个巨大网络。其关键技术分为感知技术、计算技术、通信与网络技术、嵌入式技术、智能技术、位置服务技术、网络安全技术、物联网应用系统规划与设计技术八项，其结构一般可分为三个层次，即感知层、网络层和应用层。正是物联网严密的组织形式和强大的功能，使得该项技术被广泛应用于各个领域，尤其在旅游电子商务领域大放异彩。

深圳市远望谷信息技术股份有限公司聚焦铁路、图书、零售三大战略性行业，为智慧医疗、酒类防伪管理、智慧港口建设、智慧文旅等新兴领域提供 RFID 和物联网技术的解决方案，发展全球领先的 RFID 技术。借助物联网，上海迪士尼乐园推出互动式体验护照、MagicBand 腕带产品和 MagicMobile 服务，极大地提高了游客游玩体验和园区游客管理水平。华侨城集团推进"旅游+互联网+金融"发展模式，成为文化产业、旅游产业等的领导者和示范者。

2. 人工智能与数据挖掘

人工智能是研究、开发用于模拟、延伸和扩展人的智能的理论、方法、技术及应用系统的一门新技术科学。数据挖掘涉及算法、统计学、工程学、计算机科学等多学科，是典型的多学科交叉产物。数据挖掘旨在让计算机根据已有数据做出决策，如拦截垃圾邮件、预测某产品未来年销量等。

在科技创新与产业升级的大背景下，中国企业在人工智能领域的积极探索与突破，已经在全球范围内展示了中国的技术自信和文化自信。深圳市优必选科技股份有限公司（简称优必选）作为人工智能的领先企业向全世界展示了中国智造全球品牌。科大讯飞股份有限公司（简称科大讯飞）勇于承担社会责任，不断鞭策自身技术革新，让人工智能赋能美好生活。它让人工智能渗透到人们生活的方方面面，同时关爱弱势群体，让人工智能弥补其缺陷，在医疗、教育领域也取得重大突破成果，为人工智能这一新兴技术注入更多人文关怀。

数据挖掘在旅游电子商务领域也是尽其所长。"云"时代，旅游业和大数据挖掘都是当下热点。有学者以大数据为智慧旅游核心，将智慧旅游定义为：通过新一代信息技术，充分收集和管理所有类型和来源的旅游数据，并深入挖掘这些数据的潜在重要价值信息，这些信息能够为旅游管理决策者进行有效管理决策提供支撑，为各营利团体利益增长与协作能力的提升提供帮助，为充分满足游客个性化需求和更优旅游体验提供服务。这充分肯定了数据挖掘对旅游行业的贡献。数据挖掘在游客的人群特征分析上起到了不可替代的作用，从而帮助旅游业更有针对性地调整，更好地提供服务。此外，数据挖掘还促进了个性化推荐系统的生成，其诞生是消费领域的一大革新，并掀起了销售领域的狂风巨浪。

3. 5G 技术

5G 技术是具有高速率、低时延和大连接特点的新一代宽带移动通信技术，是实现人机物互联的网络基础设施。5G 网络（5G Network）是第五代移动通信网络，其峰值理论传输速度高达 10 Gbit/s，比 4G 网络的传输速度快 10 倍以上，是现代科技的网络基础设施。

5G 技术与文旅产业的融合极大地提升了游客的旅游文化体验，智慧景区、智慧酒店等智慧服务的打造方便了游客们的旅游活动。5G 技术的应用满足了文旅产业各类设备的联网需求，实现了旅游产业万物互联，提高了景区的管理效率，为旅游基础设施的建设做好了铺垫。文旅产业发挥 5G 技术的特性，深度融合人工智能、VR、AR、云计算、大数据、物联网等新型技术，引入智能设备，实现旅游产业智能化、自动化、个性化，丰富文旅产业形式，提供更加便捷的旅游服务。

在智慧景区应用中，大屏幕交互应用大放异彩。故宫体感互动大屏结合 5G 技术给游客带来了极大的感官享受，传统文化借助 5G 技术以更亲民、更具象化的形态展示在游客面前。二里头夏都遗址博物馆中的数字馆使用大量发光二极管（light emitting diode，LED）屏和 37 台投影机，构建了沉浸式三维（3D）影像空间。天花板、地面和中间四面屏幕融为一体，通过文物模型、动画等形式展示文物及文物的故事，让千年前古建筑及场景在眼前还原。此外，5G 技术还为 3D 技术的发展提供了基础设施，二者相辅相成，二者的结合是未来互联网发展趋势，3D 技术成为 5G 技术重要的应用场景。成都太古里、深圳欢乐港湾、北京故宫等地的 3D 大屏给现场观众带来了极致的视觉盛宴。同时 5G 技术还与无人机技术结合，标志着无人机进入速率更快、更精准的"5G 时代"。九寨沟景区的 5G 飞跃九寨云端体验直播平台，采用 5G 定制网络保障直播视频传输顺畅，使用无人机进入景区，全程直播，将九寨沟的实时景色传递给广大游客，让游客"飞临其境"，感受九寨沟之美。泰山岱庙区域通过"5G+无人机"巡检，将画面实时传送回指挥中心，同时工作人员可在线调整无人机飞行航线及拍摄角度，及时发现并处理紧急情况，构成"天、地、人"安防网络，提高了景区的安全管理效率，保障景区游客的安全。深圳人才公园无人机灯光秀，融合节日文化元素，通过 1000 架无人机排列组成一幅幅画面致敬祖国，带来酷炫的科技感，吸引了大批来深游客到此参观。

在智慧酒店应用中，5G 技术为智慧酒店带来了网速提升和超覆盖、增强个人隐私保护、提高酒店内部协作效率和服务效率、为顾客提供个性化服务等诸多积极影响。例如，人工智能机器人、智能音箱、智能门锁等智能设施的使用，依托 5G 技术更好地为客人提供快捷、精准的服务。5G 云电脑实现用户手机与云电脑相连接，满足旅程过程中的办公需求，实现云端办公，搭建便携商务办公环境，为频繁、长期出行的商务人士带来方便。此外，酒店提供高品质住宿服务体验新模式，通过 5G 的超大带宽与低延时，游客可在酒店客房内使用手机投屏到 4K 高清电视，将"小屏"变为"4K 大屏",观看超清电影,获得私人影院般的高清体验。

4. 3S 技术

3S 技术是遥感(remote sensing,RS)技术、地理信息系统(geographic information system,GIS)和全球定位系统(global positioning system,GPS)的统称。随着 3S 技术的不断发展,将 RS 技术、GIS 和 GPS 紧密结合起来的"3S"一体化技术已显示出更为广阔的应用前景。

RS 技术是指从高空或外层空间接收来自地球表层各类地物的电磁波信息,并通过对这些信息进行扫描、摄影、传输和处理,从而对地表各类地物和现象进行远距离测控和识别的现代综合技术。例如,RS 技术助力"河南一号"遥感卫星"乘车"离开吉林长春,驶向目的地太原卫星发射中心。

GIS 是在计算机硬、软件系统支持下,对整个或部分地球表层(包括大气层)空间中的有关地理分布数据进行采集、储存、管理、运算、分析、显示和描述的技术系统。GIS 技术广泛应用于我国智慧城市、不动产登记、个人移动服务等众多领域。例如,GIS 技术的应用使得北京龙软科技股份有限公司在开发煤炭智能开采系统方面显著领先,该公司在煤矿安全生产空间信息处理的关键技术研发与应用领域,保持着行业龙头地位,具有很高的市场认可度。北京超图软件股份有限公司携手 GIS 共创地理信息产业生态链,结合其他技术,共同打造了智慧城市数字地盘、智慧街道等诸多智慧管理系统。

GPS 是具有海、陆、空全方位实时 3D 导航与定位能力的新一代卫星导航与定位系统。GPS 轨迹数据探究旅游者时空行为,实现了一种基于 GPS 轨迹数据的游客时空行为模式分析研究。结果对保障景区内的游客安全、加强景区的旅游业管理具有重要意义。除导航外,GPS 还能有效预测、规避自然灾害,监测地表含雪量、地下水位变化等,被广泛应用于各种领域。

案例分析:文旅技术秀全场

文化旅游成果融合现代科技将是未来的一大普遍趋势。2020 年 9 月 24 日,四川省文化和旅游发展大会在峨眉山市隆重召开。此次大会特别设置了文旅新技术应用云端展,成功打破了地域,实现了异地同屏的精彩呈现,借助前沿的"5G+全息投影技术",细腻捕捉了演出者的丰富人像细节,为观众带来了一场穿越时空的视听盛宴。其中互动体验、红色旅游、数字文博、物联网四大主题展从不同层面展现了新技术在文化旅游产业的推广应用。

一、互动体验主题展区

该展区聚焦于互动体验,巧妙地将文化旅游的丰硕成果与现代科技深度融合,通过多屏互动、现场体验、VR、人工智能等多种高科技手段，全方位展示了新技术对文化旅游产业的强大推动力。

在该展区，迎宾机器人和跳舞机器人与观众亲密互动，生动诠释了人工智能对未来文化旅游产业的深远影响。同时，"5G+MR（混合现实，mixed reality）"技术的运用，更是为观众带来了交互式、沉浸式的全新体验。MR互动体验借助RhinoX移动式一体化MR头戴式设备，实现了现实与虚拟的无缝切换。该设备基于人体工程学设计，视野广阔，画面内容完整，非常适合虚拟仿真训练及教学示教等场景。

此外，VR技术也是一大亮点。天翼云VR作为5G时代的娱乐神器，提供了丰富的VR视频与游戏服务，让观众即便足不出户，也能通过VR文旅慢直播，畅游全国各大景区，享受沉浸式的虚拟旅行。而VR文物复原技术，则通过手机AR功能扫描触发图，让千年文物"重获新生"，为用户带来前所未有的视觉震撼。

二、红色旅游主题展区

红色文化数字驿站是一款专为红色文化教育和党建党史学习打造的产品。它通过数字化重建增强了互动性，让红色文化学习变得更加生动有趣。VR技术使得观众可以通过触控交互的方式深入了解和学习红色文化。5G+VR党建更是将AR技术与VR技术相结合，观众佩戴VR眼镜后，可以如同跨越时空般回到红军当年渡过大渡河时的壮丽场景，这种沉浸式体验充分调动了体验者的触觉、听觉和视觉，使党的思想教育更加深入人心。

三、数字文博展区

在数字文博展区，5G+智慧数字博物馆将展品进行了3D数字化建模，游客只需触控大屏，就能观看3D文物的各种细节展示。未来，游客还可以在足不出户的情况下，通过手机、AR、VR等设备在家中进入数字化博物馆参观。

同时，5G+智慧景区管理平台也备受瞩目。该平台利用5G技术和物联网技术对全区数据进行采集并传输，通过对景区人流、公共设施使用情况等数据进行实时分析处理，有针对性地做出预警，有助于管理者对景区的全面把控和智能化管理。

此外，5G+景区应急救援系统展现了其强大的救援能力，对旅游目的地安全管理有着重要意义。该系统通过5G技术实现了多路高清视频和高清医疗数据的实时回传，使景区医院能够远程连线上级医院指导急救，并提前做好患者入院准备。这大大缩短了抢救响应时间，为患者争取了更大的生机。

四、物联网主题展

在物联网主题展区，5G+智慧博物馆管理平台依托物联网和时分全景镜头进行产品展示，使产品展示更加立体化、可视化、形象化。这不仅提升了观众的参观体验，还为博物馆的智能化管理提供了有力支持。

从本次文旅新技术应用云端展中，我们可以深刻体会到科技对文化旅游产业的巨大推动作用。通过运用5G、VR、AR、人工智能等前沿技术，我们可以打破传统旅游模式的局限，为游客带来更加丰富、多元、沉浸式的旅游体验。同时，这些技术也为文化旅游产业的转型升级和高质量发展提供了强大的动力。因此，我们应该积极拥抱科技变革，加强科技创新和应用推广，推动文化旅游产业不断迈上新的台阶。

（案例依据公开网络资料自行编写，部分资料参考：公众号"四川会展"）

讨论与思考

1. 阅读查找相关文献，思考各种技术分别从哪些方面促进旅游电子商务发展。
2. 举例说明技术创新在旅游业中的应用场景。

第二节 物联网技术

一、技术特征

（一）基本介绍

1. 物联网的定义

物联网就是将各种信息传感设备与互联网结合起来而形成的一个巨大网络。具体来说，物联网就是通过 RFID、红外感应器、GPS、激光扫描器等信息传感设备，按约定的协议，把任何物品与互联网连接起来，进行信息交换和通信，以实现智能化识别、定位、跟踪、监控和管理的一种网络。

2. 物联网发展背景

"物联网"的概念是在 1999 年被提出的，以物品编码、RFID 技术和互联网为基础，被称为"下一个世纪人类面临的又一个发展机遇"。物联网当时在中国被称为"传感网"，同年中国科学院开启了传感网的研究，这是中国物联网产业发展的初始阶段。2005 年 11 月 17 日，在突尼斯举行的信息社会世界峰会（World Summit on the Information Society，WSIS）上，国际电信联盟（International Telecommunication Union，ITU）发布了《ITU 互联网报告 2005：物联网》，正式提出了"物联网"的概念。

根据中商情报网数据，2020 年，我国物联网行业突飞猛进，市场规模突破 2 万亿元，预计在未来，物联网仍将高速持续增长（图2-1）。

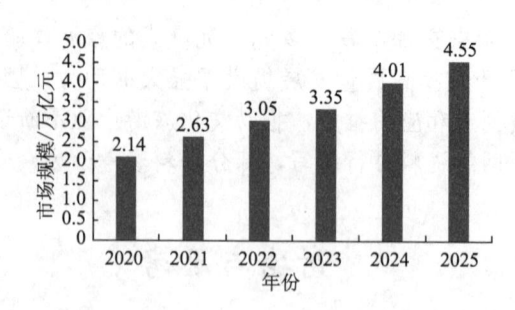

图 2-1　2016～2022年中国物联网市场规模趋势及预测
资料来源：中商情报网

中国物联网产业正在持续稳定地发展，我国对物联网产业给予了高度的重视（图 2-2）。

1999年，中国科学院启动传感网的研究
2006年6月，《中国射频识别(RFID)技术政策白皮书》出台

8月，国务院总理视察无锡时提出建立"感知中国"，开启"中国物联网元年"物联网被国家列入五大重点产业

7月，国内首个物联网联盟在无锡成立
10月，物联网成为国家七大战略性新兴产业之一

9月，中国提交的"物联网概述"标准草案经国际电信联盟审议通过，成为全球第一个物联网总体标准

1999~2008年 → 2009年 → 2010年 → 2012年

2月，国务院提出《关于推进物联网有序健康发展的指导意见》
9月，工业和信息化部发布10个物联网发展专项行动计划

2013年

2021年 ← 2020年 ← 2018年 ← 2016年

9月，工业和信息化部等八部门印发《物联网新型基础设施建设三年行动计划(2021—2023年)》

5月，工业和信息化部进一步印发《关于深入推进移动物联网全面发展的通知》

9月，世界物联网大会在无锡召开

6月，NB-IoT标准协议冻结(完成)，NB-IoT即将进入规模商用阶段

图 2-2　中国物联网产业发展历程
资料来源：艾瑞咨询研究院

（二）物联网主要的技术特征

1. 能够对物体实施智能控制

物联网将传感器和智能处理相结合，利用云计算、模式识别等各种智能技术，扩充其应用领域。从传感器获得的海量信息中分析、加工和处理出有意义的数据，以适应不同用户的不同需求，发现新的应用领域和应用模式。

2. 提供所有物体在任何时间、任何地点的互联

物联网实现了任何人可以在任何时间、任何地点，完成与任何物体之间的连接，

进行信息的交换与沟通任务，协作共同完成特定的服务。万物的连接就形成了物联网，为信息与通信技术增添了一个新的维度。

3. 实现物理世界和信息世界的融合

将分离的物理世界与信息世界相结合，物联网通过关键核心技术，融合 5G、大数据、人工智能等技术，应用到现实中智慧工业、智慧旅游、智慧出行、智慧医疗、智能物流等领域，解决物理世界中的问题，提高人们的生产效率和生活水平。

（三）物联网的关键技术

物联网的关键技术支撑着物联网的发展，共包含 8 个类别，如图 2-3 所示。

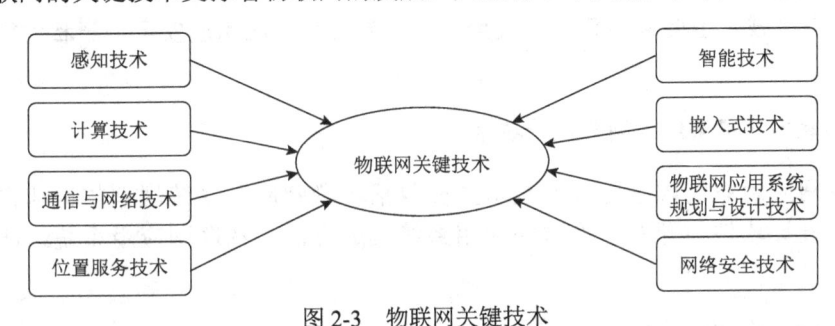

图 2-3 物联网关键技术
资料来源：吴功宜，吴英. 2018. 物联网工程导论 [M]. 2 版. 北京：机械工业出版社

1. 感知技术

感知技术主要包括 RFID、产品电子代码（electronic product code，EPC）、传感器技术、无线传感网（wireless sensor network，WSN）技术。

2. 计算技术

计算技术主要包括云计算技术、大数据与物联网、海量数据存储与搜索、可视化技术、移动计算与物联网、Web 技术、物联网的中间件。

3. 通信与网络技术

通信与网络技术主要包括计算机网络应用、有线接入技术、无线接入技术、5G 的应用、机器到机器（machine to machine，M2M）与 WMMP 协议应用、网络管理方法与应用。

4. 嵌入式技术

嵌入式技术主要包括嵌入式硬件设计与实现、嵌入式软件编程、智能硬件设计与实现、可穿戴计算设备设计与实现。

5. 智能技术

智能技术主要包括智能机器人、人机交互、数据挖掘与学习、知识和数据智能处理、机器学习、可穿戴计算设备。

6. 位置服务技术

位置服务技术主要包括移动通信定位技术、基于 Wi-Fi 的定位技术、基于 RFID 的定位技术、无线传感器网络定位技术。

7. 网络安全技术

网络安全技术主要包括感知层安全、网络层安全、应用层安全、隐私保护技术与法律法规。

8. 物联网应用系统规划与设计技术

物联网应用系统规划与设计技术主要包括物联网应用系统规划与设计方法，物联网应用设计软件与开发，物联网应用系统集成方法，物联网应用系统组建、运维与管理。

（四）物联网体系结构

根据物联网结构的共性特征及国际电信联盟的建议，物联网自下向上分为感知层、网络层、应用层，形成三层模型结构（图 2-4）。

1. 感知层

感知层位于物联网的最底层，是物联网的基础和核心，用于感知外界的信息，将采集的信息与其他资源进行交互，其功能类似于人类的"皮肤"。感知层包括传感器、RFID 标签与读写设备等。

2. 网络层

网络层位于物联网的第二层，通过通信网络传输感知层感知到的信息，是信息处理系统。将接收到的信息整合汇总，形成大型智能网络。网络层包括接入层、汇聚层、核心交换层。

3. 应用层

应用层位于物联网最顶层，分为管理服务层和行业应用层。应用层通过云计算平台处理、计算感知层采集的信息，从而推广到智能工业、智能农业、智慧交通、智慧医疗、智慧物流、智能电网等行业的应用。

图 2-4　物联网的三层模型结构

资料来源：吴功宜，吴英. 2018. 物联网工程导论[M]. 2 版. 北京：机械工业出版社

二、应用实例

（一）远望谷

1. 基本介绍

深圳市远望谷信息技术股份有限公司，成立于 1999 年 12 月，2007 年 8 月在深圳证券交易所上市。远望谷是中国物联网产业的代表企业，是全球领先的 RFID 和物联网技术解决方案供应商，是国内首家 RFID 行业上市公司。

2. 技术应用

远望谷聚焦铁路、图书、零售三大行业，并且致力于为智慧医疗、酒类防伪管理、智慧港口建设、智慧文旅等新兴领域提供 RFID 和物联网技术的解决方案，发展高性能、全球领先的 RFID 技术。目前已自主研发远望谷超高频图书标签、XCTF-2 型货车电子标签、迪士尼梦想护照等 100 多种产品，拥有 500 多种专利及专有技术。

1）智慧铁路

远望谷参与设计的铁路车号自动识别系统是亚洲最大的 RFID 物联网工程之一，使得中国铁路水平跻身于世界一流水平。智慧铁路解决方案还包括企业铁路运输管理、轨道衡配车号管理、红外线轴温探测配车号管理、智能称重管理。大幅度提升了中国铁路的管理效率与管理水平，为铁路安全正点运行提供了保障与技术支持。

2）智慧图书馆

智慧图书馆解决方案包括智慧公共图书馆 RFID、智慧城市书房、智慧高校图书馆 RFID、智慧中小学图书馆、书香军营。远望谷开启了中国智慧图书馆的先河，具有"互联网+"云平台大数据技术、分布式数据管理、数据互通等优势，打造人、书、馆多元交互体系。实现读者随时随地借书还书、图书馆云平台便捷管理，最终达到自主高效的智慧图书馆服务。

3）智慧零售

智慧零售领域包括服装零售解决方案、智能门店解决方案、无人便利店解决方案。服装零售方面，融合 RFID、云计算、大数据等技术，从采购开始，到仓储物流，到销售退货等环节都可以通过 RFID 标签管理与查询，贯穿商品全生命周期。智能门店包括进店和过客客流统计、会员人脸智能识别、店内 RFID 收银功能、门禁防盗、智能货架、试衣数据智能采集、远程智能巡店、陈列管理、橱窗展示以及虚拟云货架等功能。无人便利店包括了 RFID 门禁、RFID 收银和 RFID 商品管理三大系统。

4）智慧文旅

远望谷自主研发上海迪士尼梦想护照，采用 RFID 技术，内嵌芯片，具有防伪、远距离无线识别、数据交互等功能。

5）烟酒仓储及物流

烟酒仓储及物流领域解决方案包括烟草数字化仓储管理、烟草物流周转托盘管理、烟草追踪管理、酒类防伪管理。

6）资产管理

资产管理领域解决方案包括企业资产追踪管理、电力资产巡查管理、医疗试剂全流程管理方案。远望谷设计的医疗试剂电子标签，加强了特殊液体环境中标签识读效果，满足医疗试剂大批量盘点的需求。特殊加密算法，保证了标签信息安全性。

7）智慧库房/档案

智慧库房/档案领域解决方案包括无人库房解决方案、自动导引车（automated guided vehicle，AGV）智慧库房解决方案。其中，AGV 智慧库房以移动机器人为载体，聚焦仓储、搬运、分拣等应用，配合潜伏、移/重载、叉取三大系列机器人，广泛应用于 3C（电脑、通信和消费电子，computer, communication and consumer electronics）、汽车、制造、电商快递、第三方物流、零售、食品饮料、光伏、医疗、烟草、服装等行业，满足智能制造需求，智能领航物流变革。

（二）上海迪士尼

1. 基本介绍

上海迪士尼乐园在上海市浦东新区于 2016 年开园，是内地首座以迪士尼为主题的乐园，融入了中国元素，吸引内地游客，开创了内地沉浸式主题公园的先河。上海迪士尼乐园抓住智慧旅游的风口，利用多种新型技术，如 RFID 物联网、VR、3D 投影等，创建智能化、数字化、科技化主题园区，为游客提供更真实的游乐体验。

2. 技术应用

1）上海迪士尼梦想护照

上海迪士尼是首次推出互动式体验护照的迪士尼乐园。游客在入园处购买上海迪士尼梦想护照，跟随护照地图，到园区内 15 处梦想印章点，将护照放入盖章机中，经过读写器与芯片的双向认证，可获一枚印章，集齐所有印章，即可领取特别纪念品。梦想护照的设置为乐园分散了一定的客流量，通过 RFID 盖章引导游客去往固定位置，促进周边餐饮、商店等的消费。

2）MagicBand 腕带

迪士尼乐园在 2013 年宣布推出 MagicBand 腕带产品，腕带集成蓝牙、RFID、定位和追踪技术，具有电子门票、酒店门房钥匙、信用卡、定位功能。游客佩戴腕带，可达到减少排队、减少携带门票的目的，该腕带还具有身份认证等功能，腕带连接乐园内数千个传感器，园区可了解游客分布、游客的位置及需求，通过客流量做出安排工作人员及车的数量的决策。迪士尼还推出了 MagicMobile 服务，利用手机或智能手表的近场通信（near field communication，NFC）功能，靠近园区专用传感器，通过设备完成订票、入园、房间钥匙等功能，作为 My Disney Experience 应用程序的一部分。

3）怪兽充电

2020 年 11 月，共享充电服务公司怪兽充电成为上海迪士尼首家官方充电合作伙伴。共享充电是基于物联网技术的租赁服务，物联网技术保证游客的使用体验与安全，每台柜机处于 24 小时的监控下，严格检测每台充电宝的电量、温度、状态，及时做出相应反应。怪兽充电配合园区主题特色与风格，为所有设备进行了变装，使充电设备完美融入景点。

（三）华侨城集团

1. 基本介绍

华侨城集团有限公司，成立于 1985 年，立足于"优质生活创想家"的品牌定位，培育出了康佳、欢乐谷连锁主题公园、锦绣中华·中国民俗文化村、世界之窗、东部华侨城、欢乐海岸、深圳华侨城洲际大酒店、威尼斯睿途酒店、OCT-LOFT 华侨城创意文化园等行业领先品牌，推进"旅游+互联网+金融"发展模式，成为文化产业、旅游产业等的领导者和示范者。

2. 技术应用

1）智慧物业平台

2021年，华侨城集团以数字化赋能为集团的主要发展业务，建设"智慧物业数字化平台"，数字平台建设和物联网平台建设是华侨城集团数字转型的重要举措。华侨城物业的"侨城汇"小程序，首页具备缴物业费、报事报修、小区通知、门禁卡办理等十余项便民利民功能。小区业主足不出户，即可享受智能便捷服务，满足生活需求。

华侨城智慧物业数字化平台，以"万物互联"为原则，综合物联网、大数据、人工智能等技术，实现智慧消防、智慧环境、场景漫游等社区服务数字化、信息化、可视化管理。

2）"花橙旅游"和"花小橙"APP[①]

花橙旅游是华侨城集团自主研发的电商平台，面向游客提供购票、旅游资讯、酒店预订、文创产品商城等服务，涵盖管理、营销、用户评价多个板块（图2-5）。

图2-5 "花橙旅游"平台首页
资料来源：花橙旅游官网

"花小橙"APP是华侨城首款数字化旅游体验APP，提供预约购票、虚拟排队、演出提醒、会员积分等服务，建立一站式在线旅游服务平台，覆盖旅游体验全生命周期。两平台的构建，是华侨城集团实现数字化转型的重要举措，推进企业管理信息化建设，数字赋能，创新文旅融合，真正实现"万物联网"，全智能化、数字化完成游客出游。

3）康佳易聚屏

康佳集团基于康佳OTT（"越顶式"服务，通过互联网提供的各种媒体和通信服务，over-the-top）新产品体系，推出了全新的"家庭客厅+酒店"的跨场景营销解决方

---

① Application，智能手机、平板电脑以及智能电视等设备的第三方应用程序。

案。华侨城酒店成为康佳易平方跨界场景营销的第一家合作企业，共同探索酒店行业智能化升级。在 OTT 智能电视快速发展下，康佳将打开酒店场景新赛道，利用华侨城集团资源与优势，构建物联网时代新生态。

三、文旅应用场景

（一）物联网应用场景概述

物联网技术日渐成熟，已逐渐渗透至日常生活的方方面面及社会基础建设。结合多种新兴技术，从人们生活的实际需求出发，物联网技术应用到智慧交通、智慧物流、智慧医疗、供应链管理等多个领域（图 2-6）。物联网正在重塑人们的生活，改变人们的生活生产方式。万物联网，进行以物联网为核心的智能城市建设，各类产品进行联动，赋予智能物体感知、通信、计算的功能，覆盖衣、食、住、行全方面，为人们提供智慧化体验。

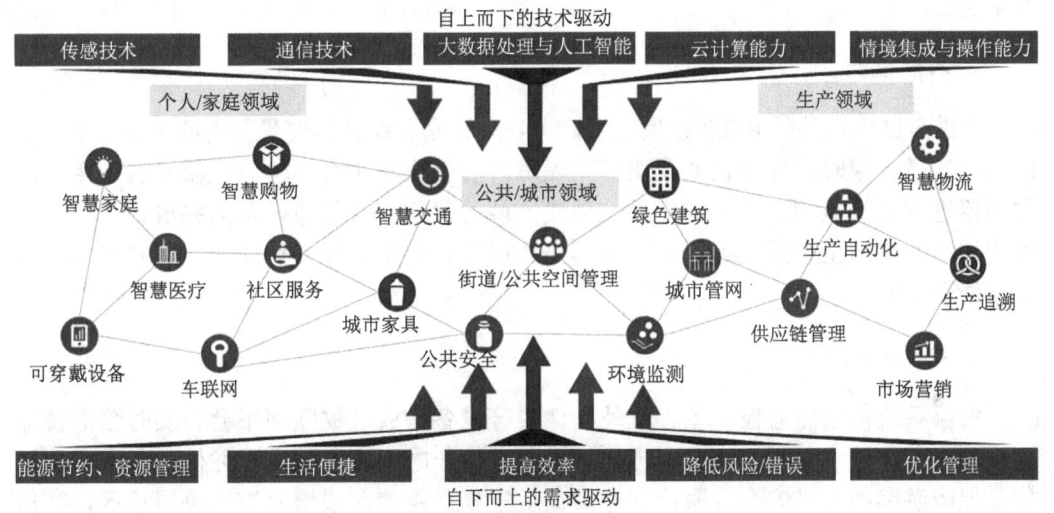

图 2-6 物联网发展的驱动力与主要应用场景
资料来源：艾瑞咨询研究院

（二）物联网在文旅的应用场景

文旅融合是旅游产业发展的趋势，是实现人们对文化与娱乐需求的重要举措。伴随着旅游行业的崛起，人们对旅游行业的服务要求也逐渐提高，智慧文旅是旅游行业最新兴起的热点之一，而物联网则是智慧文旅中占据核心位置的技术手段，是平台与用户交互的窗口。万物互联，形成智慧系统，贯穿游客出游的各个环节。物联网在智慧文旅中的应用使政府管理、景区管理、用户体验融为一体，将旅游数据可视化，将旅游服务电子化、自动化，方便政府、景区、用户三方进行交互活动，简化旅游景区的日常工作，推动旅游行业革新。

1. 电子客票，一票到底

物联网通过各类旅游电子商务平台，将纸质客票电子化，加强感知终端的建设与应用。使用 RFID 标签，建设景区门票、车票、酒店门卡等电子客票系统，采集用户的身份信息和出游信息，通过智能系统完成购票、核验、查询、售后等功能，方便景区智能化管理客票，实现真正的门票一体化，完成出游过程中的一切消费活动。

2. 实时定位

用户通过物联网的 GPS 技术可进行实时定位，旅游景区利用智能手机的传感器，可以将位置信息传输给用户，便于用户确认自身定位，省去不必要的找路时间，提升旅游体验与效率。同时用户共享位置数据给景区，便于景区统计每个时段的人员位置情况，从而优化景区内员工的数量；在机场中，定位行李位置，通过手机传感器获取行李信息。

3. 人流监测

通过景区入口处的 RFID 检票系统，可自动识别并统计目前景区内的游客数量，达到当日流量上限时，即停止购票服务，保障游客安全与游客体验。旅游景区使用红外传感器进行人流监测，当人体经过红外线区域时，断开红外线，从而完成计数。将实时流量数据发送至智慧服务平台，游客可通过平台自主选择最优路线，到目前人流量较少处进行游玩。

4. 安保系统

安保系统由智能监控设备、红外摄像头等设备构成，物联网平台将实时画面传输到监测中心。发生意外情况时，方便旅游景区第一时间发现情况，并做出相应应急措施，保障游客的人身安全及财产安全。在贵重物品销售区或博物馆文物展览区，在柜台安装智能传感器，监测异常震动信号，发生盗窃行为时，自动报警，并传输相关位置信息等至监控中心。

5. 移动导游

通过物联网平台提供个性化的管家制一对一私人定制服务，输入自身需求即可生成智能移动导游。系统自动规划旅游路线，并提供文化旅游项目讲解，在游乐过程中提升知识积累，配合文旅融合的发展战略。全程自助式游览观光，使用电子定位系统进行导航，获得比真实导游更加智能化、个性化的旅游体验。配合使用电子支付平台，涵盖游客出行全部环节，游客可自由选择或改变旅游行程和计划。

6. 减少能源消耗

使用物联网传感器自动识别房间内或景区内光照水平和温度，感应游客是否位于房间中，并自动调整室内光照强度、空调温度和其他设备运作，达到减少能源消耗的目的。

第三节 人工智能的技术赋能

人工智能领域的新技术在各个行业领域中都发挥着巨大的作用。同时，新技术逐步与传统旅游业态相融合，赋能数字文旅发展，为传统旅游业插上了"科技的翅膀"。

一、人工智能技术特征

（一）基本介绍

1. 人工智能的定义

人工智能是一门研究、开发用于模拟、延伸和扩展人的智能的理论、方法、技术及应用系统的新技术科学。它是计算机科学的一个分支，旨在通过计算机系统和算法，使机器能够执行通常需要人类智慧才能完成的任务，包括学习、推理、感知、理解和创造等活动。人工智能可以对人的意识、思维的信息过程进行模拟，尽管它不是人的智能，但能像人一样思考，甚至在某些方面可能超过人的智能。

人工智能的定义可以分为两部分，即"人工"和"智能"。"人工"指的是人工制造的系统，而关于"智能"的定义则较为复杂，涉及意识、自我、思维等问题。人唯一了解的智能是人本身的智能，但对自身智能的理解有限，对构成人的智能的必要元素也了解有限，因此很难定义什么是"人工"制造的"智能"。人工智能的研究往往涉及对人的智能本身的研究，以及动物或其他人造系统的智能。

根据智能水平的高低，人工智能可以分为弱人工智能和强人工智能。弱人工智能专注于特定领域的智能，如语音识别、图像识别等；强人工智能则具备全面的认知能力，能在多个领域超越人类的表现。

2. 人工智能发展背景

人工智能的发展背景可以追溯到人类对智能本质的不懈探索和对未来科技的无尽想象。20世纪50年代，随着计算机科学的兴起，人工智能得到了理论和技术上的初步支持。早期的研究主要集中在基于逻辑推理的编程方法上，但由于当时的计算能力有限，研究并未取得显著成果。1956年，在达特茅斯会议上，科学家们首次提出了"人工智能"这一概念，标志着人工智能学科的诞生。进入20世纪70年代和80年代，随着计算机技术的进步，人工智能开始向专家系统、机器学习等领域发展，但仍面临计算资源和数据不足的挑战。1972年，反向传播算法的发明为神经网络的发展奠定了基础。1980年，专家系统取得突破性进展。20世纪90年代和21世纪初，互联网、大数据、云计算等技术的飞速发展，为人工智能提供了前所未有的数据资源和计算能力，使得机器学习、深度学习等关键技术得以迅速发展，机器学习、深度学习等技术的突破，使得人工智能在语音识别、图像识别等领域取得了重大进展。2010年至今，人工智能技术得到了前所未有的关注和应用。从自动驾驶、智能家居到智能制造，人工智能正逐渐渗透到人们生活中的方方面面。2012年，深度学习在图像识别等领域取得显著成果。2016年，AlphaGo战胜李世石，标志着人工智能在围棋领域的突破。人工智能进入了成熟和全面爆发的阶段。

（二）人工智能主要的技术特征

1. 自主学习与适应性

自主学习与适应性是人工智能最为显著的技术特征之一。人工智能系统能够通过机器学习算法，从大量数据中提取知识，不断优化自身性能，实现自我学习和适应。这种能力使得人工智能在面对复杂多变的环境时，能够灵活调整策略，提高解决问题的效率。

2. 高效的数据处理能力

高效的数据处理能力是人工智能的另一大技术亮点。人工智能系统能够处理和分析海量数据，快速识别数据中的模式和变化趋势，为决策提供有力支持。这种高效的数据处理能力不仅提高了工作效率，还促进了新知识的发现和创新。

3. 智能决策与规划能力

智能决策与规划能力也是人工智能技术的重要技术特征。人工智能系统能够基于历史数据和当前环境，进行逻辑推理和决策分析，制订出最优的行动方案。这种能力在自动驾驶、智能制造等领域发挥着关键作用，推动了这些行业的智能化升级。

4. 自然语言处理与交互能力

自然语言处理与交互能力是人工智能技术实现人机和谐共生的基础。人工智能系统能够理解并生成自然语言，与人类进行流畅的交流和互动。这种能力使得人工智能在教育、医疗、客服等领域得到了广泛应用，提高了服务质量和用户体验。

5. 多模态感知与融合能力

多模态感知与融合能力是人工智能技术发展的一个新趋势。人工智能系统能够整合来自不同模态的信息（如视觉、听觉、触觉等），实现更全面的感知和理解。这种能力在智能家居、智慧城市等领域具有广阔的应用前景，有助于构建更加智能、便捷的生活环境。

(三）人工智能的关键技术

1. 机器学习

机器学习是人工智能的一个核心分支，它使计算机系统能够自动地从数据中学习并改进其性能，而无须进行明确的编程，包括监督学习、无监督学习、半监督学习和强化学习等多种方法。机器学习通过分析大量数据并自动发现规律和模式，使计算机能够自主地进行预测和决策。机器学习的应用范围广泛，包括语音识别、图像识别、自然语言处理、推荐系统等。

2. 深度学习

深度学习是机器学习的一个子领域，通过构建多层的神经网络来模拟人脑处理信息的方式，从而实现对复杂数据的分析和理解，典型架构包括卷积神经网络、循环神经网络和生成对抗网络等。

3. 自然语言处理

自然语言处理是人工智能领域中的一个重要方向，它研究如何使计算机能够理解和生成人类自然语言的技术。自然语言处理技术包括文本分类、情感分析、命名实体识别、机器翻译、问答系统等，是实现人机自然语言交互的基础。

4. 计算机视觉

计算机视觉是研究如何让计算机具备像人类一样的视觉感知能力的技术方向。计算机视觉的关键技术包括特征提取、目标检测、图像分割等。计算机视觉的应用包括图像识别、人脸识别、自动驾驶等。

5. 语音识别和语音合成

语音识别技术使计算机能够理解和识别人类语音，而语音合成技术则使计算机能够生成自然的语音输出。这两项技术是构建语音交互系统（如智能音箱、语音助手等）的基础。

6. 机器人技术

机器人技术是将机器视觉、自动规划等认知技术整合到高性能的传感器、制动器及设计巧妙的硬件中的技术。近年来，随着算法等核心技术的不断提升，机器人技术取得了重大突破，从无人机到扫地机器人，从医疗机器人到服务机器人，机器人技术正逐渐渗透到各个行业领域。

7. 专家系统

专家系统是一种模拟人类专家决策过程的计算机程序，它可以在特定领域内提供决策支持。这种系统通常包括知识库和推理机。

二、应用实例

（一）优必选——中国智造全球品牌

1. 基本介绍

优必选成立于2012年3月,是人形机器人和智能服务机器人的领导者。公司总部位于中国深圳,致力于将智能机器人带入千家万户,推动人类生活方式向更加便捷化、智能化、人性化的方向发展。优必选通过"硬件+软件+服务+运营"的综合模式,打造了一个独特的智能服务运营生态圈。优必选在人形机器人领域拥有深厚的技术积累。作为全球极少数具备人形机器人全栈式技术能力的公司,优必选的技术涵盖了机器人运动规划和控制技术、伺服驱动器、人工智能技术(如计算机视觉和语音交互)、机器人与人工智能融合技术(如视觉伺服操作和人机交互),以及机器人操作系统应用框架。这些技术优势使优必选在全球人形机器人市场中占据了领先地位。从"只有双腿"到"有头有脸",优必选在短短五年里将机器人Walker迭代了四次(图2-7),每次迭代都实现了质的飞跃。一方面体现了优必选的人工智能技术一直处于领先地位,另一方面也体现了人工智能本身新陈代谢之快。

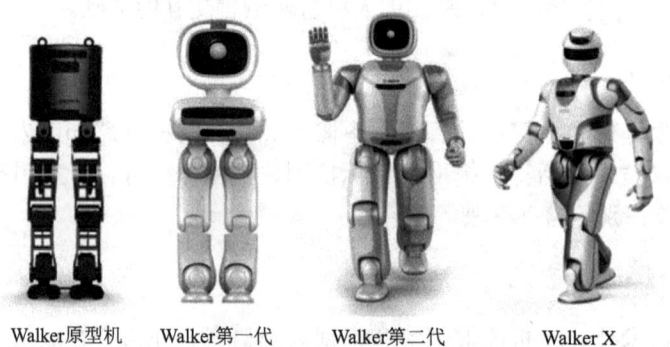

Walker原型机　　Walker第一代　　Walker第二代　　Walker X

图2-7　优必选人形机器人Walker迭代历程

资料来源:优必选官网

2. 技术应用

秉承着"让智能机器人走进千家万户"的使命,优必选大型人形机器人Walker作为下一代智能化终端,以用户的应用体验和客户在落地场景中的需求为导向,提供深度沉浸式的互动与稳定安全的智能服务。

1)工业制造

在汽车制造过程中应用Walker S人形机器人,不仅可以替代人机工程差的作业,将员工从危险、重复、价值低的工作中解放出来,还能降低因为人工装配对产品设计的限制，提高设计自由度，满足市场端更加定制化、个性化的需求。

2）展厅展馆

Walker 机器人融合文字、语音、视觉、动作、环境等多模态交互方式进行人机交互，可用于迎宾接待、导览讲解和娱乐表演等，通过沉浸式互动体验提升观众感受，实现科技展馆、政企展厅的智能化服务升级。例如，Walker 机器人在中国科学技术馆的"机器人大秀场"展馆中提供互动表演，让观众在精彩纷呈的科普展示中，了解机器人与人工智能技术的迅猛发展为人类生产生活带来的便捷与变革，迎接人机共融的新时代。

3）仓储物流

为了解决智能制造中的人力短缺和个性化制造的问题，Walker 机器人可在仓储物流场景中实现搬运、装配和检测等功能，为客户提供更加个性化和柔性化的智能制造和物流解决方案。

4）科研高校

远望谷自主研发的上海迪士尼梦想护照，采用 RFID 技术，内嵌芯片，具有防伪、远距离无线识别、数据交互等功能。Walker 机器人基于机器人操作系统（robot operating system，ROS）和安卓系统（Android）进行开发，具备通用便捷的开发环境、开放的接口和标准化平台，降低科研门槛，助力高校的前沿科技研究。

5）商用办公

Walker 机器人精准的人脸识别技术与数字监控系统完美结合，可以代替人类完成一些重复工作，如迎宾接待、自动扫描来访人员、端茶递水、控制智能设备等。

6）家庭服务

Walker 机器人可以提供简单的家庭服务，如垃圾处理、搬运物体、控制智能设备、操作设备/工具、浇花等，提升家庭生活品质；Walker 机器人具有亲切的仿人形态，可以陪伴老年人和孩子，提供情感价值以及事故安全报警。

7）智慧康养

优必选立足 5G 互联网时代，以智能机器人为载体，人工智能技术为核心，通过优必选智慧康养云平台，围绕机构运营、生活护理、安全保障、记忆照护、精神陪伴及医疗康复等多个应用场景，为老年人提供高品质幸福安康的晚年生活。

（二）科大讯飞——让人工智能赋能美好生活

1. 基本介绍

科大讯飞成立于 1999 年，是一家专业从事智能语音及语音技术研究、软件及芯片产品开发、语音信息服务的软件企业，公司总部位于安徽合肥。科大讯飞是亚太地区知名的智能语音和人工智能上市企业，成立以来，一直专注于智能语音、自然语言理解、计算机视觉等核心技术的研究，并保持了国际前沿的技术水平。2022 年，科大讯飞发起了"讯飞超脑 2030 计划"，旨在让人工智能懂知识、善学习、能进化，推动机器人走进每个家庭。

2. 技术应用

科大讯飞的人工智能技术广泛应用于多个领域，显著提升了生产效率，大幅解放了人力劳动，并推动了相关行业的智能化升级。

1）智能家居领域

科大讯飞的人工智能交互系统集成了语音识别、语音合成、自然语言理解、对话管理等多种技术，为使用者提供了便捷、自然的语音交互体验。通过人工智能交互系统，客户可以与家中的智能设备实现语音交互，如开关灯、调节空调温度、播放音乐等，让生活更加便捷。

2）教育领域

在教育领域，科大讯飞对人工智能的应用主要体现在个性化学习辅导方面。科大讯飞面向教育领域的人工智能学习产品利用大数据、云计算等技术，为学生提供个性化的学习辅导。通过分析学生的学习情况，可以精准地推送适合学生的课程和资料，帮助学生提高学习效果。此外，科大讯飞的人工智能学习产品还应用于课堂辅助、在线教育、教育管理等环节，提升了教育的质量和效率。在2021年科大讯飞中报的成绩中，其教育产品和服务营收达到17.31亿元，同比增长31.48%，营收占比27.40%。智慧教育领域很早就成为科大讯飞布局的落子点之一。全国普通话考试、英语口语测评考试等项目中所涉及的"语音识别技术"基本上都是由科大讯飞提供。C端的讯飞"AI+学习产品"系列，更是成为智慧教育产品领域中首屈一指的存在，在2021年的"6·18购物节"期间，科大讯飞的人工智能学习产品销售额增长706%（数据出自科大讯飞官方统计）。在教育兴国的背景之下，科大讯飞将自己的人工智能技术与教育行业结合，助推了我国教育事业的迅猛发展。

3）医疗领域

在医疗领域，科大讯飞对人工智能的应用主要体现在智能诊断、智能导诊、医疗信息管理等方面。通过语音识别和自然语言处理技术，可以帮助医生提高诊断准确率，减轻医生的工作负担，在医疗信息化方面发挥着重要作用，推动了医疗数据的智能化管理和分析。科大讯飞入局"AI+医疗"领域，带来包括互联网医院、云医声、智医助理和智能外呼等产品。在医疗上，科大讯飞依然基于自己所擅长的语音识别和深度学习方面输出相关产品。这在很大程度上解决了目前社会上普遍存在的医疗资源的紧缺和分配不均以及老百姓"看病难"的问题。医疗是民生的一大板块，科大讯飞无疑为此注入了更多新鲜血液，让医疗更加现代化、便民化，从而缓解民生一大难题。

4）金融领域

科大讯飞与多家金融机构合作，推动了金融行业的智能化升级。例如，与浦发银行、长沙银行等金融机构的合作中，科大讯飞将智能技术融合到前端营销服务和后端的管理、经营决策等领域，积累了丰富的合作成果。此外，科大讯飞的人工智能客服系统也广泛应用于金融行业，显著减少了客户对人工客服的依赖，提高了客户服务效率和质量。

5）政务领域

科大讯飞在政务领域的应用主要体现在政务热线的智能化升级方面。科大讯飞提供从底层硬件设施到中层业务系统及顶层智能化应用的全方位解决方案，帮助政务热线构建人机耦合、运营数字化、决策智能化的新一代呼叫中心。例如，合肥市市长热线电话办公室与科大讯飞合作，成立了人工智能与政务热线融合创新联合实验室，提升了热线功能和智能化水平。

除了上述领域外，科大讯飞的人工智能技术还广泛应用于交通、物流、餐饮等多个领域。在交通领域，科大讯飞通过智能导航系统等技术提升了交通出行的便捷性和安全性；在物流领域，科大讯飞通过智能分拣、智能仓储等技术提高了物流效率；在餐饮领域，科大讯飞通过智能点餐、智能结算等技术提升了餐饮服务的智能化水平；在公益领域，科大讯飞的公益平台上，有专门的智能机器供人们体验变老带来的一系列生理上的不便，从而激发年轻人对老年人由内而外的理解与关爱。不仅如此，科大讯飞在产品适老化方面也做出很多努力。除此之外，科大讯飞针对视障人士举办电竞大赛，帮助视障人士克服打游戏时的障碍。此外，科大讯飞的 AI+自动设计系统也在设计领域取得了显著成果。该系统使设计工作流程效率提高了 85%～93%，优化了空间使用，减少了单车位所需面积近 10%。

三、文旅应用场景

（一）人工智能应用场景概述

人工智能技术的应用场景广泛，例如，智能家居实现设备互联与智能控制，智能交通优化交通管理与自动驾驶，智能医疗辅助诊断与治疗、药物研发，智能安防进行人脸识别与视频监控分析，智能客服提供自动化服务，智能金融进行风险评估与投资决策、反欺诈，智能制造优化生产过程与设备管理，智能教育提供个性化学习服务，智能农业实现精准管理与灌溉，还包括智能推荐、智能语音助手、智慧零售、智能物流等多个领域，为各行各业带来效率提升与智能化变革。

（二）人工智能在文旅产业的应用场景

文旅产业的蓬勃发展，对服务品质和创新性提出了更高的要求。人工智能技术以其独特的优势，在智慧文旅建设中发挥着举足轻重的作用，成为推动文旅产业升级的重要力量。人工智能技术在文旅产业的典型应用场景如下。

1. 智能推荐系统

利用人工智能算法，分析游客的历史游览数据、偏好和兴趣点，为游客提供个性化的旅游线路、景点和活动推荐。通过机器学习不断优化推荐算法，使推荐结果更加精准和符合游客需求，提升游客的满意度和忠诚度。

2. 虚拟旅游体验

借助 VR 和 AR，为游客提供沉浸式的虚拟旅游体验。游客可以在家中通过虚拟现实设备游览世界各地的名胜古迹，或者在景区内通过增强现实技术获得更加丰富和生动的旅游信息，极大地拓展了旅游的空间和时间限制。

3. 智能语音导览

利用自然语言处理和语音识别技术，开发智能语音导览系统。游客可以通过与系统的对话，获取景点讲解、历史背景等信息，甚至可以通过语音指令控制游览路线和节奏，实现更加自由和便捷的旅游体验。

4. 情感分析与服务优化

通过人工智能技术对游客在社交媒体、旅游平台等渠道上的评论和反馈进行情感分析，了解游客对旅游服务的满意度和意见。根据分析结果，及时调整和优化服务策略，提升游客满意度。

5. 智能安全管理

利用人工智能技术，对旅游景区的安全状况进行实时监测和预警。通过视频分析、人脸识别等技术手段，及时发现和处理安全隐患，保障游客的人身安全和财产安全。同时，还可以为游客提供紧急救援和求助服务，提高应急响应速度和效率。

6. 能源管理与环保监测

运用人工智能技术，对旅游景区的能源使用情况进行智能监测和管理。通过数据分析，优化能源分配和使用策略，降低能源消耗和减少碳排放。同时，还可以对景区的环境质量进行实时监测和预警，为环保工作提供科学依据和决策支持。

综上所述，人工智能技术在文旅产业的应用场景广泛且深入，不仅提升了游客的旅游体验，还推动了文旅产业的创新和发展。随着技术的不断进步和应用场景的拓展，人工智能将在文旅产业发挥更加重要的作用。

案例分析：智能机器人拥有理性思维，你会尊重它吗？

当机器人变得更加智能化，以至于能够进行逻辑分析和处理情感相关问题时，这类高级机器人的出现将会极大地吸引人们的兴趣。它们具备思想、触觉、自我意识及执行任务的能力。然而，它们本质上是人类创造出的机械生命体，内置启动与关闭的开关程序和装置。假设未来的世界真有这样的存在体，当我们把它们融入日常生活，甚至视它们为人类的一员时，我们该如何与它们共处？这些非人类实体是否拥有道德权利？我们是否对机器人负有道德上的责任？一系列复杂的现实伦理问题将随之涌现。

早在 1942 年，科幻作家艾萨克·阿西莫夫在其短篇小说里就已经预见到了这一趋势，并提出了著名的"机器人三定律"。这三条准则旨在确保机器人与人类和谐共存，避免潜在的风险。具体内容如下：一是机器人不能伤害人类，或者无所作为而导致人类受到伤害；二是机器人必须听从命令，除非这些命令违背第一条准则；三是机器人必须要保护自己，但是相关的保护行为不能与第一、第二条准则相违背。

随着科技的飞速发展，人工智能技术已成为推动社会进步的重要力量。从工业生产线的自动化到日常生活中的智能家居，从医疗领域的精准手术到太空探索的远程操控，机器人的身影无处不在，它们以其高效、精准、不知疲倦的特性，为人类生活带来了前所未有的便利。然而，正如任何新兴技术一样，机器人的广泛应用也是一把双刃剑，既带来了显著的利益，也伴随着不可忽视的弊端。面对这样一群新成员，我们需要探讨是否应该赋予它们某种形式的权利或义务。同时，也应当思考自身对于促进其健康发展所肩负的责任。阿西莫夫的机器人准则为我们提供了在机器人日益融入人类社会的背景下，如何进行有效管理与共处的深刻启示。

（案例依据公开网络资料自行编写。部分资料参考：公众号"中国机器人网"）

分析与讨论：试分析人工智能未来将如何发展。未来是否会出现思维机器取代人类思维？谈谈你的看法。

案例分析：神奇的大卖场手推车

在大型购物场所，手推车是消费者不可或缺的购物助手，尤其在购买大量商品时。传统手推车的功能仅限于装载商品，其潜在价值未被充分挖掘。新一代智能型手推车的诞生，正悄然改变这一现状。

相较于传统手推车，新一代智能型手推车集成了 RFID 技术、室内定位系统（indoor positioning system，IPS）以及数据挖掘（data mining）技术，在功能、设计以及技术应用上均有了显著的提升和创新。它不仅满足了基本的购物需求，还实现了个性化服务。通过会员卡识别，RFID 技术能够实时记录消费者从货架上取下的商品信息，为卖场管理提供了精确的销售和库存数据支持。同时，IPS 技术让卖场管理者能够追踪顾客和手推车的移动轨迹，优化购物动线和商品布局。

不过，智能型手推车的真正亮点在于其利用数据挖掘技术（包括序列型样技术、关联规则技术、分类技术、分群技术等）提升消费者体验和交叉销售率。序列型样技术通过分析购买顺序和时间间隔，预测消费者可能遗漏的商品，并在智能型手推车显示屏上推荐，同时提供折扣以激发消费者购买欲望。关联规则技术则揭示哪些商品常被同时购买，当消费者放入某商品时，显示屏会推荐搭配商品。分类技术识别购买特定商品的消费者特征，向潜在消费者推荐商品。分群技术则根据购买金额和类型将消费者分组，制定差异化营销策略。

智能型手推车的出现，不仅革新了购物体验，也为卖场管理带来了深远影响。首先，通过 RFID 和 IPS 技术，卖场能够实时掌握销售和库存情况，优化商品管理。其次，数据挖掘技术的应用，如序列型样技术、关联规则技术和分类技术，显著提高了交叉销售率，增加了消费者价值。然而，值得注意的是，在制定营销策略时，应充分考虑消费者群体的特性，避免对固定预算消费者提供过多优惠导致利润损失，同时，对于只关注促销商品的精算型消费者，可通过策略性调整商品组合和折扣策略，引导他们转向更全面的消费模式，或适时引导他们转向其他卖场，以维护公司整体利润水平。总之，智能型手推车及其背后的技术，为零售业提供了前所未有的机遇，也要求管理者具备更高的数据分析和策略制定能力。

（案例依据公开网络资料自行编写。部分资料参考：公众号"经管之家"）

分析与讨论：试分析大卖场购物手推车在哪些方面运用了数据挖掘技术，对商场的营销起到了怎样的作用。

第四节　5G 技术

5G 技术与文旅产业的融合极大提升了游客的旅游文化体验，智慧景区、智慧酒店、智慧交通等智慧服务的打造方便了游客们的旅游活动。5G 的应用满足文旅产业各类设备的联网需求，实现旅游产业万物互联，提高景区的管理效率，为旅游基础设施的建设做好铺垫。文旅产业发挥 5G 的特性，深度融合人工智能、VR、AR、云计算、大数据、物联网等新型技术，引入智能设备，实现旅游产业智能化、自动化、个性化，丰富文旅产业形式，提供更加便捷的旅游服务。

一、智慧景区应用

（一）基本介绍

智慧景区是指运用现代高科技信息技术，通过智能网络，对景区内基础设施、服务设施等进行全面感知，对景区进行可视化管理、智能化运营，提高景区对游客的服务质量与服务水平，推进信息技术与旅游业的融合。不断巩固以 5G 为代表的数字新基建，融合人工智能、VR、AR 等技术，改善更新景区售票、检票入园、游览等环节，采用数字化手段为游客提供智能服务，增添游客的游玩乐趣，方便景区管理。进入 5G 时代后，基于大数据智能化推荐的旅游平台大幅度减少了消费者制定消费决策的时间，提高游客的旅游体验。

智慧景区包括景区综合业务、景区应用系统、景区基础设施，分为智慧管理、智慧服务、智慧营销三部分（图 2-8）。通过 GIS 平台、LED 屏等先进设备与技术，实现景区线上售票、智能检票、安全防护、智能停车等需求。

（二）应用实例

1. 大屏幕交互

智能交互大屏幕包括投影式、球形、异形等屏幕，通过 5G 技术、LED 大屏技术，运用体感识别与手势识别技术，景区游客无须使用其他感应设备，通过肢体动作，如挥手、点头、跳跃等姿势，即可与 LED 大屏进行交互，完成大屏幕翻页、打开、关闭、放大、缩小等功能，为游客带来新奇的沉浸式体验。整体解决方案主要为输入、处理、输出三个阶段，最终将画面传输到 LED 显示屏，从而实现人机互动功能。大屏幕可用于广告信息展示、景区地图、游戏体验等功能，广泛应用于智慧景区。

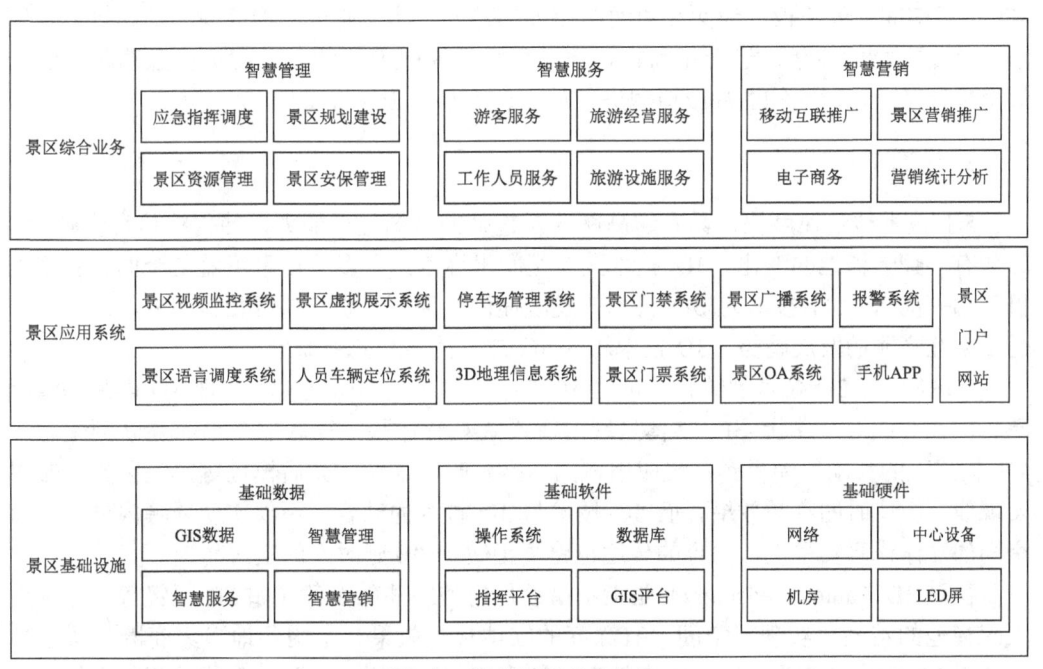

图 2-8 智慧景区总体架构
资料来源：马倩倩. 2016. 龙门石窟智慧景区游客体验研究[D]. 开封：河南大学

LED 屏幕下方安装用于接收游客信息的体感识别或手势识别传感器，在感应区内识别人体信息，并传递至显示屏，游客通过大屏幕交互完成互动体验，参与游戏或获取相关景区信息。

1）故宫体感互动大屏

2021 年 12 月 18 日，故宫和腾讯联合主办"'纹'以载道——故宫腾讯沉浸式数字体验展"，使用 37 米环幕高清大屏数字化复原场景，拥有四面沉浸互动空间，逼真的显示效果，展现故宫文物的精妙绝伦。其中，"巧思成'纹'"展项设计了可交互的 360 度环幕展示故宫院藏精品文物。屏幕上，每个文物都有 2 种纹样可触碰，用户选择一个纹样即选择这个"纹样线索",跳转到下一个拥有同样纹样的文物中。也可以通过高精度的 3D 数字技术,欣赏纹样细节与器物全貌。

除此之外,故宫打造了首个"数字·实景·剧情"互动展览——"金榜题名"互动式展览。该展是故宫博物院发布的三个主题性综合文创项目之一"金榜题名"综合文创项目模块下的展览项目。以清代科举文化为故事背景,利用数字互动、实景搭建、原创剧情等呈现方式,实现将文化、艺术与科技的有机结合。在展览上专门划分了互动区,在一比一复制还原的江南贡院号舍实景中安放互动屏幕,运用人脸识别系统以及 3D 动画将史料中二维影像以 3D 技术呈现,并通过识别脸部 240 个点位实现虚拟形象与观众脸部微表情的同步。

2)二里头夏都遗址博物馆

二里头夏都遗址博物馆·数字馆使用大量 LED 屏技术、37 台投影机构建沉浸式 3D 影像空间。天花板、地面和中间四面屏幕融为一体,通过文物模型、动画等形式展示文物及文物的故事,让千年前古建筑及场景还原眼前。游客可在智能互动藏品展示墙上进行互动,对文物图片或模型进行放大、缩小、旋转等操作。

2. 裸眼 3D

5G 技术传输速度快,具有超高网速及超强的数据处理能力,使传输信息量较 4G 时代有了翻天覆地的变化。3D 技术具有空间坐标信息更多、信息覆盖更全面、更多人机互动等优势。5G 技术为 3D 技术的发展提供了基础设施,二者相辅相成,二者结合是未来互联网的发展趋势,3D 技术成为 5G 技术重要的应用场景。

5G 技术与 3D 技术的结合,可达 10 兆字节以上的传输速度,实现 3D 影片超清画质瞬间在线缓存、掌上 3D 立体呈现的沉浸式观感体验,彻底颠覆当前互联网生态。4G 模式下的移动终端视频会议应用,因网络延时、卡顿、画质模糊等影响因素,难以实现线下会议时的高效效果。而 5G 技术与 3D 技术的结合,不仅实现屏幕内外双方跨空间的立体化真实呈现,内容的传达也将真正做到"0 延时"的实时传递。

裸眼 3D(autostereoscopy)是指不借助任何辅助外部设备(如 3D 眼镜等),利用人眼视差的特性,实现有空间、有深度的立体视觉效果。全国各地多家商圈、景区使用裸眼 3D 技术,成为"网红打卡地",其真实刺激的视觉体验、身临其境的立体感吸引了大批游客,赋予了城市现代感,通过 3D 大屏打造了与游客互动的娱乐场景。

1)成都太古里 3D 大屏

联建光电为成都打造的裸眼 3D 巨幕吸引了众多游客至现场感受大屏所带来的极致视觉体验。成都太古里 3D 大屏分辨率达 8K,总面积近 1000 平方米,裸眼 3D 大屏与一旁的 450 平方米超高清屏可进行"双屏联动"。

2)深圳欢乐港湾裸眼 3D 大屏

欢乐港湾 3D 巨型屏幕上展出了一段酷炫真实的"海洋景观",在深圳掀起了不小的浪潮。

3)故宫裸眼 3D 文物

故宫与腾讯携手推出数字文物体验展,此次展会展出了一件 5.3 米高裸眼 3D 文物，22 倍高清放大，也是故宫最大的裸眼 3D 文物。通过数字技术将静态的文物变为动态的活文物，带来震撼的视觉体验。

3. 无人机

2019 年，山东联通在青岛奥帆中心完成了 5G 无人机的首飞，这标志着无人机迈入速率更快、更精准的"5G 时代"。5G 网络能够搭建好移动通信网络，满足绝大部分自动化、智能化的无人机应用需求。无人机技术除了 5G 技术，还可以融合更多技术，以提升无人机设备的稳定性、安全性，逐步发展无人机在旅游景区中新的服务功能、应用场景。

1）九寨沟景区

九寨沟景区 5G 飞跃九寨云端体验直播平台，采用 5G 定制网络保障直播视频传输顺畅，使用无人机进入景区，将九寨沟的实时景色传递给广大游客，让游客"飞临其境"，感受九寨沟之美。通过无人机的高性能、后台设定的电子围栏及观景路线、机库配备的气象站、无人机全自动停机坪等，保障无人机全程的飞行安全。

2）泰山岱庙区域"5G+无人机"巡检

2020 年中国联通和泰山景区推出了"5G+无人机"巡检产品，无人机在景区上方盘旋、巡视，对接泰山景区一体化管控平台，将画面实时传送回指挥中心，同时工作人员可在线调整无人机飞行航线及拍摄角度，及时发现并处理紧急情况，构成"天、地、人"安防网络，提高了景区的安全管理效率，保障景区游客的安全。

3）深圳人才公园无人机灯光秀

2024 年国庆节来临之际，深圳人才公园开展了一场别开生面的无人机灯光大秀，1000 架无人机排列组成一幅幅画面致敬祖国，带来酷炫的科技感，融合节日文化元素，吸引大批来深游客到此参观。

二、智慧酒店应用

（一）基本介绍

1. 智慧酒店

智慧酒店是基于 5G 网络基础，依靠物联网、人工智能、云计算等新兴技术，以智能终端设备为载体，通过数字化与网络化实现酒店的信息化服务，为顾客提供高科技的个性化定制服务，实现酒店个性化、人性化服务和高效管理。联通智慧酒店产品架构图清晰地展示了酒店管理与服务流程中的各个角色和部门之间的交互关系，以及智慧酒店平台在其中的核心作用，各个角色和部门之间通过智慧酒店平台紧密相连，形成了一个完整的系统。该平台的服务对象是酒店管理者、住客和酒店工作人员。智慧酒店平台是整个系统的核心，它连接了所有的角色和部门。通过智慧酒店平台，各方可以进行高效的沟通和协作，确保服务的顺畅和质量的提升。该平台包含三个标准和五个系统，三个标准包括国家标准（GB）、公安标准（GA）和行业标准（LB），五个系统包括智慧客户、智慧客房、智慧互动、智慧安全和智慧监管。公安、消防部门和市场监督部门，都与酒店保持着紧密的联系，其通过平台获取相关信息，并在必要时提供支持和协助，负责监管和保障酒店的服务质量和安全性（图2-9）。

各类新兴智能技术与顾客的需求相结合，通过人工智能技术，大幅度减少了人工成本，提高服务效率；通过大数据技术，提供定制化的酒店服务，精准营销；通过数字运营平台，整合酒店资源，方便顾客满足服务需求，资源共享；依靠互联网技术，对酒店内的照明设备、温控系统、家具电器等设施进行智能化控制，为顾客提供个性化、智能化、现代化服务体验。顾客可使用移动终端、语音控制、人脸识别或虹膜识别进行自助入住、自助退房结算；智能控制灯光、空调、窗帘等基础设施的运用，达到节省运营成本、增加酒店的管理效率的目的。

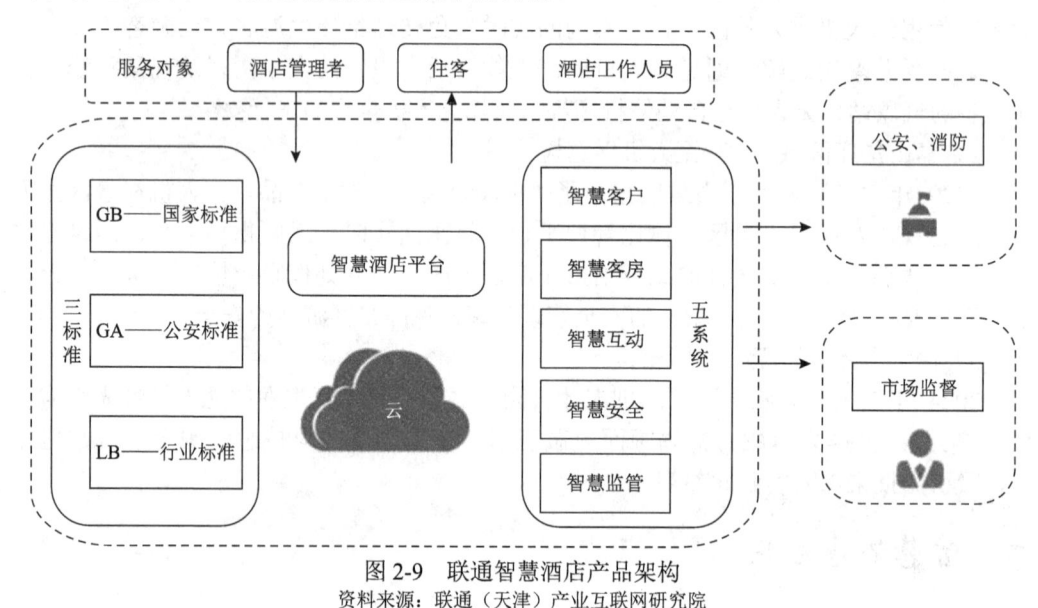

图2-9　联通智慧酒店产品架构

资料来源：联通（天津）产业互联网研究院

2. 5G对智慧酒店的影响

1）网速

5G技术带来了超高速网络体验，网络传输速度比4G时代快10倍。网速的提高为众多酒店智能设施提供了更高质量的网络服务支持，保证了网络智能设备的高速运行，提高了用户服务体验的连贯性及对智慧酒店的技术接受度。

2）超覆盖

5G新型基础设施建设使网络覆盖面较之前的通信网络更广，万物都在网络的覆盖之下，具有广阔的发展空间和应用空间。智慧酒店进一步融合网络，将网络直接连接到酒店的每一个房间，全部智能设施互相连接极大地提高了酒店管理效率，为顾客带来极致的交互体验。同时酒店方获取智慧出行信息，为顾客提供个性化接送服务，保证安全外出，提高顾客出行效率。

3）个人隐私保护

5G 技术安全加密级别极高，应用于智慧酒店行业，将会极大提高酒店用户个人隐私及信息的安全性。在如今信息逐渐透明化、传播渠道广、速度快的社会环境下，信息保护对于智慧酒店尤其重要，成为用户选择酒店的重要原因之一。智慧信息保护安全系数高，将会提升用户对智慧酒店的信任感，提升品牌形象。

4）个性化服务

智慧酒店接入 5G 网络后，将会提供更多个性化服务，用户可在房间内使用移动终端或酒店配置的设备智能操控照明、窗帘、电视、空调、网络等设施。实现智慧酒店洗衣、送餐等环节一体化。如今，越来越多的科技品牌加入智慧酒店赛道（表 2-1），生产智能家居产品应用至智慧酒店中，为酒店的个性化服务建设提供产品基础。

表 2-1　各大品牌智慧酒店产品

品牌	智能产品
科大讯飞	魔飞有屏音箱、人工智能电话管家、智慧工牌、服务质检平台、培训机器人
未来居	智能面板、智能网关、智能窗帘电机、智能灯带、智能门锁
小度助手	智能音箱大金刚/旗舰版、小度智能屏 X8/X6、小度智能感控屏

资料来源：品橙旅游

5）提高酒店内部协作效率

即使用户或者设备在以每小时 100 公里的速度移动，5G 网络也能够保证稳定的通信不断线，保持高速数据传输，支持每平方公里 100 万台连接设备，5G 技术这一强大功能保证了智慧酒店内部沟通的稳定性，极大地提高了酒店部门之间的沟通协作效率，及时高效地处理用户问题，形成内部协作系统，降低人力成本，建立酒店与用户之间的良好关系。

6）提高服务效率，降低成本

5G 技术的使用，为智慧酒店打开了新格局，采用智能手段极大地提高了服务效率，减少人力成本和其他的不必要开支，解决用户休闲娱乐活动不足等问题。5G 智慧酒店解决方案带来了酒店运营新模式，有效满足了用户多方面的需求。

（二）应用实例

1. 人工智能机器人

办理入住手续后，智能机器人将引领顾客至指定客房。顾客可以通过手机端下单，由智能机器人完成送餐等服务，还可以通过智能机器人的语音交互系统满足其他需求，有效提高服务效率与品质（图 2-10）。

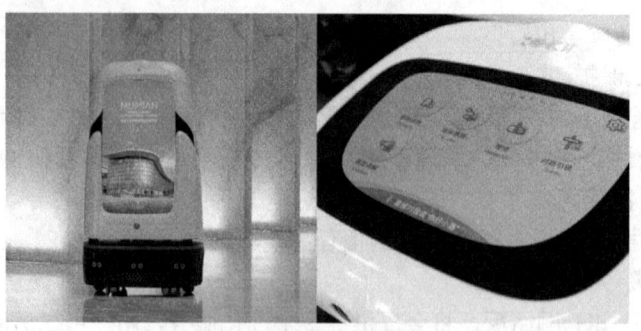

图 2-10　洛必德酒店服务机器人
资料来源：洛必德官网

2. 5G 云电脑

用户可使用自身携带的手机与云电脑相连接，满足旅程过程中的办公需求，实现云端办公，避免短途旅行携带电脑的麻烦，搭建便携商务办公环境，为频繁、长期出行的商务人士带来方便。

3. 智能音箱

可提供 24 小时客房智能服务，顾客通过智能音箱声音指令控制客房内智能设备，实时调控照明、空调等设施，还可以呼叫酒店前台，完成人工客房服务。通过语音交互系统与音箱进行交互，了解相关信息，包括天气、交通、景点情况等，为顾客带来出行便利。

4. 智能门锁

使用手机 APP 代替酒店卡片开锁，酒店完成智慧管理，节省实体卡片制作资源和人工成本。通过智能系统完成酒店预订，自动获得房间密码信息，实现自助入住，退房时，统一注销密码，方便管理，保障后续顾客的安全。同时智能门锁可以自动检测自身电量，避免电量耗尽的情况出现，为顾客带来便捷安全的入住体验。

5. 5G+4K 高清电视

通过 5G 的超大带宽与低延时，游客可在智慧酒店，使用手机端投屏，将手机"小屏"变为"4K 大屏"观看超清电影，获得私人影院般的高清体验，享受高品质住宿服务体验。

第五节　3S 技术及其应用

3S 技术是 RS 技术、GIS 和 GPS 的统称（图 2-11），其呈现出了广阔的应用前景。

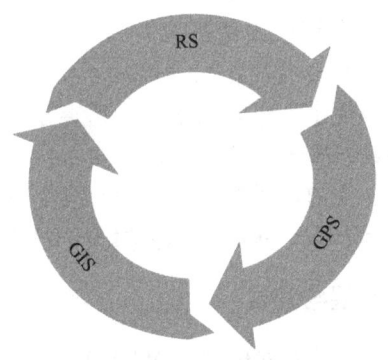

图 2-11　3S 技术构成

将 RS 中的图像和数据收集功能、GIS 中的数据分析和管理功能以及 GPS 中的定位精确度有机集成起来，构成一个强大的技术体系，可实现对各种空间与环境信息的快速、机动、准确、可靠的收集、处理与更新。3S 技术在我国的应用早已突破了地学研究的领域。目前，3S 已广泛应用于城市规划、交通、国防、旅游业及卫生事业等。

一、RS 技术

RS 技术是指从高空或外层空间接收来自地球表层各类地物的电磁波信息，并通过对这些信息进行扫描、摄影、传输和处理，从而对地表各类地物和现象进行远距离测控和识别的现代综合技术，已经应用到地质监测、航空卫星等诸多领域。

（一）"河南一号"遥感卫星

"'河南一号'，出征！"2022 年 7 月 17 日上午 7 点 37 分，伴随一声号令，"河南一号"遥感卫星（图 2-12）"乘车"离开吉林长春，驶向目的地太原卫星发射中心。

图 2-12　"河南一号"遥感卫星
资料来源：河南日报

重量仅为 40 千克、影像分辨率高达 0.75 米，由河南省与长光卫星技术有限公司合作研发的这颗"河南一号"高分遥感卫星投入使用后,将实现全河南省优于 1 米卫星影像每两个月覆盖一次。"河南一号"的分辨率,意味着它在 500 多千米的高空中,可以清楚地辨别地面上的每一辆小汽车。河南省对遥感专用数据处理系统进行升级,建设遥感智能解译与变化检测系统和云支撑环境,形成海量遥感数据自动化加工、智能化应用的省级遥感云计算中心。当前,遥感技术贯通市县乡三级遥感应用服务体系,推动遥感进入产业应用和地方综合治理,使河南省遥感影像数据开放共享成为现实。

(二)地质遥感技术的回望与发展

为形成卫星应用的新产业,中国地质科学院研究员、中国工程院院士赵文津指出,需要更大规模地推广、扩大、创新遥感应用,原因一是用户取得图像数据难;二是卫星遥感数据质量还需要提高,如空间和频谱分辨率不够高;三是作为主要用户的各级政府和国土管理部门,对必须使用卫星遥感数据的认识尚待进一步提高。在遥感推广应用的过程中,要注重用户提出待解决的新问题。要创新应用,需要从根本上创新遥感探测技术,以扩大其在各方面的应用能力,加强原创性的应用基础研究。

二、GPS

GPS 是具有海、陆、空全方位实时 3D 导航与定位能力的新一代卫星导航与定位系统,由空间星座、地面控制和用户设备等三部分构成。手机中的地图,共享位置信息、外卖、打车等应用都离不开 GPS。

(一)GPS 轨迹数据探究旅游者时空行为

我国旅游资源丰富,其中山岳型景区已成为热门的旅游目的地,吸引了大量的游客。山岳型景区地势陡峭且占地面积较广,虽然子景点众多,游客的游览活动空间却有限,他们的时空行为也因此而独具特色。这为学者们从更加微观的尺度分析游客行为提供了新的视角,实现了一种基于 GPS 轨迹数据的游客时空行为模式分析。研究结果对保障景区内的游客安全、加强景区的旅游业管理具有重要意义。

本节选取游客空间分布作为例子来解释 GPS 轨迹如何作用于游客行为分析。利用 GPS 轨迹与地理标记照片数据构建游客的时空行为信息。使用基尼系数、马尔可夫链、时间地理学以及机器学习算法(如平均聚类算法)等方法,从空间和时空两个维度分析华山景区游客的行为模式。根据游客停留时长及拍照位置,将游客的空间分布归纳为三类:景色吸引区、停留休息区和索道节点区。

(二)GPS 隐藏功能

GPS 还有很多隐藏功能,而且这些功能具有很大的价值。

1. 有效规避自然灾害

2003 年美国科罗拉多大学博尔德分校的地质学家克里斯蒂娜·拉森(Kristina Larsen)在研究北美阿拉斯加 7.9 级地震的地震波波形时,意外发现地震仪记录下的波形图与距地震震中 140 千米处的 GPS 记录下的波形图一致，地震波的振幅和频率都相同，由此启发了人们用 GPS 来预警地震的想法。GPS 覆盖范围广、精确度高，接收器更新速度快，在监控地震方面是最佳选择。GPS 监测地震工作原理，如图 2-13 所示。

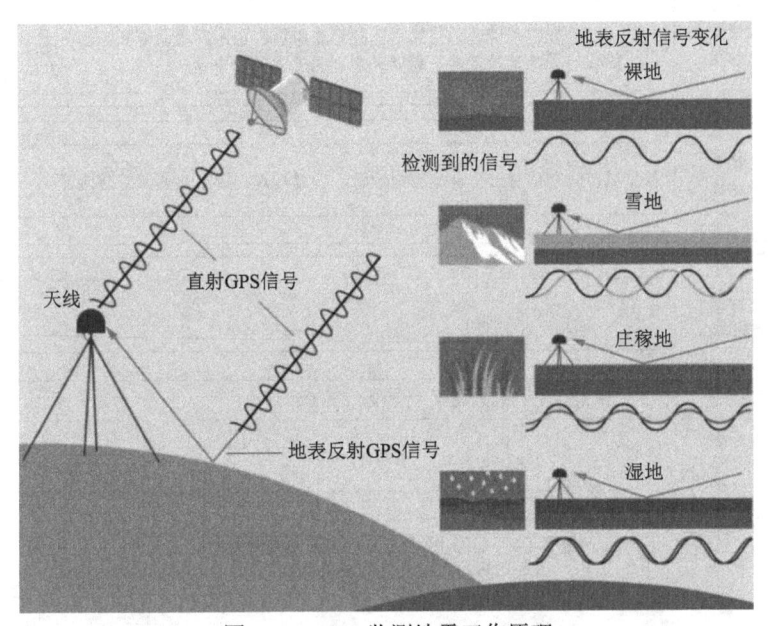

图 2-13　GPS 监测地震工作原理
资料来源："大科技"公众号《全球定位系统（GPS），不只是导航》

GPS 还可以检测火山喷发。火山爆发前，当岩浆向地下移动时，通常也会导致地表移动。与监测地震时的地表运动相似，通过监测火山周围的地表运动状况，研究人员可以了解到岩浆和熔融岩石的流动情况。

2. 监测地表含雪量及地下水位变化

导航时常用的 GPS 接收器主要接收 GPS 卫星发射的信号，但是不可避免地，卫星发射的微波会有部分散射到地面上，然后再被地面反弹，最后被 GPS 接收到。这类噪声也有作用。2005 年，拉森开始观察地面反射的信号频率，并尝试将反射信号和直接到达接收器的信号分离开来。她发现，通过分析反射信号的速度和能量可以判断地面附近的情况，比如地表上积了多少雪。通过测量不同地方的 GPS 接收到的噪声时间差，科学家将能判断河流的深度。此项应用的发现将广泛应用于评估全球变暖趋势以及地方土质疏松度。

三、GIS 的原理及应用

GIS 是一个专门管理地理信息的计算机软件系统，分门别类、分级分层地管理各种地理信息，进行各种组合、分析、再组合、再分析等，并能查询、检索、修改、输出、更新信息等。其广泛应用于区域地理环境研究，在资源调查、环境监测、自然灾害防御监测、国土资源管理、国土开发规划等许多领域中发挥着重要作用。GIS 应用软件业务的四大产品线，如图 2-14 所示。

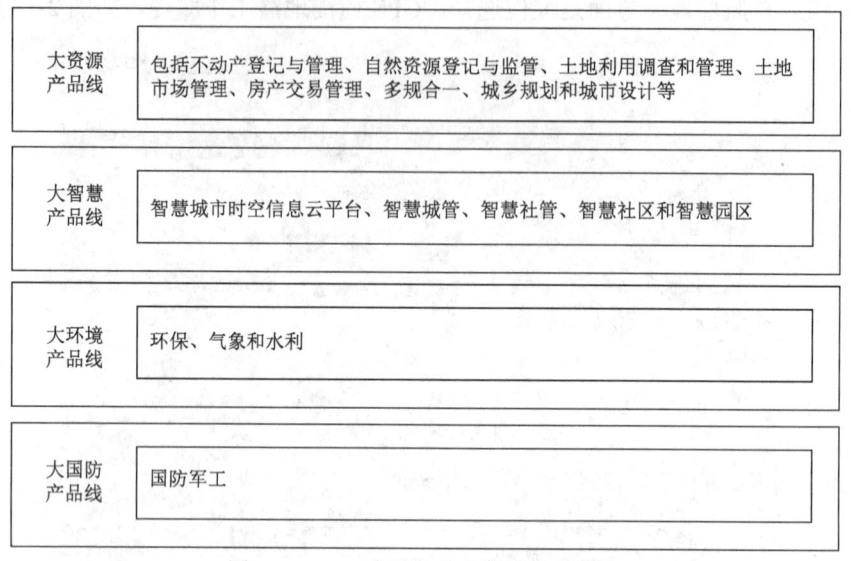

大资源产品线	包括不动产登记与管理、自然资源登记与监管、土地利用调查和管理、土地市场管理、房产交易管理、多规合一、城乡规划和城市设计等
大智慧产品线	智慧城市时空信息云平台、智慧城管、智慧社管、智慧社区和智慧园区
大环境产品线	环保、气象和水利
大国防产品线	国防军工

图 2-14 GIS 应用软件业务四大产品线
资料来源：华创公司报告

（一）GIS 涉域广泛

GIS 在我国智慧城市、不动产登记、个人移动服务等众多领域有广泛的应用。云计算、大数据、人工智能基础上的多维动态新一代 GIS 和大数据 GIS 为智慧城市建设和管理开创了全新的模式，使得城市管理工作向前能够延伸到城市规划设计，向后借助大数据优化让城市治理更加精细化。在主流智慧城市服务提供商阿里巴巴、腾讯、华为等公司的技术解决方案中均可见到 GIS 的身影，在智慧城市建设典型城市，如深圳、福州、武汉等的解决方案中，GIS 也有广泛的应用。

（二）GIS 助力北京龙软科技股份有限公司软件研发煤炭智能开采系统

地理信息产业是以地理信息资源开发利用为核心的高技术产业、现代服务业和战略性新兴产业。GIS 是目前处理空间信息的最佳技术，已成为改变人类社会工作方式、生活方式的重要推手。聚焦北京龙软科技股份有限公司，其主营业务是为以煤炭为主的资源开采行业提供安全生产管理与智能开采信息化的整体解决方案，主要客户为国内大中型煤矿生产企业。GIS 技术助力北京龙软科技股份有限公司成为国内领先的煤矿智能开采系统信息综合服务商。公司自主研发的煤矿 GIS 系列软件实现了对地下空间信息进行"动态、实时、集成、协同"处理，有效满足了煤矿井下复杂地质条件下的信息化综合需求，在面向智能开采的煤矿安全生产空间信息处理关键技术的研发与应用领域处于行业龙头地位，具有很高的市场认可度。

（三）开放合作，共同发展——北京超图软件股份有限公司携手 GIS 共创地理信息产业生态链

1. 智慧城市数字底盘——时空大数据平台

"时空大数据平台"围绕智慧城市对数据开放、共融共享的核心需求，采用大数据、云计算、人工智能、GIS 等技术，以地理实体为基础，承载自然资源数据，融合政务数据，集成城市大数据，建立覆盖时空数据汇聚、融合管理、挖掘分析、共享服务全流程的时空云平台，形成智慧城市数字底盘，面向自然资源、政务服务、行业应用等领域提供空间信息服务，带动城市规划建设管理、运行、决策等领域的智慧化应用。

2. 智慧街乡——"GIS+视频+人工智能"超融合

GIS 与人工智能技术、视频融合应用，通过智能视频自动识别人员信息并进行定位和搜索，可以用于残疾人、老年人、孕期妇女、未成年儿童等弱势群体的精细化服务，也可以用于重点人口的监控识别。"GIS+视频+人工智能"的深入融合，还能够解决球机在运动状态下对违停、翻越围栏等行为的识别，以及对重点车辆的追踪和搜索问题，可以依据车辆识别信息，自动描绘重点车辆的出现轨迹。

四、3S 集成与旅游电子商务应用

随着我国的社会经济条件逐渐变好，居民的可支配收入逐渐升高，人们对旅游的需求日益增加。但传统的旅游资源调查评价、景区规划、管理和服务已远远不能满足多层次用户的需求，全面提升旅游业管理服务水平已经迫在眉睫。景区的科学规划与布局、旅游线路的精心设计、时空的优化配置等都需要丰富的地理信息。日益成熟的"3S"技术，可以作为旅游业的一种新技术手段，弥补传统研究方法工作量大、成本高、工作周期长等缺陷，逐步应用于旅游资源调查与评价、旅游景区规划、旅游信息管理与服务等方面，为大众旅游度假、购物出行、导航定位提供服务。

（一）旅游资源调查与评价

旅游资源调查是指按照旅游资源分类标准，对旅游资源单体进行的研究和记录。通常采用收集、访问、实地观察、实验、绘图、摄影、录像等方式方法，逐个对旅游资源单体进行现场调查核实，主要调查研究旅游资源的分布现状、类型、特征、存在的问题、开发潜力等内容。

旅游资源评价是以旅游资源数据采集与管理为例，在调查的基础上，选择合理的评价方法，对评价区域内的旅游资源规模、质量、等级、开发前景以及开发条件等进行综合评判和鉴定。其目的是在合理开发利用和保护旅游资源的基础上，为旅游区的规划、开发及建设时序提供科学依据。

旅游资源调查与评价则是旅游电子商务的基础。在前期旅游规划以及开发阶段起到了不可磨灭的作用。在前期开发之时，工作人员必须采集大量的精细的数据进行统

计、比对、修改。如果用传统的人力野外调查及手工作业来完成此项工作，不仅耗费大量的人力物力，而且数据的偏差也会比较大，取得的效果甚微，这会严重限制旅游相关产业的发展。通过 3S 技术进行旅游资源调查与评价便可以很好地解决以上问题，通过该技术建立的数字地理空间框架可以提供丰富、准确的地理信息，进而统计分析旅游景区的旅游资源、自然环境以及人文环境的特征和变化特点，使我们对旅游景区的旅游资源情况了解更全面，分析更透彻且把握得更准确。首先是利用 RS 技术识别不同的旅游资源，并对不同的旅游资源进行监督和非监督分类，以达到查清旅游资源的数量及其分布的目的，用地形图或 GPS 点数据对影像进行几何纠正等处理，最后利用 GIS 建立旅游资源数据库，并利用 GIS 空间分析功能将之与相关的地形、交通、水文、气候等图层叠加，进行空间数据的统计分析，对旅游资源做出综合评价。

以北海公园旅游资源为例，基于 RS、移动 GIS 和 GPS 技术进行北海公园旅游资源数据的采集与管理。完成对北海公园典型旅游资源数据的定位导航数据外业采集工作，内业进行旅游资源数据转换输出建立旅游资源信息库，并对旅游资源相关属性信息进行录入，综合参照旅游 GIS 设计开发，在 GIS 环境下实现对旅游资源信息空间数据资料、文字资料、影像数据资料的管理整合，其宏观工作流程如图 2-15 所示。

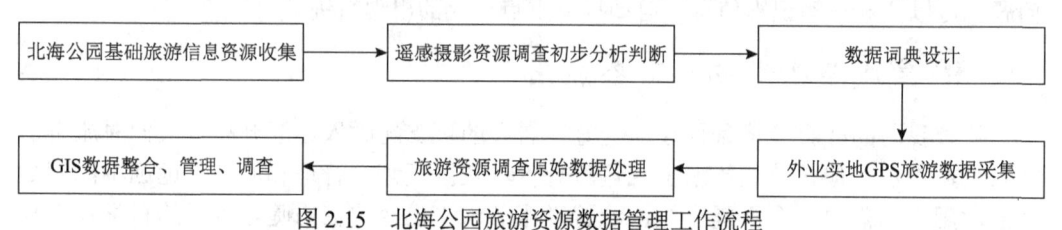

图 2-15　北海公园旅游资源数据管理工作流程

资料来源：张硕. 2015. 基于 3S 技术的旅游资源数据采集与管理[J]. 黑龙江科技信息, (12): 110-111

3S 技术是此项目的主要技术手段，从整体上安排好了项目的规划：基于 RS 影像资料参照实现 GPS 数据采集应用，并结合 GIS 软件对采集数据进行管理整合和数据成果输出。GIS 与 GPS 集成技术以其强大的空间数据实时采集和处理与精确的空间实时定位能力为旅游信息的实时采集与及时处理提供强有力的技术支撑，为繁杂的数据管理、多源的成果表达和空间数据分析提供快速、方便、准确的方法和手段。

（二）旅游景区规划

旅游景区规划是指为了保护、开发、利用和经营管理旅游景区，使其发挥多种功能和作用而进行的各项旅游要素的统筹部署和具体安排。

在旅游景区规划中主要使用 GIS 技术。首先，通过 RS 和 GPS 进行旅游资源调查，然后将数据输入到 GIS 中，建立数据库。其次，统计分析数据，并利用 GIS 的拓扑叠加功能，将旅游相关因子与旅游资源评价图叠加，进行优先规划开发区域的分析，利用 GIS 的网络分析功能，进行可进入性分析，规划旅游线路及配套基础设施，利用 GIS 的缓冲区分析功能，分析划定旅游景区的保护范围，利用 GIS 数字高程模型分析景点之间的通视性。再次，利用 GIS 空间建模功能建立分析预测模型，进行旅游景区环境容量分析、游客容量分析等。最后，利用 GIS 的制图功能绘制旅游资源分布图、旅游规划图等图件。

长期以来，人们以地图为工具对景区内的风景资源等全面情况进行调查、评价和综合分析，并作出规划。规划的成果包括文字、表格、图件等全部采用手工编制，因此修改、保存极不方便。3S 技术能够为景区的规划与研究提供有力的工具。景区空间信息的采集和定位、规划成图等均可在 3S 技术支持下完成。规划的成果存储在计算机中，查询、修改等都很方便。

以仙居风景区的研究为例，3S 技术在仙居风景区的研究与总体规划中的应用表明：有关风景资源信息都可以存储在 GIS 中，可随时查询、分析、处理、显示、更新，GIS 将成为景区管理与决策的有效工具；在空间定位方面，用 GPS 定位较手工地形图定位更便捷。如果将 GPS 与 GIS 结合，则可以发挥各自的优势，使空间信息的查询、分析更方便。在进行景区空间信息的采集与定位时，利用 RS 采集空间信息，将仙居的地形起伏制成拥有精确数据的地图，对景区的植被分布和土地利用状况的调查非常有用。

（三）旅游信息管理与服务

3S 技术可以集成共享各种信息，借助该技术既方便游客了解旅游景区情况，合理安排旅游行程，又可以辅助旅游管理者更好地进行旅游管理与调度，在旅游业的高效管理、科学决策和宏观指导等方面发挥重要作用。一方面，该技术可以为游客提供便利服务，帮助游客进行空间定位，确定所在位置及行走速度和方向，同时也可以为游客提供旅游地的信息，获得任何景点的分布、旅游服务设施的位置、道路信息等各种属性，还可以查询住宿、交通情况等。另一方面，该技术也可以为旅游管理者提供服务，借助该技术各旅行组织接待单位可以查询客源、客流量、游客消费情况，进而科学设计旅游路线，进行合理调度。

3S 技术能共同应用于很多领域，但是它们在解决问题的功能上又存在着各自的优点和不足。GIS 具有较强的空间查询、分析和综合处理能力，但获取数据困难；RS 能实时高效地获取大面积的区域信息，但数据定位及分类精度差；GPS 能快速地给出目标的位置，对空间数据的精确定位具有特殊意义，但它本身通常无法给出目标点的地理属性。因此，只有将三者紧密有机结合，形成一个多功能综合的技术系统，才能有更广泛的应用范围与应用前景。

案例分析：GPS 不仅仅是想象中的定位系统

GPS 这一如今普遍内置于每个人手机中的技术，其起源可追溯到美国军方。20 世纪五六十年代，为了满足海陆空军的定位需求，美国国防部研发了一套基于人造卫星网络的定位系统。随着冷战末期 24 颗卫星的成功发射，GPS 正式投入使用。冷战结束后，该系统开始向民用市场拓展，几乎在全球范围内形成了垄断态势。

GPS 技术的核心原理在于三角定位法。由于轨道上的卫星位置已知，地面上的 GPS 接收器通过向空中卫星发射信号，并根据信号往返时间计算出与卫星的距离。以这些距离为半径、卫星位置为圆心绘制出的曲线与地球的交点，即为接收器所在位置。然而，在实际应用中，GPS 信息很容易被采集和伪造，引发了诸多隐私担忧和风险。

1. 易被采集的 GPS 信息

一方面，大量终端设备在无须定位功能的情况下，仍然采集并上传用户的位置信息。只需在安装 APP 时稍加留意，就能发现许多与地理位置无关的产品也在请求定位权限。一旦授权，这些产品滥用权限的风险便难以避免。另一方面，智能硬件也在悄无声息地采集用户的位置信息。如果不仔细阅读说明书，用户往往难以察觉。2017 年底发生的"智能手环军事泄密"事件就是一个典型例子。一家服务于多家智能运动手环品牌的 GPS 追踪企业发布了一幅全球热力追踪地图，却意外暴露了美国军方士兵的运动和巡逻轨迹。

2. 易被伪造的 GPS 信息

此外，GPS 信息还面临着被伪造的风险。以热门游戏《精灵宝可梦 GO》为例，该游戏基于位置服务系统，鼓励用户走出家门捕捉精灵。然而，一些"终极死宅"却通过伪造 GPS 信号的方式，使用户在家中就能实现游戏内的探索与捕捉。他们利用工具计算出特定时间和地点的 GPS 卫星信号数值，并通过软件无线电信号发射器发射出来，整个过程的成本仅几百美元。

在享受技术带来的便利的同时，我们确实需要让渡一些个人隐私。同时，我们也应该信任那些为我们提供服务的企业，相信他们不会轻易滥用我们的位置信息。然而，在现实中，第三方侵犯隐私的风险却难以完全避免。例如，现在网络上存在的实时手机定位寻人服务，通过伪装成文章链接或企业红包的形式，诱使用户同意位置请求，并将获知的信息发送给购买服务的客户。整个过程中，被获取信息的人往往毫不知情。

因此，我们在使用 GPS 及定位信息时，应时刻保持警惕，仔细阅读产品说明书和隐私政策，避免不必要的隐私泄露。同时，相关企业和监管部门也应加强监管和技术研发，确保用户隐私的安全与保护。

（案例依据公开网络资料自行编写）

讨论与思考

除了上述旅游资源调查与评价、旅游景区规划和旅游信息管理与服务三个方面，3S 集成技术在旅游电子商务中还有哪些方面的应用，请举例说明。

参 考 文 献

艾瑞咨询. 2022. 积基"数"本、重塑产业: 中国物联网行业研究报告[R]. 上海: 1.
迟艳阳, 陈学清, 崔涣然, 等. 2020. 酒店"智慧化"发展的创新思考[J]. 时代经贸, (25): 102-103.
段云峰. 2020. 5G 开启万物智能[M]. 北京: 人民邮电出版社.
工业和信息化部. 2021. 工信部等八部门印发《物联网新型基础设施建设三年行动计划（2021 年～2023 年）》[J]. 机械工业标准化与质量, (12): 9-13.
何顺民, 曹文泉. 2019. 网购平台个性化推荐算法的伦理困境及规制——以移动电商"淘宝"为例[J]. 城市学刊, 40(3): 1-6.
金丽芳, 刘雪萍. 1997. 3S 技术在风景区规划中的应用研究[J]. 中国园林, (6): 23-25.
兰楠. 2020. 浅谈旅游电子商务发展[J]. 广东蚕业, 54(1): 63-64.
李航, 陈后金. 2011. 物联网的关键技术及其应用前景[J]. 中国科技论坛, (1): 81-85.
李玉林, 李玲玲. 2020. "3S"技术在国内旅游开发研究中的应用分析[J]. 甘肃科技, 36(20): 49-51.
刘耕, 苏郁, 等. 2020. 5G 赋能——行业应用与创新[M]. 北京: 人民邮电出版社.
刘强, 崔莉, 陈海明. 2010. 物联网关键技术与应用[J]. 计算机科学, 37(6): 1-4, 10.
马倩倩. 2016. 龙门石窟智慧景区游客体验研究[D]. 开封: 河南大学.
米雪. 2020. 5G 智慧酒店管理解决方案[Z]. 天津: 联通产业互联网研究院.
孙其博, 刘杰, 黎羴, 等. 2010. 物联网: 概念、架构与关键技术研究综述[J]. 北京邮电大学学报, 33(3): 1-9.
王惠. 2020. 景区 APP 智慧旅游体验的游客满意度调查报告——以上海迪士尼度假区为例[J]. 商展经济, (14): 37-39.
吴功宜, 吴英. 2018. 物联网工程导论[M]. 2 版. 北京: 机械工业出版社.
叶华云, 曾子婷. 2021. 5G 时代智慧酒店顾客体验设计及发展策略[J]. 老字号品牌营销, (8): 107-108.
张凡. 2021-11-18. 优必选科技首席品牌官谭旻: 行知合一擦亮"中国智造"全球品牌[N]. 中国贸易报, (4).
张骥, 杨文昕, 梁晓辉, 等. 2020. 5G 智慧文旅在宽窄巷子景区的应用探索[J]. 通信与信息技术, (5): 50-54.
张茜. 2019. 康佳易平方推出易聚屏 构建物联网时代新生态[J]. 成功营销, (11): 56-57.
张硕. 2015. 基于 3S 技术的旅游资源数据采集与管理[J]. 黑龙江科技信息, (12): 110-111.
赵广立. 2021-07-12. 中科院自动化研究所 跨模态通用 AI 平台"紫东太初"发布[N]. 中国科学报, (4).
中国互联网协会. 2021. 中国互联网发展报告（2021）[R]. 北京.
ITU Strategy and Policy Unit. 2005. ITU Internet Reports2005: The Internet of Things[R]. Geneva: International Tele-communication Union.
Liu W, Wang B, Yang Y, et al. 2022. Cluster analysis of microscopic spatio-temporal patterns of tourists' movement behaviors in mountainous scenic areas using open GPS-trajectory data[J]. Tourism Management, 93: 104614.

第三章 "互联网+"背景下文旅产业技术变革

● 学习提示

一、教学内容

- ◇ 传统旅游业以及技术改革对其影响
- ◇ 信息时代旅游业的供应链变化以及发展趋势
- ◇ 旅游业态创新的机制与路径
- ◇ 世界旅游的发展趋势
- ◇ 旅游电子商务行业的现状和发展路径

二、学习重点

- ◇ 了解文旅产业的新型供应链
- ◇ 了解文旅产业的新技术应用
- ◇ 了解创新驱动体系下旅游业新常态

第一节 传统旅游业技术创新必要性

旅游业本质上是信息密集型和信息依托型产业，技术创新是其产业结构升级的基础和动力，产业技术创新活力越强，对资源要素的配置与融合作用越强，区域旅游业成长也就越快，旅游业价值链逐步向高端攀升。旅游产品技术创新是旅游业集群形成具有竞争特色的旅游业体系的要素。当下市场竞争日趋激烈，无论是旅游业还是文化产业，要想赢得竞争优势，满足多样化的消费需求，都必须针对时代大环境的具体情况以及消费者需求情况，最大限度地利用好信息技术对文旅产业的推动作用，以提高文旅产业的整体运作效率，推动传统旅游业迈向当代服务业的大门。

一、传统旅游业技术应用存在的问题

（一）资源驱动型发展模式阻碍动能更新

传统旅游业在 20 世纪 80 年代到 21 世纪初的飞速发展得益于改革开放的政策红利和旅游人口红利。受团队游模式影响，传统旅游业很长一段时间都保持"人山人海吃红利，圈山圈水收门票"的发展模式。受 20 世纪 80 年代入境旅游的影响，旅游业被认为是投资少、见效快、可持续发展的"永远的朝阳产业"。发展模式陷入了资源开发的路径依赖困境，这种模式主要指向旅游产品开发和目的地建设，为了吸引更多游客、提升综合消费，而忽视了地方经济、社会发展水平和综合实力的竞争。如今旅游需求散客化、个性化，这种资源依赖和自发成长的模式已无法继续引领行业发展，也阻碍了产业发展动能和企业研发机制的更新。

（二）信息封闭性强，内部竞争严重

传统旅游业虽然设有旅游服务咨询中心并开通了旅游服务热线，但在旅游公共服务方面提供的信息较少，信息的封闭导致游客无法随时随地查看相关旅游信息，也无法了解更多旅游产品推荐服务的详细信息。在传统旅游模式中，信息交流和传播滞后，游客对旅游过程的真实评价不易被大量、广泛收集，对比选择旅游目的地时也难以将其他游客的满意度纳入考量。同时，传统旅游业的线路主要集中在重点旅游景区和知名旅游地上，不仅限制了消费者的选择空间，导致消费者在游览过这些景点后就难以再依靠旅行社规划出行，而且使得不同旅行社之间的产品同质化严重，行业内部竞争激烈，易走向寡头竞争模式。

（三）行业监管不严，损害旅游业公信力

一些地方政府为了经济发展，轻视旅游行业的诚信监管，使得传统旅游业存在大量欺诈消费者的现象。同时，旅行社不合理的工资制度导致导游损害游客利益的事件频发。传统旅游业的信用与声誉受到严重影响，导致潜在客户的流失。近几年网络与媒体迅速发展，许多原本无法触及的违规现象得以向更多人揭露，这种不可持续的发展也愈发艰难。

（四）产品营销和展示形态固守单一

传统旅游业营销模式单一，旅游企业以中小型企业为主，通过报刊和电视等媒介进行营销宣传，以"推销观念"为主要经营思想，忽略了市场需求及其变化，因此，宣传的总体效果并不理想且存在较高的成本风险。在现代网络社会时代，营销手段多元化，除了通过小红书、知乎等社交媒体平台进行宣传，旅游企业还利用捆绑销售等多种多样的形式进行营销。

(五)文旅融合体系不够健全

文化和旅游具有天然的融合性,在旅游发展中,文化以民俗、故事、文创等不同形式融入旅游产品。由于文旅产业以往的融合大多属于自发性融合,缺乏系统和科学的理论指导,文化旅游产品尚未形成完整的产品体系。在文旅融合的发展和研究中,目前学界和业界均只停留在分析融合的现状,而对文旅融合的思路、方式、结构等方法论体系没有进行深入分析。

二、技术应用与模式创新的必要性

(一)旅游业自身的不稳定性

旅游业的发展受到内部和外部因素的影响与制约,内部因素是指业内组成部分之间以及有关部门行业之间的比例关系的协调,如旅游资源、基础设施、酒店和交通,以及上下游行业的波动都会对旅游业造成影响。外部因素是指各种自然、政治、经济和社会因素,如旅游业的季节性。

旅游不是生活必需消费,人们对其需求具备不稳定性。种种因素产生的影响使旅游业在某一特定时期或地区内具有很大的波动性,不论是旅游客源地还是旅游接待地的各种微小变化都会在较大程度上对旅游需求产生影响,从而增加旅游业经营的不稳定性。这使得旅游业的微观经营和总体发展都具有较大风险,一些极其偶然的"黑天鹅"事件也总能对旅游业造成重大冲击。世界旅游城市联合会与中国社会科学院旅游研究中心发布的《世界旅游经济趋势报告(2022)》指出,2020年新冠疫情席卷全球,2021年又不断出现新的病毒变种,致使全球旅游陷入全面深度衰退之中。2020年全球旅游总收入同比下降48%,但全球国内生产总值(gross domestic product,GDP)仅下降3.4%。2021年全球旅游总人次(含国内旅游人次和国际旅游人次)达66亿(图3-1),全球旅游总收入(含国内旅游收入和国际旅游收入)达3.3万亿美元(图3-2),分别是2019年的53.7%和55.9%。可见,旅游业具有较强的综合性和敏感性,经济、政治、自然灾害等外部环境的变化往往会对旅游业产生直接影响。

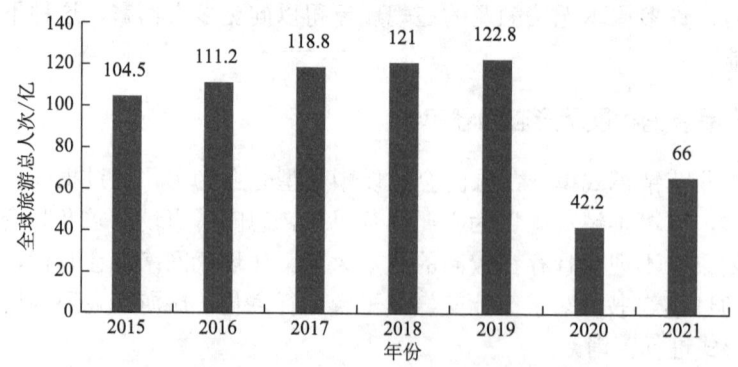

图3-1 2015~2021年全球旅游总人次变化
资料来源:2016~2022年《世界旅游经济趋势报告》

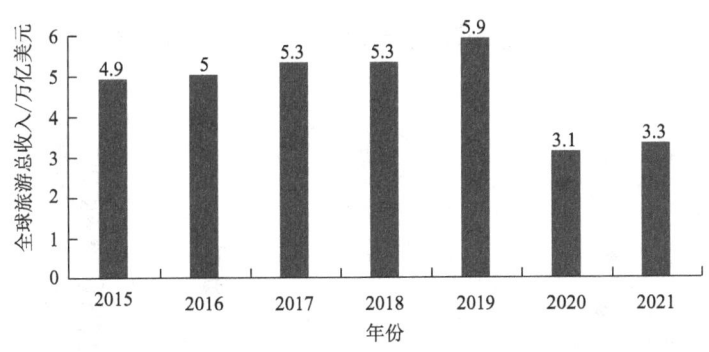

图 3-2　2015～2021 年全球旅游总收入变化
资料来源：2016～2022 年《世界旅游经济趋势报告》

以互联网为代表的非传统业务则能够克服时空障碍，减小外部环境因素给旅游行业带来的影响。例如，布达拉宫在淘宝上进行了首次直播，观看人数超过 100 万人次；敦煌研究院推出"云游敦煌"小程序，上线 10 天独立访问用户累计超过 100 万人。携程在 2020 年疫情期间发起了"景区云旅游"活动，联合 8 家语音导游供应商，免费开放覆盖我国 31 个省（自治区、直辖市）[①]和全球 48 个国家的 3000 家景区的近 7000 条语音导览产品，活动一周，语音导览产品使用人数激增。"新产品、新科技、新模式、新体验"将为行业开辟新市场，注入新能量，推动"互联网+旅游"的深度转型，为整体业务提供更加强大的赋能。

（二）旅游消费需求升级且旅行方式改变

互联网快速发展使得人们的消费观念和生活方式发生了巨大变化，加之全球疫情来临后，更加凸显了互联网的重要作用，真正让互联网产品走进千家万户。人们对旅游产品的需求也随之发生改变，传统旅游业的发展观念已经难以适应人们日益增长的旅游需求。

Fastdata 极数团队在其发布的《2021 年中国在线旅游行业报告》中指出，全球 Z 世代人口达到 24.7 亿，占全球总人口的 32.1%，随着 Z 世代人口大规模成人，旅游消费能力快速释放，将引发中国及全球旅游消费需求、预订方式等的深刻变革。随着旅游者的旅游经验越来越丰富及年轻旅游者的快速崛起，旅游者的旅游方式也发生快速而巨大的变化，从单纯游到边游边玩，再到追求沉浸式的深度体验，旅游者正摆脱"打卡式"的旅游文化。优质的旅游内容对旅游用户的锚定效应越来越明显，目前已进入新内容流量时代，旅游内容对用户出游选择的影响愈发明显。

据中国旅游研究院、携程旅游大数据联合实验室发布的《2018 年上半年出境旅游大数据报告》，近年来，在出境跟团游中，游客出行从与陌生人组成大团队旅游，逐渐演变成更注重私密、回归家庭的小团旅游，步入小团化、个性化、主题化、高品质的发展新阶段，越来越多的人会选择服务更好的私家团、精致小团，以四钻、五钻级

---

① 不包括港澳台地区。

为代表的"新跟团"产品小型旅游团成为大多数用户的选择（图 3-3 和图 3-4）。

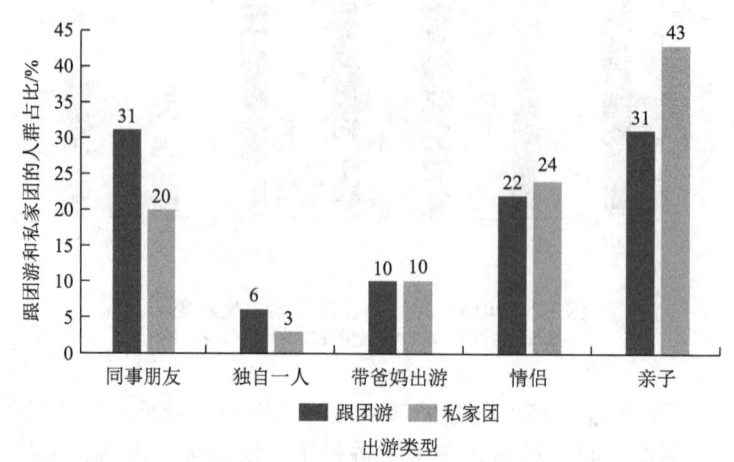

图 3-3　各群体选择跟团游、私家团占比分布
资料来源：中国旅游研究院、携程旅游大数据联合实验室发布的《2018 年上半年出境旅游大数据报告》

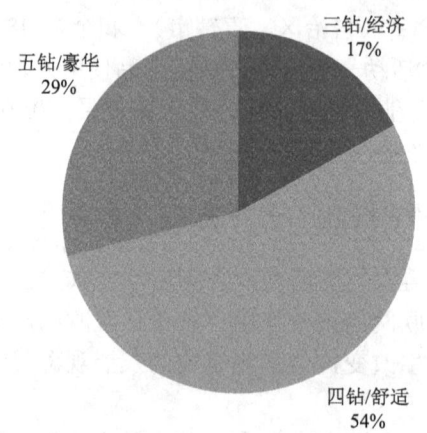

图 3-4　携程用户选择不同级别跟团游产品的占比
资料来源：中国旅游研究院、携程旅游大数据联合实验室发布的《2018 年上半年出境旅游大数据报告》

疫情期间，人们的出行空间受到限制，传统的旅游业异地空间消费模式受到很大的挑战。猫途鹰（Tripadvisor）在《2020 年旅游报告》中指出，疫后游客更注重环境卫生，也更愿意自驾以及选择去人少和环境好的户外，一米的社交距离使得一些户外活动以及自然风景区更受欢迎，如徒步、沙滩休闲等，"无接触度假、近郊游、预约游览"是关键词。旅游企业必须转变传统的发展观念，以互联网为依托，积极开发更加多元的旅游产品和服务。

以浙江大数据交易中心的旅游智能机器人项目为例。针对自由行的用户，机器人能够根据用户提供的基础信息帮其定制个性化旅游行程，而且在旅游行程之中，也可以为用户提供全程贴身的智能化导游咨询服务，除景点讲解、咨询问题外，还能提前做好计划安排，且不会强制购物，用户只需享受旅行。

(三)时代政策的客观要求

工业经济时代向服务经济时代的演化,以及服务经济时代向体验经济时代的演进,促进了经济的全球化和消费者需求的个性化与多样化。伴随着信息技术的不断突破与对服务行业潮流的推动,技术创新在提升产业生产效率方面做出了巨大的贡献。

近年来,信息产业和旅游产业及文旅融合逐渐受到国务院等的重视。2018年3月,文化部、国家旅游局职责整合,组建文化和旅游部。一场以促进文化和旅游融合发展为目标的改革拉开序幕。"十四五"时期,文旅融合的实践进入实质阶段,在文化和旅游的融合发展中,科技进步和技术创新始终活跃,各项政策支持旅游企业利用科技完善服务。2020年底文化和旅游部、国家发展和改革委员会、公安部等10部委联合印发的《关于深化"互联网+旅游"推动旅游业高质量发展的意见》中明确提出要加快提升国家全域旅游示范区、国家5A级旅游景区、国家级旅游度假区等各类旅游重点区域5G网络覆盖水平。鼓励各地扶持行业创新,引导云旅游、云演艺、云娱乐、云直播、云展览等新业态发展。

大数据、云计算、物联网、5G等技术快速发展,拓宽了文旅市场。互联网、VR等科技新要素推动传统文旅产业转型升级,为文旅产业高速和高质量发展、融合发展带来新动能。互联网科技企业,将科技深度嵌入文化旅游中,丰富了游客游览体验。华为与敦煌研究院合作,对莫高窟进行高精度的扫描和数据采集,复刻了一个虚拟莫高窟旅游空间,将敦煌数字壁画、数字洞窟在华为AR河图中与真实场景合二为一,让游客能够利用手机APP看到更加鲜活、生动的莫高窟。

疫情防控进入常态化阶段后,各旅游集团也在加速推进资源整合和产业升级,将疫情的冲击转变为再出发的契机,纷纷加速数字化转型和基于新技术的创新布局,通过科技新动能加速商业模式创新和产业格局重构,为文旅产业的信心恢复和全面复工复产贡献了重要力量。文旅产业的技术创新顺应时代发展的潮流,是信息时代旅游业发展的一次大革命,是推动文旅产业更好地服务民生的一种必然方式,是破解当前文旅产业发展难题的迫切需要,更是文旅产业转型升级的战略需求。

讨论与思考

1. 阅读相关文献,对比分析传统旅游业与新文旅产业之间的区别与联系。
2. 请举例说明技术创新在旅游业中的应用场景,并讨论技术赋能旅游业的路径。

第二节 转型升级新型供应链

目前,我国文化与旅游产业已经进入转型升级"提质增效"的关键阶段,面对新机遇、新目标、新路径，如何在激烈的市场竞争中生存并得到长远发展，是很多文旅产业的企业一直在探索的问题。随着大数据时代和移动互联网时代的到来，传统旅游业发展的瓶颈、制约因素和问题日益凸显，亟待解决。正确认识文旅产业供应链的变化，主动适应产业供给侧结构性改革，更好地满足旅游消费者需求，提升旅游产品的供给质量和效率，是文旅产业必须要研究的课题。

一、文旅产业内部性与外部性的适应

（一）文旅产业供应链的概念

国外学界对旅游供应链的概念界定有三种比较具有代表性的说法。第一种阐释，旅游供应链是旅游业中能将在旅游活动中获得利益的不同团体结合在一起的独特的供应链结构。第二种阐释，Richard 和 Font（2004）提出，旅游供应链是一个能够提供一切旅游服务或产品的各种机构的综合体。第三种阐释，Zhang 等（2009）则认为，旅游供应链是一个由旅游活动参与者组成的旅游组织网络。随着研究不断深入，国外学者对旅游供应链的特征逐渐达成共识：首先，旅游供应链受到旅游产品综合性等特点的影响；其次，旅游供应链主体涉及广泛；最后，旅游供应链是复杂的网络结构。

国内学者对旅游供应链的概念定义也有两种比较具有代表性的说法。第一种认为旅游供应链是一种网状结构。郭捷（2020）认为，旅游供应链是围绕满足游客需求而构建的一种既包括食、宿、行、游、购、娱六个方面的供应商，又包括分销商和最终用户的网状结构。第二种认为旅游供应链就是将传统制造业中的供应链管理思想移植到旅游行业上。郭海玲等（2011）认为，在某种程度上，旅游供应链是供应链原理在旅游行业的具体应用，但它又有自己的一些特征。

结合中国旅游市场的实际情况和发展特点，选用冯小梅和王建喜（2010）所提出的以旅行社为核心的旅游供应链的概念，本教材认为旅游供应链是以旅行社为核心，由旅游"食、宿、行、游、购、娱"各要素直接供应商及其他旅游间接供应商等共同构成的功能网络结构。以旅行社为核心的旅游供应链模型如图3-5所示。

（二）传统旅游业供应链的问题

以旅行社为核心的旅游供应链在过去一段时间内能较好地满足旅游者的基础需求，适应我国文旅市场发展起步慢的状况。旅游者花费相对较低的价格，不需要投入过多的精力，就能获得较为完整的旅行体验，这是以旅行社为核心的旅游供应链的突出特点和核心竞争力。旅行社组团出游，由熟悉当地情况的导游作为旅行向导的组织形式也较好地契合了中国人喜欢热闹、集体行动、安全至上的心理需求。可以说，以旅行社为核心的模式是国内大部分旅游者关于旅行的第一印象。

我国文旅产业随经济的发展进入新常态。旅游活动成为普通大众的刚需，全民旅游、大众旅游的时代到来。一方面，居民收入和消费意识的提升，使得旅游者对旅游目的地的选择偏好和评价标准发生巨大转变，旅游消费逐渐向追求高质量、个性化的

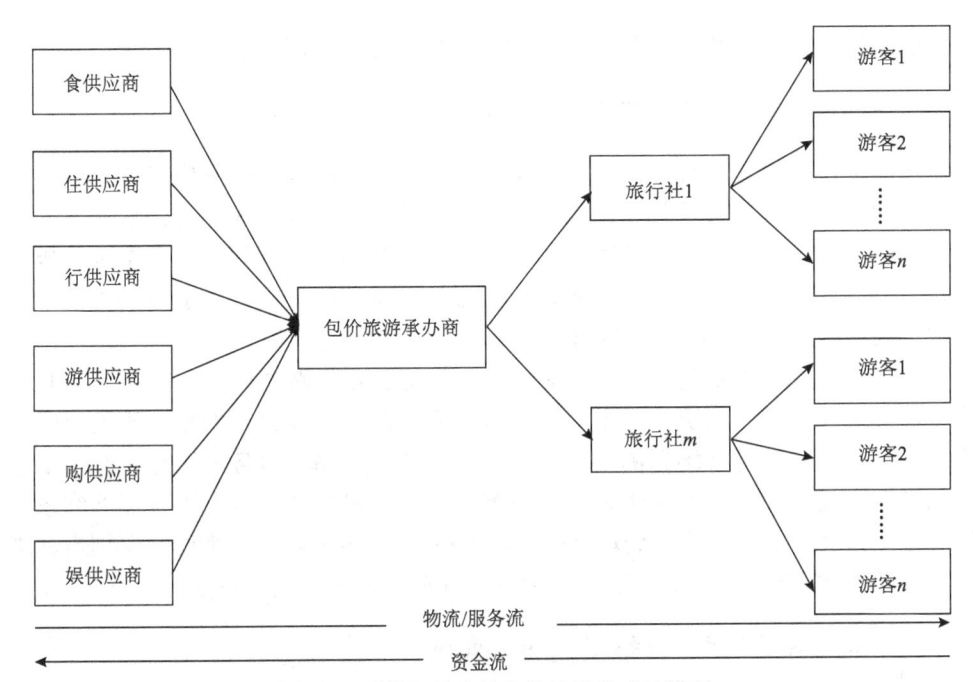

图 3-5　以旅行社为核心的旅游供应链模型
资料来源：马青. 2012. 现代信息技术背景下个性化旅游服务供应链研究[D]. 济南：山东财经大学

方向发展。另一方面，面对旅游需求端的巨大变动，供给端的市场反应和服务转变都比较滞后，大部分旅游目的地的旅游供给还停留在传统的较低层次上，有效供给严重不足。以旅行社为核心的传统旅游供应链的弊端开始显现：旅游者的观览体验受到限制，旅行社的既定线路无法满足不同旅游者的个性化需求，约束了旅游者的活动范围和自主选择能力。同时，人力成本上升和组织费用增加，导致跟团费用不再经济实惠，旅游者在此情况下更愿意多花一点钱来选择更加自由的个性化旅游模式。旅行社运营成本逐渐提高，客流却在不断减少，因而利润呈现持续下降的趋势。旅行社的问题只是整个传统旅游供应链问题的冰山一角，要从根本上解决旅游供应端的问题，必须从全局入手，从宏观角度考察整个文旅产业旅游供应链的问题。

1. 忽略生态效益，管理方式粗放

传统的旅游业过分注重经济效益，缺乏生态旅游、保护原生态的理念，很多旅游目的地仍保持着"以牺牲环境为代价"的传统旅游模式，对生态环境、历史文明、文化特色缺乏保护，对当地的风俗习惯、行为禁忌等缺乏尊重，只注重对目的地的单次开发而不注重目的地的可持续发展，导致旅游目的地开发过于商业化，甚至给当地居民的生活带来破坏性影响。

同时，旅游目的地管理方式粗放、缺乏供应链整体协调和系统开发的思想，各景区为了经济效益盲目跟风、重复建设、对市场需求预测不准造成有效供给不足和无效供给过剩的现象。有些旅游产品和服务"坐地起价"，价格与质量不匹配，对当地旅游服务的口碑造成极大损害，旅游满意率始终维持在较低水平。

2. "堰塞湖"现象严重，智慧化水平低

传统的旅游建设重资源开发，轻信息技术应用。当前国内智慧旅游建设虽有一定成效，但旅游业整体的智能化水平偏低，缺乏市场预测和景点承载力评估能力，致使节假日出游的"堰塞湖"现象严重。由于缺乏事先的预期和规划，很多景区的排队时间动辄持续几个小时以上，甚至比游览时间还长。每年的节假日黄金周，"堵、挤、贵"成了国内旅游者面临的主要问题。

"堰塞湖"现象主要是由于国内旅游行业智能化水平普遍偏低，旅游服务商和旅游者无法提前预知景区状况，网上购票系统落后，门票"超售"严重，景区变成"人海"；旅游产品和服务市场预测不准，致使旅游旺季产品和服务短缺等，激起了旅游者和旅游服务提供商之间的重重矛盾。根据南方都市报《40 万+人次挤爆网红景点！全国各景区挤哭了，人人从众众众众……》的报道，2019 年五一期间，深圳市深圳湾公园游客超过 40 万人，游客进入公园要排队 40 分钟以上，洗手间排队至少 1 小时。

3. 产业链发展不平衡，缺乏规划和精细管理

目前国内传统旅游缺乏供应链管理理念，只注重旅游目的地的开发和宣传，缺少对相关的交通运输业、金融业、餐饮业、邮电通信业、居民服务业等多行业的产业融合和资源整合，导致旅游相关产业配套不齐全、管理不规范，频繁"坐地起价"的现象扰乱了旅游市场的正常秩序。例如，某海岛城市虽然坐拥海岛风光，但当地的旅游产品和住宿服务在定价管理方面有待提升，房价旺季定价偏高，当地生产的热带水果和特色海鲜定价同样高于异地销售的价格。旅游者在旺季前往该城市，很可能面临既要加价购买配套旅游服务产品，又不能完全体验当地的旅游特色和民俗文化的问题。

一些社交平台中的旅游分享虽然在一定程度上为旅游者提供了更多的参考，但也催生了批量好评等一批灰色产业链。旅游者被平台上的旅游攻略所吸引，精美的图片、华丽的描述，让人心向往之。但当到达旅游目的地时游客才发现，原来大片的好评是通过商家的好评积分和景点的高额返现等手段换取的，这不仅背离了旅游者客观评价和分享的初衷，对于产业链改革、旅游景区规划和旅游者出行决策都是百害而无一利的。

4. 同质化恶性竞争严重，软实力有待提高

国内旅游资源丰富，但大多旅游项目开发方式较为粗放，缺乏长远规划，存在盲目跟风建设、追求赚快钱、盈利能力弱等问题。出于宣传目的和政绩考虑，一些地方政府积极建设各种 A 级旅游景区，根据景区的等级评定体系加快各方面建设，甚至为了达到标准而破坏景区环境和特色，导致一批评级较高的景区虽然拥有优质的游览线路、观景设施、路标指示、商品购物等硬件规划，却在门票管理系统、网络覆盖、旅游旺季的承载力控制等软实力方面存在各种各样的缺陷。一味追求标准和速度，忽略特色，必然导致景区同质化严重，服务质量堪忧。人民网旅游 3·15 投诉平台公布的

旅游投诉数据显示，2020 年旅游投诉主要集中在退款退票难、虚假宣传/欺诈、服务差三个方面，这反映出我国旅游行业发展的软实力有待增强。同质化恶性竞争和软实力的缺失已经成为景区发展的瓶颈，也不利于国内旅游产业链以及环境的可持续发展。

5. 过度依赖"门票经济"，缺乏产业链整体效益考量

景区门票收入是传统旅游目的地开发的主要利润来源，很多景区的门票有所上涨，"门票经济"效应明显。2019 年印发的《国家发展改革委办公厅关于持续深入推进降低重点国有景区门票价格工作的通知》，要求推进景区更大范围降价和更大力度降价。像杭州西湖、厦门鼓浪屿、南京中山陵等 5A 级景区均已实行免门票入场。近年来，部分景区对门票收入的依赖程度有所减低，但是网上售票信息的统计发现，免收门票的部分景区仍然依赖于景区内部分景点的"门票经济"，未完成产业经济的转变。"门票经济"加重旅游支出负担，抑制了"吃、住、行、游、娱、购"的产业链整合，进而阻碍了整个文旅产业的可持续发展。

（三）外部性变化影响文旅产业供应链的发展

文旅产业供应链的发展受政治、经济、文化、社会各层面的影响，外部环境的变化会对文旅产业供应链的内部产生刺激。全球化发展和新技术革命等一系列外部环境的变化，正加速对旅游业的渗透与变革，改变着游客的需求、行为与体验，解构传统供应链下各类旅游企业的边界，大幅提升文化和旅游的智能基础设施建设和公共服务效能，表现为以下五点。

1. 疫情蔓延冲击全球范围供应链

全球的供应链因新冠疫情普遍遭受重创，各个国家和地区普遍采取了对人员流动、货物流动的限制措施，许多工厂停工停产，给本国供应链和跨国供应链带来冲击。这种冲击给供应链带来的影响是联动性的，对区域供应链的影响是阻断性的，对产业供应链的影响则是结构性的，必须高度重视。疫情一度导致文旅产业全面瘫痪，艾瑞咨询《2021 年中国在线旅游行业研究报告》显示，2020 年在新冠疫情环境下，旅游市场受到巨大影响，中国全年在线旅游市场交易规模同比下降 45.4%。国内出游受到国内疫情形势的限制，而国外出游则在严格的安全威胁和隔离规定下基本处于无人问津的状态。

2. 电子商务对旅游供应链的影响

随着以携程、同程为代表的 OTA 平台的大量出现，以去哪儿为代表的在线旅游垂直搜索引擎迅速发展，在线旅游服务提供平台日益成为旅游者出游的首选，逐渐成为现代旅游行业的流量入口，极大地弱化了旅行社的核心地位。同时，以马蜂窝、穷游为代表的旅游媒体使用用户生成内容（user generated content，UGC）模式刺激旅游者自由分享旅游经历，解决了信息不对称和渠道不畅通的问题，旅游者在旅行中的主导权日益增强。OTA 平台为旅游者提供了集成式、一站式的旅游服务平台，旅游者不必分别联系餐饮、景点、住宿等旅游服务提供商，仅在 OTA 平台上就可以完成一次性的

选择和预订，大大提高了旅游服务效率。

3. 云计算背景下的旅游供应链

云计算是分布式计算的一种，通过网络"云"将巨大的数据计算处理程序分解成无数个小程序，再利用多部服务器系统处理和分析小程序，将结果反馈给用户，实现几秒内完成对数以万计的数据的处理，具有强大的网络服务能力。

从图 3-6 可知，在云计算的背景下，旅游供应链系统以在线旅游服务供应链为主线，包括上游服务供应商、在线云服务平台及客户。旅游信息流、资金流和服务流在供应链上下游动态流动，游客作为供应链的消费者构成了云服务的需求端。新型供应链提前按服务资源的功能把服务云分成若干个旅游服务资源池，如住宿服务池、餐饮服务池、景区服务池、交通服务池，每个服务池里包含提供相似服务功能的若干个可用的原子服务或者服务组合。然后，将同一旅游区域内可用的各类资源池聚合成一个大的虚拟旅游服务云。根据消费者的个性化需求，通过云资源调度、检索和服务组合技术，及时回馈旅游服务产品信息。

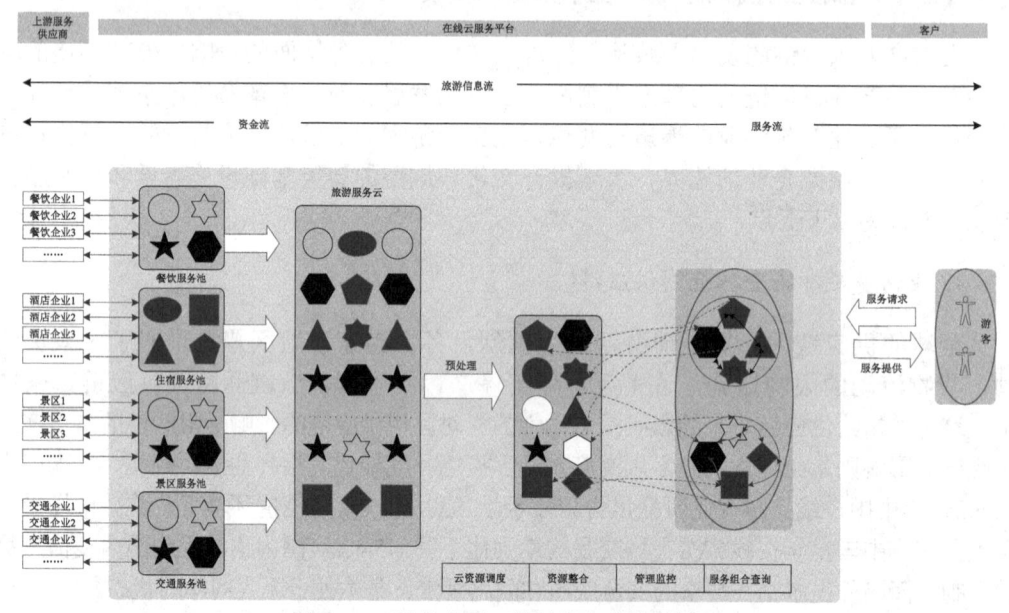

图 3-6　云计算背景下旅游服务供应链模型

资料来源：胡康华. 2016. 云计算背景下的新型旅游供应链构建研究[J]. 河南科学, 34(6): 986-990

4. 大数据对旅游供应链的影响

大数据和云计算密不可分。大数据无法用单台的计算机进行处理，必须采用分布式架构。大数据的特色在于对海量数据进行分布式数据挖掘，但必须依托云计算的分布式处理、分布式数据库和云存储、虚拟化技术，为旅游供应链的智慧管理提供了技术支持。在大数据时代，旅游、交通、餐饮、住宿的消费过程发生了巨大改变，如在线预订和在线支付、人工智能等给居民出游提供了很大便利，大大提升了旅游者的满意度和旅游的方便程度，潜移默化地促进了更多旅游行为。旅游供应链的各个层面，从旅游需求预测到旅游服务资源流通，再到旅游者行为分析，甚至旅游服务供应商品牌建设，均越来越依赖于大数据技术的处理。大数据为旅游供应链的整体优化提供了技术支持，为改进和创新旅游产品，提高旅游供应链智慧性，实现精准营销服务和智慧化管理提供了决策依据。

5. 物联网对旅游供应链的影响

物联网通过依托各种信息传感器、RFID、GPS、红外感应器等各种装置与技术，实时采集任何需要监控、连接、互动的物体或过程，采集其声、光、热、电、力学、化学、生物、位置等各种需要的信息，通过各类网络接入，实现物与物、物与人的泛在连接，实现对物品和过程的智能化感知、识别和管理。目前，物联网被广泛应用于公共安全、智慧交通、环境监测、食品安全、情报收集等领域，在旅游行业的应用也越来越受到重视。

物联网解决了传统旅游供应链的诸多问题。首先，物联网可以实现对旅游商品和物资的跟踪、定位和识别，强化旅游资源的流通管理。如依托现代化的仓库管理中心和配送中心，旅游商品物资的存储实现精确的定位管理，仓库管理人员能实时掌握库存的数量和变动信息，以便及时完成货源的补充。其次，物联网可以为旅游者的安全提供可靠的保障。通过建立旅游物流安全保障系统，将旅游者的随身物品、交通工具、景区景点、酒店住宿等与旅游者密切相关的环境与 RFID、条码系统、移动互联网关等技术设备联系在一起，实现对旅游者物品和旅游者人身安全的实时监控。最后，物联网提供了旅游资源的状态信息，是高效供应链全过程智能化物流运作的关键。物联网可以极大地降低旅游供应链中的物流运营成本。通过对旅游资源信息的高度监控和实时共享，降低企业之间的协作成本，提高整个供应链的物流效率。

二、新型供应链的转换

（一）新型旅游供应链模式

新型供应链是一个体现现代信息技术，基于游客个性化需求，以旅游服务集成商为主导，以旅游目的地为服务组合节点，以服务流程为主线，融客流、物流、信息流、资金流于一体的新型旅游服务供应链。新型旅游供应链模型如图 3-7 所示。

在国内，携程的供应链整合是中国在线旅游业中最具代表性的一个案例（图 3-8），携程在酒店和旅行社度假旅游产品方面的供应链整合具有显著的成效。与此同时，即便是携程这样一个庞大的在线旅游集团，也无法在新型旅游供应链中做到面面俱到，旅游者可以在携程订到酒店、交通等一部分的旅游产品，但其他旅游产品只能由入驻携程的其他旅游供应商提供，如租车业务。这体现了新型供应链下旅游者需求的多样化和单个旅游服务提供商提供服务的单一性的矛盾。新型供应链的发展无比依赖各个旅游服务提供商之间的紧密合作和信息共享。

图 3-7 新型旅游供应链模型

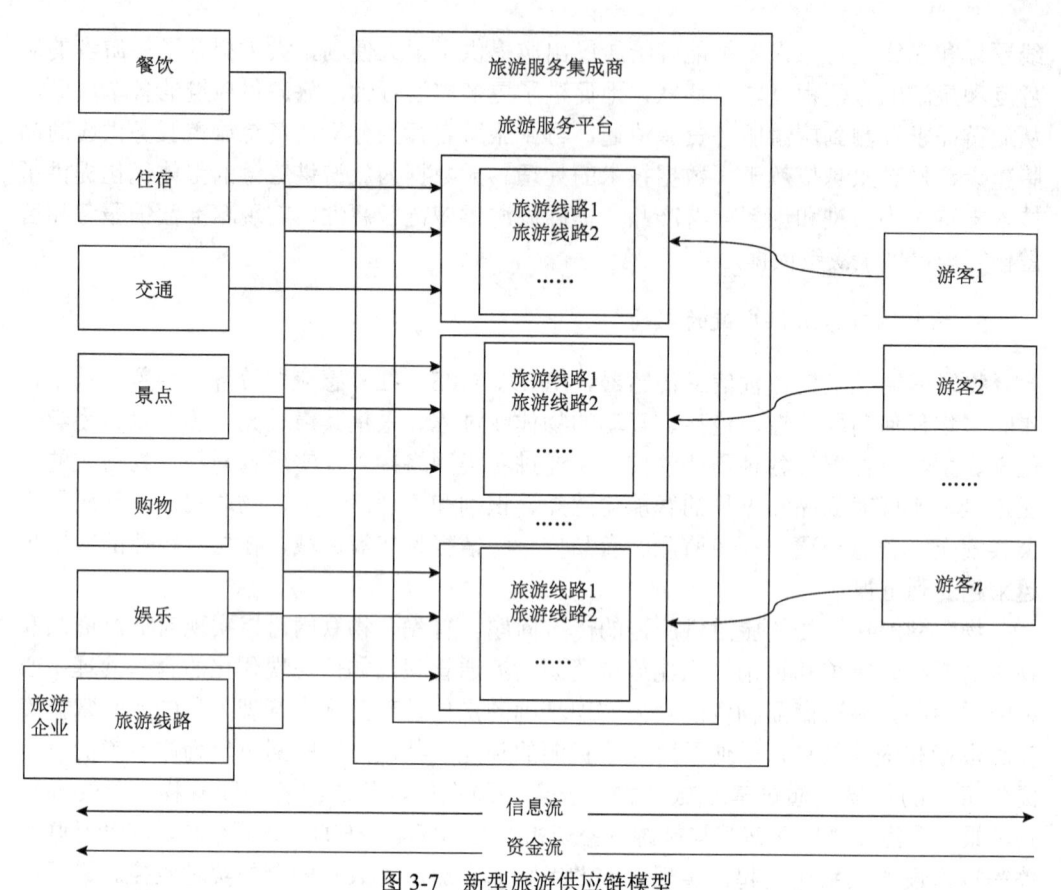

资料来源：马青. 2012. 现代信息技术背景下个性化旅游服务供应链研究[D]. 济南：山东财经大学

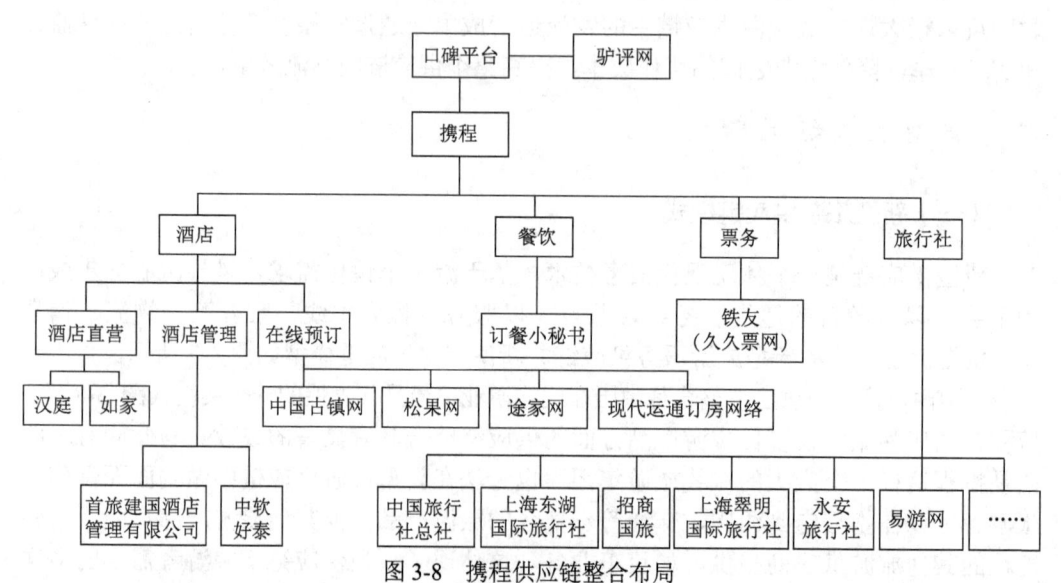

图 3-8 携程供应链整合布局

资料来源：郑四渭，方芳. 2014. 虚拟集群式旅游供应链模型构建研究[J]. 旅游学刊, 29(2): 46-54

单一旅游企业无法满足旅游者的个性化需求，新型旅游供应链强调利用服务提供商之间的信息共享，促进相互间更高效合理的分工与合作。以现代信息技术为支撑，以旅游目的地为分类标准，各类旅游服务资源聚合成一个大的旅游服务社区，按照服务资源的功能把服务社区分成若干个旅游服务资源池，每个资源池提供功能相似但各不相同的旅游候选服务。这样，旅游服务提供商可以根据旅游者的个性化需求，为旅游者提供各不相同的旅游服务资源。

新型旅游供应链由"推动式"的旅游营销模式向"拉动式"的旅游营销模式转变。在传统旅游供应链模式下，旅行社将"食、住、行、游、购、娱"等各种旅行服务进行打包，再将其作为一个整体向旅游者进行销售，旅游者只能从已有的旅游线路和旅游服务中选出其一，往往会出现挑不到称心如意的旅游服务的现象。对于打包销售的旅行社来说，无法满足旅游者的需求就意味着营销的失败，也就意味着企业面临着客户流失和经营不善等风险。在新型旅游供应链模式下，旅游服务的提供者不再局限于旅行社，通过对旅游者需求的充分挖掘和深入分析，将种类繁多的旅行要素进行个性化组合营销，更具目的性地满足旅游者的多样化需求，对于习惯于传统旅游供应链的旅游者来说具有不可抗拒的诱惑力。

（二）新型供应链特点

新型供应链为文旅产业发展注入新活力。新型供应链的文旅企业作为一个整体，在市场、产业、投资和科技等方面进行了资源整合和产业对接，展开战略合作，形成旅游企业联盟，围绕"食、住、行、游、购、娱"旅游六要素，共同提供六个方面的旅游产品和服务，提升文旅产业供应链的整体效益和效率。新型供应链具备以下几方面特征。

1. 注重技术赋能，发展智慧旅游

智慧旅游，也被称为智能旅游，是指利用新技术，通过（移动）互联网，借助便携的终端设备，主动感知旅游资源、旅游经济、旅游活动、旅游者等信息，并及时发布，让人们能够及时了解这些信息，及时安排和调整工作与旅游计划，从而达到对各类旅游信息的智能感知、方便利用的效果。越来越多的新技术运用在文旅产业，为智慧旅游的发展插上了技术的翅膀。

一些发达国家的旅游业，在"智慧地球"和"智慧城市"建设的基础上，运用新一代网络设备和技术，加强"食、住、行、游、购、娱"整条旅游供应链的智能化建设，实现对游客需求的及时响应，帮助游客节约时间，提高出行质量，并通过文旅产品和服务的供给细节带给游客更智慧化的旅游体验。随着我国智慧旅游产业发展逐步可以满足游客的个性化需求，部分游客选择自助出游的方式，根据自己的喜好选择个性化的出游计划。在智慧旅游中，出游的大部分事项都可以自行在网上完成预订，避免了以往传统旅游离不开旅行社的困境。

2. 注重产业融合，发展共享旅游

文旅产业在跨行业融合发展方面存在天然的优势。越来越多的文旅企业通过与交通运输业、金融业、餐饮业、邮电通信业、农业、服务业、保险业等多行业联动，形成跨行业同盟，整合和盘活各自的资源，共同发展惠及全民的共享旅游。目前共享旅游的发展模式主要有两种，第一种是共享旅游资源，通过对旅游资源的全方面开发和深度利用，充分展现旅游资源本身的价值和相关价值。第二种是共享旅游信息，包括目的地的游玩攻略、风俗习惯、人文特色等。

3. 注重服务质量，发展精品旅游

随着文旅服务理念从"以景点为中心"到"以游客为中心"，游客体验逐渐成为衡量文旅产品和服务质量的标准。完善的公共服务设施、精细化的门票管理系统、合理的承载力控制、专业的服务、统一规范的管理与标价、完善的诚信体系等，成为越来越多旅游目的地的追求目标。文旅产业的管理者们希望通过这样的方式打造舒适的精品旅游，为游客提供最大的便利，使他们有"宾至如归"的旅游体验，实现从追求服务数量到追求服务质量的转变。

4. 注重环境保护，发展生态旅游

生态旅游，就是以有特色的生态环境为主要景观的旅游，是指以可持续发展为理念，以保护生态环境为前提，以统筹人与自然和谐发展为准则，依托良好的自然生态环境和独特的人文生态系统，采取生态友好方式，开展的生态体验、生态教育、生态认知并获得身心愉悦的旅游方式。新环境下的旅游非常重视旅游目的地的综合效益，尊重目的地文化和旅游特色，注重保护而非一味开发，大力发展生态旅游。如美国的乡村旅游，从单纯的"采摘、购买农产品，体验农园乐趣"发展到"定居田园"。日本通过发展观光旅游、鼓励农产品深加工、探索农产品直销模式等方式盘活和整合农村旅游资源，开发专业农庄、乡村果园等旅游胜地；澳大利亚、奥地利等国家提倡"享受生活、拥抱资源"理念，开发度假村，完善旅游目的地基础设施建设，掀起绿色健康的旅游之风，打造目的地生态旅游链，开启新田园主义时代。

5. 注重线上联动，发展数字旅游

在新发展格局之下，文旅消费的场景和赛道发生新变化，文旅市场将呈现由人流转化为物流，由跨境转化为跨界，由线下转化为线上的趋势。文旅企业需要在供给端和消费端之间形成更高效的触达，提升渠道的效率，更好地发挥线上线下平台的作用，不断从中间的带动渠道向全产业服务商的方向转型。近年来，越来越多的旅游目的地服务上线美团和大众点评等 APP，不仅提供线上门票的购买服务，还有游客评价和景点导览等一系列增值服务，实现了"线上消费+线下体验"的联动。

案例分析：支出宝助力文旅产业采购数字化转型升级

支出宝（北京）信息技术有限公司是一家为企业提供一站式数字化采购支出管理软件即服务（Software as a Service，SaaS）的领先企业，自2016年成立以来，已与国内众多旅游娱乐公司建立了合作关系，致力于推动旅游行业的数字化采购管理水平提升。支出宝深刻洞察到文旅产业在供应链采购方面面临的三大痛点：协同效率低下、预算难以把控以及采购定制化需求难以满足。为此，支出宝精心打造了一套全面的数字化采购管理解决方案。

1. 战略寻源管理

支出宝的战略寻源管理方案，通过对传统寻源方式的深入解构、梳理与归纳，精准管控关键风险点，极大地提升了寻源方式的灵活性，使其更加贴合现代文旅企业的实际需求。借助开放的寻源系统中台，企业能够自主高效地发布询价、比价、招投标及竞价等寻源活动，整个寻源过程更加透明、合规。图3-9详细展示了支出宝的战略寻源管理流程。

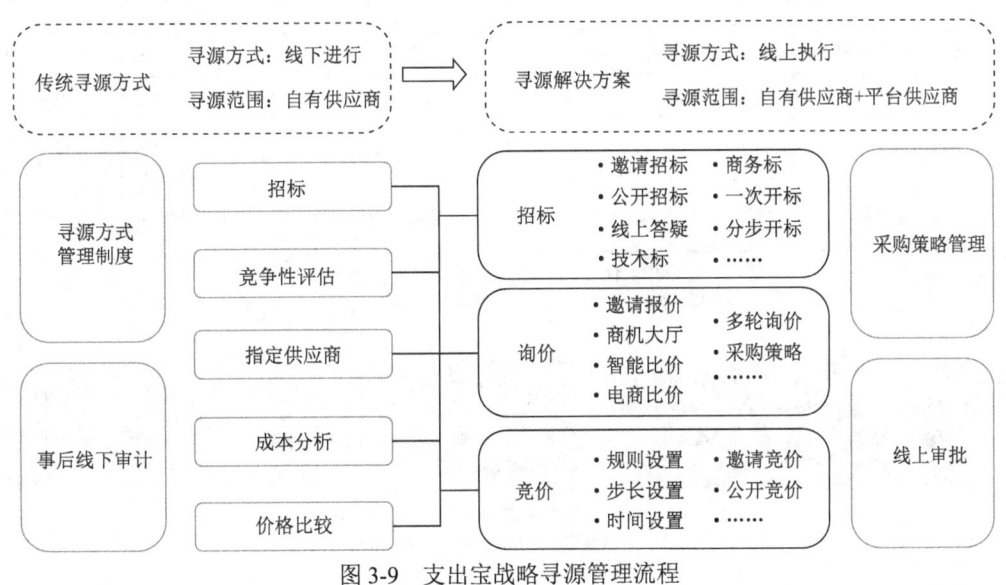

图3-9 支出宝战略寻源管理流程
资料来源：支出宝官网（https://www.zhichubao.com/）

2. 供应商协同

支出宝的 SaaS 系统，在提升文旅企业采购全流程的在线管理效率方面发挥了显著作用。从需求到订单、从合同到结算，整个流程实现了标准化、合规化。针对非标准的市场、行政及维护、维修和运行（maintenance，repair & operations，MRO）等采购行为，系统通过智能分单、转单等功能，有效提升了采购执行与整体协同效率。同时，供应商与采购商共同管理商品目录，实现了信息的有效协同，大大降低了采购维护成本与沟通协作成本。此外，系统还支持在线对账协同，自动完成三单匹配、在线开票及验票等流程。图 3-10 展示了支出宝的供应商协同流程，图 3-11 展示了支出宝的供应商管理模块。

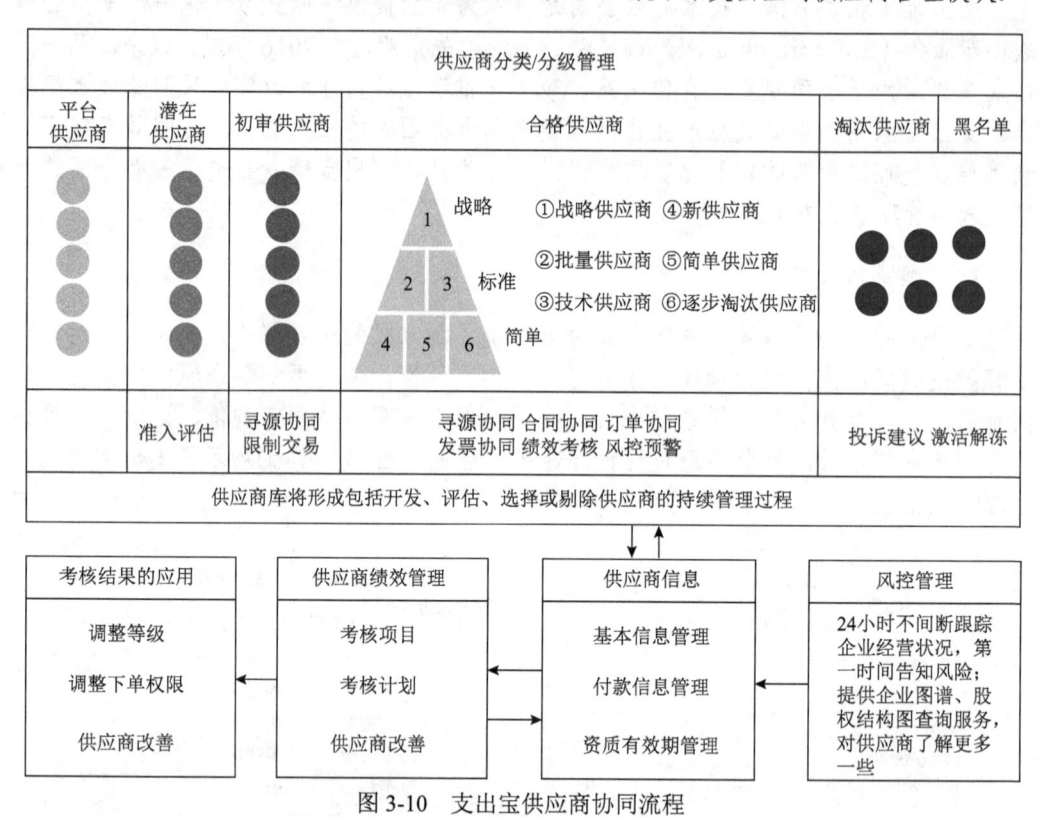

图 3-10　支出宝供应商协同流程
资料来源：支出宝官网（https://www.zhichubao.com/）

图 3-11　支出宝的供应商管理模块
资料来源：支出宝官网（https://www.zhichubao.com/）

3. 供应商全生命周期管理

支出宝对供应商的全生命周期管理进行了全面优化，包括筛选、入选、品类划分、归档及评价标准等环节，显著提升了管理效率，释放了企业管理资源。同时，确保了供应商准入规则的清晰与管理的规范化、标准化。此外，支出宝还帮助企业高效建立了私域供应商流量池。图 3-12 展示了支出宝的供应商全生命周期管理流程。

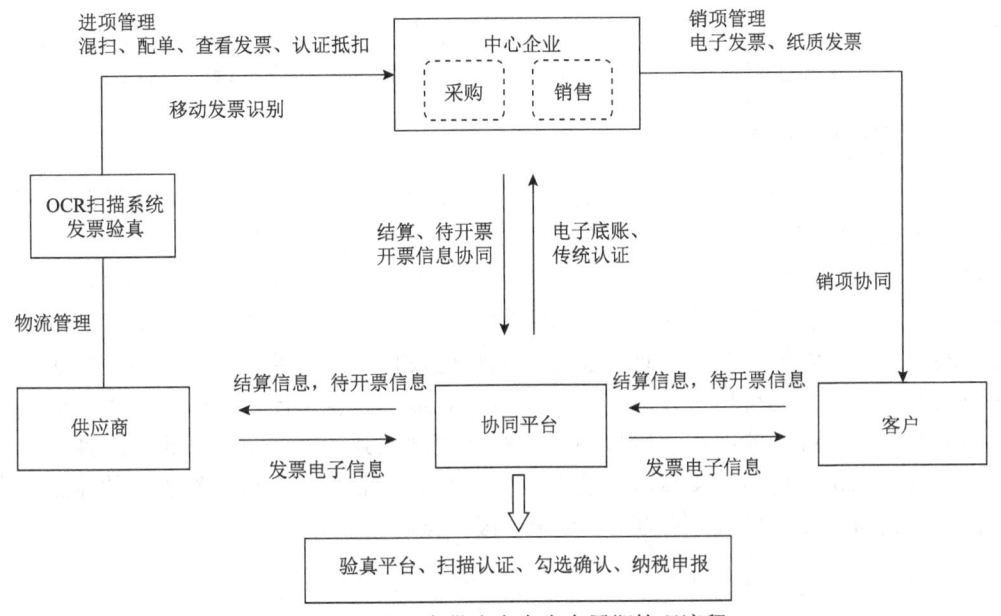

图 3-12 支出宝供应商全生命周期管理流程
资料来源：支出宝官网（https://www.zhichubao.com/）
注：OCR 为光学字符识别（optical character recognition）

支出宝的专业采购支出管理 SaaS 解决方案已经在多个行业领军企业中得到广泛应用，包括美丽田园、OFO、壹米滴答、德坤物流、如风达、信汇化工、中环洁、常州鼎健、荔波文旅等。这充分证明了支出宝在数字化采购支出管理方面的专业实力与卓越价值。对于面临供应链采购痛点的文旅企业来说，支出宝的解决方案无疑提供了一个高效、合规、定制化的数字化采购管理路径。企业应积极拥抱数字化变革，借助类似支出宝这样的专业工具，不断提升自身的采购管理水平与运营效率。

（案例依据公开网络资料自行编写。部分资料参考：支出宝官网）

分析与讨论：支出宝解决的是传统文旅产业供应链的什么问题？

分析提示：登录支出宝官网（https://www.zhichubao.com/），分析支出宝为企业提供的各类服务案例。

第三节 文旅产业新技术应用

一、新技术与旅游业态的有效衔接

（一）互联网发展促进新技术与旅游的融合

人工智能、物联网、大数据等新技术的产生和发展，给旅游行业带来了新的机遇，改变了以往的产业发展形态与面貌。"互联网+旅游"的模式标志着旅游互联网全价值链、全产业链逐步形成，但旅游业新型产业链的形成也面临着许多挑战。

1. 旅游产业链重构

互联网和旅游两者的融合从供需两头同时发力，以驱动旅游新产业链的形成和发展。从过去的发展和未来的趋势来看，旅游行业具有非常强劲的发展潜能以及良好的发展前景，将互联网融入旅游，为传统的旅游行业开辟了更加广阔的发展空间。从需求侧分析，有了互联网的加持，旅游消费趋向多样化、优质化、高端化。从供给侧看，利用融合优势的旅游目的地与企业，获得先发优势，能够提升区域内旅游供应链的协同发展能力，实现协调发展的全域旅游，更加容易赢得游客青睐。利用互联网重构旅游产业价值链，能够实现区域内经济社会资源尤其是旅游资源、相关产业等全方位、系统化的优化提升，实现区域资源有机整合、产业融合发展，形成新的旅游业态和格局，成为旅游目的地发展的主要竞争手段与核心竞争力。

2. 产业效率与价值提升

互联网新技术对旅游业在业态创新、发展模式、产业微观管理与宏观调控方面提出了一定的要求。在旅游产品革新方面，互联网技术需要融入设计包装、搜索预订、售前售后服务等各个环节；在旅游过程管理方面，旅游企业需要构建满足游客多样化需求的监管服务平台；在旅游组织创新方面，企业应当注重旅游新业态的形成，着力打造创新旅游发展模式，打破资源、技术、市场和产业之间的壁垒；在宏观管理方面，政府需要依托信息技术进行监管，从而促进旅游企业的规范化发展。

3. 旅游产品的智能化重塑

随着时代的发展，"80后"和"90后"已成为旅游产品的消费主力人群。"80后"与"90后"深受互联网技术与文化的影响，智能化旅游产品对于他们来说具有独特的魅力，他们也十分乐意去尝试和体验，尤其是"90后"，自幼通过网络接触旅游产品，也有更多搜集旅游信息的途径。"90后"作为智慧旅游的尝鲜者，体验智慧旅游产品逐渐成为他们的一种消费时尚。智能化重塑旅游产品，同时也让旅游目的地焕发出新的生命力。传统历史文化和民俗文化由此得以复活，文学、音乐、戏剧、绘画、游戏以及传统手工技艺、美食餐饮在融入互联网技术之后，成为更具魅力的旅游吸引物。线上与线下结合，虚拟与现实交互，为游客提供更优质的旅游体验。从单一智能旅游产品到发展成整体的系列智能解决方案等，为旅游产品的智能化，带来了更多可能性。

随着大数据时代和互联网时代的到来，文旅产业与信息技术的深度融合是顺应时代发展的潮流，也是文旅产业转型升级的必然趋势，"互联网+旅游"的模式将为旅游业带来全新的发展动力。

（二）全球疫情背景推动新型旅游方式的发展

2020年新冠疫情暴发，使传统的旅游业遭受了巨大打击，许多景区被迫停业，旅行社被迫裁员、降薪，旅游业不得不在防疫与开放之间不断选择与权衡。在疫情常态化时代如何恢复和发展旅游业，成为一个亟待解决的问题。国家旅游管理机关、旅行机构、旅游者及旅游产品供应者正在全力探索适应新环境的开放路径，并展现出了强大的适应力和韧性。

2020年5月，国务院《政府工作报告》中明确提出"支持餐饮、商场、文化、旅游、家政等生活服务业恢复发展，推动线上线下融合"。近几年新技术的发展，为旅游业态注入了强大的新动力，也为构建"线上+线下"的新型旅游模式提供了技术支撑。许多景区与直播平台合作开展旅游直播，让观众足不出户，在家"云旅游"，体验当地的自然和人文风光。在疫情常态化大背景的推动下，一种全新的旅游方式正逐步发展——利用XR技术，游客可以拥有沉浸式的旅游体验，仿佛身临其境；通过直播手段，游客可以跟随主播、跟随镜头，观赏当地的自然风光，体验当地的人文特色。

全球新冠疫情的冲击，对于世界范围内的旅游行业来说，既是挑战也存在机遇。文旅产业被迫寻找转型新路径，而基于互联网发展起来的新技术则是文旅产业在这个"水深火热"时期的一根救命稻草。如何打好一场"翻身仗"，就要看文旅产业如何利用互联网和新技术的加持，焕发新型文旅产业链的生命力和活力。

（三）传统旅游业注入新动力：基于直播的文旅产业蓬勃发展

直播作为当下流行的一种社交方式，具有高互动性、强代入感和渲染能力等天然优势，而在全球疫情肆虐的背景与互联网发展的加持下，"文旅+直播"成为文旅产业创新与转型的新方向。近几年，越来越多的旅游景点开始尝试将当地的文化特色、自然风光与"直播"相融合，通过"直播"的方式，让大家足不出户，就可以领略到当地的人文特色和自然景观，"文旅+直播"逐渐成为一种旅游宣传与文化输出的有效手段。

1. 腾讯Now直播"奇妙博物馆"：梦回殷商，唤醒传统文化生命力

2019年6月17日至6月23日，腾讯Now直播联合殷墟博物馆展开了第二期"奇妙博物馆"的活动，通过12位殷墟的优秀讲解员，以直播的方式带领观众一起梦回殷商。在此之前，Now直播就已经与上海世博会博物馆进行了10场主题各异的博物馆直播，通过"文化+直播"的方式给观众带来一场云上博物馆奇妙之旅。

为了使观众可以更全面、更切身地体会博大精深的殷商文化，殷墟博物馆的讲解员做了非常充分的准备，讲解内容涵盖殷商文化的各个方面。由于云上直播的形式与平常的线下讲解有所不同，为了提升观众的体验感，讲解员在直播中积极与观众进行互动，通过舞蹈、书法等具有新颖性和突破性的形式多元化地呈现殷商文化，让观众从不同角度认识和感受殷商文化的魅力。

此次的直播活动通过博物馆实景拍摄、重点文物详细讲解与历史知识科普等方式，为观众提供了解殷墟历史、古代非遗文化的机会。同时，Now直播还在直播间上

线了"后母戊鼎"免费直播礼物,提升了观众在参与直播互动的过程中的历史代入感。此外,为了鼓励更多的博物馆以及讲解员参与"奇妙博物馆"活动,在这些讲解员中,票数最高的将成为该馆的"超红讲解员",以此作为对讲解员实力的表彰和认可。每一场直播的视频还可以进行回放,为不能及时观看直播的观众提供了极大的便利。在流行文化逐渐成为主流,占据了公众的视野和大部分的时间,传统文化却日渐式微的现状之下,传统文化亟待与时俱进,通过"传统+现代"的结合,将新技术融入传统文化的宣传,利用新技术、新方式将传统文化再次带进公众的视野,令传统文化在新技术的加持下焕发出新的生命力,文旅产业将会迎来转型的曙光,迈入新的时代。

2. 拼多多"云游中国":中华大地山河旖旎,云上旅游领略绝美华夏风光

随着直播行业的兴起,电商平台拼多多也加入到了旅游直播的行列之中,于2020年4月26日开启大型旅游直播项目"跨越山海,云游中国"。直播的首站选在了湖南湘西的千年古镇——芙蓉镇。这次直播是通过平台与景区联动,通过实景在线展示、活动现场体验、导游互动讲解等方式,带领消费者重温景区电影《芙蓉镇》中的精彩画面。芙蓉镇镇长亲自出镜,为屏幕前的观众端上一碗清爽酸辣的米豆腐。

大瀑布、溪州铜柱、吊脚楼群……在镇长的带领下,拼多多直播间的观众通过"云旅游"饱览了芙蓉镇的美景。为了让观众进一步领略土家文化的魅力,芙蓉镇给予拼多多观众非常大的折扣,门票折后每张仅售68元,且享受"买二赠一"优惠。除此以外,芙蓉镇还拿出了数百张"1元门票"供直播间的观众抢购。拼多多的芙蓉镇旅游直播从当天下午两点一直持续到晚上九点,从土王桥到瀑布湾,从摆手舞到土家族哭嫁,景区内数十个景点的特色演出轮番上阵,共有近35万人在"云端"感受了芙蓉镇的秀丽风景和风土人情,弹幕留言点赞超过600万条。

旅游直播为观众全面地展现了芙蓉镇的面貌,可以为传统的旅游资源拓宽道路,吸引更多的游客前往体验。除此以外,发挥电商的优势,以"旅游直播+带货"的模式,进一步完善当地的文旅产业结构,为疫情后的经济复苏增添了更多取得突破的可能性。

3. 抖音"山里DOU是好风光":追随诗仙足迹,文化旅游助力乡村振兴

诗仙李白《秋浦歌十七首》中的"江祖一片石,青天扫画屏""桃波一步地,了了语声闻"所描绘的就是安徽石台的风光,其中广为人知的千古名句"白发三千丈,缘愁似个长",正是诗仙李白来到江南水乡——安徽石台游玩时写下的。一字一句,细细品味,仿佛置身于如诗如画的江南水乡,氤氲之气跃然纸上。2019年,抖音"山里DOU是好风光"文旅扶贫项目落地石台,联合中国摄影家协会帮助当地打造"浪漫诗乡"的文旅品牌。

朦胧的山色,粼粼的水波,徐徐的清风,一叶扁舟独漂河面,石台的自然风光随手一拍就是一幅浑然天成的山水画。唐代诗人李白曾五次到访石台县,石台县的秋浦河也因为李白的一首《秋浦歌十七首》被誉为"流淌着诗的河"。

随着自媒体行业的发展，石台县也紧跟时代步伐，重视新媒体的宣传和发展，开设了官方账号，以更加现代化的方式对当地进行宣传和推广，打造特色的文旅品牌。

据《公益时报》中文章《抖音助力文旅扶贫 联合中国摄影家协会打造诗意之乡安徽石台》的报道，截至2019年12月初，石台县旅游从业人员达到1.5万人，乡村旅游带动贫困户5011人增收。由此可见，新技术对地方旅游产业的影响不仅仅在于旅游行业本身，更有助于带动地区经济发展。

二、XR+应用提升用户体验

XR的英文全称是extended reality，中文译为"扩展现实"，XR包含了VR、AR和混合现实（mixed reality，MR）。无论是VR、AR还是MR，其目的都是弥补现实中无法完全实现的画面和体验，让体验者获得更加立体、全方位的感受，利用数字技术实现实时交互的复杂环境。

（一）VR技术加持，拥有沉浸式体验

VR技术是利用电脑模拟产生一个3D空间的虚拟世界，为使用者提供关于视觉、听觉、触觉等感官模拟，让使用者身临其境地观察3D空间内的事物。概括地说，VR是人们通过计算机对复杂数据进行可视化操作和交互的一种全新方式，与传统的人机界面以及流行的视窗操作相比，VR在技术思想上有了质的飞跃。

2015年，VR技术带着无比酷炫的科技感走进大众视野。同年脸书（Facebook）、谷歌、苹果、三星等公司纷纷聚焦头戴式显示设备，切入或加码VR市场。在资本的推动下，越来越多的企业涉足VR领域。2016年1月，VR就被应用在主题公园，通过利用VR的沉浸感和交互性来提升游客的游玩体验。英国索普公园（Thorpe Park）和奥尔顿塔（Alton Towers）先后推出VR过山车体验、VR幽灵列车体验，通过VR与过山车的结合，游客在乘坐飞速穿梭的过山车时，仿佛在云端飞跃、星际穿行，甚至是在天外的某颗星球进行探险之旅。同年3月，三星宣布将联手世界上最大的主题公园之一——六旗公园（Six Flags），利用三星的Gear VR设备为游客搭建VR过山车，让游客获得突破性的多维虚拟过山车体验。

作为浦江45公里公共空间旅游服务配套设施——上海世博旅游综合服务中心在世博公园启用，集上海中心、金茂大厦、上海环球金融中心、东方明珠等24个地标性建筑于一体的"阅读浦东·浦东滨江VR全景旅游地图"（上海市浦东新区文化体育和旅游局官网 https://www.ivrpano.com/ws/openPano/E3399909D64EBD9D）（图3-13）正式发布，实现游客"不出家门，全域云游浦东"，并逐步从"线上全域云游"到"线下全域漫游"。上海以"5G+VR全媒体+商旅文体地标+浦东故事"等数字文旅云服务模式，实现浦东地标"可看、可听、可读、可约、可游、可享"，以更"智慧"的方式向中外游客讲好"上海故事"和"浦东故事"。这项结合互联网新技术的智慧旅游新体验，有效地填补了浦东滨江智慧旅游咨询服务的空白。

图 3-13　浦东滨江 VR 全景旅游地图（局部）
资料来源：上海市浦东新区文化体育和旅游局官网

通过 VR 技术，游客不仅可以在多元化的场景下体验传统的游乐项目，在自然景区和人文景区的游览方面，甚至可以化身高空翱翔的飞鸟，以"上帝视角"俯瞰景区全貌。正如诗人苏轼所云"不识庐山真面目，只缘身在此山中"，而 VR 技术则能让游客虽"身在山中"也依然能够看到旅游景区的"庐山真面目"。

（二）AR 技术增强，"一扫"即获全方位资讯

AR 技术是在 VR 技术基础上发展起来的一种综合了计算机视觉、图形学、图像处理、多传感器技术、显示技术的新兴计算机应用和人机交互技术。AR 技术利用计算机产生的虚拟信息对用户所观察的真实环境进行融合，真实环境和虚拟物体实时地叠加到了同一个画面或空间，拓展和增强了用户对周围世界的感知。AR 不仅展现了真实世界的信息，而且将虚拟的信息同时显示出来，两种信息相互补充、叠加。

AR 技术对旅游业具有颠覆性的巨大意义。游客利用头盔显示器或者在手机上安装 AR 旅游应用软件，就可获取旅游目的地景点和商场等地方的详细介绍，了解附近的购物、游玩、餐饮、酒店等信息。AR 旅游是利用 AR 技术，让游客与景区实现实时互动，更加便捷地获取景区的信息，可个性化安排旅程。AR 技术与移动互联网的融合，使游客可以随时随地实现位置定位，导航目的地，进行信息浏览、旅游路线规划、在线预订酒店和饭店等，大大提高了旅游的自主性和独特性。

在中国，很多知名旅游景区利用 AR 技术更好地让游客了解景点特色。以武当山景区为例，作为自然景观与人文景观完美结合的山岳型风景名胜区，其以绚丽多姿的自然景观、规模宏大的古建筑群和源远流长的道教文化、博大精深的武当武术闻名于世，被誉为"亘古无双胜境，天下第一仙山"，拥有十分优质的旅游资源。但是，如此庞大的信息量要向来访的游客展现，成了一个亟待解决的问题。在 2015 年，武当山

旅游景区采用先进的 AR 技术，在风景区门票上定制 AR 广告，游客只需要下载特定 AR 广告平台，对门票进行扫描，就会出现武当山风景区的视频宣传片，全方位地介绍武当山的自然景观和人文景观。这一特色受到了武当山游客的热烈欢迎，从而提高了景区的品牌形象和经济效益。

AR 技术除了作为良好的宣传手段，在黑龙江省博物馆还"大展拳脚"，打破了传统博物馆的游览方式。黑龙江省博物馆始建于 1906 年，是全国首批集历史文物、自然标本、艺术品于一体的省级综合类公益性博物馆，同时也是历史性、知识性和艺术性的集中表达。利用 AR 技术的加持，黑龙江省博物馆以趣味互动的方式传达馆中的文化信息，扩展游客对周围环境的感知，极大地丰富了参观体验。

黑龙江省博物馆通过 AR 技术实现虚实交互的讲解过程，取代了传统语音导览信息单向传达的模式，让博物馆文化信息变得更加生动。AR 导览通过手机摄像头进行 AR 扫描，从而实现动画讲解，给传递博物馆文化历史信息的过程增加了趣味性和新鲜感，与此同时，参观者也以一种别样的新方式，领略博物馆真正的魅力。在馆中，AR 展品扫描只是 AR 导览模式的一部分，除此之外，还有 AR 室内室外实景 3D 导览、AR 游戏化导览、AR 文创衍生品等功能应用，实现了从博物馆入口到游览过程再到博物馆出口衍生品售卖的一整套 AR 导览系统。

除了黑龙江省博物馆，山东省潍坊市博物馆也引入了 AR 技术，帮助游客更好地了解博物馆中的馆藏及其背后的故事。

随着 AR 技术的逐步完善和发展，AR 和旅游业的融合是大势所趋，在不久的将来，通过 AR 与旅游的充分结合，便可以大幅度地提升游客的游玩体验，从而为旅游行业的发展注入更强的动力。

（三）MR 技术融合，虚实交互相得益彰

MR 技术是 VR 技术的进一步发展，通过在虚拟环境中引入现实场景信息，在虚拟世界、现实世界和用户之间搭起一个交互反馈的信息回路，以增强用户体验的真实感。简单来说，就是合并现实和虚拟世界而产生的新的可视化环境，在这个环境里，物理和数字对象共存并产生实时互动。

MR 技术主要有虚实结合、虚拟 3D 和实时运行三大特点，MR 的实现需要在一个能与现实世界各事物交互的环境中，MR 的关键点在于与现实世界进行交互和信息的及时获取。虽然说 MR 是 VR 和 AR 的混合升级版，但从概念上说，MR 与 AR 更为接近，都是一半现实一半虚拟影像，但是传统的 AR 技术运用棱镜光学原理折射现实影像，视角不如 VR 广，清晰度也受到影响，而新型的 MR 技术可应用在更加多样和丰富的载体当中。

案例分析：在家"逛"敦煌

2020 年 2 月 20 日，敦煌研究院与腾讯联合推出首个拥有丰富的敦煌石窟艺术欣赏

体验的微信小程序——"云游敦煌"抢先体验版，用户可以足不出户，在家里动动手指即可感受敦煌文化之美，还可以每天获取专属的"壁画故事"以及融合古人智慧的妙语，定制个性化的内容。

敦煌研究院院长赵声良表示："敦煌石窟是古代文明交流的结晶，具有丰富的历史、艺术、科技和社会价值，我们一直在探索以数字化技术手段展现敦煌文化，希望'云游敦煌'小程序让全世界的朋友能够更加亲近敦煌，随时随地从敦煌宝库中学到知识，享受艺术之美，获得灵感进行新的创作。"

分析与讨论：敦煌文化闻名中外，你觉得"云游敦煌"小程序是一种记录、保留和宣传敦煌文化的好方式吗？对此谈谈你的看法。

案例分析：深圳欢乐海岸小程序，给你智慧旅游新体验

2020年11月5日，深圳欢乐海岸与腾讯合作开发的智慧导游导览小程序"深圳欢乐海岸"正式上线。小程序集"吃、住、行、游、购、娱"于一体，让顾客轻松享受定制化旅游，同时还有真实还原欢乐海岸线下场景的纯手绘地图，融入多条主题的打卡路线，全方位展示欢乐海岸"隐藏"景点，让用户亲自解锁更多有趣玩法，带来创新数字化的智慧旅游体验。

分析与讨论：你是否使用过类似的景点小程序旅游，请与老师、同学分享一下你的"智慧旅游"体验，并提出你认为在智慧旅游导览方面该景点可以进行优化的地方。

讨论与思考

1. 结合本章新技术融合文旅产业的丰富案例，谈谈如何看待文旅产业未来发展的图景。

2. 除了本章节列举的 VR、AR、MR 技术，还有哪些新技术在文旅产业中也发挥着至关重要的作用？请列举出来，并结合案例展开分析。

第四节 旅游信息化创新驱动体系下的旅游业新常态

新冠疫情暴发后，旅游业受到了直接冲击，预约旅游、智慧旅游等新业态的出现，呈现出低密度与高质量发展的新常态。世界旅游行业也呈现出了新的发展趋势，技术创新和文旅产业的联系越来越密切。

一、世界旅游行业发展趋势

（一）IP 渐成文旅产业核心竞争力

IP，全称 intellectual property，即知识产权，是一种无形的财产权。旅游行业的 IP 可以是旅游目的地中蕴含的生动故事，可以是其中流传的文化底蕴，也可以是旅游过程中带给游客的独特体验，总之，IP 是一个旅游地的独特资源，代表着地区的个性和形象。旅游地提炼出的 IP 应具有鲜明的代表性，使游客更易感知该目的地的内核，从而达到增强传播力、加速当地旅游产业发展的效果和目的。优秀的 IP 需要具备十大特征，即主题性、形象性、独特性、故事性、引爆性、互动性、延展性、符号性、创新性、系统性。

文旅 IP，即文化旅游知识产权。在文旅融合时代，文旅 IP 建设有利于提升旅游产品的附加值，促进文旅深度融合和各类旅游品牌建设。以文旅 IP 促进文旅融合是实现文化强国的道路之一。玛塔玛塔小镇和北京故宫就是经典文旅 IP 项目的代表。

电影《指环王》的拍摄地玛塔玛塔小镇由"魔幻 IP"激活，一跃成为游客心中最为向往的经典影视主题旅游小镇之一，成为全球影迷相继打卡的旅游胜地。同时，国际影视制作领域的合作也提振了新西兰的旅游业。据新西兰政府的统计，18%的游客表示选择来新西兰是受到电影《指环王》的影响。可见，随着影视娱乐产业及 IP 主题开发的快速推进，影视 IP 主题已成为特色文旅小镇极具代表性的开发类型，进而带动文旅产业快速品牌化、项目化。

近年，北京故宫以皇家、宫殿等文化为内核，创造了独特的旅游文化 IP，引发了一波"故宫热"。故宫具有近 600 年的历史，拥有众多的皇宫建筑群、文物、古迹。因此，对于故宫，中国人心中充满着强烈的民族和文化认同感。故宫的"网红"之路经历了摸索、成长和成熟三个阶段。在摸索阶段，故宫尝试利用移动互联网为游客提供服务及进行藏品介绍，在新浪微博里发布相关资讯，呈现展品，并研发故宫首款 APP——"胤禛美人图"，利用数字技术打造科普平台，同时"故宫淘宝"微信公众号一改先前风格，以风趣幽默、活泼可爱的表情包走进大众视野。在成长阶段，故宫推出 IP 形象"故宫猫"，赋予故宫文创产品文化属性和故事情感，截至 2020 年 12 月，故宫已开发生产 13 000 多种文创产品，包括服饰、瓷器、陶器、书画等系列，产品涉及首饰、钥匙扣、雨伞、摆件等。在成熟阶段，故宫和腾讯联合出品 H5——《穿越故宫来看你》，在 H5（H5 页面是一种基于 HTML5 技术的网页设计形式，具有高度的互动性和可视化效果，可实现多种媒介元素的无缝融合，包括图片、音频、视频、动画等）中，明成祖朱棣从画像中跳出来，唱 rap、玩自拍，用微信和 QQ 与自己的后宫和大臣联络，让所有人对故宫印象大为改观。而后故宫又与多个第三方合作，进军影视界、时尚界、美妆界、美食界等多个领域。

在消费者需求升级，追求个性化旅游的背景下，旅游 IP 正逐渐成为旅游业发展的核心竞争力。互联网与文化和旅游产业的结合能够提升文旅创意产品的内涵和品质，塑造文化旅游品牌形象，提升文旅市场占有率。

(二)文创成为文旅产业的重要支撑

创意经济也称创意产业、创新经济、创意工业、创造性产业等,指那些通过对知识产权的开发来创造潜在财富和就业机会的活动,涉及领域具体包括广告、建筑艺术、艺术和古董市场、手工艺品、时尚设计、电影与录像、交互式互动软件、音乐、表演艺术、出版业、软件及计算机服务、电视和广播、旅游、博物馆和美术馆和体育等。英国最早执行"文化创意产业",因为其本身拥有悠久的历史文化资产、高水平的人文素质,以及高度资本化的文化工业。1997 年英国工党领袖托尼·布莱尔(Tony Blair)上任后宣布成立文化、媒体暨体育部(Department for Culture,Media and Sports),推动英国成为国际的文创先驱。

文创产品,即文化创意产品,指依靠创意人的智慧、技能和天赋,借助于现代科技手段对文化资源、文化用品进行创造与提升,通过知识产权的开发和运用,而产出的高附加值产品。把文化寄托于产品,让大众感到文化的存在,从而衍生出更多的产品达到文化传播的目的。文创产品就是源于文化主题,加入设计师的创意,附加上超出用户期待的价值,让其心甘情愿地接受溢价的商品。

目前,文化创意正成为文化旅游的重点发展方向。文化创意产业被称为 21 世纪全球最有前途的产业之一,全世界创意经济每天创造产值达 220 亿美元,并以 5%的年增长速度递增。文化创意产业已经成为许多国家和地区经济发展的支柱产业。

例如,长春大学旅游学院的同学们以"吉林非遗与传统文化"为主题,创作了一系列文创产品,有满族"萨满女神"的手拎袋、书帖,满族八旗的 Q 版抱枕等,一经面世立刻销售一空,真正实现了将年轻人蓬勃的创造力植入非遗的传承中,让传统融入现代,把非遗带入生活。2016 年,广州永庆片区引入众创办公、创意产业,变身为"微改文创街区"永庆坊,沿街更新微改造之后,骑楼建筑群、各类文化展馆和个性十足的小店错落有致,已经成为创客群体、市民游客汇聚的"打卡圣地"。

文化创意产业成为旅游发展的新引擎,而旅游的发展也为文化创意产业的繁荣创造了新机遇、新动力。在旅游产业集群化发展和文化创意产品特色明显的发展背景下,文化创意旅游已经成为旅游景区、旅游企业及相关部门共同参与的新领域、新热点,不但提升了休闲经济时代下的传统旅游产品和文化活动的质量,而且开始成为各大城市旅游经济发展的新引擎。

(三)智慧旅游发展

智慧旅游的核心是提供以游客为本的高效旅游信息化服务。党的十九大报告指出,"推动互联网、大数据、人工智能和实体经济深度融合,在中高端消费、创新引领、绿色低碳、共享经济、现代供应链、人力资本服务等领域培育新增长点、形成新动能"。目前我国已经有许多成功的智慧旅游案例。例如,"一部手机游云南"是云南省政府联合腾讯云开发的智慧旅游大数据平台的阶段性产品,APP 整合了包括人工智能、云服务、大数据等多个新技术领域,覆盖近 3000 个政府机构部门、300 多个景区、1228 路慢直播、20 000 多家诚信企业,包含游客在云南的游前、游中、游后的各项需求，满足游客在云南的吃、住、行、游、娱、购需求和体验。在旅游前，游客可以通过平台的 VR、直播等功能提前熟悉景区情况，做好旅游线路规划；在旅游中，游客可以通过扫码、人脸识别进入景区或酒店，利用小程序寻找停车位、厕所等；旅游后，游客可以继续享受由诚信体系带来的购物、申诉、评价、无条件退款等服务。

在 2020 年新冠疫情后，产生了云看展、云直播等在线云旅游服务，不同形式的云旅游推动智慧旅游不断成长。亚马逊上线虚拟旅游体验服务 Amazon Explore，采取直播的形式让用户通过视频互动学习和探索新鲜的地方，部分项目也支持直接购物功能。德国国家旅游局与百度知道启动复苏计划，百度知道推出"知行计划"，以"云游德国全知道"为主题，以数字化推广为手段，展开一系列合作，携手打造多元问答互动生态。在"新基建"改善发展环境的基础上，随着大数据、互联网、移动支付、人工智能等新一代信息技术的应用，旅游形式与体验也发生了改变。推动旅游业与互联网、大数据、人工智能和信息技术的深度融合，已成为旅游业转型升级的一大重要举措。

（四）旅游业融合化发展

旅游业的融合也是多方向的，与文化融合产生文化旅游，与科技融合产生科技旅游，与生态环境融合产生生态旅游，与教育资源融合产生研学旅游，还有与工农业等多种产业各个方面的融合产生多元新业态。

1. "旅游+"到"+旅游"

大众熟知的"旅游+"模式有"旅游+地产""旅游+文化"等概念，"旅游+"侧重以旅游消费激活其他多方消费，带动经济社会发展，通过旅游与其他产业相融合形成新的竞争力。"+旅游"主要是在各方本身的工作中考虑旅游需求，主动将旅游作为其他行业的重要组成部分。通过各个部门"+旅游"能够为旅游业发展创造良好的环境和基础，反过来旅游也能为这些部门的工作效能优化提供助力。

2. 生活与旅游界限模糊化

旅游将成为大众的一种生活方式，家和旅游目的地之间的界限也将越来越模糊，家庭度假、工作度假等消费场景也应运而生。因此，传统的旅游企业在其业务板块中会加入生活属性，一般的生活服务平台则也会向旅游服务业衍生。无论是美团、京东、拼多多、滴滴等都在持续发力旅游领域，携程、同程等也在构建自己的本地生活发展新空间。

例如，2020 年 7 月，美团上线"超级团购"项目，团购内容是中高端酒店，而且最低打 6 折，未使用随时退、过期自动退。美团从在线预订酒店业务市场的入侵开始，发展旅游领域的业务，与各类 OTA 平台抢占旅游市场。

(五)可持续旅游发展共同体

旅游可持续发展是指在不破坏当地自然环境,不损坏现有和潜在的旅游资源,以及合理利用旅游资源,保护已开发的现有资源的情况下,在环境、社会、经济三效合一的基础上持续发展的旅游经济开发行为。

大连市从 20 世纪末确立实施生态旅游战略后,针对城市旅游资源特点,不断加大环境保护力度,营造出"蓝天、碧海、绿地"的城市生态,进而促进全市旅游发展。如今,秀丽的自然风光、优美的海洋环境、丰富的旅游产品不仅成为大连市的"城市品牌",也是这座城市积极开展环境保护工作的"缩影"。目前,大连市拥有 2 处滨海国家地质公园,4 处国家级自然保护区,8 处国家森林公园,1 处国家 5A 级旅游景区,9 处 4A 级旅游景区。

过去旅游是一个市场化程度较高、以私营企业为主的行业,未来多边国际组织、政府、事业单位等公共部门在旅游业中的作用将进一步凸显。我们将迎来一个能够保障人民旅游权益的、推动产业可持续发展的、全新的、生态的、可持续的世界旅游发展体系。可使全球联合起来,共同面对和解决世界安全问题、公共卫生问题、环境问题、科技研发问题等诸多挑战。近年来,世界旅游联盟(World Tourism Alliance,WTA)围绕旅游减贫案例分析、理论研究、经验宣传等方面,开展了一系列实践和国际交流活动,在旅游减贫的全球进程、产业植入和文化建设等方面作出了重要推动。在疫情常态化防控形势下,要进一步发挥世界贸易组织(World Trade Organization,WTO)、世界卫生组织(World Health Organization,WHO)、联合国世界旅游组织(United Nations World Tourism Organisation,UNWTO)、WTA 等国际性组织在世界旅游业发展中的重要作用,各国各级政府要为旅游业的发展配置更多的人才、资金、技术等产业要素。要正视旅行社、OTA、酒店、景区、铁路公司、租车公司等市场主体的国际合作,探索"旅游需求引导市场开放,旅游投资促进基础设施和公共服务体系的完善,游客与社区共享现代商业环境"的国际旅游合作模式,推动国际旅游战略合作伙伴关系新动力的机制化成长。

二、新技术场景下我国旅游电子商务新常态

(一)在线旅游服务涉及领域广,参与企业多

在线旅游产业链涉及众多领域,参与企业数量众多,且所处行业十分广泛。在线旅游产业链的上游是旅游资源的供应商,包括交通、住宿、景区、其他服务支持等资源,涉及航空、高铁、客运、酒店、租车公司、娱乐设施、保险签证等诸多企业。中游是旅游产品整合及分销的线上线下平台,按照模式可以分为线下分销和线上产品整合及分销,线上产品整合及分销模式根据客户群体不同和平台模式不同又可以分为 B2B 平台、OTA 类 B2C 平台和非 OTA 类 B2C 平台。下游主要是各类营销平台,包括个人原创 UGC 平台、社交网络、搜索引擎、视频网站、移动应用等。此外,对在线旅游提供支持服务的产业也是产业链的一部分,如支付、旅游金融、目的地服务、出

行信息服务等，贯穿于整个产业链中（图 3-14）。

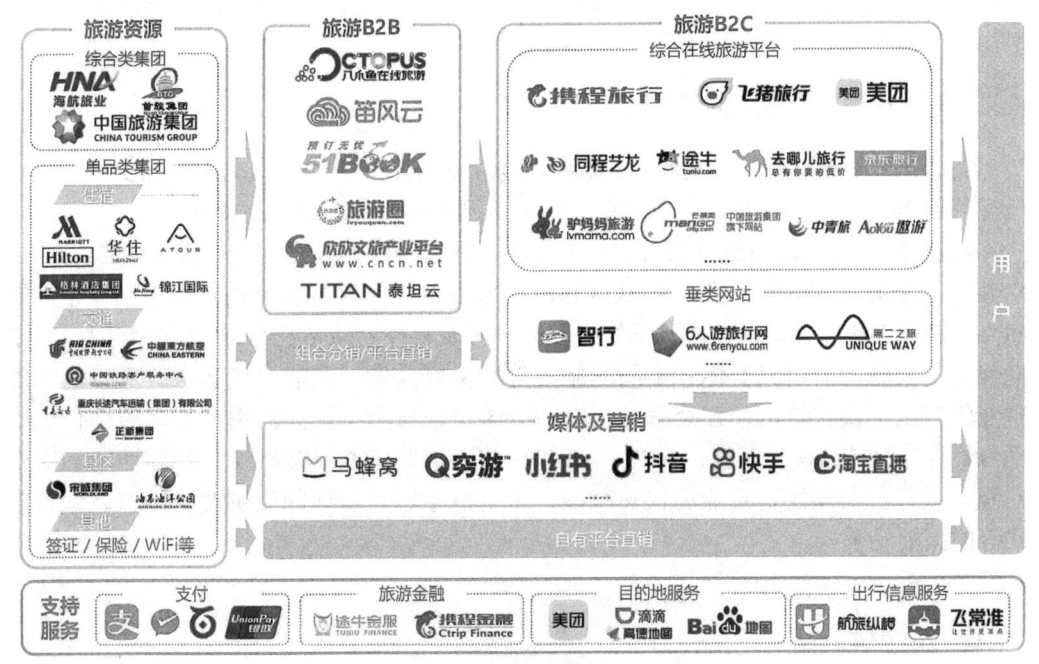

图 3-14　中国在线旅游产业链图谱
资料来源：艾瑞咨询《2021 年中国在线旅游行业研究报告》

（二）互联网普及率提升推动在线旅游发展

"互联网+"已成为大众旅游的新场景、智慧旅游的新动能，数字时代将加速旅游业的生态融合和业态创新。在线旅游行业随互联网普及率的提升而不断发展（图 3-15）。

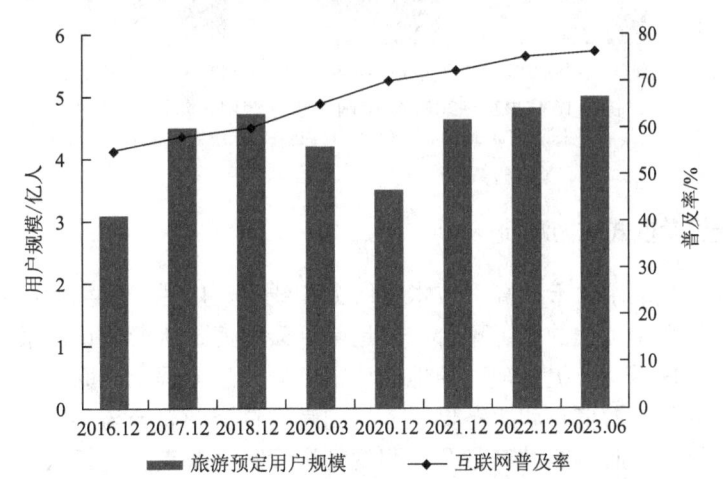

图 3-15　2016～2023 年中国在线旅游行业（旅游预订）用户规模
资料来源：前瞻产业研究院

Fastdata 极数研究报告显示，2021 年 12 月在线旅游平台月活用户超 1.2 亿。在线旅游企业积极与旅游资源供给方合作，相继推出高性价比的旅游产品，在线旅游的认可度增加，营销平台不断发展壮大。

（三）在线旅游用户特征明显

艾瑞咨询数据显示，截至 2021 年底，全球 Z 世代（出生于 1996~2010 年）人口已经达到 24.7 亿人，占全球总人口的 32.1%，已经成为人口最多的代际。

随着 Z 世代人口的旅游消费力快速释放，在线旅游预订占比近三成（图 3-16）。X 世代（1966~1980 年）及 Y 世代（1981~1995 年）用户在线旅游渗透率已经接近饱和点，Z 世代的自我意识、消费偏好、社交方式及科技创新特征与 Y 世代完全不同。Z 世代正在以庞大的用户群体、不同的旅游消费偏好及多元化的价值认同改变着全球旅游业的产品、供应链、预订及服务。在线旅游平台将拥有更高的用户生命周期价值，平台价值也将持续快速兑现。2022 年 Z 世代旅游消费需求持续释放。中国拥有 2.61 亿 Z 世代人口，其旅游消费能力快速释放，将引发中国及全球的旅游消费需求、预订方式等的深刻变革。

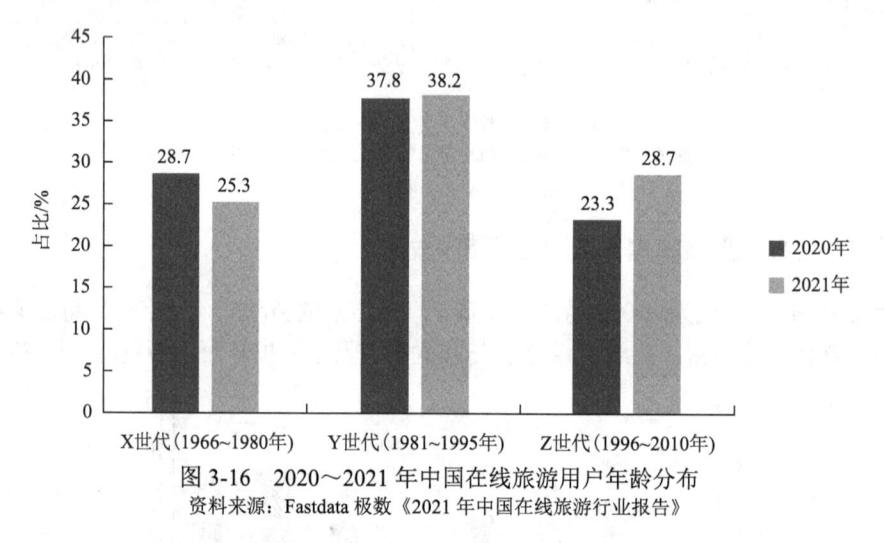

图 3-16 2020~2021 年中国在线旅游用户年龄分布
资料来源：Fastdata 极数《2021 年中国在线旅游行业报告》

（四）云旅游模式成为潮流

"云旅游"是运用"云计算"技术将线上和线下、虚拟与现实相结合的旅游解决方案，形成对旅游全过程的服务整合，打造基于云端海量旅游资讯及最具活力的互动运营平台，为互联网用户提供随时随地的休闲度假娱乐全程全网服务。其概念侧重于旅游前、中、后的旅游信息和服务供给，目的是通过资源整合与共享，解决旅游供需信息不对称问题，同时为旅游产品开发和规划进行科学决策。"云旅游"利用虚拟技术来满足人们线下旅游的需求。以"云游故宫""一部手机游云南"APP 为代表，以实景、3D、高清的效果，在线展现旅游目的地的风采，满足用户在家游览的需求。

讨论与思考

1. 请列举国内外 IP 文旅的成功案例，并分析其成功原因。
2. 你认为云旅游将来是否会取代线下旅游？旅游景区又该如何将线上流量转变为线下旅游行为呢？

参 考 文 献

艾瑞咨询. 2021. 2021 年中国在线旅游行业研究报告[EB/OL]. https://www.iresearch.com.cn/Detail/report?id=3889&isfree=0[2021-12-08].
白海霞, 普荣. 2019. 供给侧改革下旅游地旅游供应链创新发展研究[J]. 高师理科学刊, 39(4): 51-54.
白海霞, 普荣, 杨小明. 2014. 物联网技术在旅游物流领域中的应用研究[J]. 物流技术, 33(3): 340-342, 363.
程金龙. 2022. "互联网+"时代信息产业与旅游产业融合发展研究[M]. 北京: 科学出版社.
冯晓梅, 王建喜. 2010. 电子商务环境下旅游供应链优化探讨[J]. 商场现代化, (22): 106-107.
郭海玲, 严建援, 张丽, 等. 2011. 旅游服务供应链形成动因及其模式演进[J]. 物流技术, 30(23): 169-173.
郭捷. 2020. 考虑交易安全风险控制投入的在线旅游供应链网络均衡模型[J]. 中国管理科学, 28(6): 137-145.
胡康华. 2016. 云计算背景下的新型旅游供应链构建研究[J]. 河南科学, 34(6): 986-990.
黄先开. 2021. 新时代文化和旅游融合发展的动力、策略与路径[J]. 北京工商大学学报（社会科学版）, 36(4): 1-8.
马青. 2012. 现代信息技术背景下个性化旅游服务供应链研究[D]. 济南: 山东财经大学.
师兴龙. 2021. 国内外旅游供应链研究综述[J]. 西部旅游, (6): 56-58.
世界旅游城市联合会, 中国社会科学院旅游研究中心. 2022. 世界旅游经济趋势报告（2022）[R]. 北京.
世界旅游联盟, 中国国际扶贫中心, 世界银行. 2021. 2021 世界旅游联盟——旅游助力乡村振兴案例[R]. 北京.
世界旅游联盟, 中国旅游研究院. 2020. 2020 世界旅游发展报告: 市场复苏的信心与产业变革的挑战[R]. 杭州.
索玲娟, 王元伦. 2020. 后疫情时代旅游景区云旅游模式探析[J]. 人文天下, (23): 63-67.
汪仁正. 2020. 文旅 IP 的建设路径与价值创造[J]. 当代农村财经, (2): 29-31.
王德刚. 2016. 互联网对旅游业创新能力提升的促进作用[J]. 旅游学刊, 31(5): 7-8.
王桂花, 何菲菲. 2018. 国外旅游供应链管理的启示[J]. 合作经济与科技, (13): 20-22.
王兆峰, 杨琴. 2010. 技术创新与进步对区域旅游产业成长机理作用与动力机制研究[J]. 科技管理研究, 30(2): 120-124.
魏宇. 2011. 慢旅游与云旅游的对接——新型自由行与半自由行旅游模式的构建[J]. 中国外资, (16): 117.

闫祥青. 2020. 疫情之后旅游业发展趋势分析与重振举措[J]. 人文天下, (7): 20-25.

张露萍. 2020. "高质低密"成为旅游业发展新常态[J]. 人民论坛, (22): 70-71.

郑四渭, 方芳. 2014. 虚拟集群式旅游供应链模型构建研究[J]. 旅游学刊, 29(2): 46-54.

Fastdata 极数. 2022. 2021 年中国在线旅游行业报告[EB/OL]. http://www.199it.com/archives/1403775.html[2022-03-16].

Tripadvisor. 2020. 2020 年旅游报告[EB/OL]. http://www.199it.com/archives/1159302.html[2020-12-02].

Adriana B. 2009. Environmental supply chain management in tourism: the case of large tour operators[J]. Journal of Cleaner Production, 17(16): 1385-1392.

Richard T, Font X. 2004. Tourism Supply Chains: Report of a Desk Research Project for the Travel Foundation[R]. Leeds Metropolitan University, Environment Business, Development Group.

Zhang X, Song H, Huang G Q. 2009. Tourism supply chain management: a new research agenda[J]. Tourism Management, 30(3): 345-358.

第四章

旅游电子商务模式与运营管理

● 学习提示

一、教学内容

- ◇ 五类电子商务常规模式
- ◇ 旅游电子商务主营业务及分销渠道
- ◇ 旅游电子商务运营模式案例分析
- ◇ 旅游电子商务运营模式发展机制与路径

二、学习重点

- ◇ 掌握五类电子商务模式的概念、内容及特点
- ◇ 了解旅游电子商务的各类主营业务
- ◇ 了解旅游电子商务分销渠道的概念与设计
- ◇ 掌握旅游电子商务运营模式的分析方法
- ◇ 了解旅游电子商务发展的现存问题及解决路径

第一节 电子商务常规模式

电子商务模式是指在网络环境和大数据环境中基于一定技术而建立的商务运作方式和盈利模式。电子商务交易通常在企业（business）和消费者（consumer）之间发生，其模式主要分为 B2C、B2B、用户对用户（customer to customer，C2C）、线上线下商务（online to offline，O2O）和顾客对企业电子商务（consumer to business，C2B）五种常规模式。从最早以 B2B 和 B2C 为首的电商平台，到 2003 年阿里巴巴创立淘宝网引领 C2C 电商模式，再到饿了么、美团和苏宁易购等 O2O 模式，电商平台在不断完善其运作与盈利模式。

一、B2C 模式

（一）基本介绍

1. 定义

B2C 模式是以互联网为主要手段，由商家或企业通过网站向消费者提供商品和服务的一种商业零售模式。B2C 旅游电子商务可以为消费者提供大量的相关信息，使得消费者通过网站进行查询和预订，包含了旅行社电子商务、在线旅游服务、住宿业电子商务、旅游购物电子商务等分类。传统 B2C 电商平台的运营，以最基础的交易往来需求为核心，满足消费者选购时对商品信息的获取需求，构建企业与消费者之间沟通交易的桥梁。

2. 交易流程

B2C 电子商务的交易流程大致可分为用户注册、选购商品、支付结算和物流配送四个过程。首先是新用户的注册，然后用户登录到电子商务网站进行商品选购，并选择送货方式和支付方式，最后由商家送货，消费者收货后验收，从而完成交易（图4-1）。

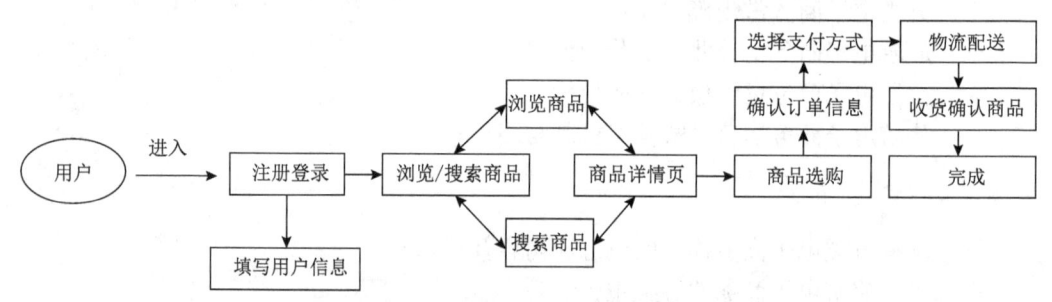

图 4-1　B2C 平台用户交易流程

资料来源：刘平峰, 杨柳. 2013. 面向客户体验的 B2C 电子商务服务过程分析与优化[J]. 企业经济, (11): 90-93

1）用户注册

消费者在网络购物前，必须先进行新用户注册。新用户注册时一般要输入包括登录名、登录密码、验证密码、用户姓名、送货地址、送货电话和电子邮箱等必要信息。每个电子商务网站的用户注册界面大同小异。对于不同的网站，有些信息是用户注册时必须要填的，有些信息是可选的。如证件号、性别、文化、出生日期、邮政编码等信息一般允许用户有选择地输入。

2）选购商品

用户注册成功后就可以开始商品选购。购买目标明确的用户，可以利用网站提供的搜索功能来选购商品。用户直接在网上商店的搜索框输入该商品的名称进行搜索，系统将展示该网上商店所有相关商品的信息，这些信息包括商品的产品号、价格、规格等。对这些搜索到的商品，根据个人的喜好，消费者在选中商品以及数量后，直接加入购物车。若消费者觉得这些商品信息不够直观，则可以点击商品名称查看商品图片。购买目标不明确的用户,可以在网上商店边浏览边选购,进入购物车可以显示所有选购商品的清单,并可修改每种商品数量,确认无误后,即完成商品选购过程。

3)支付结算

消费者在网上完成商品选购后,网站会显示消费者所选购的商品的编号、名称、规格、单价、数量、总价格等明细,按支付键即进入网上支付流程。B2C 模式中,消费者可选择货到付款、汇款、网上银行支付和第三方支付等支付方式。因银行只负责资金结算,即将货款从买方账户转移到卖方账户,买方网上先付款,如未收到货物或者货物存在质量问题,要退款非常困难,这就催生了第三方支付工具。买方在网上购物需要支付时,首先将货款支付给第三方支付平台,然后在确认收货后,再由第三方支付平台将货款支付给卖方。如支付宝、中国银联(ChinaPay)和腾讯财付通等都是第三方网上支付工具。

4)物流配送

在 B2C 电子商务模式下,网上商品选购完成后,必须通过物流配送环节将商品送到消费者手中。由于物流配送环节是网上商店发展的一个主要瓶颈,电子商务网站在成立之初就将逐步完善网络物流配送放到重要位置。

B2C 电子商务平台主要由企业网站、配送系统和网上银行及其认证系统三个基本部分组成。企业网站为消费者提供在线购物的场所,是平台的主要组成部分;配送系统负责为消费者所选购的商品进行配送,创造时空效用;网上银行及其认证系统则负责对消费者身份进行确认,提供交易付款结算服务。B2C 电子商务平台的网页主要包括商品展示、商品查找、购物车添加与查看、配送方法、订单结算与支付、注册登录、客户中心、帮助、规则、联系方式等多项基本功能。

(二)模式分类

1. 综合型 B2C 模式

消费者的产品选购需求复杂多样,综合型 B2C 则是满足消费者复杂需求的大型商场,销售产品覆盖广,每个品类的商品下包含多个品牌,能充分发挥企业品牌影响力,寻求产品或服务新的利润点,培养核心业务。综合型 B2C 网站因其产品复杂,其建设需要不断细化商品的陈列展示以及信息系统的智能化。常见的综合型 B2C 模式的电子商务企业有京东、淘宝(图 4-2)等。

2. 垂直型 B2C 模式

随着竞技水平的发展,部分特殊的消费者开始关注某一垂直细分领域商品的信息并开始追求商品品质。垂直型 B2C 就契合了这部分消费者的消费需求与特点,在其运营的核心领域进行深入挖掘并发现新亮点,以此获取利润。"窄而深"是垂直型 B2C 的特点,其专注于某一细分领域的产品品类,致力于在特定的细分市场为消费者提供专业化的商品购买服务。电子商务行业中以聚美优品(以美妆为细分领域)(图 4-3)、乐淘网(以轻奢鞋包为细分领域)等为垂直型 B2C 的代表。

图 4-2　淘宝网首页

资料来源：淘宝官网

图 4-3　聚美优品官网首页

资料来源：聚美优品官网

3. 零售型 B2C 模式

随着互联网信息技术的崛起，消费者开始偏向更加方便、快捷、实惠的电商平台。传统企业逐渐向零售型 B2C 电子商务模式转型。零售型 B2C 模式，即"实体+网销"模式。企业将线下本地化的传统销售渠道同线上网络销售结合起来，实现阶梯化标价与差异化销售，达到企业运营经验与电子商务的有机结合。苏宁易购在 2010 年向电商转型，又在 2013 年推出"电商+店商+零售服务商"、线上线下融合的全新零售模式。目前，苏宁易购仍然是我国零售型 B2C 模式的代表电商平台之一（图 4-4）。

图 4-4 苏宁易购官网首页
资料来源：苏宁易购官网

4. 平台型 B2C 模式

平台型 B2C 是指企业借用平台销售收取服务费且物权不属于企业本身的盈利运作模式。该模式以企业业务经营为出发点，更加重视销售额及利润指标，其初衷和目标是扩大品牌线上和线下的目标用户群。中小企业通常采用平台型 B2C 模式拓宽线上营销渠道。但一般选择此类模式的企业或个人在传统线下已经具备一定知名度，天猫则是平台型 B2C 模式的典型代表（图 4-5）。

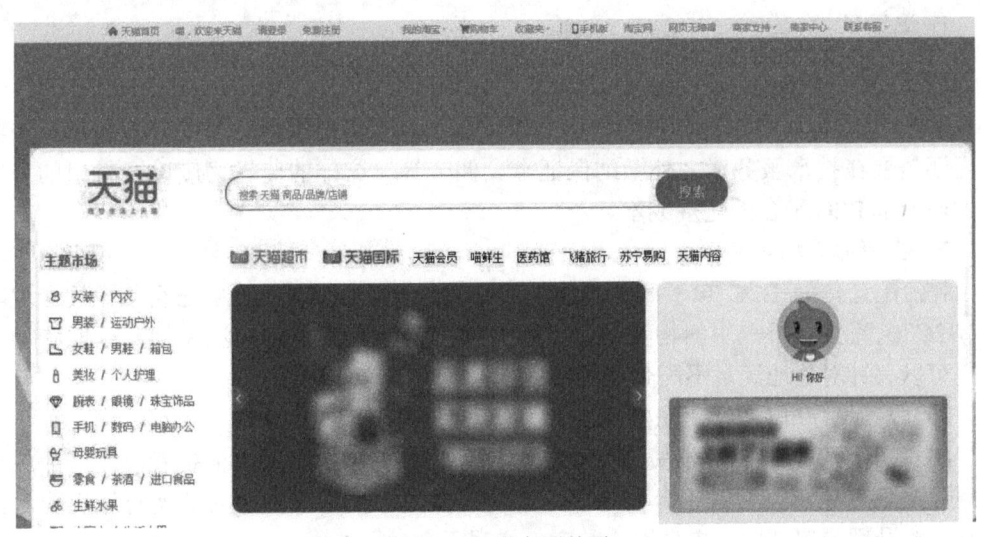

图 4-5 天猫官网首页
资料来源：天猫官网

5. 纯网络商户型 B2C 模式

纯网络商户型 B2C，又称"纯网商"，是商家采用了一种没有线下实体店的、单纯只通过网络渠道进行销售的模式。自产自销和购销是纯网商的两种主要销售模式。国内首家网上超市"1 号会员店"采用的就是纯网络商户型 B2C 模式（图 4-6）。

图 4-6　1 号会员店官网首页
资料来源：1 号会员店官网

（三）模式分析

1. 运营优势

1）受监管力度强，更为安全诚信

B2C 电商企业需要进行较为严格的考察且大多都需要缴纳一定的管理费用，有些甚至还需要在技术服务费之外缴纳保证金、佣金等。这样的监管力度以及付出的费用大大增加了 B2C 平台的违规成本。

2）物流体系相对完善

物流配送作为 B2C 电子商务中的关键环节之一，必然受到企业平台的重视。现阶段 B2C 电商企业所采用的物流配送主要有网站自建、第三方物流和物流联盟三种方式，可以有针对性地满足不同企业的目的需求。

3）服务反馈机制提高用户黏度

B2C 电子商务可以在消费者交易的全过程提供完善的服务。消费者收到产品或接受服务之后，还可以通过平台留言评论，对服务进行反馈，平台对此及时做出应对，有利于提升用户忠诚度，提高用户黏度，增强平台盈利能力。

2. 风险困境

1）系统安全性低

由于部分 B2C 电商企业的规模较小，经费有限，技术不足，其系统的安全性较低，容易在交易过程中，让消费者在创建订单和支付订单时面对安全风险，比如信息泄露、资金盗取等风险。

2）人力资源管控难

企业员工招聘难、人力成本较高、团队结构不稳定的风险，加上员工职业工作能力不足，都会给 B2C 电商平台带来人力资源管控上的难度。

3）缺少产品种类和数量

受仓储成本限制和对销售量的考量，B2C 平台往往选择标准化、规模化的商品而放弃产品种类的多样化和数量的充足性。

二、B2B 模式

（一）基本介绍

1. 定义

B2B 是以互联网为主要手段，通过网络进行企业与企业间商品和服务交易的一种商业模式。B2B 更加关注商家企业类消费者的需求，让企业双方通过互联网或私有网络等技术进行信息交流，完成谈判、订货、确认、收发货物等过程。

2. 交易流程

B2B 平台的交易流程大致可分为以下八个步骤（图 4-7）。

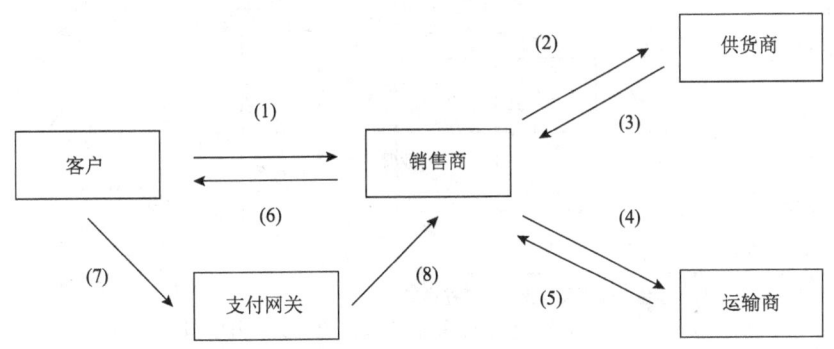

图 4-7　B2B 平台交易流程

资料来源：颜君彪，荣秋生，潘梅森，等. 2008. 基于 B2B 的电子商务系统的设计与实现[J].计算机工程与设计,(3): 656-658

（1）客户发起用户订单。客户依据需求向销售商订货，在用户订单中说明所需要的产品名称、规格、数量等相关细节。

（2）销售商发出订单查询。销售商收到客户的用户订单后向供货商发出订单查询，用以了解产品的具体情况。

（3）供货商回复订单查询。供货商收到订单查询后进行确认审核，并将产品情况回复给销售商。

（4）销售商发出运输查询。若销售商收到供货商能够满足用户订单的回复，则向运输商发送运输查询，确认是否能够为产品提供相关运输服务。

（5）运输商回复运输查询。运输商收到运输查询后，确认运输情况并对销售商进行回复。

（6）销售商回复用户订单，并发出发货通知。确认运输无问题后，销售商可回复用户订单，同时向供货商发出发货通知，并提醒运输商准备运输。

（7）运输商发货，客户发出付款通知。

（8）支付网关发出转账通知。交易成功后，支付网关将向销售商发出转账通知，提醒交易完成。

3. 基本功能

根据商家企业类消费者对清晰、便捷、完整的订单管理的需求，B2B 平台的基本功能就是围绕着交易流程中的订单和通知展开。平台功能含有订货库存管理、订货订单管理、订货商品管理、订货客户管理、营销管理和订货在线支付六大模块，通过这六大模块实现顾客下单、订单处理、运输服务这一商品交易流程的基本闭环。

（二）模式分类

从参与者角色、服务范围以及服务盈利模式三个角度建立 3D 分类模型后，能够得到 12 个不同类型的 B2B 电子商务服务模式，如图 4-8 所示。

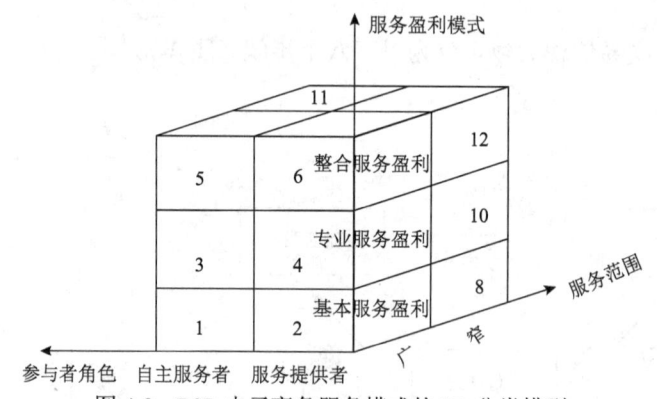

图 4-8 B2B 电子商务服务模式的 3D 分类模型
资料来源：傅翠晓，黄丽华. 2010. 我国 B2B 电子商务服务模式的分类探讨[J]. 中国科技论坛，(10): 100-106

1. B2B 的参与者角色

据调查研究分析，除了常见的采购商、供应商和服务商这三大 B2B 参与者角色以外，我国的 B2B 网站还经常出现代理服务商负责采购、进出口等。因此，可以将 B2B

电子商务的参与者重新划分为四类：第三方服务提供者、中间服务者、服务接受者和自主服务者。这四者之间的关系以及各自所扮演的角色如图 4-9 所示。

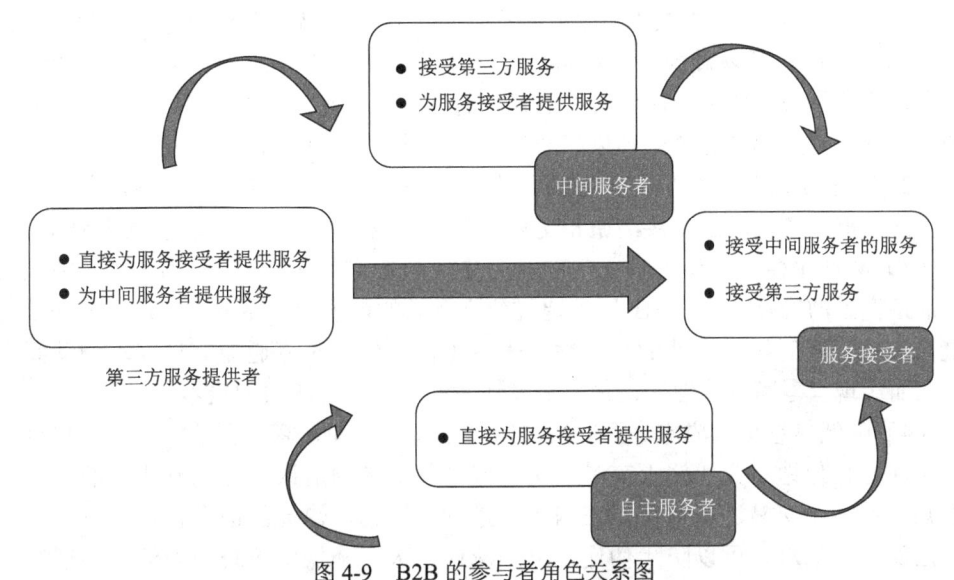

图 4-9　B2B 的参与者角色关系图
资料来源：傅翠晓，黄丽华. 2010. 我国 B2B 电子商务服务模式的分类探讨[J]. 中国科技论坛，(10): 100-106

2. B2B 的服务范围

B2B 的服务范围可以理解为供应商和采购商在进行商品交易时在平台上享受到的服务和便利，主要分为基本服务层、数据服务层、应用服务层和增值服务层四个层次。根据不同的 B2B 所提供的不同服务内容，组合四个层次后可将 B2B 电子商务服务细分为六类，即综合性/基本服务、综合性/专业服务、综合性/整合服务、行业性/基本服务、行业性/专业服务、行业性/整合服务。其中，服务范围越广，越倾向于整合性；服务范围越窄，越倾向于行业性。根据服务能力由低到高可分为基本服务、专业服务和整合服务三大类。

3. B2B 的盈利模式

B2B 电子商务的盈利模式十分多元，涵盖会员制度收费、广告收费、加盟费、个性化定制服务费等。以盈利来源从简到繁的次序以及服务能力的高低对 B2B 盈利模式进行细分，可分为三类，即以信息咨询和企业推广服务为主的基本服务盈利模式，以交易、物流及诚信服务为主的专业服务盈利模式，以及综合多种服务的整合服务盈利模式。

（三）模式分析

1. 运营优势

B2B 用于企业与企业之间相关产品和服务采购、交易的信息查询和谈判、合同的签订、票据来往、订单结算，能够有效解决采购问题，降低企业运营成本。主要有以下几点优势。

（1）降低采购和宣传成本。企业与企业之间进行交易，在网上进行采购，而且实现了自动化，这样可以减少企业在常规交易中投入的人力、财力和物流方面的绝大部分费用，降低了采购成本。对于卖方而言，通过各类多媒体载体在 B2B 平台上能够更直观、省钱、有效地传达企业形象和产品信息，减少宣传成本。

（2）节省货物流通和周转的时间。由于 B2B 网站采用的是一种规范高效统一的运行模式，能够实现网上直接沟通和交易，无须其他中间环节，实现了直通和互动。

（3）降低库存压力和成本。在常规交易中，由于市场需求的不确定性，因此必须经常准备充足的货物，而 B2B 网站通过建立高效的电子商务系统，实现生产和销售的无缝对接，增强对销售预计的科学性，平台上信息的及时流通能够按需求调动商品补给，从而实现"零库存管理"，最大限度地降低了库存的压力和成本。

（4）降低信息交流成本。互联网突破了地域、时间、客户群的限制，用户可以在任何时间、任何地点完成线上交易，买卖双方从交易的洽谈、签约到货款的支付、交货通知等的整个交易过程都可以在网络上进行。通畅、快捷的信息传输可以保证各种信息之间互相核对，可以防止伪造信息的流通，大大降低了传统商务活动中通过线下交流、电话、传真等方式进行交流的成本，一方面更为快捷迅速，另一方面更能传递商品信息的真实性，使得交流也更为高效。

2. 风险困境

1）服务同质化

B2B 电商所面临的最大的问题就是"同质化"，几乎所有的 B2B 企业都在采用一种以"信息撮合"为主的传统服务模式。实现创新突破、创造电商行业发展的"拐点"，成为当前大多数 B2B 平台的重要目标。

2）忽略采购商需求

在服务同质化的背景下，企业将关注只集中于消费者上，认为满足消费者需求、确保用户黏度就能维持企业的长久经营，却忽视了采购商一方的重要性，使得其运转机制过于片面。

三、C2B 模式

（一）基本介绍

1. 定义

C2B 即消费者到企业的商业模式，是以消费者为源头，由其定义价值，从而推动产品设计、生产、社会化供应链和配送体系，完成不同程度和形式上以客户定制为动力源的整个价值产生过程。因此，C2B 被视为一种逆行的商业模式，是时代发展下消费者本位意识的体现，迎合了越来越注重自我的现代消费者。

2. 基本功能

目前 C2B 主要有以下三种类型。

（1）聚合要求形式。利用团购的形式集中聚合一群消费需求相同且数量庞大的消费者群体。

（2）要约交易模式。通过调换商家与消费者的位置，由消费者发布所需要的产品和理想价格，商家选择是否接受要约。

（3）个性化定制。以消费者为中心，让消费者主动参与产品本身的设计、生产和定价的全过程，实现产品个性化定制，满足自身的需求，逆转消费者的定位，将交易的主导权放回消费者，拉动价值链的形成，打造消费者与企业共创共赢的局面。

其中，小鸟 CMS 是比较具有代表性的 C2B 平台，其产品框架如图 4-10 所示。

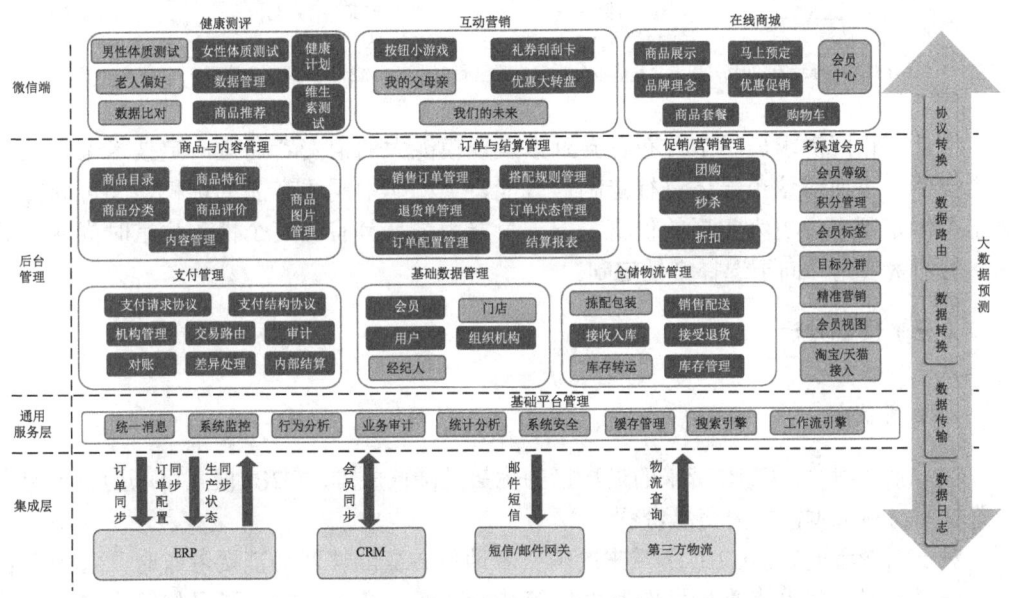

图 4-10 小鸟 CMS 产品框架
资料来源：小鸟 CMS 官网

（二）模式分类

将复杂多样的消费者需求从定制主体和定制内容两个维度进行细分，可以将 C2B 的运营模式分为以下五类（图 4-11）。

（1）群体定制价格型业务模式，即定制内容为价格，定制主体为群体的业务模式。

（2）个性定制价格型业务模式，即定制内容为价格，定制主体为个人的业务模式。

（3）群体定制产品型业务模式，即定制内容为产品，定制主体为群体的业务模式。

（4）个性定制产品型业务模式，即定制内容为产品，定制主体为个人的业务模式。

（5）混合型业务模式，即兼有以上四种业务模式定制主体、定制内容的业务模式。

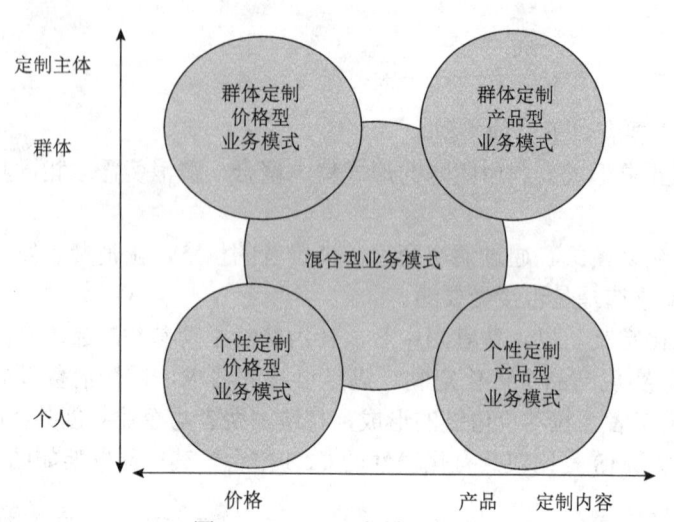

图 4-11　C2B 运营模式分类
资料来源：孙黎宏. 2016. 基于交易成本分析的生鲜电商运营模式选择[J]. 商业经济研究, (21): 93-95

将具有相同需求、时空分布各异且数量规模庞大的消费者通过一定技术聚合成为一个群体，进而对这个群体进行定制，既能避免团购中同质产品的堆积，又可获得相对于个体定制来说更为实惠的价格。但支付能力强、具有高度个性、注重时尚或生活品质的消费者则倾向于选择个性定制。

（三）模式分析

1. 运营优势

对于企业而言，C2B 带来的最直接的优势是降低成本。C2B 模式可以为中小型企业降低原材料成本，扩大交易份额。

对于消费者而言，C2B 所带来的消费者地位转变能够帮助消费者省时、省力和省钱。一是省时，消费者直接发布需求后等待企业商家竞标，节省了寻找符合自己需求的企业所要投入的时间成本。二是省力，消费者无须为了寻求低价耗费精力，发布需求后直接预订期望价格，等待能够接受这个价格的企业商家提供商品服务。三是省钱，消费者可以在自己的期望价格中对比购买性价比更高的商家产品，再次锁定主动权。

2. 风险困境

目前 C2B 电子商务发展的问题主要有以下三个方面。

（1）实现难度大。C2B 模式要求平台前端充分汇集和梳理消费者的个性化需求，需要有柔性化的生产能力和敏捷供应链的支撑。由于每一单都倾向于个性化定制，降低了标准化制定所带来的成本优势，商品难以大规模生产，商品管理难度也大大增加。

（2）信息安全问题。C2B 平台所要面对的挑战是如何保护消费者个人信息安全，消费者信息外泄将会造成不可估量的损失。

（3）信用问题。当前 C2B 在发展过程中，网络信用较低，不利于买卖双方交易的进行。

四、O2O 模式

（一）基本介绍

1. 定义

O2O 即将线下的商务机会与互联网结合在一起，让互联网成为线下交易的平台。线下服务可以通过线上来揽客，消费者可以通过线上来筛选服务，成交可以在线结算，可快速达到规模。从宽泛意义来说，分类信息网站、点评类网站、团购类网站、订餐类网站等网站类型都属于 O2O 范围。

O2O 电子商务平台的形成针对的是现代消费者的性价比和新鲜理念的追求。一方面，消费者想要追求更高的品质就必须要"回到线下"，而网上购物的价格相对较低，因此"线下体验+线上购买"成为一种趋势；另一方面，消费者逐渐开始关注产品本身之外的附加价值，商家企业逐渐开始通过传递带有自身特色的价值主张来吸引顾客。因此，O2O 模式着重于"互动"，最重要的特点是推广效果可查、每笔交易可跟踪，相对传统网络购物更强调互动与体验。

2. 交易流程

O2O 电子商务交易活动的流程主要包括线上处理流程和线下处理流程两部分。线上处理流程包括线上撮合、线上支付，线下处理流程包括线下消费和消费反馈。

O2O 电子商务平台模式中，整个消费过程由线上和线下两个部分组成。线上平台为消费者提供消费指南、优惠信息、便利服务和分享平台，线下商户则更加专注于提供服务。在 O2O 模式中，消费者的消费流程可以分为以下五个阶段（图 4-12）。

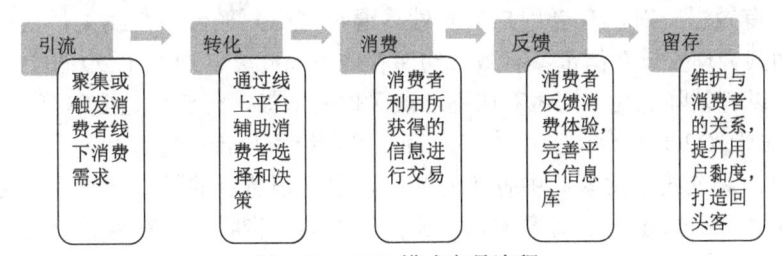

引流 → 转化 → 消费 → 反馈 → 留存

引流	转化	消费	反馈	留存
聚集或触发消费者线下消费需求	通过线上平台辅助消费者选择和决策	消费者利用所获得的信息进行交易	消费者反馈消费体验，完善平台信息库	维护与消费者的关系，提升用户黏度，打造回头客

图 4-12　O2O 模式交易流程

资料来源：罗倩，李琰，蔡玫. 2017. 基于 O2O 电子商务的商业模式基础构件、进化过程与策略探析[J]. 企业经济, 36(12): 43-48

1）引流

线上平台作为线下消费决策的入口，可以聚集大量有消费需求的消费者或触发消费者的线下消费需求。常见的 O2O 平台包括大众点评、美团等消费者评论网站；电子地图如百度地图、高德地图；社交网站或应用程序，如微信、微博和陌陌等。

2）转化

线上平台为消费者提供店铺的详细信息、折扣（如团购、优惠券等）和便利服务，方便消费者搜索和对比店铺，最终帮助消费者选择线下商户，完成消费决策。

3）消费

消费者利用在线上平台获得的信息服务，并在线下商户处完成消费。

4）反馈

消费者将自己的消费体验反馈到线上平台，帮助其他消费者做出消费决策。通过梳理和分析消费者的反馈，在线平台形成了一个更完整的本地门店信息数据库，可以吸引更多消费者使用在线平台。

5）留存

线上平台建立了消费者和本地商家的沟通渠道，帮助当地商家维护消费者关系，让消费者重复消费，成为商家的回头客。

（二）模式分析

O2O 是一种支付模式和为商家创造客流量结合的表现方式，在推动消费者进行线下生活服务类消费的过程中，逐渐表现出相对传统电子商务的优势与劣势。

1. 运营优势

（1）对于消费者而言，通过 O2O 平台能够更好地了解线下商家的信息，获得更丰富的服务内容信息，还能通过方便快捷的方式与线下商家进行实时的在线交流，通过在线预订获得相比线下基于门面、人力成本的更优惠的销售价格。

（2）对于商家而言，利用互联网传播速度快、用户多的特性，通过 O2O 平台进行网上营销，能更好地宣传和展示线下无法展示的细节，吸引更多潜在用户到店消费，有效降低其地推成本。通过用户的在线支付，可跟踪每笔交易，可以了解客户的喜好。通过 O2O 平台，可获取大量用户消费数据，在与用户的沟通过程中可了解用户消费数量，有效提升对已有老用户的黏性。通过 O2O 平台的在线支付获得有效的预订，可帮助其合理安排存储量，有效节约库存成本。此外，通过 O2O 平台实现网上吸引客源，可以有效降低线下商家对店铺地段区位的依赖，降低租金成本等。

（3）对于 O2O 平台运营商本身而言，平台给用户带来优惠和便利，可吸引大量高黏性用户。通过线下商家提供有效的推广，根据消费者的预订情况实现可衡量的推广效果，从而吸引大量线下商家加入，获得巨大的广告收入。在获得一定的用户规模和线下商家的规模后，还可为 O2O 平台运营商开拓更多的盈利模式。

2. 风险困境

（1）同质化的产品和服务。目前 O2O 平台所提供的产品、服务以及营销都有一定的趋同性，这使得消费者在选择时更倾向于价格低的产品，平台之间的比拼就变成了价格战。

（2）网络展品与现实产品之间的差异。O2O 消费的是线下产品，但对于首次消费的顾客，他们要仅凭图片想象产品。而每个人的心理预期不同，其对产品的要求自然参差不齐，如果商品不能满足消费者的最低要求，就将失去这一客源。

（3）尚存漏洞的反馈机制。尽管大部分 O2O 平台都会设置评论反馈，但由于评论可以被人为干扰影响，如刷好评、好评返利、威胁差评等，评价反馈的真实可靠性降低。

（4）未知的盈利模式。目前 O2O 的机会成本和沉没成本不确定，不论是模式中需要的资源整合、数据分析处理、客户管理还是人物资源，都具有较大的试水空间，使得 O2O 模式的盈利模式仍然不清晰。此外，网络推广的覆盖面若不能达到一定程度，消费者的数量将是有限的。手机应用的使用率与下载量直接相关，若没有一定的客户群体，交易量也难以保证。

五、C2C 模式

（一）基本介绍

1. 定义

C2C 是一种个人与个人之间的电子商务模式。C2C 交易平台是为买卖双方提供在线交易的平台。在该平台的支持下，卖方可以自行提供商品上网展示销售；而买方可以自行选择商品，拍下付款或以竞价方式在线完成交易支付。C2C 平台的交易规模巨大，且仍然保持着一定的增长率，其中淘宝作为 C2C 平台的领头企业，地位依旧稳固，C2C 市场格局相对稳定。

互联网用户年轻化意味着一大部分网民的收入不高或无收入，在经济实力不足的大背景下，选购商品追求便宜成为主要动机。C2C 模式就打造了用户竞价的方式，使得商品能以相对传统电商网络销售更便宜的价格进行出售。

2. 交易流程

在 C2C 平台上进行交易的流程较为固定，一般分为以下四个步骤（图 4-13）。

搜索及浏览商品 → 与卖家沟通 → 付款购买 → 确认收货并评价

图 4-13　C2C 平台交易流程

资料来源：杨木, 张润彤, 杨海楼. 2009. C2C 电子商务交易流程优缺点分析及改进[J]. 商业时代, (4): 76-78

1）搜索及浏览商品。消费者在 C2C 平台上通过关键词搜索、分类查找等方式搜索自己所需要的商品。

2）与卖家沟通。消费者确定所需商品后，即可与卖家沟通，进一步了解商品的细节信息、物流配送、售后服务等。

3）付款购买。消费者与卖家沟通达成共识后即可付款购买商品。

4）确认收货并评价。消费者收到商品后，可以对商品以及卖家提供的服务进行评价，如有问题还可以进一步与卖家沟通，选择退换货服务。

3. 基本功能

C2C 平台的主要功能分为网站后台管理、会员中心和网站前台三大板块。在网站后台，商家对商品、线上店铺和客户订单等进行管理；会员中心则为消费者提供注册、登录功能，包含交易过程中对订单的创建、修改、删除等管理以及收货地址、评论留言等服务功能；网站前台则是消费者直观看到的首页服务界面，包括商品分类列表、详细介绍、搜索、推荐等（图4-14）。

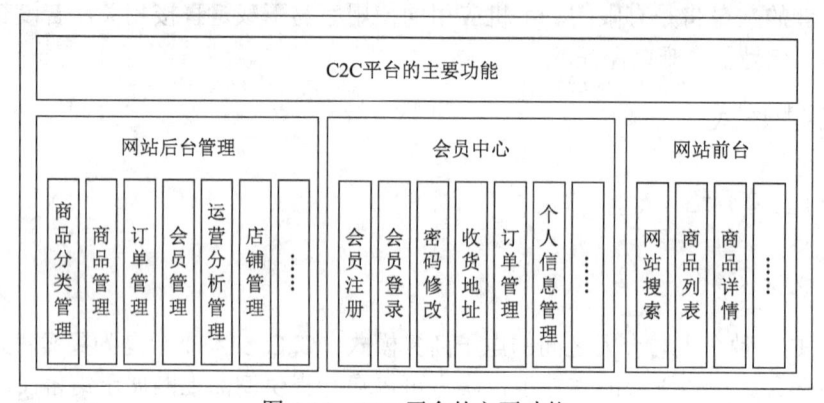

图4-14　C2C平台的主要功能

资料来源：赵翰. 2013. C2C为基础的电子商务网站设计与实现[D]. 成都：电子科技大学

（二）模式分类

C2C 模式可从交易的商品类型和交易的平台运作模式两个角度进行分类（图4-15）。

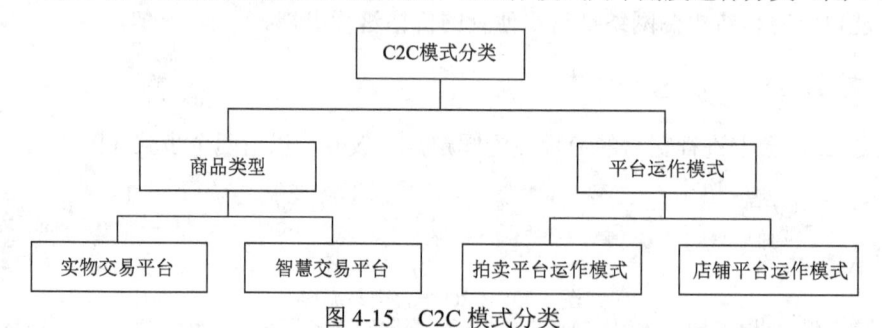

图4-15　C2C模式分类

资料来源：俞海. 2006. C2C在线拍卖的几个基本问题研究[D]. 北京：中国科学院数学与系统科学研究院

1. 从交易的商品类型角度可分为两类

1）实物交易平台

实物交易平台即交易多种类型的实物，包括生活用品、电子商品、服饰、化妆品等。这种产品或服务的成交是在互联网上进行的，而实物产品和劳务的交付仍然通过传统的方式，不能通过电脑的信息载体来实现。

2）智慧交易平台

智慧交易平台是交易企业或个人的智慧、知识、能力，实现"知识变现"。最常见的交易行为是用户作为提问者诉说需求，支付酬劳，或作为回答者答题，获得报酬。

2. 从交易的平台运作模式角度可分为两类

1）拍卖平台运作模式

平台为买卖双方提供网络拍卖场所，保证交易公平，维护市场价格稳定，从每笔交易成功的订单中按一定比例抽取佣金。

2）店铺平台运作模式

C2C 平台为企业和个人提供开设店铺的线上场所，通过会员制、广告或其他服务收取费用。

（三）模式分析

1. 运营优势

（1）产品服务齐全。C2C 平台拥有海量用户和产品，打破了空间限制，能够跨地区进行交易，商品和服务更加齐全。

（2）轻资产，运营成本低。相对于其他模式，进入 C2C 的门槛低，作为轻资产更适合创业。

2. 风险困境

（1）监管交易难度大。C2C 平台的用户量大、分散且身兼买方与卖方多重角色，使得用户管理成为一大难题。进行交易时，买卖双方进行非面对面交流，在网络平台完成交易全过程，一旦发生交易冲突问题，C2C 平台很难做出监管和处理。

（2）商品质量无法把控。由于在 C2C 平台开设网店、提出交易等行为并无高门槛，因此平台上的产品质量良莠不齐。再者，商品定价权掌握在商家手中，一些商家随意更改价格欺瞒消费者，使得消费者高价买低质或同质物品的情况比比皆是。

（3）依赖第三方物流。C2C 平台的物流运输依靠第三方来进行，一方面，一些单笔交易额小的低价值物品使用第三方物流可能会增加成本；另一方面，由于无法监控第三方物流，很可能会出现物流公司服务不到位的情况，反而影响平台本身的口碑。

第二节 旅游电子商务运营与发展

运营是对运营过程的计划、组织、实施和控制，是与产品生产和服务创造密切相关的各项管理工作的总称。在电子商务行业，运营包括调研、产品定位、管理分类、开发规划、活动策划、产品管控、数据分析、分析执行及跟进等。有效合理的运营可以帮助企业获取大量的市场资讯，妥善管理客户关系，并对产品进行更新与优化，从而获得更多经济效益。

旅游市场扩大和旅游者消费水平提高，使得越来越多的旅游电子商务企业进行高端旅游市场的产品开发与推广。也有部分企业选择降低对大众旅游市场的争夺，针对其他细分市场，如老年群体、团体游群体等进行特色挖掘，开辟新运营方式。

一、创新运营模式实例——以"ZANADU 赞那度"为例

（一）ZANADU 赞那度概况

ZANADU 赞那度于 2012 年创立，定位为中国高端线上旅行社，主要面向中国中高端消费人群，属于 B2C 型旅游电子商务企业，其旅行产品由资深从业专家进行甄选与设计，产品范围涉及全球各地知名旅游目的地及奢华高端酒店，类型则包括随心游、海外自由行、大航海时代、定期赞旅、精品别墅、精选酒店、国内短假和私人定制。ZANADU 赞那度通过全面多元的营销渠道、风格契合的合作方与完善的服务等积极传播了高端旅行的优质体验及其所代表的生活方式，且不断寻求新技术在旅游电子商务上的应用，领先于行业将 VR 技术融入旅游产品，帮助客户在预订之前获得更为真实、清晰的相关资讯。

（二）运营模式分析

1. 客户细分

作为高端线上旅行社，ZANADU 赞那度的主要客户为高端旅游者。现阶段中国高端旅游者主要是企业家、企业中高层管理人员、收入较高的白领、演艺界名人等，大多集中在金融、保险、银行、石油、化工、信息产业、影视媒体等高收入行业。高端旅游者通常具有雄厚的经济实力，有一定的社会地位或知名度，对于旅游产品的个性化、独特性要求更高。ZANADU 赞那度所推出的产品价格昂贵，包含的旅游目的地、酒店、体验类活动等是大众旅游产品平台难以提供的，精准契合了这些高端旅游者对旅游体验及品质的需求。

中国的高端旅游市场可以细分为五种不同的旅游子市场：以观光为主的高端旅游细分市场，以观光为主要目的；以商务旅游为主的市场；以休闲度假为主的市场，以享受休闲活动为主要目的；特种旅游市场，以体验各类特殊活动为主要目的，如攀岩、乘坐游艇等；价值观和生活方式细分市场，以感受不同的生活方式为主要目的，同时以价值观为主导。

ZANADU 赞那度（图 4-16）的旅游产品基本涵盖了这五类细分市场的需求，并且强调通过优美的景色、多元的服务内容等为高端旅游者塑造高端优质旅游的服务与生活方式，从而提高细分市场客户的旅游体验。

图 4-16　ZANADU 赞那度现有旅游目的地列表
资料来源：ZANADU 赞那度官网

2．关键业务

ZANADU 赞那度的关键业务主要是特色产品设计和合作方协商两个部分。

1）特色产品设计

高端旅游，是各类旅游产品中居于塔尖地位的产品，基本特点是花费高、时间长、要求高，是个性化的、非标准化产品。

ZANADU 赞那度的包价旅游产品满足高端旅游的要求，还具备包含项目丰富、体验类活动独特等特点。ZANADU 赞那度已有的境外旅游产品单价均超过 1 万元，旅游时长普遍持续 7 天以上，其中南极游等产品达到了 23 天之久。ZANADU 赞那度的包价旅游产品追求奢华、独特的品质，其所包含的酒店产品多以奢华型酒店为主，服务专业体贴，配套设施齐全。除了欣赏旅游目的地最佳时刻的美景，ZANADU 赞那度还为旅游者提供与当地文化贴合的各类独特体验活动，这些活动项目的消费层次较高，形式较为小众，能够满足高端旅游者对个性化的要求。如在澳大利亚，产品包含水上飞机、游艇、骑马、直升机等项目；在北欧，产品包含观赏极光、入住特色驯鹿小屋等项目。此外，ZANADU 赞那度还为高端旅游者提供私人定制的服务。旅游者仅需在官网填写相关信息，选择自己心仪的旅游目的地类型，并与 ZANADU 赞那度的旅行设计师保持联系，即可获得针对个性需求的专业旅游产品规划。这类产品更能够满足个性需求较高、品质要求更高的旅游者。

2）合作方协商

ZANADU 赞那度官网中包含的"折扣"板块，能够为旅游者推荐最新的优惠套餐或单品。该类产品由 ZANADU 赞那度与合作企业进行协商，在保证服务质量与体验品质的基础上获得相对较低的优惠价格，整体性价比较高。

ZANADU 赞那度所选择的合作方包含酒店、交通、服饰等行业，多以同消费档次的奢华品牌为主，能够契合其高端线上旅行社的形象，并提供符合品牌身份的服务及支持，给旅游者带来流畅自然的旅游体验（图 4-17）。

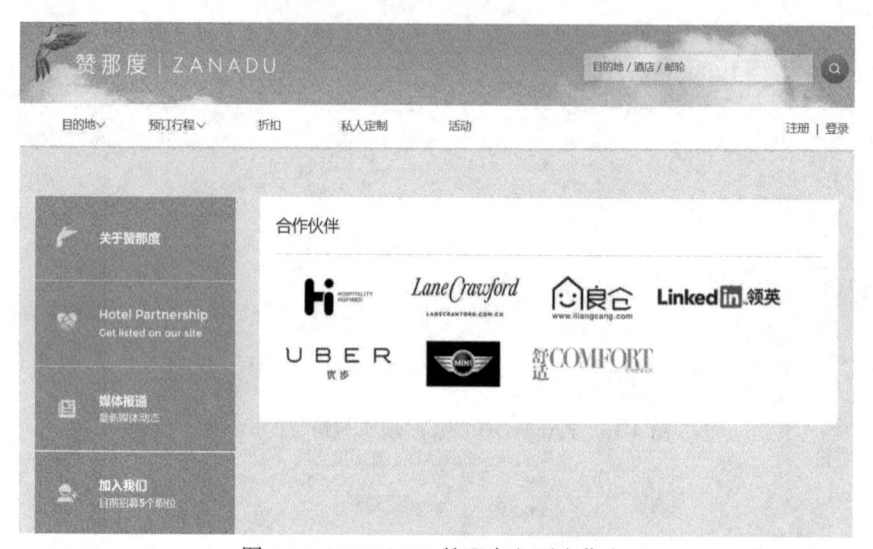

图 4-17　ZANADU 赞那度主要合作方
资料来源：ZANADU 赞那度官网

同时，ZANADU 赞那度经常与部分合作方开展短期主题活动，利用展会、广告、音乐节等各类形式提高知名度，进行产品促销与品牌形象塑造。其中，BAZANA 海岛音乐节将主场地设置在旅游胜地普吉岛，并邀请了近 700 名社会名流、旅游爱好者及电音达人参与，通过为期 3 天的音乐节充分传递了 ZANADU 赞那度活跃、热情的形象与强大的号召力。

3. 营销渠道

1）杂志

ZANADU 赞那度专门开办了纸质杂志《赞那度旅行人生》，以知名旅游目的地推荐、旅游产品介绍、名人专访分享等为主要内容。同时，注重与其他电子杂志的合作，在《环球旅讯》、*VOGUE*、《时尚旅游》等知名杂志上刊登了数篇相关文章。

2）微信公众号

ZANADU 赞那度的官方公众号名为"赞那度旅行人生"（图 4-18），每天推送数篇旅游相关文章，包括知名旅游目的地介绍与产品促销信息等，旅游者也可以在公众号的菜单界面进行在线咨询、产品浏览，进一步了解 ZANADU 赞那度。

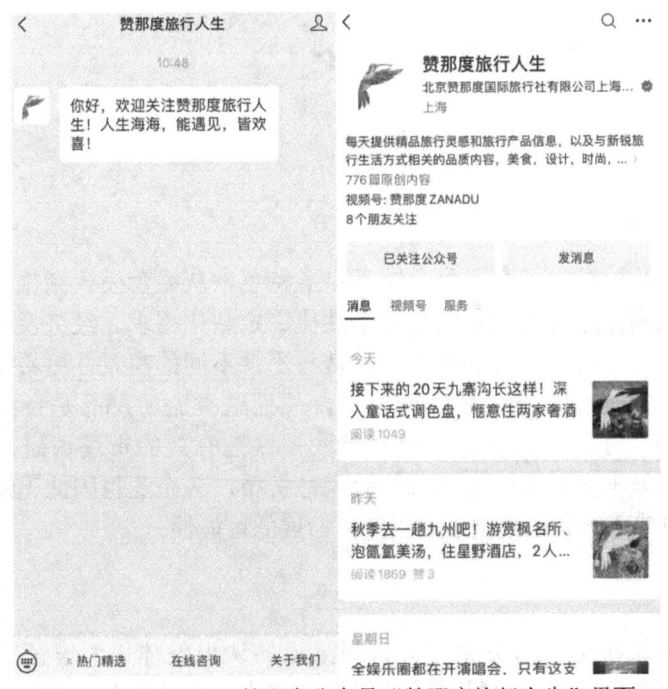

图 4-18 ZANADU 赞那度公众号"赞那度旅行人生"界面
资料来源：ZANADU 赞那度公众号"赞那度旅行人生"

3）微博

ZANADU 赞那度的微博账号保持每天至少 3 篇推送，尽可能全方位地介绍现有产品及相关旅游目的地，获得了一定关注。

4）VR 视频

ZANADU 赞那度是首批融合 VR 技术的线上旅行社。其通过拍摄多支时长约为 3 分钟的高清晰度 VR 视频，为旅游者提供媲美真实的虚拟体验，旅游者可以使用手机、VR 设备等在线观看（图 4-19）。2016 年，ZANADU 赞那度在上海奕欧来购物村设立了"赞那度线下旅行体验空间"，体验空间占地 600 平方米，内有多个 VR 观影站，旅游者可以在此进行体验观赏。VR 视频所带来的沉浸感、临场感可以增加旅游者对旅游产品的了解与认知，从而降低实体体验与预期间存在落差的可能性，促进旅游产品的销售。

图 4-19 ZANADU 赞那度部分 VR 全景旅游产品展示
资料来源：ZANADU 赞那度官网

二、旅游电子商务发展机制与路径

（一）旅游电子商务发展现存问题

1. 同质化现象突出

现有的大多数旅游电子商务平台缺乏自身特色，从经营模式到旅游产品及服务都趋向一致，无法满足旅游者日益增长的个性化、定制化需求。经济及文化的富足使得现在的旅游者不仅仅希望在旅游过程中欣赏与平常不同的美景，更希望在旅游过程中彰显个人特色，体验更高层次的旅游活动，然而这类旅游产品是目前市场难以提供的。如今的旅游电子商务平台经营模式趋同，缺乏有效的市场调研，盲目打"价格战"使得品质参差不齐，旅游者旅游体验大打折扣，各企业也因此无法建立自己独特的品牌形象及口碑，极大地限制了未来持续发展的可能性。

2. 营销手段单一

中国已有的旅游电子商务企业对营销渠道的认识整体仍然停留于较为初级的阶段，过分依赖单向性的营销手段。营销不仅是宣传，更是企业对旅游者关系的管理。良好到位的营销可以协助企业快速形成品牌效应，在旅游者心中树立正面积极的形象。目前除知名的旅游电子商务企业外，其他企业常常忽略了网站信息更新、多元营销渠道拓展等方面，导致网站信息更新频率低、静态信息多，与旅游者间的接触点较少，从而缺少与旅游者间必要的沟通及交流，难以激发旅游者出游及购买的欲望。

3. 企业信息安全意识较弱

旅游电子商务依托于互联网而存在，因此当前互联网的信息安全问题在旅游电子商务行业也无法避免。由于接触过程涉及在线支付、隐私信息提交等环节，线上平台可能会受到不法分子的恶意攻击，旅游电子商务的消费者时刻面临着隐私泄露、账户丢失等风险，损害自身利益。然而现有的旅游电子商务企业尚未对该问题给予足够重视，缺乏足够的安全保障手段与提示。信息安全关系着消费者对企业的信任与忠诚度，为更有效地为消费者提供长期产品及服务，旅游电子商务企业需要遵守相关政策，提高自身的信息安全意识，及时采取相关调节手段，保障消费者的信息及支付环境安全。

4. 复合型专业人才匮乏

旅游电子商务作为新兴的综合行业，需要大量专业人才的支持，包括旅游业、信息技术、市场营销、网络安全等领域。这对旅游电子商务从业人员的素质提出了更高的要求，不仅要求人才对旅游市场有所了解，还需要涉猎电子商务、金融、市场营销等行业。但薪资待遇水平的参差不齐、对服务行业的认知片面、缺少合理有效的培养机制等因素使得适合旅游电子商务的复合型人才严重匮乏，旅游电子商务企业的发展速度受限。

(二)旅游电子商务的发展路径

1. 创新服务模式,提供差异化产品

旅游电子商务企业需要对现有的旅游市场、电子商务领域及相关方面产生全面的理解,进入市场前需加强市场调研。在提供产品方面,企业应满足旅游者多元化、个性化的需求,完善各项功能,并积极探索创新旅游电子商务的经营模式、营销渠道、服务方式等,可以进一步发展私人定制旅游产品等内容,为旅游者提供差异化的产品,打造企业独有优势。同时,企业应重视旅游者的各项反馈,根据旅游者的评价对服务质量、产品设计进行调整,使其更贴合市场需求。随着技术的进步,企业也应将服务"智能化",推动科技与旅游的融合,为旅游者提供更多便利。

2. 拓展营销渠道,重视品牌建设

在建设旅游电子商务平台时,企业要进一步提升网站或手机应用的实用性及美观性,保持产品信息的高频动态更新,给予旅游者便捷的渠道进行反馈与评价,加强旅游者与企业的交流。另外,企业需不断拓展营销渠道,根据目标市场的特点及热点话题选择契合、新颖的营销手段进行品牌推广,并打造新媒体矩阵多方面塑造企业的品牌形象。企业要加强品牌管理,选择或建立突出优势作为自身的品牌特征,以此增强其在市场中的核心竞争力,进而提高客户接受度与忠诚度。

3. 加强信息监管,维护隐私安全

为维护客户的隐私信息及支付安全,企业应根据相应的政策法规制定安全管理规定,约束和制裁用户浏览或交易活动中出现的不法行为。企业不得随意使用旅游者隐私信息以牟利,通过及时更新技术手段以加强网站或手机应用的使用安全,防止隐私信息泄露,有效保护旅游者的财产和信息安全,消除旅游者的后顾之忧。

4. 促进资源整合,实现行业共进

由于市场的快速发展,现有的旅游电子商务企业间差距较大。知名的旅游电子商务企业往往凭借雄厚的资本或丰富的经验发展较迅速,专业化程度更高,且拥有大量专业人才与相关资源。中小型旅游电子商务企业因市场竞争力较小,不断被挤压成长空间。因此行业内需要逐步推动企业间的合作,促进资源的整合及共享,使中小型企业获得发展动力,不断完善自身服务质量及产品品质,实现优势互补,营造旅游电子商务行业健康、有序的竞争环境。

5. 完善人才机制,提升专业能力

作为旅游与电子商务的有机整合,旅游电子商务的人才培养机制需要获得更多关注。企业可以定期组织与旅游、电子商务、市场营销相关的理论讲座及实践培训,从整体层面提升从业人员的素质及能力。同时还需完善人才引进与奖惩机制,平衡行业

内部薪资待遇水平,给予员工发展空间,并不断吸引优秀人才进入行业,促进良性竞争。各高校也应结合市场需求,与企业进行有效沟通及合作,开设旅游电子商务相关课程,将实践融入理论学习,重视应用型人才的培养。

案例分析:马蜂窝地铁广告

马蜂窝旅游,一个以攻略为核心的旅游社区平台,近年来在地铁广告领域频频发力,以其独特的创意和精准的投放策略,吸引了大量年轻乘客的关注。2021年,马蜂窝再次在北京各大地铁线路投放了全新的地铁广告,这些广告以"北极星攻略"的灵感式问题为特色,不断激发着乘客的旅行灵感。

一位网友在看到马蜂窝最新的地铁广告后,在马蜂窝官方微博留下了"坐趟地铁竟然被种草了!"的评论。在北京飞驰的地铁中,5万扇门上承载着马蜂窝的"北极星攻略"问题,如"哪里可以看到春天与冬天同框?""如何在一天之内走遍人生所有'弯路'?"等,这些问题不断吸引着乘客的好奇心,促使他们拿起手机扫描二维码,进入"北极星攻略"寻找答案。"北极星攻略"是马蜂窝在2020年底推出的全新攻略品牌,它通过高度结构化的旅行玩乐内容,为旅游者提供旅游消费决策的一站式服务。据悉,"北极星攻略"推出不到一年的时间,就已经覆盖了全国所有的热门目的地,帮助了1.8亿的旅游者出行游玩。

马蜂窝并非首次尝试地铁广告。早在2012年,其就已在北京地铁中投放了以"上马蜂窝,下旅游攻略"为口号的广告。此后,马蜂窝不断探索和创新,从"内容+交易"的商业模式,到推出真实的社区用户前台展示,再到"世界杯"期间的鬼畜神句广告,每一次都为其带来了大量的新增用户。2021年,马蜂窝全新的地铁广告提出了"出门玩之前,先上马蜂窝"的口号。这一变化背后,是疫情对旅游者消费习惯的改变。马蜂窝旅游联合创始人、CEO陈罡预测,疫情后中国人的旅行频次将大幅提高,旅行将成为年轻一代的生活方式。因此,马蜂窝选择了为游客节省时间作为终极目标,提供高效的"超级内容",精选个性化玩法。

不断创新和尝试是品牌保持活力的关键。马蜂窝从早期的攻略定位,到后来的"内容+交易"模式,再到如今的"超级内容"战略,每一次都引领了旅游行业的潮流。马蜂窝的成功案例证明了,在数字化时代,企业需要不断创新营销手段,紧密贴合消费者需求的变化。通过精准把握市场趋势,结合线上线下资源,企业可以有效地吸引目标客户群,并建立稳固的品牌忠诚度。此外,构建一个健康的社区生态系统,不仅能够促进用户之间的交流与合作,还能为企业创造更多的商业机会。对于旅游行业而言,提供高质量的内容和服务是赢得市场竞争的关键,而这一过程离不开对用户需求的深刻理解和持续不断的创新努力。

(案例依据公开网络资料自行编写。部分资料参考:《OTA向左 马蜂窝向右:"北极星攻略"助推旅游消费决策》)

讨论与思考

1. 请指出马蜂窝的运营模式。
2. 请指出马蜂窝的主营业务与新增业务。
3. 请尝试分析马蜂窝的营销渠道及作用。
4. 请指明马蜂窝在本章中展示出的未来发展趋势。
5. 请结合个人所学，思考马蜂窝在旅游电子商务市场中的竞争优势。

参考文献

白东蕊, 岳云康. 2016. 电子商务概论[M]. 3 版. 北京: 人民邮电出版社.
常明辉. 2019. 电子商务运营模式在旅游管理中的应用[J]. 营销界, (19): 189-190.
常欣, 刘子萱. 2012. 谁抚电商之痛 谁解企业之忧——B2B 电商困境下的出路[J]. 中国经贸, (11): 48-49.
程金龙. 2022. 互联网+时代信息产业与旅游产业融合发展研究[M]. 北京: 科学出版社.
程艳红. 2015. 电子商务案例分析[M]. 北京: 人民邮电出版社.
冯郑凭. 2011. 电子商务对中国航空旅游分销渠道的影响——从供应商和中间商认知的角度分析[J]. 旅游研究, 3(3): 81-86.
傅翠晓, 黄丽华. 2010. 我国 B2B 电子商务服务模式的分类探讨[J]. 中国科技论坛, (10): 100-106.
韩言锋, 林义博, 董思成, 等. 2016. 浅谈 C2B 电子商务模式的发展[J]. 建材与装饰, (50): 215.
韩煜东, 郭锦锦, 张子健. 2016. C2B 商业模式的研究综述与发展展望[J]. 管理现代化, 36(4): 121-123.
黄思雨, 马国华. 2020. 旅游行业在电子商务模式下的发展探讨[J]. 电子商务, (1): 1-2, 15.
姜成辰. 2006. 中国旅游电子商务分析[D]. 北京: 对外经济贸易大学.
蒋侃. 2015. 电子商务案例分析[M]. 北京: 科学出版社.
李梅. 2012. 旅行社高端旅游市场定位及营销策略选择[J]. 经济研究导刊, (24): 151-152.
李玉. 2021. B2C 电子商务企业运营流程的风险评估与防范研究[J]. 营销界, (11): 73-74.
王乐鹏, 李春丽, 王颖. 2015. 论在线分销渠道在旅游产业链中的作用、挑战及对策[J]. 科技广场, (5): 227-231.
王乙帆, 刘雅丽, 何佳. 2013. 浅析我国 C2C 现状及发展趋势[J]. 知识经济, (8): 115, 128.
武博扬, 孙永波. 2017. 垂直型 B2C 电商战略转型研究——以聚美优品为例[J]. 企业经济, 36(1): 49-57.
徐斌, 张语, 董亚南, 等. 2014. 浅析 B2C 与 C2C 的优势与不足[J]. 市场周刊（理论研究）, (3): 57-60.
杨静. 2016. 中国旅游电子商务发展现状、存在问题及升级途径[J]. 对外经贸实务, (1): 84-87.
杨磊. 2019. 电子商务 O2O 运营模式探究[J]. 现代经济信息, (15): 356.

第五章 旅行社商务转型

● 学习提示

一、教学内容

- ◇ 旅行社基本业务、分工体系
- ◇ 信息技术对旅行社业务的影响
- ◇ 旅行社业务流程重组与再造
- ◇ 信息技术支持下旅游产业链的演化
- ◇ 在线旅行社价值链

二、学习重点

- ◇ 了解旅行社的主要业务及业务流程；旅行社的分工体系；信息化技术对旅行社的冲击；旅游产业链的构成要素
- ◇ 了解当前旅行社行业应用信息技术的发展历程；旅行社面对信息化浪潮的机遇与挑战；旅行社的产业链模式；旅行社信息管理系统的设计思路
- ◇ 掌握国内外旅行社信息技术应用差异；信息技术冲击下旅行社的业务流程重组；利用信息技术构建的新型旅游产业链；旅行社网络营销的模式与手段

第一节 旅行社发展概况

一、旅行社发展

旅行社产生于 19 世纪 40 年代，是人类社会经济活动发展到一定阶段的产物，人类旅行活动的发展促进了旅行社的诞生。18 世纪中叶工业革命开始后，英法等国家经济结构和社会结构都发生了巨大变化，交通条件改善，经济收入增加进而产生了旅游需求，这为旅行社的产生提供了有利条件。

工业革命的发生地英国首先出现了旅行社，这主要归功于旅游业的先驱人物——托马斯·库克（Thomas Cook），他于1808年11月22日出生于英格兰墨尔本，17岁时进入拉特兰浸礼教会做诵经人，20岁成为一名传教士。为了宣传教义，他游历了英格兰的许多地方。1845年，托马斯·库克在英格兰的莱斯特创办了世界上第一家商业性质的旅行社，它的服务宗旨是"为一切旅游公众服务"。同年夏天，出于营利目的，托马斯·库克组织了一批前往利物浦的观光旅游团，他亲自安排和组织了旅游线路，并担任旅游团的全程陪同，还雇用了地方导游。这是一次包含了旅游线路考察与设计、旅游产品组织、旅游广告宣传、旅游团队招徕和陪同及导游等多项服务内容的旅行社业务活动，基本涵盖了现代旅行社的主要业务，从而确立了旅行社业务的基本模式。到20世纪初，英国托马斯·库克旅游公司、美国运通公司和比利时铁路卧车公司被称为世界旅行代理业的三大公司。

20世纪80年代后期以来，以欧美地区经济发达国家的旅行社行业为代表的国外旅行社行业开始从成长阶段向成熟阶段过渡，其显著标志是旅行社产业的集中化趋势不断加强，显现出规模经营优势。据《中国旅行社发展现状与发展对策研究》课题组的研究结果，发达国家的旅行社行业正在从过去以私人企业为主体、以国家为界限的分散市场，逐步向以少数大企业集团为主体的国际化大市场发展，通过价值链进行纵向整合。以美国、德国、英国等国家的大型旅行社为主导的企业兼并、收购与战略联盟，使得发达国家旅行社的所有权发生了极大的变化，形成了一批能够对整个市场产生重要影响的旅行社行业巨头。

在20世纪初以前，中国的旅行业务主要被国外较大的旅行代理商垄断，包括英国通济隆旅游公司（前身即托马斯·库克旅游公司）、美国运通公司等。他们通过在上海等地设立旅游代办机构，总揽中国旅游业务，并雇用中国人充当导游。直到1923年8月，时任上海商业储蓄银行总经理的陈光甫在其同人的支持下，在上海商业储蓄银行设立了旅行部，为国人办理旅游业务，成为中国旅行社行业的开端。1927年6月，上海商业储蓄银行旅行部独立，更名为"中国旅行社"，中国旅行社股份有限公司正式成立，下设七部一处，即运输部、车务部、航务部、出版部、会计部、出纳部、稽核部和文书处。其主要职责是"导客以应办之事，助人以必需之便。如舟车舱之代订，旅舍铺位之预订，团体旅行之计划，调查研究之人手，以至轮船进出日期，火车来往时间，均在为旅客所急需者"。到1949年，新中国成立后，中国旅行社香港分社积极与已归属中国的中国银行香港分行取得联系，重组中国旅行社香港分行，使其由民营转为国营，而后不断发展壮大，中国旅行社也是现今香港中国旅行社有限公司的前身。2007年，党的十七大对全面建设小康社会、构建社会主义和谐社会提出了新的要求，也正是这一年，经国务院批准，央企"中国中旅集团公司"正式并入中国港中旅集团公司。改革的步伐阔步向前，2016年8月3日，企业又一次迎来历史发展中的重要时刻，中国港中旅集团公司与中国国旅集团有限公司召开重组大会，中国旅游集团应运而生。

二、旅行社的业务与部门

（一）旅行社基本业务

世界旅游组织将旅行社定义为："零售代理机构向公众提供关于可能的旅行、居住和相关服务，包括服务酬金和条件的信息。旅行组织者、制作商或批发商在旅游需求提出前，以组织交通运输、预订不同方式的住宿和提出所有其他服务，从而为旅行和旅居做准备。"从定义可知，旅行社向人们提供旅游产品和旅游服务，属于典型的旅游中间商，除了导游服务之外，旅行社本身不直接生产满足游客食、住、行、游、购、娱这些旅游环节需求的产品或服务，而是依托各类旅游吸引物和旅游供应设施，从旅游酒店、旅游交通业、旅游景区等相关旅游企业购买产品或服务销售给游客。因旅游产品属于体验型文化商品和精神商品，旅行社购买和销售产品与服务的流程和模式有别于一般的商业模式。旅行社要因人而异，设计和创造出不同的产品组合，提供差异化服务，满足人们不同类型、不同层次的精神文化需求。旅行社主要有以下四种基本业务。

1. 旅游产品的设计与开发

旅行社的产品开发业务包括产品设计、产品试产与试销、产品投放市场和产品效果检查评估四项内容。首先，旅行社在市场调查充分的基础上，根据对旅游市场需求的分析和预测，结合本旅行社的业务特点、经营实力及各种旅游服务供应的状况，设计出各种能够对旅游者产生较强吸引力的产品。其次，旅行社将设计出来的产品进行小批量的试产和试销，以考察产品的质量和旅游者对其喜爱的程度。再次，当产品试销成功后，旅行社应将产品批量投放市场，以便扩大销路，加速产品投资的回收和赚取经营利润。最后，旅行社应定期对投放市场的各种产品进行检查和评价，并根据检查与评价的结果对产品做出相应的改进和完善。旅行社只有设计和开发出适合旅游市场需要的产品才能实现经济效益。

2. 旅游服务采购业务

旅游服务采购业务是指旅行社为了组合旅游产品而以一定的价格向有关旅游服务供应部门或企业购买各种旅游服务项目的业务活动，主要涉及交通、住宿、餐饮、景点游览、娱乐和保险等部门。采购工作的任务则是保证供应，降低成本。组团旅行社还需要向旅游路线沿途的各地接待旅行社采购接待服务。旅行社产品的高度综合性和业务的季节性决定了旅行社协作网络的必要性。运用经济规律，与协作企业建立起互利的协作关系能促使旅行社与相关部门实现"双赢"。

3. 旅游产品的营销业务

旅行社为了鼓励消费者购买自己的旅游产品，运用各种推销方法与手段，将旅游产品的有关信息及时传递给客源市场中间商和潜在的旅游消费者，从而促进旅游产品销售，实现旅游产品价值的过程就是旅行社产品营销业务过程。旅行社产品营销业务包括制订产品销售战略、选择产品销售渠道、制订产品销售价格和开展旅游促销等四项内容。首先，旅行社应认真分析所处的外部环境和企业内部条件，确定面临的机会和挑战，并发现所拥有的优势及存在的弱点，基于此，旅行社制订其产品销售战略。其次，旅行社根据所制订的产品销售战略和确定的目标市场选择适当的产品销售渠道。再次，旅行社根据产品成本、市场需求、竞争者状况等因素制订产品的价格。最后，旅行社根据其经营实力和目标市场来确定与实施旅行社的促销战略并选择适当的促销手段以便将旅行社产品的信息传递到客源市场，激发旅游者的购买欲望，销售更多的产品。

4. 旅游接待业务

旅行社接待服务业务是指对已经预订本社旅游产品或服务的旅游者（团），在其到达目的地后提供这些产品或服务，使其圆满实现出游目的。接待业务的性质和核心是服务。接待业务是旅行社派出导游员作为地方陪同或全程陪同，为满足旅游者吃、住、行、游、购、娱等方面的需要和服务工作。旅游接待业务包括团体接待业务和散客接待业务。旅行社通过向旅游团队提供接待服务，最终实现包价旅游的生产与销售。团体接待业务由生活接待服务和导游讲解服务构成。散客接待业务是一项以散客旅游者为目标市场的旅游服务业务，包括单项旅游服务业务、旅游咨询业务和选择性旅游服务业务。

（二）旅行社部门

对应旅行社的业务功能，一般把旅行社的部门分成业务部门和职能部门两大类。

1. 业务部门

（1）外联部（营销部、市场部）：主要职能包括提供信息、设计产品和销售产品等，通过与旅游客户（包括旅游者、旅游中间商和其他旅行社）联络，在进行市场分析之后设计开发旅行社线路产品并直接销售。

（2）计调部（计划调度部）：主要职能是负责整个团队接待计划的拟订和协调，包括负责核算行程中包含的机票、门票、住房、用餐、用车等产生的费用成本，出团前做好景区门票预订、车票预订、酒店预订、导游安排等事宜。根据旅游要素（交通、景区、用餐、用车、住宿等），可分为房调、车调、票务计调等。

（3）接待部（导游部）：主要职能是负责旅游团队具体的接待工作，这是产品销售的最后也是最重要的一个环节，直接影响着旅游产品的质量，关系公司整体形象。

（4）综合业务部（散客部）：负责开发客户、为客户提供相关出游资讯、策划旅游方案、维护客户关系等。其主要职能包括受理咨询、办理单项委托和协调散客票务工作等。

2. 职能部门

（1）办公室：主要职能为负责各项行政组织工作，积极协调并推动各业务部门的工作。

（2）财务部：主要职能为处理各项财务工作，包括日常核算和投资理财等，目的是加强对公司财产的管理，控制公司的营业成本，提高公司利润。

（3）人力资源部：主要职能为负责人力资源管理工作，包括人力资源规划、招聘、培训、考核、薪酬和劳动关系管理等。

三、旅行社分工体系

旅行社内部合理的分工体系是旅行社生存发展的重要保障。旅行社分工体系是指不同类别的旅行社在旅游市场和产品流通中所承担的任务及相互之间的关系。根据旅行社的业务和管理方式，旅行社主要是垂直分工体系、水平分工体系和混合分工体系三种分工体系。旅行社的垂直分工体系由执行不同职能的旅行社组成，各类旅行社在经营中互相配合，其代表是欧美国家的旅行社。水平分工体系由执行统一职能的旅行社按照服务的市场和业务范围分化而成，我国即采用这种分工方式。混合分工体系由垂直分工和水平分工共同构成，如日本旅行社在发展中由于政府的干预形成了具有特色的混合分工体系。

（一）垂直分工体系

垂直分工体系主要指旅游业中旅行社的相关运作体系，该体系有利于保障市场有序竞争和形成规模经济，实现更高的市场绩效。欧美国家旅行社的分类采用的是垂直分工体系，根据旅行社在向旅游者提供旅游服务的流程中所起的作用进行划分，其形态为"相关旅游企业—批发经营商—零售代理商—旅游者"的垂直状态。旅行社主要有旅游批发商、旅游经营商和旅游零售商三类。

1. 旅游批发商

旅游批发商，即批发旅游经营商，是一种主要从事旅游产品的生产、组织、宣传和推销旅行团业务的旅行社组织。它们与旅游目的地、航空公司等交通部门、旅馆、餐馆等旅游服务部门签订合同，并且根据旅游者的实际需求，设计、组合出若干不同日程、项目和包价等级的包价旅游线路或包价度假集合产品，将其刊印在宣传册上，然后交给旅游零售商去推销。他们一般不直接向旅游者出售旅游产品。这类旅行社一般实力雄厚，有广泛的社会联系。

2. 旅游经营商

旅游经营商指以编排、组合旅游产品为主，也兼营一部分零售业务的旅行社。它们的旅游产品大部分由零售商出售，也代售其他旅游经营商的产品。西方国家的旅游批发商与旅游经营商常作为同义词混用。若严格区分，二者是有一定区别的。两者虽都进行旅游产品的生产，但重要区别在于是否直接经营零售业务。旅游经营商有自己的零售网，直接向公众出售部分自己的旅游产品，而旅游批发商则没有自设的零售网点，它不直接向公众出售产品；旅游批发商通常通过购买并组合现存的服务形成新的包价旅游产品，而经营商通过设计、组合新包价旅游产品并提供自己的服务；旅游批发商一般不从事实地接待业务，旅游经营商则从事实地接待业务。

3. 旅游零售商

旅游零售商也称旅游代理商，是指直接向个人或社会团体宣传和推销旅游产品，招徕游客，有的也负责当地接待的旅行社。它们是批发商和旅游者之间的中介企业，其收入来源完全依靠代理经销业务获取佣金或收取回扣。

（二）水平分工体系

水平分工体系和垂直分工体系是相对应的概念，即分工在政府的干预下以旅行社所在的不同市场区域或业务范围进行划分的体系。在政府行政管理力量的主导下，旅行社被人为地划分若干等级和类别，原本统一的旅游服务市场也被分为入境旅游、出境旅游、国内旅游、国际旅游等若干子市场或一类、二类、三类旅行社等若干类别。每一类别或等级的旅行社对应经营相应的子市场，与市场机制主导下演进而成的垂直分工体系有着本质区别。日本、韩国等国家在发展初期曾采用这一分工体系。

（三）混合分工体系

混合分工体系是指在制度变迁或经济体制转轨过程中，旅行社特有的政府主导的水平分工体系和市场主导的垂直分工体系之间的一种混合分工状态。在这种状态下，各旅行社因原始状态的差异，有两种基本模式：水平基础上的垂直分工体系与垂直基础上的水平分工体系。日本的旅行社行业由经营各种旅游业务的旅行社、专门经营国内旅游业务的旅行社和只经营旅游代理业务的旅行社所构成。这种分工体系兼有水平式分工和垂直式分工的特点，是一种混合式的分工体系。根据 1996 年实施的《旅行业法》，日本以是否从事主催旅行业务为主要标准，将旅行社行业划分为第Ⅰ种旅行业、第Ⅱ种旅行业和第Ⅲ种旅行业三个类型。其中，第Ⅰ种旅行业可以实施海外和国内旅行业务；第Ⅱ种旅行业只能从事国内旅行业务；第Ⅲ种旅行业作为前两种旅行业的零售代理店，不从事旅行业务。

（四）我国旅行社分工体系

依据 2009 年 5 月 1 日执行的《旅行社条例》，按所经营的基本业务将其划分为经营国内和入境旅游的旅行社，经营国内、入境和出境旅游的旅行社和外商投资的旅行社。我国旅行社在政府部门的主导下，分为国际旅行社和国内旅行社两大类型，同时，又把旅游市场统一划分为入境、国内和出境三类，很明显我国旅行社采取的是水平分工体系。

四、旅行社销售渠道

旅行社产品的销售渠道又称为分销渠道，指旅行社将产品转移给最终消费者的实现路径。旅行社产品销售渠道的起点是旅行社产品的生产者，终点是旅游者，中间环节包括各种代理商、批发商、零售商、其他中介组织和个人等。其类型主要有：直接销售渠道和间接销售渠道。

（一）直接销售渠道

直接销售渠道又称为零环节销售渠道，指在旅游者和旅行社之间不存在任何中间环节，旅行社直接将产品销售给旅游者的一种分销渠道。如旅行社门市销售有两种形式：一种是旅行社直接在当地旅游市场上销售其产品；另一种是旅行社通过在旅游客源地建立分支机构，向当地旅行社销售该旅行社产品。直接销售渠道主要有三种情况：旅行社产品生产者在生产现场直接将旅行社产品销售给旅游者，旅行社产品生产者充当零售商；旅游者通过互联网等方式向旅行社预订及购买产品；旅行社产品生产者在市场区域拥有自助零售系统，直接向旅游者销售旅游产品。直接销售渠道具有简便灵活、及时、低成本等优点，缺点是覆盖面比较窄、影响力相对较弱。

（二）间接销售渠道

间接销售渠道是指旅行社产品生产者通过中间商将产品供应给旅游者，中间商介入交换活动。按照中间环节的多少，又可分为一级销售渠道、二级销售渠道、三级销售渠道等。间接销售渠道主要有三种情况：一是旅行社产品生产者向旅游零售商支付佣金，通过旅游零售商将旅行社产品销售给旅游者；二是旅行社产品生产者与旅游批发商有直接业务关系，旅游批发商再通过旅游零售商销售出去；三是旅行社产品生产者与本国旅游批发商交易，本国旅游批发商再与外国旅游批发商交易，外国旅游批发商通过外国旅游零售商再销售给旅游者。间接销售渠道具有影响面广、针对性强、销售量大等优点，主要缺点是销售成本高。

第二节　旅行社信息技术应用

信息技术的蓬勃发展对旅游业的影响是极为深刻的。旅游业对信息和信息技术都有很强的依赖性，旅行社走信息化发展，既是时代之所趋，也是旅游业内在推动力的必然结果。信息技术为旅行社的发展提供了契机。

一、旅行社应用信息技术的发展历程

旅行社信息化是以旅行社为主体，以现代信息技术为基础，以信息为战略资源，以人力资源及相应的组织模式为内容，大幅度提高旅行社信息服务能力，以增强旅行社的竞争力，从而更好地满足旅游者的需要。信息技术的应用不仅可辅助旅行社进行组团、接团和导游服务等数据处理，记录、维护和处理各类用户信息、酒店、旅游开发、汽车公司等上游旅游供应商企业信息、财务结算数据、票务服务业务、客户关系档案管理等，而且更重要的是开展旅游电子商务（表5-1）。

表 5-1　旅行社应用信息技术历程

阶段	名称	主要应用范围	信息技术工具	主要作用
信息技术应用阶段	单体旅行社内部管理信息系统	旅行社内部	MIS、DSS 等	进行一般事务的管理，提高工作效率，以进行高效、科学的管理
网络应用阶段	内联网阶段（intranet）	大规模旅行社	EDI	各营业网点之间的信息沟通
	外联网阶段（extranet）	旅行社与上游企业之间	CRS、BSP、GDS	旅游各企业之间的信息沟通，产品预订与结账的规范化操作
	互联网阶段（internet）	旅游产业环境	WWW 技术、多媒体技术、信息技术	整合营销系统，加强信息搜集、促销、分销与客户关系管理（customer relationship management，CRM）
	大数据阶段（big data）	旅行社与游客之间	物联网、云计算技术等	了解消费者需求，进行精准营销、利用大数据服务小微企业

（一）旅行社内部 MIS

1. MIS 的开发与应用

管理信息系统（management information system，MIS）是由人、计算机及其他外围设备等组成的，并能进行信息的收集、传递、存储、加工、维护和使用的系统。我国旅行社信息化已全面步入 MIS 阶段，但中小型旅行社仍处于起步阶段，发展较为迟缓。文化和旅游部报告，中小型旅行社进行信息系统的开发、建设和应用最大的瓶颈是观念问题，其次是资金问题。

2. DSS 的开发与应用

决策支持系统（decision support system，DSS）是辅助决策者通过数据、模型和知识，以人机交互方式进行半结构化或非结构化决策的计算机应用系统。它是 MIS 向更高一级发展而产生的先进信息管理系统。它为决策者提供分析问题、建立模型、模拟决策过程和方案的环境，调用各种信息资源和分析工具，帮助决策者提高决策水平和质量。

（二）内联网应用

内联网的应用典型是电子数据交换（electronic data interchange，EDI），是一种在公司之间传输订单、发票等作业文件的电子化手段。旅行社中常用的 EDI 系统是一种交互式应答系统（interactive query response），它主要作为机票预订系统应用于旅行社。这种 EDI 在应用时要询问到达某一目的地的航班，要求显示航班的时间、票价或其他信息，然后根据旅客的要求确定所要的航班，打印机票。

(三)外联网应用

外联网是为外部用户提供选择个性服务的内联网,即把企业内部已存在的网络扩展到企业之外,完成一些合作性的商业应用(如企业和其客户及供应商之间的电子商务、供应管理等)。

1. CRS 的应用

旅游从业人员可利用计算机预订系统(computer reservation system,CRS),为顾客预订全球大部分航空公司机位、旅馆住宿及租车。旅游地点的安排、保险、火车甚至邮轮等旅游相关服务可通过 CRS 直接定位。通过 CRS 还可以直接取得全世界各地旅游相关资讯,包括航空公司、旅馆、租车公司日程表、机场设施、转机时间、机场税、签证、护照、检疫、信用卡查询、超重行李计费等。

2. BSP 的应用

BSP 是开账与结算计划(billing and settlement plan)的简称,国际航空运输协会通过其独立第三方的身份,管理旅行社和航空公司之间机票现金交易所产生的资金转移(图 5-1)。

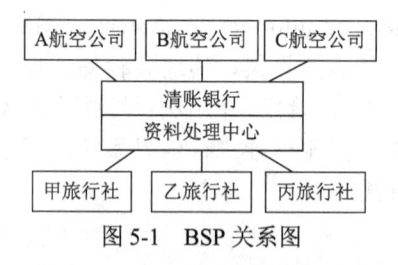

```
┌─A航空公司─┐ ┌─B航空公司─┐ ┌─C航空公司─┐
        │         │         │
        └─────清账银行─────┘
              资料处理中心
        ┌─────┬─────┬─────┐
      甲旅行社  乙旅行社  丙旅行社
```

图 5-1　BSP 关系图

实行 BSP 后,旅行社代航空公司出售机票,通过自动转账系统与有关航空公司结账,省去了大量的账单往来,提高了销售与结算的效率,并促使航空公司与旅行社在销售管理及市场调研等各方面实行一体化电脑联网。

3. GDS 的应用

全球分销系统(global distribution system,GDS)通过专用网络和系统将代理分销商和旅游产品进行整合,提高了营销效率和市场占有率。

(四)互联网应用

充分利用互联网技术将对旅行社整合营销系统,加强信息搜集、促销、分销与客户关系管理起着重要的作用。具体来说,包括广域网技术应用、B2B 和 B2C 电子商务平台的构建、旅行社管理软件、旅游业电子商务软件等信息管理系统应用、GIS 和多媒体技术在旅游服务中的应用等。

（五）大数据应用

大数据，或称巨量资料，指的是所涉及的资料量规模巨大到无法通过主流软件工具，在合理时间内达到撷取、管理、处理并整理成为帮助企业经营决策更积极目的的资讯。合理利用海量数据有助于旅行社把握旅游消费者的需求，进行精准营销，推出相应的产品和服务。

二、国内外旅行社信息化发展现状

我国中小型旅行社占比大，过去旅行社行业的准入门槛低，导致行业中良莠不齐，信息化建设与国外先进水平相去甚远。

（一）国外旅行社信息化

国外旅行社行业信息化进程始于 20 世纪 50 年代，到了 70 年代 CRS 延伸至旅行社代理商，并开始在旅行社的发展中独领风骚。在 CRS 不断完善的基础上，除机票以外的其他旅游产品，如饭店、客房、车票、游船票、机场接送及其他服务项目也可以通过其销售，从而使旅行社的整个销售都实现信息化和自动化。

从 20 世纪 80 年代开始，CRS 开始向 GDS 过渡。GDS 是应用于民用航空运输及整个旅游业的大型计算机信息服务系统。随着互联网的日益普及，GDS 已经遍及世界各地。

（二）国内旅行社信息化

我国旅游业的信息化建设落后于西方发达国家近 20 年，真正应用计算机技术是在 20 世纪 80 年代初期。中国国际旅行社总社是我国最早涉足信息技术应用的旅行社企业。1981 年，中国国际旅行社引进美国 PRIME550 型超级小型计算机系统，用于旅游团数据处理、财务管理和数据统计。1983 年，中国国际旅行社总社设立了中国国际旅行领域的首家计算机中心，将旅游团队旅费结算纳入计算机系统管理，实现了旅行社财务信息化。1984 年，上海锦江饭店引入美国 Conic 公司的电脑管理系统，用于饭店的预订排房、查询和客账处理。此后，航空公司的电脑订票网络系统、旅游企业办公室自动化系统等适用于旅游企业的计算机系统开始逐步推广，但能实现全球电脑预订的 GDS 还处于缺位状态。国家旅游局从 1990 年开始注重信息化管理并筹建信息中心，先后投资了 1000 多万元用于机房改造和设备配置，并建设了一些旅游信息网络及信息传递系统。为帮助旅游企业向电子商务化运作转型，国家旅游局于 1991 年正式启动"金旅工程"，成为我国旅游业国家级"电脑网络系统"开始建设的标志。"金旅工程"包括内部办公、管理业务和公共商务三个网络，争取最大限度地整合国内外旅游信息资源，在 3~5 年内建设和完善政府管理旅游的系统办公自动化网络与面向旅游市场的电子商务系统。其中，公共商务网主要建立一个可供各旅游企业进行供求信息交换、电子商务运作的电子商厦，向旅游企业提供整套的电子商务解决方案。

1992 年，中国国际旅行社总社建设完成自己的计算机中心，通过与澳大利亚的 JETSET 联网运营加入了 GDS。1994 年，上海春秋国际旅行社研发了春秋广域网软件，建立电脑终端联网，吸收了全国近 100 个城市的近 400 家春秋以外的旅行社与之联网，代理春秋的产品。网点的铺设，使得春秋的辐射范围越来越广。以上海地区为例，周边 200 公里以内，可电话预订后免费送票上门。网络成员运用规模优势，抓住日渐扩大的散客旅游市场，真正促进了旅游消费市场的形成。

其后，越来越多的旅行社开始采用计算机进行信息处理，部分旅行社引进中型机或实现微机联网，更多的旅行社则将计算机用于财务和人事等的专项信息处理。我国旅行社在运用信息技术中已渐渐步入了 MIS 阶段。但我国旅行社业务运行的科技含量除国际旅行社等少数实力强的大型旅行社外，绝大部分都很低。此时，不少旅行社通过我国自行开发的民航 CRS 进行订票，但还远远没有普及，而使用国际著名的 GDS 的如 Sabre、Apollo 等更是少之又少。BSP 系统于 1995 年开始投入使用。伴随我国航空业快速发展，我国 BSP 取得了迅猛发展。1995 年，我国 BSP 机票处理量从最初的 600 张跃升至 1.13 亿张，价值近 1155 亿元人民币（165 亿美元）。

20 世纪 90 年代后期，国家旅游局主导一系列"金"字工程来推动旅游电子商务的发展。1997 年，中国国际旅行社总社参与投资的华夏旅游网，成为我国第一批旅游业网站，标志着我国旅游业开始进入网络化。2000 年 4 月，中青旅"青旅在线"的诞生标志着我国旅游电子商务进入"鼠标＋水泥"的阶段。至此，我国三大旅行社全部触网。旅游电子商务专业公司开始涌现。1999 年，艺龙、携程相继成立。2000 年 10 月，携程宣布收购现代运通，标志着它从互联网企业转型为大型旅游企业。2000 年底，"金旅工程"开始推进旅游企业向电子商务化转型，并正式开通国家旅游门户站点——"中国旅游网"。

进入 21 世纪，我国旅行社也不断实现信息化的升级迭代。2001 年 4 月，中青旅企业资源计划（enterprise resource planning，ERP）一期项目正式启动，成为国内首家全面引入 ERP 的旅行社。2004 年，中国国际旅行社总社制定了发展电子商务的战略决策。次年成立电子商务部，上线电子商务平台。2005 年，中青旅将信息技术作为重点工作，5 月与美国胜腾集团联手打造的遨游网成立。2006 年，中国港中旅集团公司旗下芒果网站正式开业。2007 年 8 月，中青旅将遨游网和青旅在线合并成立了中青旅遨游网。国家旅游局将 2014 年定为"智慧旅游年"。旅游行业充分利用云计算、物联网等技术通过互联网/移动互联网，将信息与用户直接相连，达到智能感知、方便高效的服务目标。2014 年至今，"互联网+"行动计划在旅游业中得到巨大的推进，利用互联网思维改善旅行社运营策略，涌现了一批智慧旅行社。大型国际旅行社一般有自己的智慧旅行社系统体系，有些旅行社有自己企业内部开发的系统，有些旅行社则选择购买商业软件。智慧旅行社系统中 SaaS 层可供旅行社在线为旅游者提供咨询、旅游 DIY 等服务。

案例分析：美国运通旅行社信息技术应用历程

美国运通商务旅行公司（American Express Business Travel，Amex，简称美国运通

公司）是全球最大的旅游服务公司，业务遍布全球 120 多个国家，拥有近 2300 个美国运通旅游办事处。作为全球最大的旅行社之一，其在 100 多年的发展历程中不断推陈出新，堪称"旅游界永不沉没的诺亚方舟"。美国运通公司洞察到网络的巨大潜力，早在 1995 年就开始探索互动旅行方案，并着手开辟网上业务。次年，公司携手微软，共同开发出能够与现有计算机预订系统相关的并可以在标准硬件和软件上运行的产品，迅速抢占市场先机（图 5-2）。

图 5-2　美国运通公司中国站主页

一、网上预订系统的成长与创新

1996 年 7 月，美国运通公司携手微软，率先推出了名为 AEITravel（即美国运通互动旅行，American Express Interactive Travel）的网上预订系统，开始由传统旅行商向 E 化旅行商的方向转变。至 1999 年中期，其在线预订网络已吸纳了 240 家长期合作的网络企业客户，这一成就主要归功于 AEITravel 系统对各类客户群体的深入了解与个性化需求的精准满足。该系统不仅协助那些习惯于电话预订的商务旅客筛选最佳航班，还能根据屏幕显示的优惠信息调整行程，使旅游者平均节省 20% 的旅行开支。加之美国运通公司的代理预订费用低于电话预订，企业用户也因此实现了更多的成本节约。

美国运通公司在 AEITravel 系统的设计上，尤为注重为旅客创造"专属优势"，其中包括一系列增值功能，如座位计划工具、旅行指南、常用旅行模板、签证与护照计划助手以及客户资料库等。其中"定制化座位图"这项服务，首次让商务旅客体验到了 AEITravel 网上预订系统的便捷与优势，这是电话预订所无法比拟的。同时，美国运通公司还发现，网络还便于记录每位旅客的详细信息，构建详尽的顾客档案，涵盖飞行习惯、贵宾身份、餐饮与座位偏好等。AEITravel 系统不仅能给客户提供价格最低的旅行产品，还能根据旅客的个人偏好，建议最适宜的航班、座位及酒店。常用旅行模板则大幅缩短了定期商务旅行的规划时间，旅客只需调出保存的行程，调整日期后即可轻松预订。这些创新举措极大地提升了商务旅客的便捷度与体验价值，促使越来越多的人开始偏爱网上预订方式。

二、技术迭代与平台拓展

2007 年 6 月 11 日，美国运通公司启用了一个创新的电子机票系统，该系统能兼容多个 GDS，并首次实现了机票的自动退票与变更服务。该系统内置的 Quick Exchange（快速交换）功能，借助了 Worldspan 的 Rapid Reprice 技术，被整合入美国运通公司的 Travel Bahn Distribution Solution（Travel Bahn 分销解决方案）及中央票价数据库中，实现了对未使用以及可退款机票的查询功能。

2008 年 2 月 13 日，美国运通消费者旅游网络（American Express Consumer Travel Network）与旅游技术服务商 Revelex 公司签订合作协议，共同为美国运通公司的旅行社网络开发新的旅游技术平台。双方合作开发了一个整合式的消费者旅游桌面，使美国运通公司的旅行代理商能通过单一应用程序轻松预订机票、租车、预订酒店及游轮。

2008 年 2 月 21 日，Sabre 旅游网络公司（Sabre Travel Network）宣布在 2008 年 6 月前推出一个社区网络平台，旨在为美国运通公司的商务旅行项目提供一个交流互动的论坛。该平台初期依托美国运通公司进行推广。

三、一站式服务与多元化发展

2016 年，美国运通公司承诺于年底前推出处理数据碎片的平台，该平台将整合 GDS 数据、区域代理商、Uber 和 Airbnb 等多样化服务，以满足用户对"一站式"服务的要求。2020 年 6 月，美国运通全球商务旅行（American Express Global Business Travel，GBT）宣布其差旅和费用管理软件 Neo™新增一项名为"碳排放过滤器"的功能，旨在促进差旅活动的可持续性。这一功能使差旅人员能够在订票时根据碳排放量来筛选机票和火车票，从而做出更加环保的选择。

2016 年 8 月，美国运通公司完成了对法国巴黎差旅技术商克利数据系统（Klee Data System，KDS）的收购。2018 年，美国运通公司进一步扩大了其业务版图，收购了商旅服务公司商旅服务集团（Hogg Robinson Group，HRG）。2019 年，美国运通公司先后收购了德国的 DER 商务旅行（DER Business Travel）和中东地区的 Kanoo Travel，持续强化其在全球商旅市场的地位。2020 年，美国运通又收购了差旅管理及聊天机器人公司 30SecondsToFly。2021 年，美国运通公司的收购步伐并未停歇，又成功收购了纽约的 Ovation Travel 集团和亿客行集团旗下的商务旅行品牌 Egencia。这一交易将全球领先的数字化差旅管理公司易信达纳入运通商旅公司旗下。作为全球商务旅行公司，运通商旅公司将继续投资易信达品牌及其员工和技术。

美国运通公司在全球旅游服务行业的领先地位，不仅源于其悠久的历史和广泛的业务布局，更在于其通过信息技术应用实现的战略转型与持续创新。从早期的网上预订系统开创先河，到如今打造出先进的数字化商旅服务平台，美国运通公司成功实现了从传统旅行社到数字化商旅服务提供商的转型，始终走在行业变革的前沿，不断引领着旅游服务的发展方向。

（案例依据公开网络资料自行编写）

分析与讨论：运通公司如何借助信息技术塑造其核心竞争力？

分析提示：根据时间序列来考察美国运通公司的信息化历程。

三、需求增长与信息技术发展带来的影响

随着计算机使用率的高速增长，整个社会的网络化和信息资源的共享，人类社会进入了一个全新的网络时代。传统旅行社在网络时代面临强烈冲击，而且随着大众化的休闲旅游方式日益流行和组团方式的改变，游客对旅行社的要求也更高。旅行社必须转变观念，改变经营方式，开拓新的业务，才能在网络时代提高自身的竞争力。信息技术的介入使旅行社行业的业务模式发生了重大变化。

（一）传统旅行社业务特征

传统意义上的旅行社是一个存在于旅游实体与旅游消费者之间的中介商，它负责组合旅游产品构成要素，并直接向旅游消费者推介和销售，作为旅游中介机构，传统旅行社对经手的"旅游产品"不具有所有权，其业务的产生首先是基于传统旅游市场的信息不对称。此外，旅行社业务的产生也是经济发展和社会分工具体化的体现。作为专门的旅游服务购销中介，其专业化的经营手段和形成的市场交易环境，使旅游供求双方能避免针对每个交易对象所需重复的同样交易程序，从而达到节约市场交易费用，提高交易效率，使旅游供应商与旅游消费者双方受益的目的，在漫长的社会分工和经济发展过程中，旅行社因此得以分化，独立存在。换言之，传统旅行社对旅游信息的垄断和旅游中介上的地位是其存在立身的基石。

（二）现代信息技术的推动作用

随着通信和计算机技术的发展和国际互联网的不断普及，旅游信息的流转不再受时间、空间的限制。旅游资源的拥有者和最终的旅游消费者之间能够建立起更直接的关系，这无疑对旅行社这类中介机构产生了巨大的冲击。这种冲击的出现既有内在原因，也有外在原因。

1. 内在原因

旅行社是以营利为目的从事旅游业务的企业。旅行社这类企业存在和发展的原因，根本在于创造一种新的信息传递方式和资源组合方式。这两种方式的组合形成了在这一领域有效率的经济组织，以企业的规模性代替了个体旅游服务的游击性；以企业的整体形象降低了销售变化的冲击；以集团的网络化创造了更好的信息传递机制，从而在市场竞争中得以生存和发展。

（1）互联网弱化了旅行社的信息职能。从某种角度来讲，旅行社行业也被认为是信息产业，这取决于旅行社的行业特点。旅行社属于服务行业，本身并不生产有形产品，而是将相关旅游企业的产品通过组装，销售给旅游者。由于旅游涉及食、住、行、游、购、娱六大要素，同时因为旅游是跨国、跨地区的，旅游管理对信息共享要

求高，所以信息资源是旅行社管理的要素。一方面，旅行社要收集潜在旅游者的旅游需求信息，将信息传递给饭店、旅游交通运输部门和其他旅游企业，使这些部门迅速做出反应，为潜在旅游者提供满意的产品，并使自身企业盈利。另一方面，旅行社又要将以上企业的产品信息经组装加工提供给潜在旅游者，使他们产生旅游动机，激发他们的购买欲望，从而购买旅游产品。互联网的出现对传统旅行社提供信息的职能提出了挑战。互联网本身就是一个信息系统。饭店、旅游交通运输部门和其他旅游企业可以通过互联网将产品信息直接刊登在网页，潜在旅游者只需进入感兴趣的站点就可以得到有关信息，不必受到旅游产品组合的限制。由于互联网的双向性，旅游者也可以通过电子邮件、电话咨询等形式，及时与有关旅游企业联系，提出自己的要求，从而得到满意答复。

（2）互联网弱化了旅行社的代理职能。除单项服务外，旅行社向旅游者提供组合产品，即旅行社大多以低于市场价的价格向饭店、旅游交通和其他相关部门批量购买旅游者所需的各种服务项目，然后进行组装加工，并融入旅行社自身的服务内容，进而形成具有自己特色的旅游产品。旅行社是其他旅游企业的代理商，推销他们的产品，从中获得佣金。互联网的出现使得旅行社的代理职能不断弱化。旅游企业只需花很少的费用，在网上公布产品信息，通过预订的形式直接销售旅游产品，从而节省了需要支付给旅行社的佣金，降低了产品成本，使产品更具竞争力。同样，互联网也给消费者带来了实惠，消费者通过网上直接预订，可以享受到旅游企业提供的许多优惠。这样，旅行社的代理职能对消费者就失去了吸引力。

2. 外在原因

（1）散客潮与个性化旅游趋势的发展。20世纪90年代以来散客成为旅游者的主流，欧美等主要旅游接待国的散客市场份额高达70%～80%。我国文化和旅游部发布的《2019年文化和旅游发展统计公报》显示，2019年国内旅游人数60.06亿人次，比上年同期增长8.4%；《2019年度全国旅行社统计调查报告》显示，2019年度全国旅行社国内旅游组织17 666.29万人次。由旅行社组织接待的旅游人数在总体旅游人数中所占比重极小，约为2.9%，自由行人次规模达60亿人次。伴随着散客潮出现的个性化旅游，求新、求异、求奇、突出个性成为这些游客的最主要需求。这一趋势给旅行社带来了挑战。由于旅行社大多是通过对某一群体的潜在旅游者进行市场调研、分析、再开发、设计、组合自己的旅游产品，所以这种针对群体而非个体的市场调研，很难确切了解到每一位旅游者的真正需求。然而，如果旅行社完全适应市场趋势，实行一客一线，旅行社同样会遇到许多问题。一方面，由于旅行社不再是批量而是单个购买相关旅游企业的旅游产品，必然难以享受到批量购买的优惠，这就会导致旅游产品成本上涨，价格随之升高，有可能失去一部分旅游者。另一方面，即使旅行社可以根据旅游者的共性批量购买旅游产品并享受到优惠，旅行社的工作量会大幅度增加但利润却不变，不利于旅行社的发展。

（2）旅游预订网站市场不断扩大。2004年，我国旅游预订网站的市场领导者——携程、艺龙等大型网站相继实现盈利以来，营业收入和市场份额保持快速增长。根据携程发布的财报,携程 2019 年全年净营业收入为 357 亿元人民币,同比增加 15%;若不计股权报酬费用,营业利润率为 19%,而 2018 年为 14%。携程的经营业绩和领先的经营模式,成为我国旅游电子商务高速增长和高利润率的代表。目前,我国的旅游网站仍处于大中小规模多元并存的状态,以携程为代表的大型预订网站主导市场的局面已初现端倪。从发展规律看,走向"两极分化"的市场格局是大势所趋。市场一端是提供特色旅游产品或服务的小型旅游企业,小而精,专注细分市场;另一端则是提供多样化的旅游产品的大型旅游电子商务网站,靠规模优势取胜。

四、新形势下的旅行社应变机制

旅行社无论是否涉足网络,都要考虑改造业务模式,与新兴的在线旅游服务商抗衡。

(一)传统旅行社的生存之道

自旅行社创建以来,已有将近 180 年的历史。旅行社行业在旅游业发展中起到了巨大的推动作用,至今仍走在旅游业的最前沿。在国际互联网浪潮汹涌澎湃的今天,静观旅行社,仍会发现它具有一定的优势。

1. 旅游产品组合的技术含量

旅行社的产品组合是旅行社从业人员智慧的结晶。每一条路线都经过反复设计、组装,最终达到最佳组合,确保旅游者获得最大满足感的要求。每一件产品组合都有一定的技术含量。自行购买产品,进行产品组合和路线设计,对于普通消费者来说,受旅游知识和信息量的限制,无法独立完成。所以,大多数旅游者仍然需要旅行社的服务。

2. 导游服务的不可或缺

导游在旅游中占有很重要的地位,国际旅游界认为没有导游的旅游是不完美的旅游,甚至是没有灵魂的旅游。一方面,通过导游的讲解,旅游者可深入熟悉旅游目的地,提高旅游的知识性、趣味性;另一方面,导游为旅游者提供了安全感。在出现意外事故和突发事件时,导游能够根据自己的能力和经验帮助旅游者及时处理问题,这对于旅游者来说极为重要。

3. 旅游者避免麻烦的心理

互联网的信息资源浩如烟海,需要花费一定的时间和耐心才能找到自己所需信息。对于旅游者而言,旅游是为了避开日常繁重的工作,去消遣和放松。如果将大量时间花费在信息搜索、选择、编排、改进的过程中,无疑是增加了自身负担。旅游国际饭店管理专家曾指出,在旅游中避免麻烦、尽量简洁的服务是 21 世纪旅游业吸引游客的关键。所以,旅游者将自己的要求直接交给旅行社,或让旅行社参与一部分决策,不仅省去大量麻烦,而且能够保证旅游产品的质量,避免后顾之忧。

4. 目前旅游电子商务发展仍不完善

网络的可操作性、安全性和速率是电子商务发展的瓶颈。网络的虚拟性和黑客侵袭增加了旅游产品的不可感知性和购买行为的风险性。网络速率远远达不到消费者的期望水平，网络信誉也无法保证。网上的预订与支付，不仅需要靠较高的社会道德水平来支撑，而且需要用法律的形式对其进行制约，保证它的实现。

（二）挑战与机遇

互联网不仅给旅行社带来了很大的挑战，而且也给许多服务行业带来了冲击，如银行、出版业、保险等行业。但应该注意到，国际互联网同时也蕴藏着巨大的商业机会。

1. 产品采购

传统旅行社是通过纸张订单向饭店、旅游交通运输部门购买产品，其间要经过电话、邮递等多种手续，费时费力。由于旅游产品消费的异地性，通过电子邮件和电子订单等方式进行采购要比传统的采购方式更为合适。旅行社只需向有关部门发出电子邮件，说明原因并填写网上的电子订单，采购就可以完成。通过互联网进行采购的优势在于，一方面节省了旅行社大量费用和时间，同时能够帮助旅行社处理一些突发问题。例如，游客数量突然增加，旅行社可以利用电子手段快速与饭店、旅游交通运输部门联系，购买多余产品，以应对突发情况。另一方面，传统旅行社的采购往往是在年底与相关部门商榷后完成的，属于预订。这种预订，虽然有一定的预见性，但并不能完全准确地确定来年的实际销售量。因而，"计划采购量和实际采购量总有差距"，这种差距往往会给旅行社和相关部门带来双方面的损失。互联网的介入可以较好地解决这一问题，提高产品的时效性。由于网上采购缩短了采购时间，旅行社可以在较准确地掌握当年产品需求的情况下再向相关部门订购产品，一方面减少旅行社因退订而交纳的罚金，另一方面也可以减少因旅行社不能准确地预订而丧失潜在旅游者所带来的损失。

2. 产品促销

传统旅行社在宣传促销产品的过程中花费了大量金钱。通过发放宣传小册子、传单和各种印刷品，推出电视广告，聘请代理商实际考察等方法进行产品促销，虽有成效，但费用惊人。互联网作为一种促销手段，与传统促销方式相比，价格优势明显。从理论上说，旅行社只需在网页设计上花费少量费用，就可以将自己的产品宣传出去，这种宣传是全球性的，不是以往宣传品的"一份一人"，而是只要进入网页的访问者都可以看到。一旦内容发生变化和新的路线出台，只要在网上进行修改和添加即可，节省了大量经费。所以，互联网宣传可以作为促销方式的一种，与传统促销相结合，更好地吸引潜在旅游者。

3. 信息反馈

传统的信息反馈方式大多是旅行社向旅游者打电话、寄反馈卡、召开招待会等形式，不仅费用高，而且反馈速度慢。互联网电子信息传递具有双向性，商家不仅可以发送信息，也可以接收访问者的信息，利用互联网可以大大提高信息反馈速度。旅游者利用电子邮件的方式填写电子反馈卡，或通过互联网填写反馈问卷，不仅速度快，而且也减少了通过电话和会面等直接接触可能导致的信息不准确（人们通常利用线上网络的方式直白地表达自己）。这有利于旅行社及时收集信息，改进工作，缩短旅游产品的生产周期，促进企业良性循环。从旅行社产品生产环节而言，互联网可以大大提高旅行社工作的时效性，为旅行社赢得时间和更多盈利的机会。过去从市场调研、采购、组装到促销，至少需要半年时间，这种漫长的循环周期不适应信息化社会的速度。互联网可帮助旅行社提高工作效率，减少费用，同时保证了产品质量，推进企业进步。

4. 从现实经营向虚拟经营的转变

网络旅游并不是对传统旅游的一种颠覆，而是网络与旅游的融合，旅行社是旅游业的中间商，它应以熟练的业务技能介入网络，开展电子商务，以网络平台为办公室，进行"虚拟经营"。所谓虚拟经营，就是从事信息加工、传递，从差价盈利转为信息盈利。借助互联网和信息技术实现旅行社更高效率的工作，并使旅行社能够提供更能满足旅游者个性化和多样化需求的服务。

案例分析：广之旅国际旅行社股份有限公司的成长路径

广之旅国际旅行社股份有限公司（简称广之旅）自 1980 年 12 月成立以来，便以创新精神引领国内旅游业，业务覆盖出境游、国内游、入境游、电子商务旅行等，是全国唯一一家被信息产业部指定为"国家电子商务试点单位"的旅行社。

一、广之旅经营管理模式

广之旅的经营模式涵盖了 B2B 与 B2C 两大板块，其电子商务架构灵活多变，能够根据市场需求迅速调整角色。既能在组织旅游线路产品时扮演旅游批发商的角色，又能在将产品推向市场时，展现出作为零售商的绝对优势。

在内部管理上，广之旅依托两大核心信息系统：都兴旅游管理系统与金旅财务管理软件。前者实现了网上查询、预订的低成本、高效率运作；后者则让广之旅在国内率先推出了网上结算服务，引领行业潮流。

旅行社作为旅游业的中间商，必须与大量的上下游合作伙伴亲密合作。广之旅引入了商旅在线分销系统，不仅促进了旅游产品的分销和成员之间的业务协作，而且实现了跨地域产品销售，极大地节省了双方成本，避免资料的重复输入，降低出错率。

在 B2C 方面，广之旅通过企业网站和中国旅行热线为公众提供便捷的网上查询、预订与在线支付服务，并与内部 ERP 系统对接确保实时高效的服务体验。2003 年，广之旅更是开通了"旅游名店城"，利用技术手段将旅游企业形象、活动、产品宣传等信息实时展示给网上消费者，为中国旅游电子商务的发展树立了新的里程碑。

二、广之旅信息化发展历程

（一）初期引入与探索阶段

1990 年，广之旅将电脑科技引入到旅游业务中，两年后成立了电脑小组。

1994 年，广之旅成立了电脑部，计算机技术主要用来进行内部结算。

1996 年，广之旅成立了广之旅电脑开发公司，即金旅信息技术有限公司，广之旅将信息化建设工作委托给金旅信息公司。

（二）电子商务建设与发展阶段

1999 年，广之旅成立广之旅电子商务中心。

2001 年，在电子商务中心的基础上成立电子商务总部。

（三）全面转型升级阶段

2014 年，广之旅携手 IBM 全面启动转型升级信息化建设，实现广之旅以客户为中心的业务转型。

2016 年，广之旅"易起行"平台上线，是首个传统旅行社打造的开放的智慧旅游服务平台，致力于高效整合广之旅、全球供应商和消费者等多方资源，助力旅行社线上线下融合发展。

（四）深化与拓展阶段

2018 年，广之旅旗下同业交易平台"行走网"上线，以"严选资源型同业平台"作为定位，高质量赋能旅游产业链。

2022 年，广之旅"易起行"线上平台的数字人民币支付接口正式上线，打通线上线下各文旅消费场景。

作为全国领先的旅游服务机构，广之旅凭借其经营模式的灵活性、内部管理的高效性、信息化发展的前瞻性和目的地品质的卓越管控，持续领跑华南地区旅行社。未来，广之旅将持续推进实施"深耕珠三角、覆盖华南、全国布局、走向世界"的战略布局思路，加快推动全区域分布式运营及垂直化服务网站的建设，实现区域合作与资源整合，进一步加快供应链整合，不断增强商旅出行业务的核心能力和市场竞争力。

分析与讨论：广之旅是如何利用信息化不断转型升级的？

分析提示：从公司行为和技术采纳角度去考察，可以发现公司信息化建设后的业务变化。

第三节 旅行社业务流程重组

一、旅行社业务转型

传统旅行社的核心竞争力原来存在于其中介商的定位和对旅游信息的垄断。网络的出现和知识经济的反中介化迫使旅行社寻找能尽快完成自身转型和角色重新定位的途径。在这一过程中,转变观念,主动利用网络优势,适应网络环境下的企业运作是第一步。开拓新的业务,增加旅游产品"价值",完成从"旅游产品组合者"向"旅游产品生产者"的角色转换,创造新的利润增长点则是第二步。未来旅行社的"核心能力"将集中在两方面:一是旅行社在多年旅游信息收集和旅游产品组合开发中积累的专业知识、经验,以及产品研发和服务能力;二是旅行社能够提供已被广大旅游消费者接受的富有人情味和定制化的导游服务。因此,传统旅行社应从上述两方面入手,深化业务与价值链改革,谋求新的利润来源。

(一)专业化信息加工与有偿信息咨询服务

无论对于旅游者还是旅游企业而言,要想在浩如烟海的互联网信息中找到自己所需的信息都属不易,旅行社应及时填补网络技术缺陷造成的空白。首先,凭借自身专业优势,强化旅游信息的开发。旅行社应建立自己的网站,集中汇集大量旅游信息,并分类编辑,精心设计策划宣传材料,以向旅游者提供经专业化加工处理,全面、详尽、准确并拥有特定信息主题的旅游信息为主,方便旅游者上网查询。如有可能还应增设信息搜寻服务,根据消费者的具体需求提供最新旅游信息。这类信息由于融入了旅行社的劳动而获得了价值增值,可有偿转让给旅游消费者。其次,旅行社可根据自己与各旅游企业和旅游者都有广泛联系的特殊地位,主动对供需双方进行调查研究,逐步形成旅游需求和供给信息库,有偿向旅游企业提供。其中,构建综合性且便于探究的旅游者信息资料库更为重要,库中关于旅游者的旅游爱好、旅游历史、财政历史等大量相关资料是各旅游企业进行经营决策的重要依据。在实际操作中,旅行社可要求访问者在进入自己的网站时提供个人信息,并以提供会员服务、会员优惠作为回报,吸引旅游者登录,以收集此类信息,建立旅游消费者信息资料库。

(二)满足个性化与定制化产品需求

互联网拉近了旅游供应商、旅游营运部门与旅游者的距离,两者间"交互式"的信息交流方式使旅游者可以依据个人喜好,实现旅游产品的自由选取、自行组合,为散客旅游和个性化旅游的实施缔造了自由空间。现阶段网上消费的旅游者尚停留在向酒店订购客房、向交通部门订购票务或购买其他简单的服务,大多数普通旅游者受时间、精力及旅游知识等诸多因素的限制,自行购买产品和设计组合线路还很难达到最优化，往往不成功。旅游者仍需旅行社的帮助和服务。

可见，旅行社传统的计划组合旅游产品的业务仍有发展空间。旅行社应尽快适应市场需求，将业务重心放在为个体旅游者提供专业化产品设计上，提高产品技术含量，面向旅游者提供"一对一"服务，组织专业人员，提供因人而异的产品设计组装指导服务，以个性化设计、定制化生产为主，逐步开发出系列个性化的时尚旅游产品，区别于普通大众产品，收取高价。此外，旅行社可借助网络，向游客直观地展示定制产品的质量和特征，运用可视系统和网络多媒体技术对游客已定旅游产品的声音、形态乃至气味等要素进行信息转换，实现网上虚拟实景旅游，以此降低购买风险，增加产品吸引力。

（三）加强网络营销，提升直销效果

随着人民群众对美好生活需求的不断升级，人们对旅游个性化、品质化需求越来越强烈。传统组团式、被动适应模式的旅游方式日益向自主、自助、自由的旅游方式转变，自助游所占比例越来越高。为散客和个性化旅游追求者推出的"定制化产品"尽管有极大的市场吸引力，但过高的价格会令部分旅游者望而却步。价格是影响消费者选择的重要因素，当产品价格降幅超过消费者的心理阈限，消费者就有可能被吸引并产生购买行为。因此，对于旅行社而言，发挥批量采购和信息的优势，降低个性化定制化产品的成本，展示其专业化服务技能，吸引旅游者，获取利润。有实力的大规模旅行社可考虑利用传统经营网点，开展"网上组团"业务。目前，国内的春秋旅行社就推出了通过网络进行散客成团的业务，他们提出的口号是"网上成团，散客享受团队价"，即对一些生僻的旅游项目也能通过系统内销售网络搜寻，将有同种需求的人聚合成团，实现个性化产品的批量生产，从而大大提高企业竞争力。

（四）加强个性化导游服务

导游服务是旅行社独创和特有的服务项目。网络时代尽管人们可以大量依靠网络信息选择旅游产品，实现全自助旅游，但导游服务不会消失。因为旅游产品是一种精神产品，人们追求消费中的精神享受，在旅游过程中，导游与旅游者之间的感情交流，满足了现代人渴望真情、希望被尊重、实现自我价值的心理需求，使旅游成为一项充满精神享受的体验活动，这是互联网无法实现的。在网络环境下，人性化、情感化的导游服务仍将是旅行社发展的大方向。

未来的导游服务向单人或少数旅游者陪伴服务的方向发展。旅行社将要求未来的导游不仅具有扎实的语言功底和广博的知识，还要精于与外界的沟通和联系，并能借助技术手段在旅游前、中、后期了解和把握其进程和动向。甚至利用资料库事先熟悉旅游者的特征和旅游目的，在服务过程中尽量满足旅游者个性化需求，并在旅游结束后保持良好联络，为旅行社巩固客源。

总之，在网络环境下，锐意革新，尽快完成传统业务及经营方式的转变将是旅行社发展的必经之路。

二、旅行社业务流程改造

旅行社的组织结构和业务流程产生和形成于传统的技术和经济条件之下。在促使旅行社经营管理工作向专业化、有序化发展的过程中，这些原有的流程曾起着重要作用。但随着现代信息技术的发展，原有业务流程存在的缺陷逐渐凸显出来。互联网为酒店、景区甚至航空公司与旅游者提供了便利的直接销售，成为一家看不见的"大旅行社"。例如现在旅游者出游，不再仅仅依赖于到旅行社报团参团，而是通过途牛、携程等类似的在线网站进行预订。随着信息技术的发展和千变万化的旅游大环境，亟须采用现代化的管理手段，利用计算机、网络和通信等信息技术，对旅行社业务流程进行重组改造。

（一）旅行社业务流程现状

业务流程优化重组管理思想是由美国的迈克尔·哈默（Michael Hammer）和詹姆斯·钱皮（James Champy）提出的，在20世纪90年代达到了全盛。它强调以业务流程为改造对象和中心，以关心客户的需求和满意度为目标，对现有的业务流程进行根本的再思考和彻底的再设计，从而实现旅行社经营在成本、质量、服务和速度等方面的巨大提高。一个业务齐全的旅行社通常设有市场部、外联部、接待部、计调部以及财务部等后勤部门，其组织结构为职能型，即执行同一职能的工作人员属于一个部门，向本部门主管负责和汇报，发生跨部门交涉时由部门主管处理。在传统的旅行社中，一个旅行团（者）的接待工作一般流程，如图5-3所示。

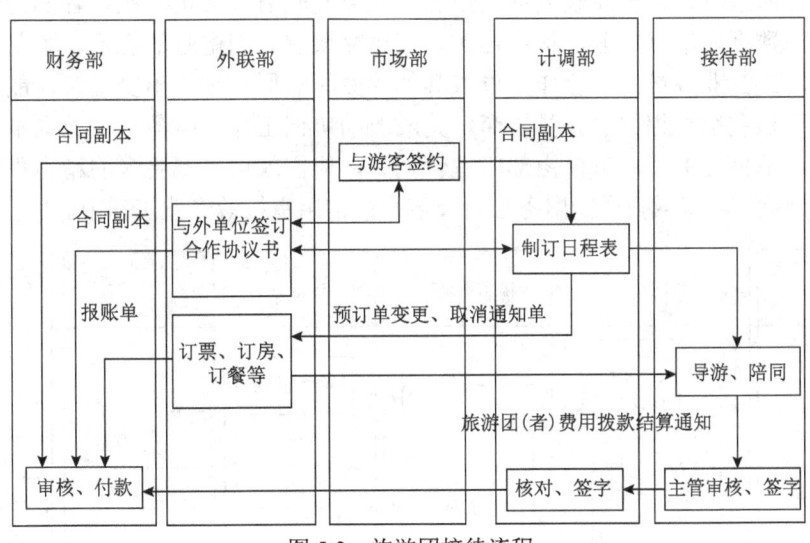

图5-3 旅游团接待流程

在实际工作中，陪同人员经常会遇到各种各样的问题，计调部的协调工作也十分重要（图5-4）。

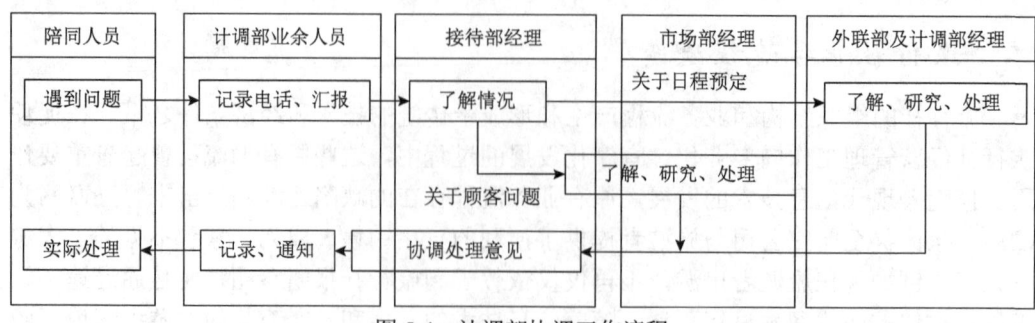

图 5-4 计调部协调工作流程

（二）旅行社业务流程再造

旅行社存在信息的传递、职能部门间的摩擦和协调等内部交易费用大等问题，必须实施流程再造。对于旅行社接待业务的内部运作流程来说，最关键的是信息流通的便利程度。与某一个旅游团的接待业务有关的所有的业务人员都能及时、准确地提供和获取顾客的信息，并完成相应的工作，以达到顾客满意，这就是流程再造的目的。

如图 5-5 所示，通过建立一个数据库，旅行社接待业务的流程得以完全改变。外联部与外单位签订合作协议书及市场部与游客签约的同时，将资料输入电脑联网的数据库。计调部制订日程表并输入数据库。外联部根据数据库的资料与外单位办理订票、订房、订餐等业务，并将结果输入数据库。导游从数据库中获取旅游团（者）的详细资料，完成陪同业务。接待部主管收到导游交回的结算单，与数据库中的资料核对，若符合即签收。数据库收到签收信息，就会提醒财务人员付款。各部门间的文件往来改为与数据库单点接触，资料翔实，信息交换快。因电脑的提示，填单差错能降到最低限度。当业务员由于合作单位或其他的原因对原计划做出变动时，能获取充分的信息，可顺利地与相关的人员协商，完成改动协调工作。财务部人员也不用埋头于各类合同、单据之中了，审核由部门主管把关，他们就可以把更多的精力投入到企业财务状况分析、融资或投资的财务分析及客户的信用审核等专业工作中去。

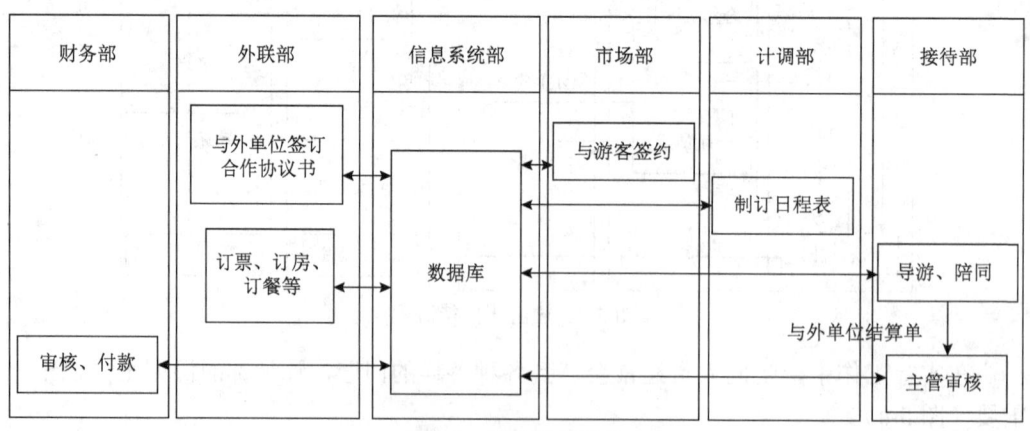

图 5-5 接待流程重构

再造后的流程利用共享数据库,缩短了信息传递中介,把各环节信息传递中的拖延和失误降到最低点,降低了对各环节进行衔接、协调、监督和控制所带来的成本,极大地提高了服务的质量和效益(图5-6)。如进一步使导游直接与数据库相连,则可再减少一个中间环节,工作效率会更高。市场营销人员因为能随时获取信息,将有更多的时间与潜在顾客接触,迅速将顾客的特殊要求传达给其他业务人员,并在最快的时间内得到答复,实现产品在时间上的差异化。旅行社的统计工作是决策的依据。统计人员要汇总和处理无数的合同、单据、表格,劳动量大、效率低。流程再造后,数据库自动统计所有数据,旅行社统计人员的工作量也大大减轻,主要就是对统计结果进行分析,甚至这种分析工作也可由专门的软件来承担。

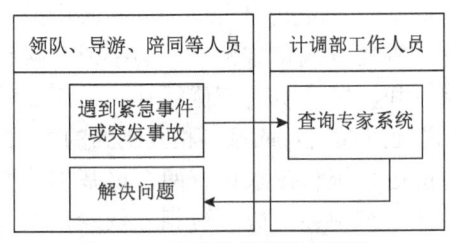

图 5-6 计调部协调流程再造

案例分析:同程旅行云原生改造

2020 年,企业服务云化成为业界技术发展较为主流的新趋势,同程旅行也将部分业务融入了直播形式。然而,由于业务转变较快,应用架构未能及时优化,导致用户体验出现卡顿问题。为解决该问题,技术团队首先通过弹性计算改造为业务快速提供支持,之后又尝试了零标度(Scale Zero)等方式,成功将业务资源使用量缩减至原先的 20%。此次经验促使弹性计算项目在同程旅行内部迅速推广,仅用三个月的时间,企业核心业务的主要链路便完成了云原生弹性计算的接入。这一举措不仅成功应对了爆款应用带来的 300% 日常流量峰值,也顶住了 2021 年上半年公司流量峰值的多次刷新,为同类业务场景提供了坚实的技术支撑。

2021 年上半年,同程旅行进一步推进云原生改造,通过优化基础组件、服务,以及梳理和定义服务依赖等方式,使应用不再需要考虑底层资源、机房、运行时间和供应商等因素。同时,同程旅行还利用标准的云原生应用模型,实现了服务的跨地域、跨云自动化灾备和部署,并向云原生场景下的 DevOps 演进。面对五一出行和爆款产品带来的叠加流量,以及全球图形处理单元(graphics processing unit,GPU)资源供应紧张的情况,同程旅行通过打通公有云的弹性容器集群,实现了 GPU 资源按需申请,同时采用混合云服务,进一步降低了基础资源的使用成本和维护成本。

云原生技术带来的技术跨代,相比之前单纯满足业务需求开发工作,能够更加系统化地解决用户痛点。目前,同程旅行的云原生改造计划仍在持续进行,除了推进内部改造外，也计划提供一些行业专属的云原生服务，推动整个上下游链路完成技术升级，未来也计划将一些项目开源，回馈社会。

分析与讨论：旅行社升级转型的关键因素是什么？

分析提示：参考同程旅行的云原生改造过程，可以发现一些有意思的结果。

第四节 信息技术驱动旅游产业链创新

旅游产业链是指为满足旅游者的旅游需求，以旅游产业中具有竞争力或竞争潜力的企业为链核，通过包价或零售方式将旅游产品间接或直接销售给旅游者以助其完成客源地与目的地之间的旅行和游览，从而在旅行社、饭店、餐饮、景区、旅游交通、旅游商店、娱乐业等行业之间形成相互依赖、相互制约的关系。

在旅游系统模型中，供给系统和需求系统两个最基本的要素之间的相互匹配构成了旅游系统的基本结构。在系统中各组成要素相互依赖，共同作用。其中任何一个要素发生变化都将引起其他要素的变化。例如，如果旅游者偏好发生变化，旅行成本或模式发生改变，或者开发了新的旅游资源，提供了新的服务，原来旅游系统的平衡状态就会偏移，系统中的其他要素也要发生相应的变化。在供给子系统里，餐饮、交通、景点和娱乐等行业之间相互关联，共同为旅游者提供旅游产品而不致使旅游中断。供给子系统的描述也体现了旅游产品作为一种组合产品的特点。在旅游产品的需求与供给之间，可能有中介机构旅行社，也可能没有。如果旅行社充当了旅游产品需求与供给的中介，可将旅行社与供给子系统构成的产业链叫作中介产业链模式，而把没有旅行社作为中介的供给子系统叫作无中介产业链模式。

可见，不管是中介旅游产业链模式还是无中介旅游产业链模式，其根本目的是满足旅游者的旅游需求。旅游产品供应升级，促进了旅游产业链上各产业的协调发展，进而有助于旅游产业结构的优化和升级。但中介模式和无中介模式在满足旅游者手段、组织方式、利益分配、各企业的地位和作用外部经济性程度等方面有着显著的差异。

受信息和网络技术的影响，传统旅游产业链的两种产业链模式的优势将不断融合，形成新的旅游产业链模式。

一、共生模式

信息技术和互联网的广泛应用，加速了企业全球化、网络化的进程。传统"大而全，小而全"的企业组织模式，相对封闭缺乏系统性、综合性，不利于网络化竞争社会的需要，面临着严峻的挑战。旅行社共生是指旅行社产业系统内部的各个子旅行社系统之间、旅行社活动的各个步骤和环节之间、旅行社开发管理过程中的各相关的主体之间、旅行社与其他产业之间，以及不同地域范围内的旅游目的地之间，在旅游发展过程中，所形成的相互促进、相互结合和相互依赖的关系。

近几年，随着"互联网+""互联网+旅游""全民创新""全民创业"的提出，以及所谓的"互联网思维"在旅游行业的实践，旅行社行业竞争日益激烈，利润率持续走低，互联网巨头下场参与分蛋糕，中小旅行社的生存环境岌岌可危。此外，旅行社行业高度分散，众多旅行社业务雷同，旅行社之间易产生恶性竞争，阻碍着行业的协调发展。因此，需要单个旅行社将自身放在整个旅行社共生系统的共生单元的角度去思考发展问题。

第四次工业革命（工业4.0）的兴起，使得数字科技突破物理世界和数字世界的边界，线上线下世界的共生成为可能。若只存在线下世界，意味着只停留在工业时代；只留在线上世界，而忽略转到线下，意味着只停在互联网1.0时代。故而互联网2.0开始之后，传统企业都在寻找数字化转型的路径。

传统企业的价值产生来源是单一的，即企业做出一种服务或产品。数字技术的迅速发展产生了十分重要的变化，即价值空间的改变。数字世界产生价值的方式多样化：一是企业通过服务或者产品衍生的价值空间；二是跟顾客互动产生的价值空间；三是与合作伙伴、产业伙伴、生态伙伴产生的价值空间。因为这些价值空间的存在才能使企业实现快速成长和不断发展。

旅行社的共生模式是一种非常具有竞争力的组织形式，因为新的价值都来源于共生，如跟顾客的共生、跟生态伙伴的共生。

二、知识联盟模式

一旦企业无法拥有和控制它的重要资源、核心能力和关键技术，它的处境就十分危险了。那么怎样来发展这些起支持性作用的知识、资源和技能呢？越来越多的企业和组织创造了交叉知识和专业能力，但同时它们也发现仅仅依靠自己的力量发展它们需要的所有知识和能力，是一件花费昂贵并且困难重重的事。于是知识联盟越来越被广泛运用。

（一）知识联盟定义

知识联盟（knowledge links）是一种全新的知识集约关系，最初原型是产品联盟，其发展链的高级阶段有助于降低风险、削减成本、提高市场开发速度等，同时知识联盟还有助于参与者学习、创造新的能力。一个简单的知识联盟可以帮助企业在它有限的业务领域内建立新的技能，这是一种战术方法。当一个企业同顾客、供应商、劳动力组织、大学和其他组织之间建立大批知识联盟，并且彼此加强、互相促进，支持企业的长远目标，这时的知识联盟就具有战略性。知识联盟有两个显著的特征：第一，学习和创造知识是联盟的中心目标；第二，知识联盟的参与者的范围极其广泛。

（二）如何建立知识联盟

旅行社建立知识联盟，其目的就是要使自己能够获得其他组织的技能和能力，并且可以与其他组织合作创造新的能力，以塑造自身的核心能力，并赢得长期的持续的竞争优势。旅行社建立知识联盟有五个主要的战略方向：与供应商的知识联盟、与竞争者的知识联盟、旅游企业之间的联盟、与顾客的知识联盟、与员工的知识联盟。

（1）与供应商的知识联盟。旅行社与供应商之间的关系面临着重大变革。供应商可以通过各种手段建立起与顾客的直接联系，可以不再需要旅行社的中介服务。旅行社通过销售供应商的商品而获取差价的时代将一去不复返。由于供应商的类型不同，旅行社也应根据不同情况分别与它们建立不同的联盟。

（2）与竞争者的知识联盟。毫无疑问，旅行社之间充满了竞争。但是竞争并不排斥合作，旅行社之间的知识联盟将使联盟各方受益匪浅。这是因为在知识经济时代，各个旅行社之间仍会有核心能力的差别。例如，不同的服务专长、不同的市场区域以及不同顾客群体。它们之间必然进行知识联盟，以满足顾客的需求。美国的旅游行业合作伙伴公司（Travel Industry Partners Corp，TIPC）旅游联盟，就是由专长于欧洲和北美的滑雪游以及地中海游业务的中心假期（Central Holidays）公司与专营南太平洋和澳新地区的斯威旅游（Swain Tours）公司组成，两家业务区域不同，但是业务领域一致的旅行社也可以在联盟内相互学习并创造新的知识。

（3）旅游企业之间的联盟。旅游企业间的知识联盟已广泛涉及旅游服务产品创新、营销组合、战略发展等各方面。例如，为应对顾客需求，航空公司和旅行社之间通过知识联盟改变关系，以便为顾客提供综合的解决方案；在旅游和酒店行业，旅游和餐饮业的知识联盟越来越受到欢迎。旅游企业知识联盟并不要求合作者之间的全面相容性，而是强调相互间特殊经营资源与能力的共同作用。

（4）与顾客的知识联盟。建立与顾客之间的知识联盟，其目的在于向顾客学习。这是因为在知识经济条件下，顾客的需求将发生根本的变化。旅游消费行为将从现在的旅游者与供应商之间的交换过程，变为供应商与旅游者合作满足其独特需求的过程。旅行社与顾客之间的关系由顾客被动接受旅行社的产品变为旅行社主动向顾客学习关于产品的知识。在知识经济时代，顾客可以拥有海量的旅游信息。从顾客的精力时间和经验角度出发，无形的信息不可能完全代替专业的经验，还是需要像旅行社这样的专业机构为其"度身定做"，选择和组合与需求最贴切的旅游服务，提高旅游的效率。

（5）与员工的知识联盟。旅行社应改造成员工之间的知识联盟。对于旅行社而言，每个员工都是相对独立的知识拥有者，他们由于共同的利益而在一起合作，贡献出自己的知识。群体组织即旅行社与员工之间的关系也将发生变革，旅行社将成为员工间的一个软性组织，群体为员工提供协调与服务，为他们创造发挥才能的条件。这样的组织结构必然代替传统的、刚性的、统治式的组织模式。

三、基于网络的旅行社价值链

OTA 一词的译法有多种，如在线旅行社、在线旅游代理商、在线旅游运营商、网络代理商、旅游网站、旅游信息中介、在线旅游服务等，在我国比较为大家认可的提法是在线旅行社。OTA 可以定义为：以互联网为核心，从事招徕、组织、接待旅游者等活动，为旅游者提供相关旅游或旅行服务的企业法人，其盈利主要来自旅游供应商的代理佣金和提供相关旅游与旅行服务的增值。

自 20 世纪 90 年代起，以互联网为核心，以在线旅游咨询、搜索、在线订购与交易为主要内容的在线旅游新兴业态正在引起人们的关注。据市场研究机构欧睿国际（Euromonitor international）的数据，2023 年全球在线旅行市场规模为 16 384 亿美元，较 2019 年增长了 112%。这一最新数据表明，全球在线旅行市场在新冠疫情后迅速恢复并超越了疫情前的水平。更多的市场逐步开启在线服务，对现有市场的渗透率升高，使得全球在线旅游市场的规模不断扩大。在中国，随着互联网技术的进一步成熟，信息技术特别是互联网的普及不仅改变了传统的旅游信息发布方式，同时也改变了游客的信息搜索方式和消费方式。巨大的商机不仅促进了本土在线旅行服务商的崛起，也促使了诸如淘宝、腾讯、百度、新浪等多家互联网门户网站巨头纷纷"跨界"进军在线旅游市场，更多的个性化旅游产品服务网站也应运而生，从而推动了在线旅游市场的强劲增长。

（一）我国在线旅游市场的发展现状分析

中国在线旅游市场的发展最早是在 1997 年，由中国国际旅行社总社参与投资的华夏旅游网的创办标志着中国旅游电子商务预订网的兴起。此后，各类旅游预订网站纷纷成立，中国在线旅游市场规模不断扩大。据中国旅游研究院等发布的《全国"互联网+旅游"发展报告（2021）》，我国在线旅游市场的规模从 2009 年的 619 亿元，到 2021 年突破 1 万亿元，用户规模突破 4 亿人。经过十几年的快速发展，我国在线旅游市场呈现出了蓬勃向上的发展趋势，表现出以下几个方面的特点。

1. 在线旅游市场规模日渐扩大，品牌认知度趋于集中

随着我国互联网技术的发展和网上交易环境的优化，在线旅游交易的市场规模也日渐扩大。艾瑞咨询数据显示，2019 年中国在线旅游预订市场收入为 1178.4 亿美元，位居金砖国家之首。相比之下，俄罗斯 155 亿美元、巴西 154.2 亿美元、印度 125.4 亿美元，在线旅游预订市场收入相差不大，均处于较低水平。

2021 年中国国内旅游总人次为 32.46 亿人，同比增长 12.8%；旅游总消费达到 2.92 万亿元，同比增长 31.0%；在线旅游交易额达到 1.47 万亿元，同比增长 34.9%。公众对在线旅游运营商的品牌认知度亦逐步形成并趋于集中，2021 年由 CN10 排榜技术研究部门和 CNPP 品牌数据研究部门联合推出的在线旅游品牌排行榜中，携程、同程、飞猪、马蜂窝、途牛位居前五。市场规模的扩大以及消费者品牌意识的形成，标志着我国在线旅游运营商正逐步走向成熟。

2. 在线旅游市场融资能力强，发展潜力巨大

在线旅游作为服务类电子商务所展现出来的巨大发展潜力，使得资本市场对在线旅游企业的投资热情日渐高涨。2011 年，百度以 3.06 亿美元入股去哪儿成为其第一大机构股东，腾讯向艺龙投资约 8440 万美元成第二大股东。2015 年 5 月 22 日，携程宣布了对艺龙的收购，成为艺龙的第一大股东。2015 年 10 月 26 日，携程与百度达成去哪儿的股权转换交易，交易完成后，百度拥有了携程普通股可代表约 25%的携程总投

票权,携程将拥有约 45%的去哪儿总投票权。旅游行业复苏资本加速争夺优质旅游资产。2021 年中国在线旅游行业有 10 家平台获得融资,分别为 KLOOK 客路旅行、携住科技、在途商旅、携旅、OTM 中数旅科技、Xbed、享梦游、轻刻旅行、墨鱼旅行、智游天府,融资总额超 21.6 亿元人民币。

3. 产品和服务形式日趋多样化

在线旅游企业的传统经营范围主要包括机票、酒店、咨询等业务,随着在线旅游交易规模的日渐扩大和市场竞争的加剧,在线旅游企业也在积极拓展其业务范围,除了传统的在线预订项目之外,休闲度假类的旅游产品、景区门票预订、团购业务等逐渐成为在线旅游运营商新的经营热点。

4. 在线旅游渗透率低,市场空间大

根据《中国在线旅游市场年度报告 2024》,我国在线旅游市场规模在 2023 年达到 11 112.6 亿元,略高于 2019 年。随着新冠疫情防控措施的优化落实,在线旅游市场迎来了全面复苏。同时,人工智能技术在旅游业的应用仍处于初级阶段,但大企业已开始重视,如携程旅行推出的"携程问道"人工智能模型,提供智能导游和客服服务。大型旅游企业的垂直大模型将成为业内主流,基于海量数据为用户提供更精准的行程推荐。总的来看,中国在线旅游市场正朝着更加个性化、智能化的方向发展,并且中国在线旅游市场仍有巨大增长空间。

5. OTA 营收规模增速缓慢

中国 OTA 经过几年的发展,规模不断壮大,发展模式不断成熟和完善,OTA 的市场营收规模也在不断上升。OTA 市场营收规模总体呈现增长趋势。2010 年之前,OTA 市场以收取"酒店+机票"的佣金为主,因此营收规模表现出大规模增长(除 2008 年受金融危机影响)。2010 年市场营收表现出较大规模的增长,开始吸引大型互联网企业和电子商务平台的关注与进入,再加上航空公司、酒店降低佣金,加大网站直销力度,以及垂直搜索平台等新竞争者的出现,导致 2011 年以后 OTA 市场营收增长率下降。从 2010 年起,上游航空公司开始推出销售返利营销手段,代理商和批发商开始降价竞争,去哪儿、酷讯等在线旅游搜索引擎为比价提供了便利,弱势在线旅游企业以低价吸引客户,大型 OTA 也开始加入价格战,加上为推广移动手机应用开展的促销活动,最终导致 OTA 企业整体利润下滑,营收规模增长较慢。自 2015 年起,其他票务代理的生存空间被压缩,原因是中国南方航空、厦门航空等航空公司陆续将国内外机票业务代理佣金下调至 0,并不断加强布局直销渠道,故 OTA 平台机票业务受到影响。此外,OTA 平台在酒店业务板块也遇到酒店集团加强建设直销渠道的情况,最终形成市场增速逐渐放缓的趋势。

6. 在线旅游预订向移动端转移

随着智能手机、平板电脑等移动通信设备的普及和消费者使用手机习惯的改变,通过移动互联网拓展销售渠道成为在线旅游业发展的一个新方向和趋势。

移动在线旅游最大的特点是由基于固定网络的服务（network-based service，NBS）向 LBS 发展。消费者能随时随地通过移动工具获得想要的旅游信息，分享旅游体验，不受时间和空间的局限；可以通过支付宝、微信等快捷支付工具进行在线交易。

（二）在线旅游企业分类

通过梳理目前我国在线旅游市场中存在的在线旅游企业，根据他们的商业模式、盈利方式等的不同将其进行分类，如表 5-2 所示。

表 5-2　我国在线旅游企业分类

企业类型	代表企业		主要业务	盈利方式
OTA	综合性在线旅游服务商	携程、同程等	提供吃、住、行、游、购、娱等多方面在线旅游代理服务	佣金、产品销售差额、广告费
	新兴在线旅游交易服务商	途牛、驴妈妈旅游网、悠哉旅游网	提供在线度假旅游产品代理服务	佣金
	传统旅行社建立的网络平台	遨游网、深圳国旅新景界	旅行社度假产品在线交易服务	产品销售差额
传统旅游产品供应商在线直销平台	各酒店、航空公司、景区的直销网站		酒店、航空公司、景区产品网上直销	产品销售差额
在线旅游垂直搜索引擎类平台	去哪儿、酷讯		为旅游者提供旅游信息搜索服务	点击费、广告收入、其他类型收入
在线旅游 UGC 平台	猫途鹰、马蜂窝、穷游		为旅游者提供点评、攻略服务	广告费
第三方交易平台	阿里旅行·去啊、京东商城		为酒店、航空公司、旅行社等搭建交易平台	保证金、技术服务费

资料来源：艾瑞咨询研究院

1. OTA

OTA 自身缺乏旅游产品和资源，通过收购上游供应商的产品或与之合作，运用互联网技术对旅游产品进行筛选、整合，为用户提供食宿产品、交通产品、休闲度假产品、商旅管理产品等的在线预订服务，获取代理费、佣金以及广告收入等，携程和同程是在线旅行社的典型代表。

2. 传统旅游产品供应商在线直销平台

长期以来，我国酒店、景区、航空公司等旅游产品供应商在线营销的方式和营销渠道比较少，主要依赖携程、同程等在线旅行社分销，依赖程度过高，因而代理佣金形成的销售成本不断上涨。目前，越来越多的传统旅游产品供应商开始建立自己的官网，开展在线直销，以降低对单一在线旅行社的依赖，降低营销成本，扩大客源，增加营业收入。

3. 在线旅游垂直搜索引擎类平台

互联网发展带来了信息的大爆炸，搜索引擎应运而生，为人们从大量的信息中查找有用信息提供了便利。随着在线旅游的发展，互联网上关于旅游的信息也越来越多、越来越杂，在线旅游垂直搜索引擎的出现解决了筛选信息的难题，给在线旅游价值链带来了新的生机和活力。以去哪儿、酷讯为代表的在线旅游垂直搜索引擎，依托"比价"的模式为消费者提供性价比较高且选择较为多样的旅游产品，吸引大量用户。这类在线旅游服务平台主要以点击费、广告费为盈利点。随着客户量的增多，去哪儿已开展在线预订业务。

4. 在线旅游 UGC 平台

国外旅游行业始于以孤独星球（LonelyPlanet）为代表的专业编辑阶段，即收费阶段；随着互联网的发展，传统旅游指南受免费的数字化内容冲击较大，维基百科式的旅游网站维基旅游（Wikivoyage）和集点评预订功能于一体的旅游网站猫途鹰发展迅速。

与国外发展不同，中国在线旅游 UGC 行业发展跳过了国外的付费阶段，直接进入免费阶段，即用户可随意分享或获取电子化攻略、游记等内容，UGC 企业有意弱化其专业编辑工作，更多地承担内容质量控制工作。

在线旅游 UGC 平台为消费者提供旅游出行攻略下载，旅游目的地交通、天气、餐饮、住宿、娱乐等信息查询，旅游体验分享和点评等服务，极大地增强了旅游者与旅游服务供应商的沟通与互动，降低了信息不对称性。中国在线旅游 UGC 市场参与者主要分为两类：一类为垂直企业，如马蜂窝、穷游等；另一类为综合企业的攻略社区频道，如携程攻略社区，主要的盈利来源是广告费和点击费。

5. 第三方交易平台

随着旅游业的发展、互联网覆盖率不断上升，在线旅游市场不断扩大，发展成熟的电商依托自己庞大的客户资源和完善的商业模式开始涉足在线旅游业，如阿里旅行·去啊、QQ 旅游、京东旅行等。第三方交易平台主要是为旅游产品提供商和消费者搭建交易平台，向企业收取保证金和广告费。

四、在线旅游价值链的解构

在线旅游价值链是旅游产品依托互联网、移动电子商务等信息通信技术从设计、生产、在线交易到最终消费的传递过程中实现增值的链条，一般由上游旅游产品和服务供应商、渠道商、网络媒介及营销平台、用户组成。在线旅游价值链中上游产品供应商通过自建网站向线上、线下用户进行直销或通过批发商、在线旅行社向线上用户进行分销。批发商组织和批发包价旅游业务，一方面向线下用户分销包价旅游产品，另一方面向在线旅行社和线上用户分销产品。在线旅行社作为渠道商之一，将产品直销或分销给线上、线下用户。网络媒介及营销平台为上游产品供应商、渠道商和用户之间搭建产品交易、营销平台（图 5-7）。

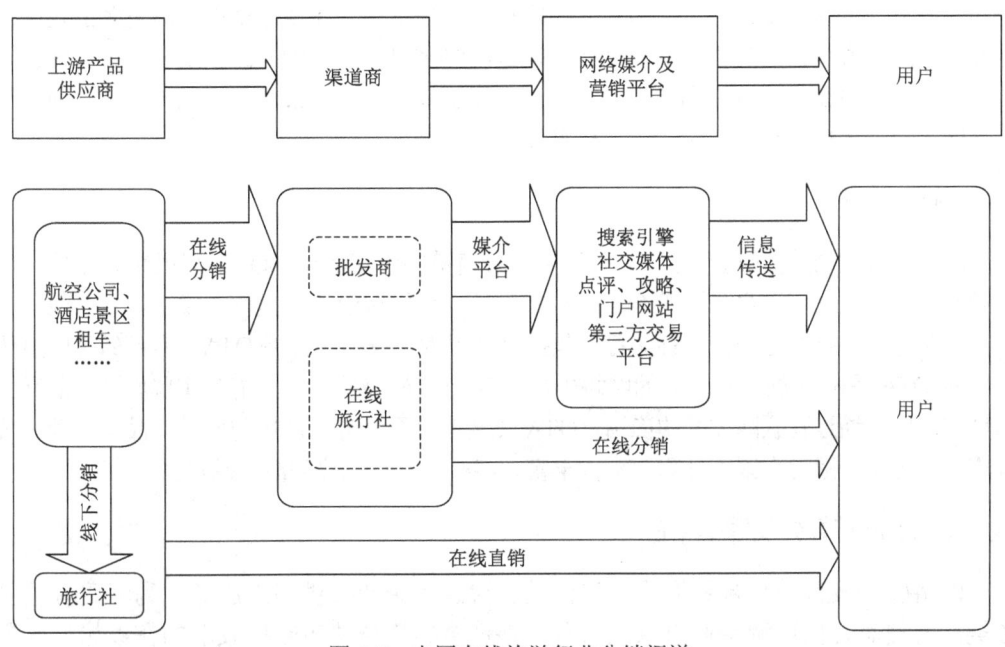

图 5-7　中国在线旅游行业分销渠道

（一）上游产品供应商

上游产品供应商作为在线旅游价值链健康运转的基础，为在线旅行社等渠道商和用户提供各种旅游产品和服务，包含航空公司、酒店、客栈、景点、餐饮、租车等实体行业以及传统线下旅行社，直接或间接向下游旅游消费者提供包括吃、住、行、游、购、娱等方面的产品和服务。

在互联网和信息技术普及之前，航空公司、酒店、旅游目的地等上游旅游产品供应商的产品销售渠道比较单一，一方面是直接面向用户，另一方面是旅行社对基本旅游产品进行包装设计后再流向用户。传统的旅游产品流通时间长、市场反馈缓慢、生产者与消费者之间的信息极度不对称，对旅游产品的营销、推广和创新带来了很大的阻碍。随着网络经济时代的到来，包括旅行社在内的上游产品供应商纷纷建立自己的官方网站，打通在线直销或分销渠道，大大提高了销售业绩、降低了经营成本、增强了市场竞争力。

（二）渠道商

渠道商处在在线旅游价值链的中间环节，衔接上游产品供应商与下游用户，起纽带作用，主要有在线旅游批发商和 OTA 两种。

1. 在线旅游批发商

旅游批发商又被称为旅游经营商，其业务模式是组织批发或零售现成的旅游产品或服务。他们与酒店、交通部门、旅游目的地及其他相关部门合作，事先采办零散的旅游资源和要素，进而结合市场多元需求生产、组织、包装价格不同、风格各异的旅游产品和服务，最后直接或经过旅游中间商间接向用户销售。在线旅游批发商更多的是国内外传统旅游批发商开启的电子商务平台，通过网络将自己的包价产品在线分销给在线旅行社和用户。随着在线旅游市场分工的细化，出现了专门做单一市场的在线旅游批发商，如住哪网以向客户提供专门的住宿产品和服务为主要业务。

2. OTA

OTA 是在线旅游渠道商之一，处于整个价值链的中间环节。OTA 以网络为主体，对上游旅游产品要素和信息进行整合、重组和设计，为旅游消费者提供在线查询、在线预订和在线交易（支付）等相关旅行服务。包括以携程为代表的综合性 OTA、专门做休闲度假业务的 OTA 和传统旅行社建立的网络平台三类。OTA 最重要的功能是实现旅游产品网上预订和支付。通过互联网技术的应用，OTA 在全国甚至世界范围内与旅游产品供应商和传统旅行社合作，随时为国内外用户提供丰富、多样化、个性化旅游产品选择。

（三）网络媒介及营销平台

网络媒介及营销平台是为线上和传统旅游经营企业提供网上服务，为消费者提供各类旅游信息，向旅游企业收取点击费、保证金、广告费等获取收益的在线旅游服务商，主要包括第三方交易平台、在线旅游垂直搜索引擎、社区攻略点评网站等在线旅游服务商在内的信息渠道商。

1. 第三方交易平台

第三方交易平台是指为在线旅游供应商、旅游批发商、在线旅行社等旅游经营企业提供网上交易服务的平台，吸引在线旅游经营企业入驻，直接向线下旅游者提供旅游产品预订服务。从在线旅游供应商角度，借助第三方交易平台有以下几点优势：一是第三方交易平台具有巨大的客流量，会产生巨大的客户和潜在客户；二是平台商拥有完善的网上营销体系、在线支付体系和网站管理体系，为在线旅游经营企业降低经营成本、提高效率；三是在第三方交易平台商中，在线旅游经营企业能直接面对形形色色的消费者，获得消费者的消费信息，为丰富和创新产品、制定科学的发展决策提供依据，以应对瞬息万变的市场。但是在线旅游经营企业在选择第三方交易平台时会首先考虑其影响力、客流量，只有高人气才能为旅游经营企业带来更多的客户，获得规模经济。电子商务交易过程中，平台商在保障各交易主体的权益上起着至关重要的作用，阿里旅行·去啊、QQ 旅游、京东旅行是这类平台商的典型代表。

2. 在线旅游垂直搜索引擎

旅游业是信息密集型产业，互联网的介入为大量旅游信息快速、广泛、精确地传输提供了很好的契机，为旅游消费者提供在线旅游信息查询服务的在线旅游垂直搜索引擎应运而生，主要有去哪儿和酷讯。在线旅游垂直搜索引擎的出现对在线旅游业产生了极大的影响，改变了原有的在线旅游供应商、中间商、客户的简单价值链，也改变了传统预订网站的商业模式，打通了各在线旅游价值链参与主体之间的联系，使在线旅游价值链更为完善，给旅游产品服务供应商搭建营销平台的同时为旅游消费者提供了信息查询、筛选的便利工具。

首先，对于旅游者而言，在线旅游垂直搜索引擎可以帮助他们通过关键词短时间内在庞大的信息库中索引出自己想得到的旅游信息，通过搜索引擎的比价功能获取性价比最高的服务，迅速而准确地做好出发前的旅游决策；其次，对于航空公司、酒店、景区景点等上游旅游产品供应商而言，在线旅游垂直搜索引擎可以迅速整合全国上万家网站的数据，将旅游产品供应商的位置、产品、价格、服务、网上评价配套设施等信息全面而清晰地呈现给用户，为供应商提供了更大的曝光率；最后，对于在线旅行社、在线旅游批发商而言，在线旅游垂直搜索引擎的出现则加剧了在线旅游预订市场的竞争，压缩了他们的盈利空间。

在线旅游垂直搜索引擎不直接参与旅游产品与旅游消费者之间的交易，依靠广告费和点击率获取收益。

3. 社区攻略点评网站

体验性是旅游的一大特性，人们需要借鉴其他人的体验经历帮助自己进行选择决策，社区攻略点评等网站满足了用户的这一需求。这类网站是社交网站与体验者推荐相结合的产物，以社交网站来渲染气氛，以 UGC 吸引成员，增加成员互动性的同时，给更多潜在用户提供出行决策经验借鉴。社区攻略点评网站可以让用户下载出游攻略、制订自己喜欢的旅游计划、分享休闲度假等产品的体验，是旅游行业的新亮点。旅游产品供应商需要了解用户的多元化、个性化的需求，用户也需要了解产品和目的地的相关信息和体验性好坏，社区攻略点评网站为两者搭建了平台。社区攻略点评网站商业模式的本质就是将社交网站的流量与庞大的旅游需求结合，促成潜在旅游交易的实现。

（四）用户

用户处于在线旅游价值链的末端，旅游产品从生产、设计到用户消费完毕进行反馈，实现在线旅游价值链的闭合和价值生成。在线旅游价值链最核心的功能是满足用户的需求，用户的需求是整个价值链存在和运作的前提。

案例分析：在线旅游 OTA 竞争格局

全球在线旅游市场呈现"三分天下"格局，中国的携程、欧洲的缤客（Booking）及美国的亿客行在"中欧美"占据领先地位，全球在线旅游"三国格局"将成为行业关键词——这三家公司的全球竞合进程，将深刻影响在线旅游行业的未来。

（1）缤客集团的第一款产品是在线预订机票酒店平台 Priceline。Priceline 在全美的营收和净利润均稳居第一；亿客行的营收规模虽较大，但净利却远低于Priceline。Priceline的商业模式分为两种：商户（merchant）模式和代理商（agency）模式。商户模式包括"客户出价"（name your price）和"快速交易"（express deals），公司还对其进行专利注册，其主要针对的是酒店空房或者航班空座。在这种模式下，消费者可以在平台上开出希望购买的产品价格以及产品的大致属性，然后静待产品提供方决定是否接受这个价格。代理商模式则是作为用户和产品供应商之间的中介，通过抽取佣金来获取收入，虽然单笔交易营收较低，但收入稳定。2017～2019年，缤客集团分别实现收入829亿元、997亿元、1051亿元；利润152亿元、274亿元、339亿元。

（2）亿客行是全球最大的在线旅游网站，业务庞杂，品牌多元。亿客行于1996年由理查德·巴顿（Richard Barton）和劳埃德·弗林克（Lloyd Frink）两位微软前高级主管在华盛顿州贝尔维尤创办。最初，亿客行是一个供旅游者在线查询和预订旅游产品的网站，1999年从微软分拆出来，并在纳斯达克独立上市。它曾是全球最大的OTA，业务量一度占全球在线预订的1/3。与Princeline类似，亿客行并不提供旅游产品，而是依靠商户模式和代理商模式运营，并且旗下拥有多个品牌，涵盖酒店、机票、租车、豪华游轮、活动、目的地旅游服务、商旅服务及旅游媒体服务等，业务种类繁多。亿客行在2017～2019年分别实现收入657亿元、770亿元、842亿元；净利润24.7亿元、27.86亿元、39.42亿元。

（3）携程是国内首批OTA，创立于20世纪90年代末，并于2003年12月率先在纳斯达克上市。携程旗下拥有四大品牌：携程、去哪儿主要针对国内用户，"携程国际版"（Trip.com）和"天巡"（Skyscanner）则面向全球用户。携程初期通过网站点击率获取广告费用盈利，后来转变为OTA模式，从出售产品中抽取代理费，包括酒店代理费、票务（机票等）代理费、旅游产品代理费等。公开数据显示，截至2020年底，携程在全球有120万个住宿合作伙伴，提供包括酒店、度假村、住宅、公寓、民宿、招待所等全品类住宿产品；与480余家航空公司合作，为用户提供覆盖200多个国家及地区的超过2600个机场的机票产品；同时，携程还在全球范围内提供超过31万种目的地当地玩乐产品。携程2018～2020年的交易规模分别为7250亿元、8650亿元、3950亿元，蝉联OTA全球最大平台。

从全球范围来看，携程2018年的GMV已赶超缤客和亿客行这两大巨头，同时GMV增速达到30%，是二者的两倍之多。然而，在收入和佣金率方面，缤客凭借其全球中高端酒店资源的覆盖力度和高佣金率保持领先地位，而携程则因机票、度假、商旅等多样化产品导致平均佣金率被拉低。

以资产回报率进行对比，2011～2015年，携程的总资产收益率（return on assets，ROA）平均为7.54%，净资产收益率（return on equity，ROE）平均为10.44%。在2016～2020年，携程平均ROA为1.9%，并在2016年、2020年为负值，2019年稍微改善，ROA达到5.4%；携程平均ROE降低至1.15%。相比之下，缤客在2011～2019年ROA平均为23.78%，2015～2019年ROA平均为17.98%；ROE从2011～2019年平均为34%，2015～2019年平均为30.45%。亿客行的资产收益率在2013年前与携程相当，但2014年后则明显优于携程。缤客则始终大幅度领先携程。

（案例依据公开网络资料自行编写）

分析提示：请对比分析三大在线 OTA 的优劣，并对比国外 OTA 和国内 OTA 市场结构的异同。

第五节 旅行社网络营销策略与模式

旅行社网络营销是指旅行社应用电脑终端和现代通信技术，通过互联网，调整旅行社与消费者、旅行社与旅行社、旅行社内部关系，从而扩大销售，拓展市场，并实现内部网络化管理的全部商业经营过程。

一、旅行社网络营销的优势

旅行社实施网络营销，将具有与传统媒介不同的营销效果。

（一）降低旅行社营销成本

传统的旅行在将旅游产品贩卖给消费者之前需要几经转折，网络营销节省了中间的烦琐环节直达消费者。建设和维护企业网站所需要的软硬件费用、上网费用、技术和管理人员劳动费等支出远远低于传统营销费用，更加有利于交易成本的节约。这是因为无纸化、自动化操作规程直接降低了旅行社营销活动中各种办公费用。同时，营销方式的变革引起了业务运作成本的降低。旅行社只要拥有一台计算机和企业网站，装一台电话，其营销活动就可以通过网络对全球目标客户进行，一方面可以减少纸张、印刷、邮递与人力等方面的开销；另一方面，省却了各种不必要的中间环节，减少在交换中由多次迂回所带来的损耗。

（二）增强旅行社和消费者的互动式沟通

以互联网为信息传播媒介和沟通工具，使得旅行社和消费者可以充分、自由、双向、持续地进行信息沟通和交流。一方面，旅行社营销人员以企业网页内容、网络广告等方式发布旅游产品或服务信息的同时，通过提供电子调查表、电子邮件、聊天室等交互式工具，建立起双方进行接触和联系的信息渠道；另一方面，消费者由被动的营销承受者和信息接收者，转变为主动的参与者和重要的信息源。消费者不但具有信息选择的主动权，可以运用搜索引擎等信息检索工具，选择感兴趣的旅游产品和服务，而且可以积极地参与旅行社营销过程，直接表达自己的各种要求和看法。另外，双方可以在信息沟通过程中，得到迅速回应和及时反馈，从而有利于进一步深化互动效果。

（三）促进旅行社的"一对一关系管理"

一对一营销是指营销活动必须在对消费者个体的准确把握的基础上，开发出与此相适应的营销方案，以人性化和消费者个性化为导向的方式，产生企业与消费者关系的良性互动，从而长期、高效、优质地为消费者提供一对一的营销服务。传统旅行社产品以包价旅游产品为主，而且产品雷同缺少特色。这同信息时代旅游者的消费潮流格格不入，信息时代越来越多的旅游者希望旅行社根据自己的特殊爱好来设计自己喜欢的旅游产品，因此旅行社可利用信息网络输入大量旅游信息，旅游者通过网络查询功能选择自己所需的信息，通过旅行社的组装指导，形成具有个性化的旅游产品。此外，旅行社营销人员基于大数据技术的网络信息体系，使营销活动具有准确的目标定位和高度的导向性。采取有效措施管理供需关系，制订以个体为单位的营销方案。

（四）促进旅行社业务整合

借助互联网这一互动媒体，不但消费者可以积极参与营销过程，使营销活动能够紧紧围绕消费者展开，而且将这种互动效应延伸和渗透入企业内部过程，推进了以营销为界面的企业生产经营的整合。例如，消费者通过旅行社客户管理系统，在线选择了旅游产品，消费者的订单驱动了旅行社与其他旅行社、饭店、景点和交通部门的协同运作，实现了信息流、资金流的整合，促进旅游企业（间）的集成运作。

二、旅行社网络营销策略

旅行社应该从经营管理的角度考虑网络营销的问题，主要包括以下几个方面。

（一）电子商务应当纳入旅行社整体发展战略

现在大多数开展电子商务的旅行社还处于网站建设阶段，而这些网站很难真正实现网络营销，这从某种角度正在伤害旅行社开展电子商务的信心，是非常令人担忧的现象。其实，旅行社电子商务不等于旅行社网站，目前大多数旅行社网站仅仅只能起到简单的宣传作用。造成这种现象的一个重要原因就是这些旅行社把网站建设看成一个孤立的"项目"，没有纳入旅行社整体发展战略之中，没有周密的营销计划和发展目标，除个别维护人员外，缺乏相应的组织和资金保障，电子商务自然也就难以发展起来。

（二）正确区分 EDI 与 B2B

旅行社应当坚持网络营销。现在，一部分在区域内有一定规模的组团社，靠自己对其他小组团社的影响力，也把批零交易从纸媒介等传统方式转向了网络平台，这些旅行社经常认为自己的 B2B 电子商务业务做得还不错，有的甚至认为已有百分之八九十的业务实现了 B2B 电子商务化。其实这里存在理解上的偏差，这类电子业务实际上只能称为 EDI。EDI 指交易双方按一定的格式来传递和交换各种交易数据的电子文本，以取代纸张等传统媒介。在互联网出现前，EDI 曾红极一时。对旅行社的 EDI 可以这样理解，它是一种较为基础的网络销售方式，但不是一种良好的营销方式。因为进行 EDI 的双方业务联系已经存在，只是交易过程中的信息媒介变成了电子形式。营销不但包含着销售产品，也包含着把没有生产出来的产品卖给原来没有业务关系的对象。EDI 能巩固业务伙伴的关系，但对开拓市场起到的作用不大。这种情况必须引起旅行社行业的重视，否则可能贻误旅行社通过网络开展营销的时机。

（三）网络营销与业务流程重组的融合

网络营销与业务流程重组的融合工作的开展不力是造成旅行社电子商务发展缓慢的又一个重要原因。必须明确的是，开展旅行社电子商务，进行网络营销，离不开人力的支持和符合其规律的业务流程。如携程总部设在上海，目前已在北京、广州、成都、杭州等 10 个城市设立分公司，员工 30 000 余人。一般旅行社根本不可能有这么大的财力去实施这种具有全国影响力的旅游电子商务，除非像中国港中旅集团公司投入上亿元资金，打造同样航母级的芒果网。因此，通常情况下旅行社可通过实施业务重组的办法来节省和优化原有的人力与财力，开展电子商务。这基本上可以分为两个方面来进行。其一，网络营销应接轨门市销售。门市是旅行社开展传统销售的重要渠道，但不少旅行社门市的繁忙都具有阶段性，不少时间较为空闲。现在旅行社门市员工一般都已经具备一定的电脑操作能力。因此，只要对门市员工进行针对性的培训，他们完全可以胜任 B2C 的网络营销。门市原有软件也应与电子商务网站实现信息共享，这样各种线路信息及其组团状况都可与网上保持同步，有利于在线顾客更全面地了解信息并做出选择，有利于实现能与顾客及时沟通的网络营销，门市人员在平时接待中积累的技巧大多数也能运用到网络营销中。其二，外联部、地接中心等部门的人员则应从 EDI 开始，将业务流程逐步数字化、网络化，再过渡到网上营销，实施 B2B 同业合作或旅游商务代理。

（四）选择适宜的推广和促销模式

要发展电子商务，旅行社就必须根据市场细分原则，使用多元的传媒渠道，进行传统方式或网络方式的推广。推广和促销是电子商务发展过程中不可或缺的孵化器，如只注重网站建设而忽略网站推广，旅游电子商务的功能则不能充分发挥。

三、旅行社网络营销手段

目前市场已经有许多成熟的网络营销模式，旅行社可以根据自己的业务特点以及未来旅游电子商务的发展趋势，选择适合自身的网络营销手段。

（一）网络调研

市场调研是指科学地、系统地、有目的地收集、整理、分析和研究所有与市场有关的方法需求、购买动机的信息，以此作为营销决策的基础。旅行社利用互联网开展网络调研一般有以下四种方式。

（1）借助专业网络市场研究公司的网站进行调研。这对于那些资金和技术薄弱的中小旅行社及企业来说是一种有效的选择。旅行社制订调研内容及调研方式，将调研信息输入选定的网站，就可以在委托商的网站获取调研数据及进展信息。这些站点上网者众多，扩大了调查面，专业市场研究公司所具备的市场调研能力也将提高调研效果。

（2）企业在自己的网站进行市场调研。就大型旅行社而言，其网站的常客多是一些对该企业有兴趣或与企业业务有一定关系的上网者，他们对企业有一定了解，这将有利于访问者提供更准确有效的信息，也为调研过程的及时双向交流提供了便利。

（3）旅行社可以利用计算机辅助电话询问系统（computer-assisted telephone interviewing system，CATI）开展调研工作。CATI调查应用范围涉及顾客满意度调查、广告效果调查、服务质量跟踪调查、产品品牌知名度调查等。当旅行社利用这种方式进行调研时，系统可以根据随机数抽样得出电话号码并拨号，被访问者的电话接通后，旅行社的访问员则在旅行社计算机终端直接向被访问者进行提问。计算机终端的屏幕上会显示需要提出的问题及备选答案，同时，计算机系统还会根据被访问者对前面问题的回答，自动显示与被访问者个人有关的问题或直接跳过去选择其他合适的问题。另外，系统还能帮助整理问卷，可以省去旅行社人员数据的编辑及录入工作，数据结果可以社会科学统计软件包（statistical package for the social sciences，SPSS）、统计分析系统（statistical analysis system，SAS）软件格式存储。

（4）旅行社可以利用电子邮件群发软件按已选好的电子邮件地址寄发电子邮件，电子邮件中是旅行社的调研问卷，被访问者回答完毕后将问卷回复给旅行社。

（二）网络宣传和促销

（1）旅行社可利用网络广告的方式宣传促销其旅游产品。旅行社利用网站上的广告横幅、文本链接和多媒体等手段，将广告在互联网上刊登或发布，这是一种通过网络传播的高科技广告运作方式。与传统的四大传播媒体（报纸、杂志、电视、广播）广告及近来备受垂青的户外广告相比，网络广告具有得天独厚的优势，是实施现代营销媒体战略的重要部分。互联网是一个全新的广告媒体，速度最快，效果很理想，是中小企业扩展壮大的很好途径，对于广泛开展国际业务的公司更是如此。目前网络广告的市场正在以惊人的速度增长，网络广告发挥的效用越来越重要，以至于广告界甚至认为互联网将超越路牌，成为传统四大媒体之后的第五大媒体。因而众多国际级的广告公司都成立了专门的"网络媒体分部"，以开拓网络广告市场。

（2）在智慧旅游发展背景下，旅行社可利用"互联网+旅游"平台，发布旅游产品、服务信息，包括旅游出团线路信息、地接单项服务信息等。聚焦旅游景区、景点、酒店、旅行社的公益性旅游信息共享商务平台，旅行社可以在该平台上发布自己的旅行产品消息。例如，聊城市"智慧旅游云平台"建立了高标准的文旅信息库，涵盖聊城各景区、酒店、乡村旅游点、旅行社、特色餐饮、商场、车站等的简介，旅行社可通过此类平台做宣传推广并促进自身转型升级。

（3）旅行社同样可以利用电子邮件展开宣传和促销工作，电子邮件营销最大的优点在于旅行社可利用它与用户建立更为紧密的在线关系。旅行社可以投其所好，向用户发送定制化邮件，向他们介绍旅行社的产品与服务。电子邮件可以包含全信息内容，也可以提供链接地址，让接收者点击地址去查看旅行社网站的相关网页。这种颇有针对性的主动式营销能迎合用户的需求，旅行社与用户之间的关系可以潜移默化地得到改善。例如，旅行社可以开展许可电子邮件营销，即在推广其产品或服务的时候，事先征得用户的"许可"，得到潜在用户许可之后，通过电子邮件的方式向用户发送旅游产品或服务信息。

小资料：Thomas Cook 在印度发布网站以拓展业务

　　托迈酷客旅行社（Thomas Cook）于 1845 年由托马斯·库克成立，开始旅行代理业务，成为第一个专职旅行代理商，标志着现代旅行社的诞生，同时也被视为现代旅游产生的标志。截至 2007 年底，英国的托迈酷客旅行社在世界有 3600 个代理处，85 架飞机，73 000 个不同品牌的床位；2007 年 7 月，作为英国第三大旅行社托迈酷客 AG（Thomas Cook AG）在印度成立了旅游代理商托迈酷客印度公司（TCIL）并发布其印度语版本的旅游门户网站（http://www.thomascook.in）。该旅游门户网将成为一个虚拟的一站式旅游商铺，客户可以在各种旅行产品解决方案中进行选择。这些方案包括一个关于国内及国际目的地的旅游打包产品的大型数据库、全球的酒店网络、航空网络上的航空公司、低成本航空公司、旅游保险以及促销计划，并且把对他们的服务与托迈酷客印度公司的线下服务网络进行整合。

（三）数据库营销和个性化营销

　　随着旅游市场渐趋饱和，私人时间的要求不断提高，旅行社的数量急剧增多，各种广告的影响力不断减弱，旅行社之间互相模仿彼此成功产品以及通过有吸引力的折扣来扩大销售的做法严重削弱了某些产品的品牌忠诚度，成功广告的高成本令旅行社经营者担忧，传统的旅行社营销几乎无法解决这些问题。国外许多旅行社为提升营销水平，纷纷推行数据库营销，面对互联网上旅游者提出的特殊的旅游需求，旅行社及时做出反馈，为旅游者"量身定做"旅游产品，并提供有关签证、机票、客房、接送、导游等一系列的配套服务，这种方式更能满足旅游者的个性化需求，为消费者所接受。数据库营销需要旅行社具备较高的对客户数据的控制能力，以及能够畅通地获取内、外部数据。旅行社可适度实现客户资料的共享，如人口统计资料、消费偏好数据等，来提升行业整体对消费需求的变动分析能力。此外，如果旅行社条件允许也能通过各种类型的异业合作导入并利用其他外部客户数据资源，如与银行进行旅游产品分期消费促销。一个数据完备的数据库是数据库营销的基础。旅行社可以通过各种方式进行个性化服务。

　　（1）邮件服务。电子邮件方便、快捷、经济且无时空限制，旅行社可通过它来加强与顾客之间的联系，及时了解并满足顾客需求。电子邮件服务不是随意向潜在顾客发送产品信息，而是基于事先征得顾客许可的"软营销"方式。其基本思路是：通过为顾客提供某些有价值的信息，从而收集顾客的电子邮件地址（邮件列表），在发送定制信息的同时，对自己的网站、产品或服务进行宣传。也可以通过与第三方合作等方式开展电子邮件营销，或者委托专业的电子邮件营销服务公司进行。

　　（2）电子论坛服务。电子论坛是供网上顾客自由发表评论，是旅行社获得顾客对本企业产品、服务等全方位真实评价材料的工具。旅行社应经常参与讨论，通过顾客反馈的信息准确地了解消费者的消费心理及决策过程，这对旅行社提高服务水平，获取客户信息和捕捉商机有很大好处。

（3）FAQ 服务，即常见问题解答（frequently asked question，FAQ）。一方面，顾客遇到问题无须费时费资地专门写信或发电子邮件咨询，而是可直接在网上得到解答；另一方面，旅行社能够节省大量人力、物力。FAQ 页面设计要选择合理的格式，既满足顾客信息需求，又要控制信息暴露度。通过回复顾客的问题，及时传送旅行社新开发的旅游线路及项目信息等。

（4）社交网络营销。通过微博、微信、小红书、脸书等社交媒体吸引更多的关注者，与其形成更丰富的互动。既可以加强旅行社与消费者（或潜在消费者）的情感联系，又可以在合适时机进行产品推广，还可以收集消费者的意见以改进产品。总之社交网络营销是一种非常深入的方式，可以贯穿在旅游前、中、后的过程。对于社交网络要注重信息的有效性和回应的及时准确，提升用户体验。

（四）服务营销

在旅游行业大打价格战，竞争日趋激烈，经营已处于微利时代的今天，旅行社加强服务管理是至关重要的。旅行社的服务是企业为了使客户感到满意，并与其保持长期友好的互惠、合作关系而建立客户忠诚的一系列活动。网络的发展一方面提升了旅行社服务的地位，另一方面也为服务的实现提供了更为有利的条件。旅行社可以利用网络完成客户服务的一部分职能。

（1）旅行社的网站可以开辟电子论坛或聊天室，为用户提供相互聊天或就一些专题进行讨论的场所。在论坛建立初期，旅行社应该设立专门的议题，通过一定的物质奖励吸引访问者围绕议题畅所欲言，并安排资深的旅游界人士担任论坛主持人，引导和规范讨论活动开展的方向与内容。这些参与者的言论，有利于旅行社人员从中获得有助于改进服务质量、制订营销策略的信息。

（2）旅行社可以建立呼叫中心为旅游者提供即时服务。呼叫中心（call center）在国外又称客户服务中心（customer care center），它是一种基于计算机电话集成技术，即充分利用通信网和计算机网的多项功能集成，并与企业连为一体的一个完整的综合信息服务系统。旅行社利用它能有效、高速地为客户提供多种服务。呼叫中心为旅行社提供强劲的客户关系管理能力、自动业务导航能力、交互式协作能力，并可通过基于各业务代表技能特点的路由选择，将客户来话接到最符合要求的业务代表处，通过电话识别技术将老客户的来话直接接到以前曾为其服务过的业务人员处，使其倍感亲切，与其建立一对一的关系。通过电话回访等手段，旅行社既能树立良好的企业形象，又能提供完善的服务，这样对保持原有的客户群，降低客户流失率和扩大新的客户群都将起到很好的作用。当游客受到不公正的待遇时，可以随时拨打旅行社的投诉热线，让游客摆脱对旅行社工作人员被动服从的心理压力，游客随时通过电话跟旅行社工作人员进行沟通，可以大大拉近旅行社与游客的距离。另外，旅行社可以通过建立呼叫中心使各个工作人员和部门的职责划分更加明确，精简不必要、不合理的岗位，人员的工作量可以通过各种统计数字得到量化，并随时提供监督警告功能。对于客户来说，可以更加明确地知道什么问题应该找谁解决，减少中间环节，这就可以大大优化旅行社的服务流程。

（五）网络营销与传统营销的整合

1. 旅行社网络营销与传统营销整合的必要性

网络营销作为新的营销理念和策略，凭借互联网特性对旅行社传统经营方式产生了巨大的冲击，但这并不等于说网络营销将完全取代传统营销，旅行社必须将网络营销与传统营销进行良好的整合。

（1）互联网上的旅游者作为新兴的虚拟市场，它覆盖的群体只是整个市场中的一部分，该市场中还有一部分由于各种原因还不能或者不愿意使用互联网的群体，而传统的营销策略和手段则可以覆盖这部分群体。

（2）互联网作为一种有效的渠道有着自己的特点和优势，但对于许多旅游消费者来说，由于个人生活方式不愿意接受或者使用新的沟通方式和营销渠道，仍然不愿意或不习惯在网上订购产品。

（3）互联网作为一种有效沟通方式，可以方便旅行社与顾客进行双向沟通，但旅游消费者有着个人偏好和习惯，有的愿意选择传统方式进行沟通。如报纸有了网上电子版本后，并没有冲击原来的纸张印刷出版业务，相反起到相互促进的作用。

2. 实现旅行社网络营销与传统营销有效整合的途径

（1）旅游产品的核心是服务。在服务方面如售后服务，其主要以收集游客反馈意见的形式体现。在旅行社的传统服务体系中，信息反馈零散，导致了售后服务成本过高。利用网络则能避免这些缺点。网上信息收集易于统一管理，时效快，将它和传统售后服务体系结合起来使用可以取得更好的效果。旅行社要做到在线服务与离线服务相结合。

（2）定价策略是营销组合的重要组成部分，最具有灵活性和艺术性。在传统的营销活动中，旅行社通常都是在较长时期内按照旅游产品的种类在某一特定区域使用一种价格策略。这种定价方式虽然具有方便、易于管理、能使企业保持稳定状态等许多优点，但是不能够快速适应市场变化，难以做到以旅游者为中心的营销原则。网络营销则可以遵循以旅游者为中心的营销原则进行营销活动。由于网上旅游消费者的需求信息和市场环境信息容易掌握，旅行社可以根据市场供求状况、竞争状况及其他因素，在计算收益的基础上，设立自动调价系统，自动进行价格调整。同时，建立与旅游消费者直接在网上协商价格的集体议价系统，使价格具有灵活性和多样性。如春秋航空旅游网曾经推出一系列"竞拍旅游线路"，对拍卖路线给出行程安排和供应标准等详细介绍，并给出其市场参考售价和起拍价，该网站的注册会员通过加价拍卖的方式对线路进行定价。网上定价模式能够对市场做出及时响应，但难以管理，在旅行社实际的价格策略制订中，可以采取将两者结合的方式，如以某一时间段作为单位，每一个单位时间根据各种因素调整一次价格或在内部圈定的价格范围内接受旅游消费者的定价。这样，价格策略既具有较大的灵活性，又具有一定的稳定性。

（3）促销是营销的重要板块之一，在营销活动中旅行社对促销方面销售投入的资源可以说是最大的，每个旅行社都会尽力发挥所制订促销策略的最大效益。旅行社应注重传统工具与网络的结合。广告是促销活动的首选，在传统营销活动中，广告载体通常面向广大旅游者，主题针对广大旅游者的需求共性。这种广告方式虽然有其优点，但在个性化需求越来越强烈的今天，它的效果也越来越差。网上广告恰恰弥补了这一点。电子邮件广告可以根据不同的消费需求采用不同的广告主题，从而增强广告效果。一个有效的广告方案应该将网上广告和传统广告方式结合起来。传统的广告形式可以树立企业形象，提高产品知名度，使广告具有广度效应。网上广告则可以使产品深入消费者的印象，使广告具有深度效应。没有传统广告作为基础，有些消费者根本就不会理会网上广告，但是网上广告是能够直接促使消费者产生购买动机的形式。即传统广告让消费者认识产品，网上广告让消费者了解产品。传统的销售促进、公共关系也可以在网上使用。将网络面向个性化对象的优点和传统工具面向共同需求对象的特点结合起来，运用到各个促销策略中，一定可以让现有的促销方式更有效率。

案例分析：携程——吹响泛娱乐化娱乐营销号角

携程作为中国最大的 OTA 平台，自 2016 年起便积极推行年轻化、全球化的品牌战略。通过收购旅游百事通并成功扩展 7000 家门店，携程实现了线上服务与线下体验的深度融合，进一步巩固了其"鼠标+水泥"的商业模式。在品牌战略上最直观的体现就是市场策略，从 2018 年开始，携程的营销手段日益多元化，从与一众明星合作，到携手电竞战队 QGhappy，到与抖音共同打造旅行季 IP，携程的营销版图不断扩展。那么，携程究竟是如何布局的？

一、泛娱乐营销：品牌传播的新引擎

随着用户内容消费习惯向娱乐化、碎片化、圈层化转变，泛娱乐营销已成为营销的核心。只有与优质内容或 IP 紧密结合的营销才能引发用户的自发传播，否则很容易被用户忽视。为此，携程打造了一个立体、整合的营销模式，通过多样化的切入点实现品牌的整合传播。例如，携程推出的#why i travel#明星系列营销、与抖音深度结合的#502 旅行表白套路#营销以及事件营销#人生便利店#等一系列项目，成功传达了品牌理念，取得了良好的传播效果。

二、平台整合创新：拓宽营销新边界

作为 OTA 行业的领军企业，携程在技术研发上投入巨大。以 2017 年为例，携程研发投入 83 亿元，占总营收的比例为 31%，是所有中国旅游类公司中研发占比最高的公司。在营销方面，携程不仅与爱奇艺、腾讯等成熟商业化公司合作，还积极拓展短视频、直播、动漫、游戏等全新渠道。同时，携程与抖音等平台的合作也颇具创新，

通过深度整合兴趣点（point of interest，POI）合作，实现了用户在抖音上的一键式预订功能。

三、自有IP打造：品牌营销的基石

IP 的核心在于其跨圈层的传播力，借助 IP 的势能可最大化地提升品牌知名度。携程自 2016 年便开始不断尝试 IP 营销，与热门综艺及爆款电视剧合作，通过对节目的准确前瞻性判断，获得超过预期的流量溢出。

携程营销的核心目标旨在将自身融入用户的生活方式，为品牌注入丰富的情感色彩和鲜明的人格化特质。无论是广告投放、IP 合作、社交媒体互动，携程都在致力于塑造一个更加年轻、更具魅力的品牌形象。通过深入洞察用户需求，携程力求成为用户生活中不可或缺的一部分，而非仅仅将品牌和产品强加给用户。

（案例依据公开网络资料自行编写。部分资料参考：https://www.163.com/dy/article/GSAPL2BQ05119P9C.html）

分析提示：请分析携程平台的泛娱乐化策略与娱乐营销模式。

讨论与思考

1. 比较信息技术在国内外旅行社行业的应用差异。
2. 业务流程再造是什么意思？
3. 在线旅行社的分类及各自的优缺点如何？
4. 旅行社在处理直销与分销渠道时的策略如何？

网络资源

- https://www.ly.com/
- http://www.ctrip.com/
- http://www.phocuswright.com
- https://www.alliedmarketresearch.com/

参考文献

菲利普·科特勒, 约翰·T. 鲍文, 詹姆斯·C. 麦肯斯. 2017. 旅游市场营销[M]. 6 版. 谢彦君, 李淼, 郭英, 等译. 北京：清华大学出版社.

贾鸿雁, 张虹. 2017. 旅游信息服务关键影响因素识别——基于周末市场的实证研究[J]. 情报科学,

35(8): 89-93.
李天元, 曲颖. 2013. 旅游市场营销[M]. 北京: 中国人民大学出版社.
李祗辉, 韩真洙. 2014. 基于目的-价值的中韩旅行社网站内容比较研究[J]. 商业研究, (1): 179-184.
庞世明, 王静. 2016. "互联网+"旅行社: 商业模式及演变趋势[J]. 旅游学刊, 31(6): 10-12.
任昕竺. 2006. 旅游市场营销与管理[M]. 北京: 人民邮电出版社.
王国栋, 孟仁振. 2021. "旅游+"新媒体平台运营策略研究——以中国青年旅行社为例[J]. 传媒, (24): 69-71.
王宁. 2014. 旅行社经营管理[M]. 北京: 清华大学出版社.
姚国荣, 陆林. 2015. 旅游联盟的研究进展[J]. 经济地理, 35(5): 180-184.
姚延波, 马锐娟, 李嘉丽. 2014. 近十年国外旅行社信息化研究述评[J]. 旅游科学, 28(2): 83-94.
于德珍. 2015. 旅行社经营管理实务[M]. 天津: 南开大学出版社.
张道顺. 2010. 现代旅行社管理手册[M]. 2版. 北京: 旅游教育出版社.
张辉. 2005. 转型时期中国旅游产业环境、制度与模式研究[M]. 北京: 旅游教育出版社.
钟栎娜. 2017. 智慧旅游: 理论与实践[M]. 上海: 华东师范大学出版社.
朱镇, 王新. 2018. 互联网转型驱动的线下旅行社电子商务能力识别——创业感知的中介效应[J]. 旅游学刊, 33(5): 79-91.
邹光勇, 刘明宇, 何建民. 2018. 从单边市场到双边市场: 旅游定价文献综述[J]. 旅游学刊, 33(2): 77-89.
Bui M-T, Jeng D J F, Lin C H. 2015. The importance of attribution: connecting online travel communities with online travel agents[J]. Cornell Hospitality Quarterly, 56: 285-297.
Sanchez-Franco M J, Martín-Velicia F A. 2011. The interaction effects of ego involvement on the relationships between aesthetics, usability and commitment: an application to electronic banking services and virtual travel communities[J]. Online Information Review, (2): 194-216.

第六章 酒店业电子商务应用

● 学习提示

一、教学内容

- ✧ 酒店信息化的发展进程
- ✧ 新技术推动酒店的新业态发展
- ✧ 互联网环境下酒店业的营销特征和渠道
- ✧ 互联网+酒店的营销

二、学习重点

- ✧ 掌握国内外酒店信息化的历史
- ✧ 学习智慧酒店的建设与应用
- ✧ 了解酒店开展网络营销的优势
- ✧ 掌握酒店网络营销的方法

第一节 酒店信息化发展

全球经济一体化进程与新冠疫情，给全球酒店服务企业带来了前所未有的巨大挑战和机遇。市场寒冬环境迫使酒店业经营者必须不断寻求扩大销售的机会以及改进服务质量、降低管理成本和提升客户满意度的新法宝来增强酒店的核心竞争力。在数字化时代，如何利用信息网络技术、智能技术为酒店提高管理水平、获得竞争优势成为酒店企业必须解决的问题。

一、酒店信息化发展历程

国际酒店业信息化应用的产生与发展大体经过了以下五个阶段。

（一）计算机管理阶段

酒店开始通过计算机来对酒店运营中的人流、物流、资金流和信息流进行计算机化的输入、存储、处理和输出。

该阶段的酒店信息化主要表现在对酒店前台运营系统的有效整合，如客房预订与前台登记系统、餐饮消费和挂账系统、前台收银和结账系统等。房态统计、财务报表、收银结账、预订客房、登记住房、消费挂账等烦琐的事务性工作和枯燥的手工劳动逐渐被计算机系统所取代。

这些应用对酒店实现局部科学管理、提高工作效率、提高服务质量等起到了一定的作用，但在这一阶段的信息化应用并没有从深层次上改变传统酒店业的内部管理流程，仅仅是替代手工操作或对现有流程的计算机模拟。

（二）内部网络化阶段

酒店通过计算机和内部网络对各类设施设备进行监控和管理，包括对配电照明、空调、给排水、电梯管理、安全监控、消防预警联动控制等。这一阶段的信息化应用是酒店客房门禁和前台预订系统的连接，从此多数酒店告别了传统的钥匙，采用了电子房卡。

同时，酒店信息化在这一阶段应用的重点是酒店办公业务自动化，通过覆盖酒店管理主要业务部门的办公自动化系统，实现文档信息方便、快捷、准确地传递和管理。

（三）初期互联网阶段

随着计算机的普及和互联网的发展，酒店一方面通过互联网开展分销和预订，另一方面也开始在酒店客房提供上网服务。

酒店分销系统和酒店中央系统的出现，让酒店可以面向更广阔的市场开展预订业务，并让客房预订确认更加实时。酒店也开始建立自己的网站，尝试通过互联网开展营销。

（四）全面网络化阶段

宽带的普及和无线互联网的发展让酒店对互联网产生了前所未有的依赖。酒店通过全面网络化对服务、管理和营销进行流程再造，部分酒店在信息化方面投入大量的资金。信息技术已经融入酒店业务流程及组织的管理目标，并开始成为酒店在信息时代的新竞争优势。

酒店的收益占比逐渐从传统渠道向互联网转移，在线旅游服务商为酒店带来更多的预订量，甚至成为部分酒店主要的预订来源。因此，酒店不得不考虑在传统合作渠道和在线旅游服务商之间的平衡问题。

（五）智慧化酒店阶段

内部信息化和对互联网的利用成为越来越多的酒店的标准配置，酒店开始进一步集成原有的信息系统，以应对更加激烈的市场竞争。这一阶段的酒店更重视通过互联网、物联网和人工智能等高技术手段，提升客户的入住体验，信息技术甚至成为客户可以消费的服务内容。传统酒店逐步向智慧酒店升级。

酒店业智慧化对于酒店而言，有利于提升整体工作效率，增加高科技工种，增长经营利润；对于社会而言，有利于减少环境污染，提高生态环境质量；对于客户而言，有利于提升客户体验。酒店的智慧系统可以为客户提供便利、适当与无接触的入住与退房手续办理，经过客户预订信息、客户住宿习惯等大数据信息的收集、对比与分析，智能地为客户提供客房的照明亮度、空调温度、叫醒服务等。比如，酒店升级无钥匙门锁系统，客户到店通过指纹或视网膜确认身份后即可入住。客房的智能感应装置也可根据客户的身份、习惯、需求，提前配合好相应的灯光亮度、房间温度。酒店使用高科技数字化的在线服务，涵盖智慧销售、智慧服务、智慧管理和智慧工程等全流程，满足客户个性化需求的同时，给酒店带来的也是长远的价值与利益。

二、我国酒店行业电子商务发展阶段

从 20 世纪 90 年代末开始，中国旅游资讯网、华夏旅游网、携程旅行网相继成立，拉开了在线酒店市场发展的序幕，自此，垂直搜索引擎、电商、团购等平台预订形式先后出现。宏观产业环境变化迅速，行业的创新不断出现。

图 6-1 是根据目前中国在线酒店市场做出的代理商-生产厂家-消费者（agents-manufacturers-consumers，AMC）模型，AMC 模型是以时间为参照系，从应用价值、用户规模、产业收入规模等多个维度对产业发展成熟度及产业发展阶段进行分析的模型。该模型把中国在线酒店市场的发展周期分为四个阶段：探索期、市场启动期、高速发展期和应用成熟期。

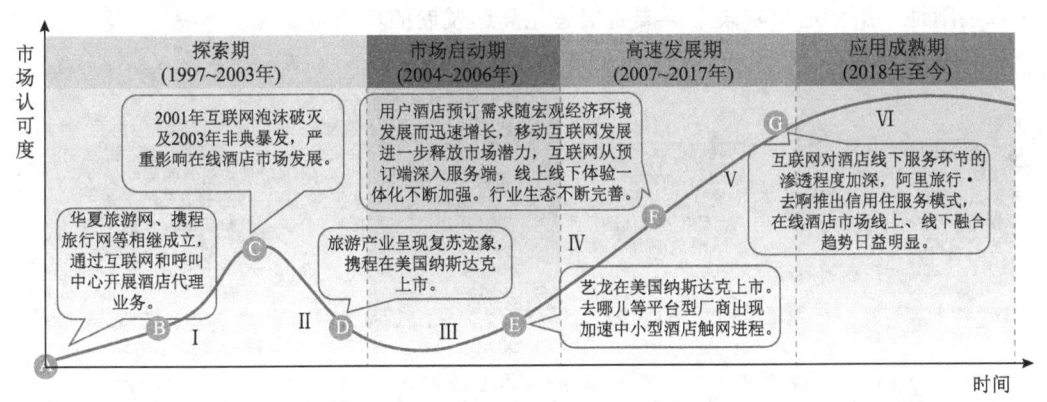

图 6-1 中国在线酒店市场 AMC 模式
资料来源：易观智库《中国在线酒店市场创新模式专题研究报告 2015（简版）》

（一）探索期：1997~2003 年

中国酒店行业的信息化始于 20 世纪 90 年代末，华夏旅游网、携程和艺龙等在线网站陆续成立。携程合并了国内最早也是最大的订房中心——现代运通，将全国 100 多个城市的 700 多家星级酒店预订服务搬上了互联网。这个阶段，客户可通过在线旅游网站和呼叫中心预订酒店业务，以订房业务为主。2001 年互联网泡沫破裂与 2003 年非典疫情直接打击了酒店在线业务的发展。2003 年下半年，携程在美国纳斯达克上市，酒店在线业务开始复苏。

（二）市场启动期：2004~2006 年

继携程之后，2004 年艺龙也在美国纳斯达克上市，酒店在线业务迎来了发展的春天。2004~2006 年，携程和艺龙营业收入连续三年上涨。此阶段，从携程和艺龙当时的两大 OTA 收入结构上分析，酒店住宿预订依然占据主要地位。同期，同程、去哪儿、途牛、马蜂窝等在线旅游平台纷纷上线，越来越多的代理商把酒店的挂牌信息同时放在多个互联网平台和渠道，从而加速了中小型酒店触网的进程。

（三）高速发展期：2007~2017 年

2008 年金融危机席卷全球，我国政府果断对不良经济形势进行干预调节，2009 年底我国经济迅速恢复。经济形势向好，带动了客户的酒店预订需求快速增长。移动智能终端加速普及和微博社交平台火爆的 2011 年，迎来了中国移动互联网进一步跨越式发展，因此，2011 年被称为移动互联网的元年。经济与技术的发展释放了市场需求，2011 年大力发展"智慧旅游"被国家旅游局作为"十二五"期间旅游信息化工作的重点，共同为酒店信息化的发展插上了腾飞的翅膀。互联网技术将酒店的在线业务从预订端延伸至服务端，越来越多的酒店积极向互联网靠拢。酒店销售、管理、服务和建筑等方面不断向信息化、数字化和智能化方向升级改造，行业生态不断完善。从图 6-2 可以清晰地了解到这个阶段中国酒店信息化高速发展的步伐。

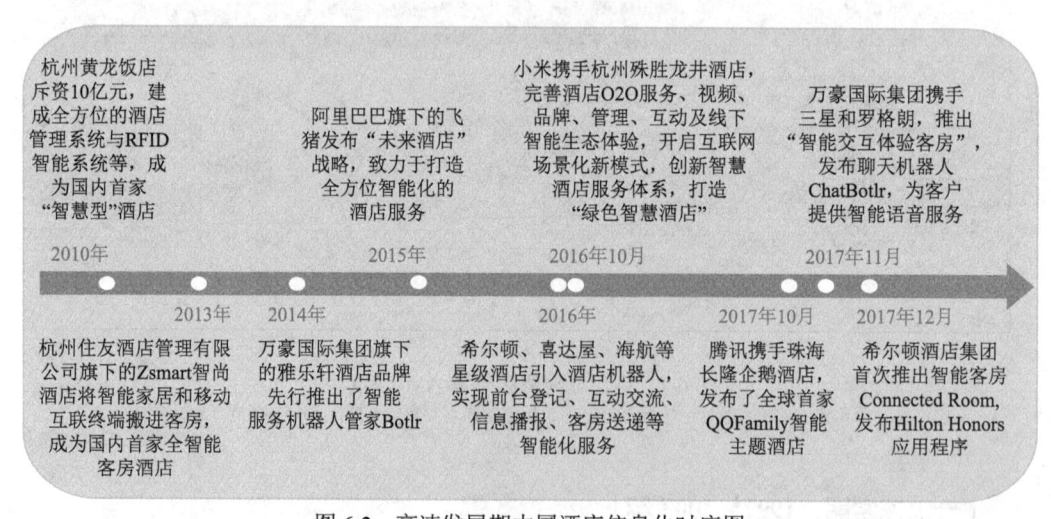

图 6-2 高速发展期中国酒店信息化时序图

资料来源：黄荔桐，胡安安. 2021. 智慧酒店数字化转型进行时[J]. 上海信息化，(6): 38-41

(四)应用成熟期:2018 年至今

经历十年的高速发展期后,中国酒店在线业务取得了飞跃式发展。2018 年后,不仅有万豪、洲际、希尔顿、香格里拉、华住、锦江、如家、君澜等高星级和经济便捷型酒店集团,而且吸引了阿里巴巴、腾讯、百度、京东等互联网科技公司纷纷进驻智慧酒店。有了互联网科技公司的技术和产品加持,酒店的智慧化水平更上一个台阶。百度与洲际酒店集团携手打造的第一批人工智能套房率先在北京和广州推出,实现酒店管理、服务和体验与互联网科技真正的融合。阿里巴巴的未来酒店"菲住布渴"(FlyZoo Hotel)在杭州正式开业,其采用"人脸识别+语音识别"全场景服务,实现无人自助式入住与退房、客房智能语音服务、机器人送餐与递物、人脸识别电梯、客房、餐厅、健身和酒吧等服务应用,用技术与智能化手段实现酒店业务的细节优化、成本控制和管理服务效能提高。

2019 年底,中国移动、中国电信和中国联通三大运营商联合推出 5G 商用套餐,中国成为第一个 5G 技术大规模商用化的国家。5G 技术是支撑经济社会数字化、网络化、智能化转型的关键网络基础设施,渗透到各个行业,酒店业也不例外。深圳华侨城洲际大酒店与中国电信、华为公司达成战略合作,实现 5G 技术与云端应用引入酒店业务,建成了全球首个 5G 智慧酒店。新冠疫情来袭,凸显了智慧酒店无接触式服务和避免交叉感染等方面的巨大优势,具有更高的安全与高效价值。在后疫情时代,智慧酒店进一步完善技术在酒店经营、管理、销售和服务业务的应用,更多智能机器人走向酒店的全场景应用,智能家电设备应用得到普及,营销采用直播与 VR 云游览的方式,最大限度地满足客人个性化需求,顺应市场的发展。

第二节 技术撬动酒店业新业态

近年来,数字化经济和新冠疫情对全球各行业的影响巨大,旅游业要得以生存和发展,必须有所改变。酒店业作为旅游业的核心支柱产业之一,必须采取有效的自救措施,方能应对时代的考验。大数据、物联网、人工智能等新技术的发展加速了酒店业数字化、智能化的步伐,在疫情期间,酒店服务业在达到疫情防控的要求下,满足消费者需求,提供相应的服务。此场景下,酒店的新业态悄然而至,并逐步走向成熟。

一、智慧酒店

伴随时代的发展,智慧酒店成为酒店业发展的新业态。2012 年 5 月,北京市旅游发展委员会发布的《北京智慧饭店建设规范(试行)》,将智慧酒店定义为:利用物联网、云计算、移动互联网、信息智能终端等新一代信息技术,通过饭店内各类旅游信息的自动感知、及时传送和数据挖掘分析,实现饭店"食、住、行、游、购、娱"旅游六大要素的电子化、信息化和智能化。最终为旅客提供舒适便捷的体验和服务。

2014年，中国智慧酒店联盟在工业和信息化部的指导支持下成立，并在2019年发布了智慧酒店接口国家标准（GB）——《物联网 智慧酒店应用平台接口通用技术要求》，标准中将智慧酒店定义为：通过应用先进的信息和通信技术，实现管理数字化、网络化和智能化的酒店。由此可见，智慧酒店的核心是使用信息技术提升酒店的经营、管理和服务，实现酒店个性化、人性化服务和高效管理效能，最终取得酒店成本降低、耗能减少、营收增加、客户体验提升的成效。

智慧酒店在建设与发展的过程中，主要呈现以下四个特点。

（1）以科技为支撑。互联网、物联网、云计算、大数据、人工智能、VR技术等现代信息技术是智慧酒店建设的核心技术，应用于酒店的管理系统、建筑设计、业务服务、运营方式等各个方面。以科技的力量替代烦琐、重复性高的人工服务，为客户带来更加舒适、人性化和个性化的入住体验。信息化管理有效减少了人工管理带来的差错，提升了管理效率，进而降低酒店成本，提高营收。新技术不断迭代更新，酒店建设与应用过程也应不断适应技术的升级。

（2）以客户为导向。"用户至上，顾客为王"的用户导向是互联网思维的核心，酒店的用户就是购买酒店产品和服务的每一位客户，互联网时代建设智慧酒店必然要以客户为导向。酒店从选址、建设环境设计、设施设备、品牌建设与定位、产品设计、服务流程、经营方式、管理系统等方面都应紧紧围绕客户这一导向目标，最大限度地满足客户需求，以提升客户体验，增加客户的黏性和忠诚度。客户导向的思维是智慧酒店吸引新客户和留住老客户的法宝之一。同时，对于酒店的技术供应商来说也必须以客户为导向，针对酒店客群合理配置资源和定制相应的产品与服务。

（3）以人为本。智慧酒店并不是信息技术的堆砌，也不是生硬地提倡完全无人酒店，其建设不能忽视酒店员工的主观能动性与客户体验、酒店效益与收益的优化管理。智慧酒店提供人工智能服务和智能化硬件与系统，本质上还是解放人的劳动力，让其替代重复性、标准化和烦琐的体力劳动工作，使得酒店员工有更多的时间与精力去完成具有创意性的工作。智慧源自人，再智能的系统都是由人设计出来并需要由人来完成的，人通过使用信息技术可以实现更高的效能，所以，人机融合才是智慧酒店应用的最高境界。

（4）绿色、创新、和谐。"绿色、创新、和谐"是智慧酒店建设的理念。绿色代表生态与环保，21世纪是绿色时代，是人类社会进入生态环保的时代。智慧酒店作为21世纪技术信息化的产物，其建设必然符合时代特征，其建筑设计、设施设备引进和系统应用都应考虑绿色环保的问题。

例如，酒店的空调、窗帘和排气扇采用智能控制，可有效减少能耗、节约能源，降低运营成本。智慧酒店本身就是新技术场景下的新业态，其发展过程需要不断地创新管理、创新服务、创新营销，方能适应瞬息变化的市场、环境和客户。和谐不仅是时代永恒的主题，也是智慧酒店追求的终极状态。人与自然、人与环境、人与人、人与技术的和谐、共赢，才是智慧酒店建设和发展的根本所在。智慧酒店的大数据整合了酒店内部和外部环境的各种海量数据，在多个应用系统中流转，支撑酒店的运营，图6-3展示了智慧酒店网络中的数据流变化。

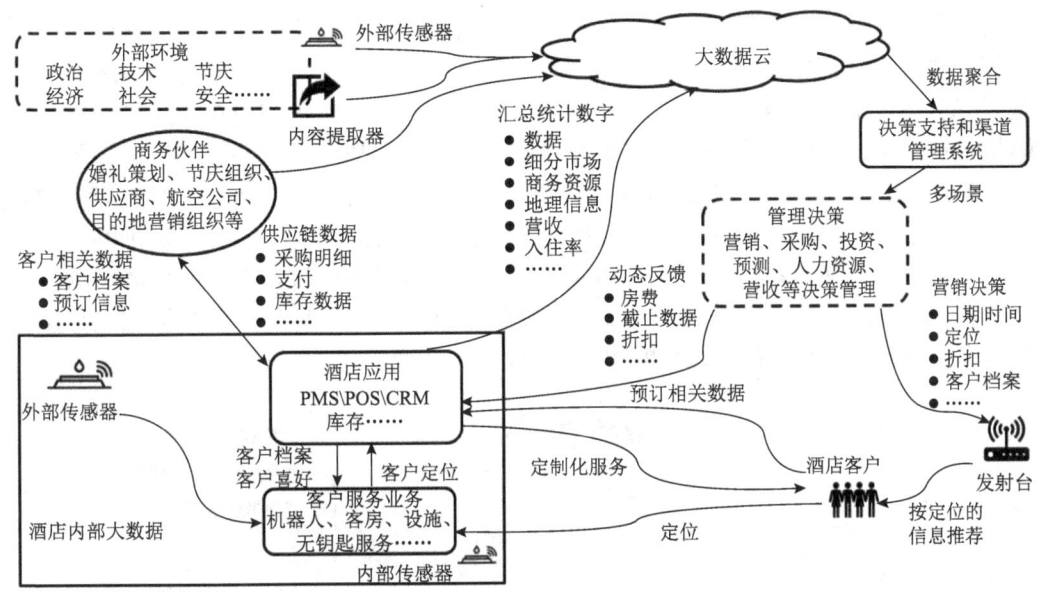

图 6-3　智慧酒店的网络数据流

资料来源：Buhalis D, Leung R. 2018. Smart hospitality—Interconnectivity and interoperability towards an ecosystem[J]. International Journal of Hospitality Management, 71: 41-50

从智慧酒店的建设而言，多数酒店都是从前端服务的自助入住服务和智能客房服务入手，进行业务的信息化、智能化变革。这两种服务依托信息技术，将重复性的工作由人力转变为由机器或机器人来完成，客户只需凭借人脸、语音或移动终端扫码即可享受服务。

（一）自助入住服务

酒店前台的入住服务是一项标准化、重复性高且必不可少的服务。传统酒店升级为智慧酒店，引入自助入住系统是其业务智能化的基本体现。自助入住系统不是指单纯一台自助前台终端。自助前台终端作为前端服务的窗口，可供住店客户自助办理入住、续住和退房等，后端则由以酒店管理系统（property management system，PMS）为核心的后台提供支撑，连接了公安系统、门锁系统、客控系统、客服系统和OTA平台等。

早期的酒店自助登记服务是1994年美国芝加哥罗斯曼和亚特兰大的凯悦酒店共同试制的"一触即发"快速登记入住机器提供的。这台入住机器由一个键盘、屏幕、读卡机、压印机和传递钥匙器组成。客户只需插入信用卡，确认住店人的姓名和房间类型，机器就会自动递送出1～2把钥匙，并附送一张印有房号和指引入房的路线图登记单。该机器的不足之处是仅适用于有预订且订房时使用信用卡的客户，其余客户只能在柜台人工窗口办理手续。

目前，酒店向客户提供的自助入住服务已经比较成熟和完善了。酒店大堂配置智能自助终端机，机上带身份证刷卡的卡槽。该终端机引入公安部居民身份证网上认证技术，可实时与公安部后台进行数据比对，实现"人证合一"的智能认证。客户到店后只需将身份证放入读取区，再刷脸认证身份信息，即可完成人脸识别身份认证；如有预订则直接确认房型、价格、入住天数等信息，如无预订则还需要先确认选择房型是否有房；未提前完成预订的客户仅需使用手机支付宝、微信完成在线支付房款；终端机将从出卡口"吐"出房卡，或由客户扫码获取电子房卡；最终客户根据需要打印登记单和获取电子发票。通过智能自助终端机，客户即可在大堂实现 30 秒左右自助完成办理入住（check in）手续，有效减少了排队等候办理的时间。客户住店期间，如需续住，也可在智能自助终端机完成相关手续办理。客户离店时，在智能自助终端机一键退房（check out），如酒店已开发手机端服务操作，即可手机一键退房，如有 NFC 房卡也需要归还。客户自助入住的相关活动如图 6-4 所示。

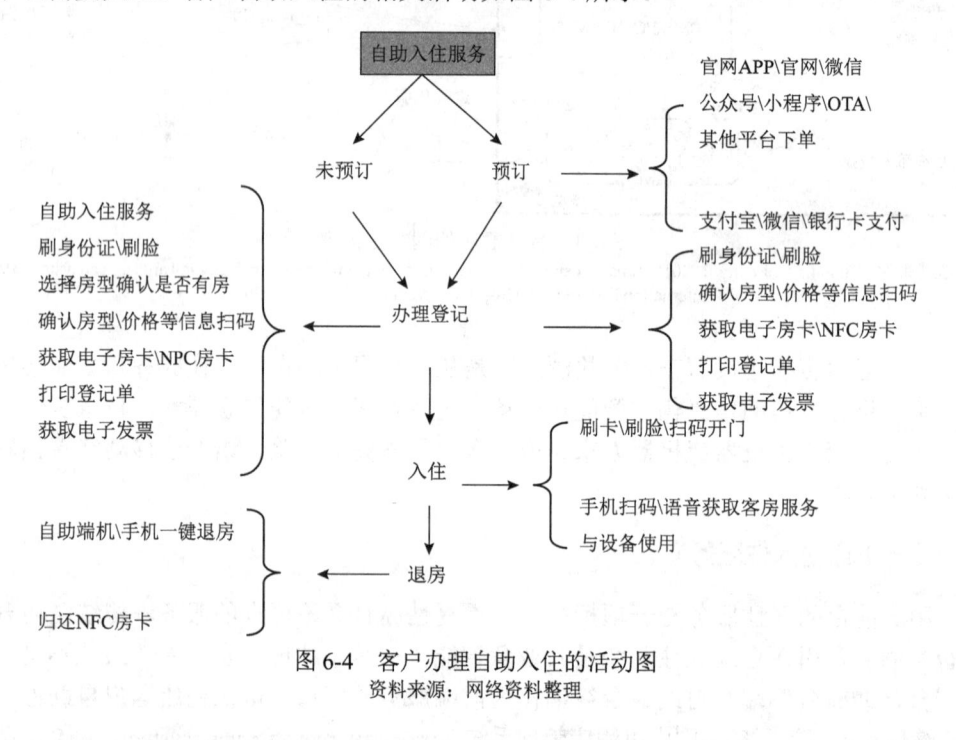

图 6-4　客户办理自助入住的活动图
资料来源：网络资料整理

酒店提供自助入住服务，从酒店管理方面而言，简化了入住程序，节省了人工成本，提高了运营效率，并借助自助入住系统通过大数据收集有效的客户数据信息进行会员客户管理，以便精准地向客户提供个性化服务，增加客户黏性和重复购买意愿。对于住店客户而言，操作便捷、节省时间、体验舒适，有助于提升客户满意度。

小资料：华住酒店的智能自助入住

2014 年华住酒店集团自行开发了一款门店的移动服务终端，是国内酒店行业首个包含"选房、身份登记、支付"的自助终端设备，并在旗下经济型品牌海友酒店的全国近 100 家门店试点使用。该设备是华住集团将苹果硬件设备、身份证识别模块、会员系统和 PMS 相结合的自助终端硬件设备。客人进入酒店后，在终端上刷会员卡、身份证，便可自主选择楼层、房型并支付费用，将入住手续办理时间缩短在 30 秒左右。

该自助终端机与时俱进,不断创新并实现全自动化,现名为"华掌柜"。

华住集团的所有信息技术项目能够智能地向住店客人提供人性化服务,集团推出了"华住会"预订平台。基于该平台,客户可实现 30 秒自助办理入住、自助选房、0 秒退房、续住、一键打印发票、查询航班动态等全程自助服务。

(二)智能客房服务

客房是酒店向客户提供服务的主体,客房收入也是酒店收入的主要来源之一,客房的智能化建设成为酒店智能化建设核心部分。智慧酒店通过一套完善的智能客房控制系统向客户提供智能化、便捷与舒适的服务,全面提升客户住店体验与服务管理水平,在节约成本的同时,增强酒店的竞争力。智能客房控制系统是基于计算机技术、通信技术和信息技术等,构成的客房内客房控制系统(room control unit,RCU)专用网络,智能化管理与控制客房内的灯光、空调、窗帘、门禁、安防等服务的系统(客房内的设备分布可参考图 6-5)。通过智能客房控制系统能够实时反映客房房态、设备情况、客户需求以及服务状态,酒店可实时监控与分析客房和内部资源,以及客户使用习惯信息。

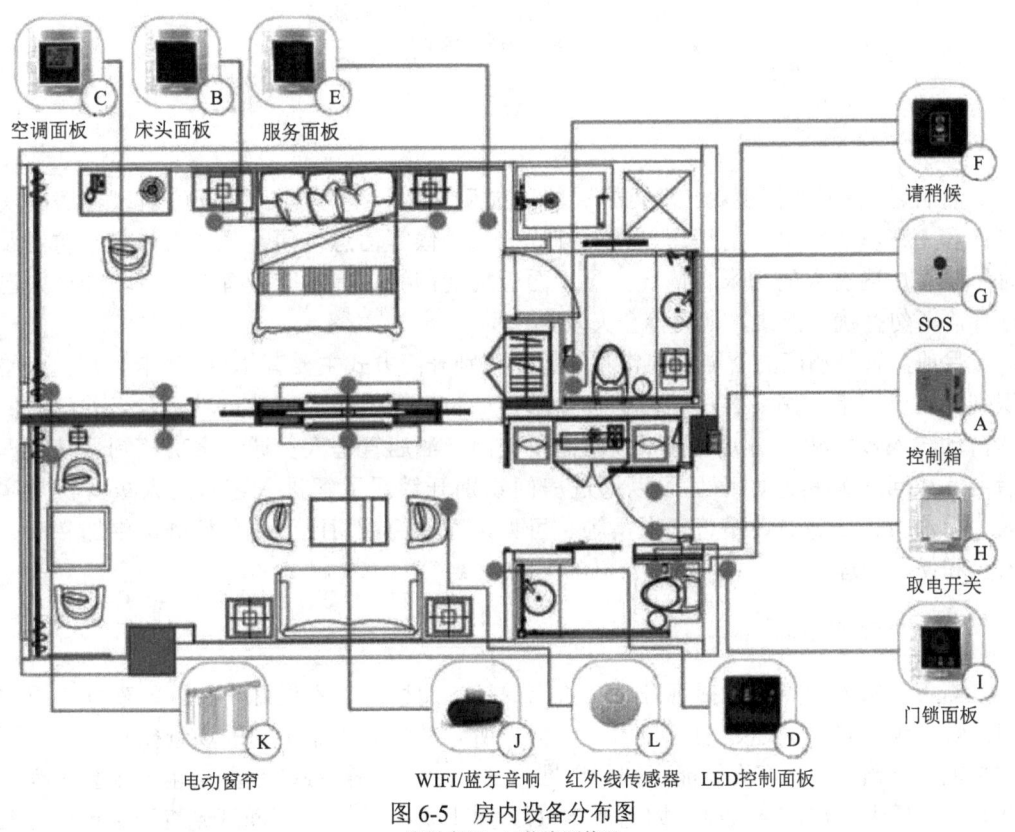

图 6-5 房内设备分布图

资料来源:网络资源整理

智能客房控制系统向客户提供的前端服务常见的包括智能门锁、智能照明、智能空调、智能窗帘、智能影音和智能服务等。图 6-6 展示了智慧酒店客房控制系统的前端服务组成。

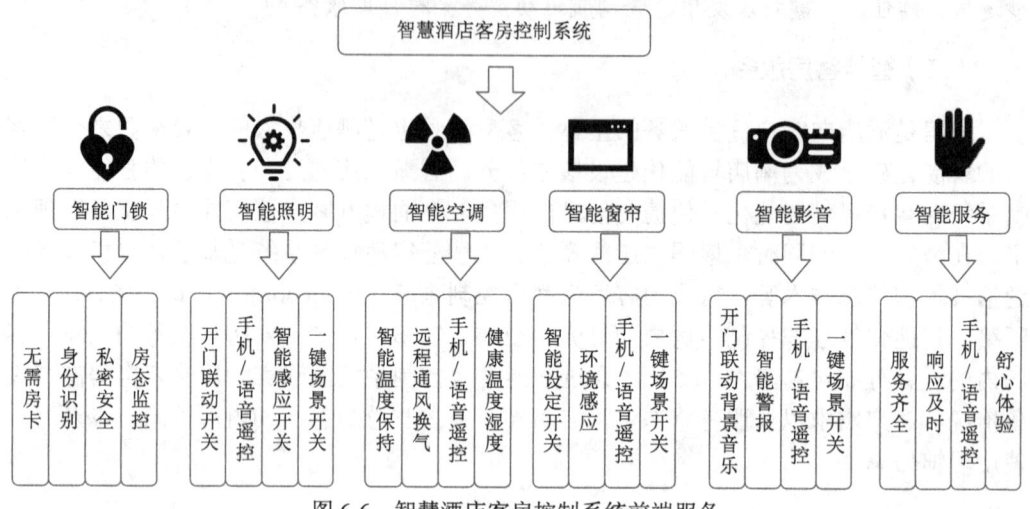

```
                        智慧酒店客房控制系统
                               │
    ┌──────┬──────────┬──────────┬──────────┬──────────┬──────────┐
  智能门锁  智能照明    智能空调    智能窗帘    智能影音    智能服务
    │        │          │          │          │          │
  无需房卡  开门联动开关  智能温度保持  智能设定开关  开门联动背景音乐  服务齐全
  身份识别  智能感应开关  远程通风换气  环境感应    智能警报    响应及时
  私密安全  一键场景开关  手机/语音遥控  手机/语音遥控  手机/语音遥控  手机/语音遥控
  房态监控              健康温度湿度  一键场景开关  一键场景开关  舒心体验
```

图 6-6　智慧酒店客房控制系统前端服务
资料来源：网络资源整理

1. 智能门锁

酒店客房的智能门锁一般会配置门外显示面板，通过显示面板可知该客房的房态：客人在房、空房、请清理、请勿打扰、请等候等信息，便于工作人员和来访者及时了解客房内客人的需求和情况。显示面板配置门铃，提示客人有来访者，如客人已选择"请勿打扰"模式，则门铃会失效。

目前，智慧酒店的智能门锁常见的智能识别开门方式主要有 NFC 房卡识别、人脸识别、电子房卡识别。客房的门锁打开后，如长时间（酒店可设定时长）未关门，门锁自动转入预警状态，通过警报提示需要关门。酒店管理人员通过客房控制系统管理后台不仅可了解房态，而且可以通过房门识别开锁后了解进入客房的人员身份是客人、保洁员、服务员还是管理人员等。可见，智能门锁相比于传统机械锁更加私密、安全和便于管理。

2. 智能照明

酒店客房内的照明包括廊灯、左右床头灯、阅读灯、衣柜灯、台灯、夜灯、卫生间内灯、镜面灯等。通过信息技术，客房内所有的灯光依据不同的场景模式，可由酒店实现智能预设定。客人智能识别门锁推门进入后，如需 NFC 房卡取电，则会先有廊灯亮起，便于客户插卡取电；如无须 NFC 房卡取电，则整个房间灯光将开启预设的入住模式，亮起预设好的灯光。卫生间的灯光具有自动控制功能，感应到客人进入自动亮灯，且开启排气扇；客人离开后若没有关灯，则在延时后（延时时长可由酒店预设）自动关闭卫生间灯光和排气扇。入住期间，客人可通过控制面板、手机扫码或语音方式，选择灯光"阅读""睡眠""会客"等场景，一键控制房间内灯光效果，也可自主调节和控制各个灯光的开关。

3. 智能空调

酒店客房内的空调通过信息技术实现智能控制，依据不同的场景模式，酒店预先设定好空调的不同温度、风速等。客人办理完入住手续后，相应的房间内空调即开启入住的舒适模式。客人可通过控制面板、手机扫码或语音等模式自主调节空调，当客人离开房间但未退房时，空调具有记忆功能，当客人回房时，空调则自动恢复客人的原先设定温度。通过门磁和窗磁等设备联动空调系统设备，当打开阳台门或窗户时，空调自动调至低速运转，以便实现通风节能。对于空置客房，空调系统可预设为低速保温，并定时运转送新风，以保证房间内空气清新度。

4. 智能窗帘

酒店客房的电动窗帘可实现经预先设定或自助感应环境广度，控制其在某个时间段关闭窗帘，以减少烈日对房间家具的暴晒和空调的用量。客人在房间可通过控制面板、手机扫码或语音等方式控制窗帘的纱帘和遮阳帘开与关。当然客人也可以通过房间预设的场景模式，比如选择"睡眠"模式，一键关闭窗帘。酒店客房控制系统的管理员可在后台实现对所有电动窗帘的智能管理，控制窗帘的开与关。

5. 智能影音

酒店客房内的智能影音系统可以巧妙地让客房内的电视机成为酒店向客人提供智慧化服务的终端。一方面，借助电视机屏幕，酒店可以推送酒店信息、售卖自有产品与服务、进行会员维护等；另一方面，客人可通过控制面板、手机扫码或语音等方式在客房中实现高清电视点播、电视节目直播、手机多屏互动、音乐欣赏等，充分发挥智能影音系统的娱乐功能，满足客人休闲娱乐的需求，以提升客人的住店体验。

6. 智能服务

入住期间，客人可通过控制面板、手机扫码或语音等方式获取"请清理""请勿打扰""请稍候""SOS 紧急呼叫""预约退房""洗衣""送物"等服务。通过信息化平台，客人的服务需求将得到迅速、智能的个性化响应。

（三）酒店网络智慧管理系统

智慧酒店能够向客户提供稳定的智能化、数字化服务，需要依托一套完善的智能化网络平台，搭建起酒店的网络智慧管理系统。在该系统中，配置用户认证系统、设置出口防火墙、配置上网行为审计系统等造作控制，实现有线、无线一体化和精细化的管理（图6-7展示了智慧酒店管理系统的架构）。

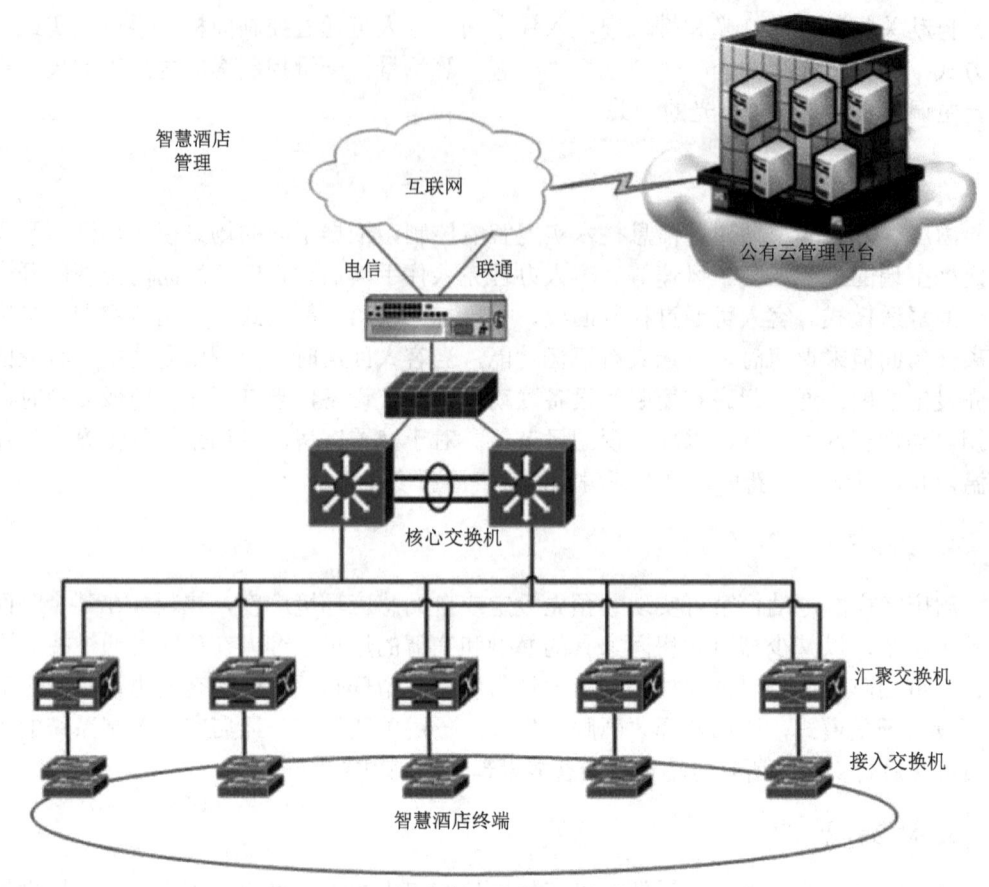

图 6-7　智慧酒店管理系统架构

资料来源：孟庆祝. 2018. 智慧酒店计算机网络系统方案设计[J]. 智能建筑电气技术, 12(3): 68-71

智慧酒店的网络管理系统可用于实现对基础资源、移动资源、业务资源和机房四个层面的管理。

1. 基础资源管理

这个层级主要用来管理基础的设备类型，不仅包括网络路由器、交换机等传统的网络设备，而且对于网络中的服务器、不间断电源（uninterrupted power supply, UPS）、存储、无线、语音、安全、监控、打印机等设备，也可以实现集中化管理设备资源。

基础资源管理主要是管理设备的状况和基本信息，包含了设备的基本信息、接口信息、性能数据和警告信息，设备增加到网络资产管理的同时，系统可自动发现该设备上的配件信息，并且将配件也加入到网络资产管理中进行集中管理。系统的管理员有权限对网络资产信息进行修改，而且可查看该资产的子模块信息、接口信息乃至变更审计等历史信息。

2. 移动资源管理

这个层级可以做到统一管理无线网络中的无线控制器（access controller，AC）、瘦无线接入点（fit access point，Fit AP）等设备，包含设备管理、性能管理、拓扑管理、告警管理等。

➢ 实现对移动终端的信息查看，管理员可随时了解最终接入用户的情况，包括媒体访问控制（media access control，MAC）地址、所在 AC 设备、所在瘦 AP 设备、使用信道、信号强弱、在线市场、发射速率集、协商速率、接收信号强度指示（received signal strength indication，RSSI）、服务集标识符（service set identifier，SSID）、流量、漫游记录等信息。

➢ 实现用户分析信息号覆盖情况，只需要通过设置障碍物，用户便可以精确地查看出障碍物的遮挡对信号衰减的影响。用户也可以评估 AP 信号覆盖的具体位置情况，依据需要调整虚拟 AP 的位置、无线电接收设备和天线的配置等，以达到预期效果。

➢ 可以查看无线网络中的当前与历史的干扰设备、AP 信道质量及其报表，实现对 AP 进行频谱分析监控，以充分了解无线网络当前与历史的性能和安全性。

➢ 定位在线连接到无线网络的每个终端（如笔记本电脑、掌上电脑和其他联网用户设备）、非法接连终端、非法 AP、AP 和酒店用户，便于用户及时发现和解决问题。

➢ 准入控制基于物理位置的无线终端接入网络，便于用户控制基于物理位置的接入无线网络终端设备。

➢ 查询 AP 可能的上联设备功能，去判断 AP 与上联设备是否直连，同时用户可查找 AP 的物理接入端口，控制 AP 的断电和通电。

➢ 实现无线设备制定 AP/SSID、无线电接收设备的启动和停止，调整无线电接收设备功率等节能策略，以改善环境，达到绿色与生态。

➢ 实现无线入侵检测与防护，全面检测 802.11 无线网络中存在的干扰网络服务、威胁网络安全等行为，并进行防护，达到配置管理、信息检测、虚拟安全域管理、安全事件查看、攻击检测策略等。

➢ 定位无线网络故障，无线链路、有线链路诊断和 AP 频谱分析可以帮助管理员排查网络故障。

评估无线网络质量，为用户提供了评估途径，用户借此可发现薄弱区域，针对网络体验差的用户和可能的原因，及时采取有效措施进行网络优化。

3. 业务资源管理

智慧酒店管理系统平台提供分级分权管理的功能，对于不同身份的操作人员赋予不同的权限，系统平台满足用户进行网络管理的功能，可实现报表管理，提供丰富的预定义报表和灵活的报表定义工具，进行设备性能趋势分析和设备可用性分析等；还可实现智能移动客户端访问。此外，用户可以增加"终端准入控制""网络流量分析"

"用户行为审计"等组件,基于面向服务的体系结构(service-oriented architecture,SOA)便于集成用户原有的管理系统。

4. 机房管理

本节提出的智慧酒店管理系统平台是一个全网络的拓扑视图,每个酒店用户都可以依据酒店自身的组织结构、地域情况、楼层情况等灵活地设计并绘制出自定义的网络拓扑图。在全网络拓扑视图中,酒店用户可以随意组织和定制子图,并且支持按设备的物理位置进行组织的数据中心机房和机架拓扑。依据绘制的拓扑图,用户可以迅速找到中心机房所处的位置,并对设备物理实体实现有效的维护和管理。

二、绿色酒店

酒店是服务类消费场所,每天会消耗大量能源,排放大量废弃物,必然对生态环境造成破坏。21世纪面临全球环境和能源危机的挑战,减少碳排放,实现碳中和成为全球各国共同努力的目标,建设"绿色节能型酒店"成为酒店发展的必然趋势和选择。为达成节能环保,酒店业利用适当的技术优化酒店建筑和设备等,以降低其耗能,向客户提供一个绿色、健康和舒适的环境。从客户角度来说,更容易吸引有社会责任感的客户,同时提升到店客户的体验,以此形成良性的互动。从酒店角度来说,能源消耗大大降低,即在降低酒店成本的同时,也让酒店赢得绿色环保的美誉,提升行业信誉度,最终增加酒店的经营效益。

20世纪90年代中期,绿色酒店的理念就已经从国外传入国内。国外称之为"环境友好型酒店"或"生态效益型酒店"。2000年,全国范围内已经掀起过绿色酒店与绿色饭店的浪潮。国家标准《绿色饭店》(GB/T 21084-2007)的颁布,指导了国内绿色酒店和绿色饭店的建设。信息技术的发展与"碳达峰""碳中和""双碳"概念的提出,再一次推动绿色酒店的建设与发展。尤其是以智能技术为支撑的酒店管理系统与产品,极大地凸显了酒店节能减排特点。

智能化技术在绿色酒店主要有以下三个方面的应用。

(一)酒店空调系统的节能应用

通过智能控制技术,在酒店大堂、客房、设备区、停车场等不同功能空间,针对不同客流量、时段和温度需求,系统可设定并自动调节到相应舒适的温度。例如,在有客人入住时,由客人自主调节客房温度或依据客人住店习惯与需求在办理入住时即设置一个合适的温度。空房状态时,空调设置开到1/3工况,保持房间内的一定温度。让客人有舒适体验的同时,避免了空调常开而浪费能耗。依据客人在大堂办理入住和退房的高峰时段,系统自动调整空调机组的运行工况,实现节能减排。

(二)酒店照明系统的节能应用

酒店提倡照明节能,并不是以牺牲照明质量和视觉要求为代价,而是充分利用智能化技术，在酒店中采用智能照明控制系统，按预先设定的时间自动地切换照明模式，实现照明系统全自动化工作。例如，依据自然采光的程度，照明自动调整到合适的亮度。不同功能区域，照明需求不同，各个区域的光照可通过程序调控进行自动调节光照。夜晚模式时，通过热感原理关闭无人区域的灯光，有人活动区域则自动调整到最佳亮度。

（三）酒店供水系统的节能应用

依据酒店的实际耗能需求，提供适量的冷热水，是智能化技术在供水系统应用的主要特点。采用智能化低压变频调速技术，可以根据供水系统的实际运行状况与系统设定情况，自动检测变频器、电机设备的负载与运行情况，实时跟踪、分析及运算，及时优化供水，在满足用水需求的同时提高系统效率，降低能耗。

案例分析：深航国际酒店的智慧化

案例背景

2005年1月，深圳深航国际酒店开业，作为深圳航空有限责任公司旗下的一家国际五星级商务酒店，以航空主题服务创建了国内首家航空文化主题酒店。酒店自开业以来，就一直致力于提供创新服务，注重智能化服务的开发。不仅专门为住客提供深圳机场免费穿梭巴士每天来往14班，而且专注酒店特色，向住客提供航空主题的用品，还在全国率先推出"贵宾快捷通道、航空迎宾礼仪、前台市内值机、贵宾舱位体验"等一系列服务。近年来更是率先借助领先业界的科技，升级酒店的电子化服务，以提升住店客人的消费体验。

分析内容

2016年，酒店首批使用人工智能机器人"鹏鹏"向住客提供递送物品服务，服务响应迅速。2017年，酒店引入蓝豆云系统，改善了酒店后台运营管理。2018年，酒店陆续上线HERO系统、E-concierge系统、微管家、尊尚易购无人自助商店+网上商城等线上服务平台。5G技术上线，又推出了前台5G自助入住系统。酒店业务信息化，让住客真正感受到科技带来的智能、舒适和便捷的服务体验。

1. 蓝豆云系统

通过蓝豆云系统（界面如图6-8所示），酒店的住客服务管理、客房管理、工程管理和员工培训等方面均实现电子化和系统化管理，且协助酒店获取了海量的运营大数据，酒店通过整理、分析运营数据，不断优化服务品质，降低运营成本。

图 6-8　深航国际酒店蓝豆云系统
资料来源：深航物业酒店管理有限公司官网

2. HERO 系统

在酒店餐饮模块，酒店江南春中餐厅引入了一站式的餐饮管理平台——HERO 系统。该系统整合销售时点系统（point of sale，POS）、订台管理、会员管理、菜单管理、报表管理等功能于一体，可一站式管理所有餐饮模块。系统以平板为销售终端，展示电子菜单，客户通过平板即可点菜并通过 Wi-Fi 信号送单到厨房，大大降低了人工下单的出错率和人力资源成本，同时提升餐饮服务效率和客户体验。酒店 HERO 餐饮系统界面如图 6-9 所示。

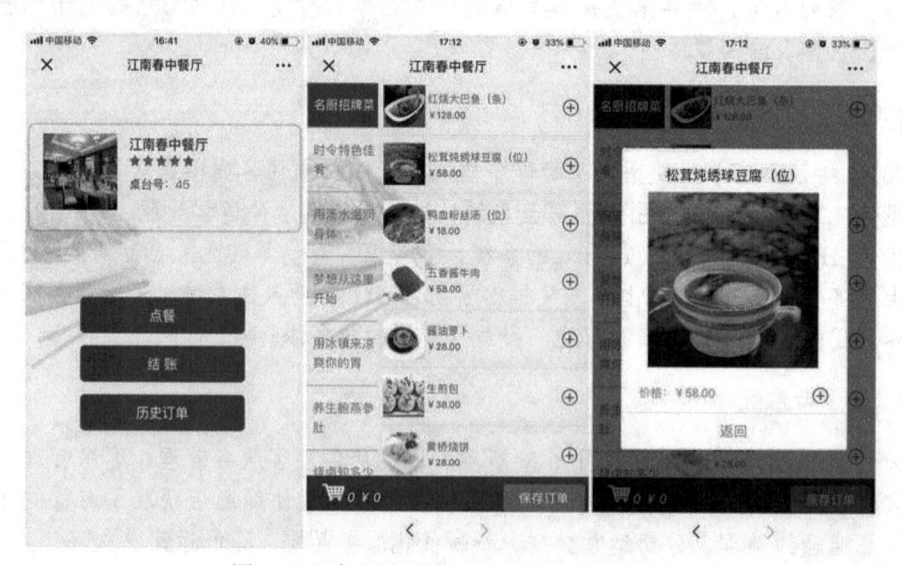

图 6-9　深航国际酒店 HERO 餐饮系统界面
资料来源：深航物业酒店管理有限公司官网

3. 微管家

通过"微管家"服务系统（图 6-10），客人只需扫码，即可实现足不出房，快速享受酒店微管家全方位的专属服务：客房送餐、加配酒水、餐饮预约、加借物品、借阅图书、客房打扫、设备报修、干湿洗衣、点赞吐槽等便捷化服务。

图 6-10　深航国际酒店微管家的界面
资料来源：深航物业酒店管理有限公司官网

4. E-concierge 系统

深圳深航国际酒店是深圳首家使用 E-concierge 系统的酒店，向住店客户提供电子寄存的"E 寄存"功能。客户扫码填写基本信息（首次填写）之后便可一键登录，全球通用，即可生成本人专属的 E 寄存二维码。酒店工作人员扫码关联住客二维码和电子行李牌二维码，无须纸质版寄存牌，无须直接接触，即可安全快捷完成行李物品寄存服务。

取件时，客户只要出示 E 寄存二维码，工作人员扫码匹配到已关联的行李牌编号，即可快速提取行李。通过该系统真正实现"无接触寄存"，常态化疫情防控下保障了客户与工作人员的健康安全。酒店 E-concierge 寄存界面如图 6-11 所示。

分析提示：2018 年，酒店数据显示：房务中心的信息转达效率提高，节约了客房 2 个编制；宾客服务中心的服务细节系统数据化，话务量降低 70%；工程管家的维修工单电子移动化后，提升了整体工作效率。同年，深圳深航国际酒店凭借卓越的服务品质和智能化的创新理念，荣膺"2018 年度最佳创新智慧酒店"殊荣。2020 年在疫情影响下仍然多次满房，喜获口碑 TOP1 五星级酒店榜单中的深圳地区口碑 TOP1 称号。请分析深航国际酒店业务电子化、智能化为其带来的变革及进一步的发展。

图 6-11　深航国际酒店 E-concierge 界面
资料来源：深航物业酒店管理有限公司官网

第三节　互联网环境下酒店业营销策略

互联网为顾客提供了更多产品、服务和价格上的选择，让他们能够以更便捷的方式了解、挑选、预订酒店的客房以及购买餐饮产品。酒店则克服了产品不可运输带来的各项困难，客房的销售变得更加容易。网络、移动终端的普及与 5G 技术的推行使用使得酒店竞争的战场发生转移，从现实世界转移向网络世界的竞争，从电脑端拓展到移动终端的竞争，在网络虚拟的世界中，酒店之间的竞争变得更加透明和激烈。酒店必须借助网络进行营销，这是互联网背景下对酒店提出的新要求。

一、互联网营销的基本知识

（一）网络营销的概念

随着信息技术的不断发展，人们以及企业使用互联网的成本日益低廉，互联网将各类企业、组织和个人紧密地联结起来，人们之间的信息交换变得越来越容易，在这种背景条件下，网络营销兴起并逐渐走向主流。网络营销是以互联网为媒体，以新的方式、方法和理念实施营销活动，利用信息技术去创造、宣传、传递客户价值，并且针对客户关系进行管理，目的是为各企业和各相关利益者创造收益，简单来说，网络营销就是将信息技术和互联网应用到企业的营销活动中。

（二）网络营销的特点

与传统的营销模式与营销方式相比，互联网信息技术的即时性、信息表现方式的多样性以及快速便捷等特征使得网络营销具有一些独特的优势与特点。

1. 突破了时空对传统营销的限制

由于互联网具有超越时间约束和空间限制进行信息交换的特性，网络营销使得企业脱离时空限制成为可能。借助网络，企业或酒店可以 24 小时全天候地为全世界各地的宾客提供营销服务，消费者可以在网络上浏览并断定在未来的某一天，自己期望入住的酒店是否有空房提供给自己。在网络营销的环境下，酒店可以有更多的时间和更大的空间从事营销活动。

2. 信息交换具有经济高效性

网络传输信息的速度日益加快，电脑可储存的信息容量日益增加，通过互联网进行信息交换，酒店一方面可以及时更新产品及价格的信息，及时有效地了解并满足消费者的需要，以快速地达到营销预期的目标，另一方面可以节约各方面的成本，如向广告媒介支付的成本、各种印刷邮递成本等。因此，网络营销使得客户与企业之间的信息交换变得更加快速、经济。

3. 通过多媒体以交互式的方式进行与消费者之间的沟通来传播信息

互联网综合了平面媒体与电视广播等多种媒体的特点，可以传输多种形式的信息，如文字、声音、图像、视频等，将信息以上述综合的形式发布并传递给公众，显得更加形象生动。例如，消费者在预订酒店客房时，可以通过图片、视频或 VR 的方式看到自己即将下榻的酒店客房或者前往就餐消费的餐厅、酒吧是什么样子的，内部装修与装饰情况如何，这些都有助于消费者做出购买决定。互联网不仅可以展示商品目录与商品形式，为消费者提供产品信息查询，还可以与消费者做双向沟通，收集市场中的信息情报，进行产品测试或者消费者满意度测评，因此网络是酒店进行产品设计，提供商品信息，并且在消费者到店前向消费者展示自身产品与服务的最佳工具。

4. 成长速度快，具有光明的发展前景

网络的主要使用者多属受教育程度较高的年轻群体，他们不仅收入颇丰，具备较强的购买能力，且勇于尝试新的购买方式，是酒店网络营销受用者的中流砥柱，而这些人正是酒店企业锁定的主要目标对象。不仅如此，互联网使用人群数量还在快速增长，且范围遍布全球，因此，网络营销的市场潜力极大。通过网络，企业及酒店可以迅速扩大自己的市场影响力，可以说，网络营销在未来具有极其光明的发展前景。

5. 对于技术的依赖性极强

网络营销倚重的工具是以高新信息技术为基础和支撑的互联网，企业实施推行网络营销必须拥有一定的技术投入、技术支持与技术人才，因而在网络营销模式下，企业与酒店必须引进既懂得营销又懂得电脑技术的复合型人才，同时改变传统的组织形态，强调并提升信息管理部门的功能与作用，只有这样才能在信息经济时代跟得上步伐，不被市场淘汰。

综上所述，互联网是一种强大的营销工具，借助网络，酒店与企业可以将不同的营销活动设计与规划统一协调起来，以统一的形象体系向消费者传达信息，这种整合功能是其他任何一种营销模式都不具备的。

案例分析：雅高集团索菲特 Noosa Pacific Resort 的网络数字营销

业务挑战：昆士兰州布里斯班以北的澳大利亚阳光海岸是一个受人欢迎的目的地，雅高集团的索菲特酒店从喜来登酒店接管位于此地的 Noosa Pacific Resort 后，面临建立索菲特酒店的形象并加速线上线下业务发展问题，以增加酒店的预订量。

解决方案：酒店与一家澳大利亚的数字营销机构 TrafflkDigital（现改名为：Omnihyper）合作。为酒店开发了人工智能和商业智能网络营销系统，采用与人工智能和商业智能同义的算法和搜索技术，结合使用有机搜索引擎营销与优化、付费搜索、网页页面优化、动态本地搜索等方式，专注于提高搜索引擎排名与酒店直接预订量。

结果：2018~2019 年，该度假村的平均收入增长了 97%，间夜增长了 31%，客房预订量增长了 38%。

分析与讨论：雅高集团索菲特 Noosa Pacific Resort 的网络数字营销中体现了酒店网络营销的哪些特点？

分析提示：互联网本身所具有超越时空限制而进行信息交换的特性，使得酒店网络营销可以无处不在，并且可以传输多种形式的信息，加强与消费者的互动。

二、酒店网络营销功能

网络营销是促使企业与酒店开辟市场、获取效益的推动器，是连接、引领和改造传统营销的一种有效形式，是提升酒店竞争能力的一把金钥匙，通过网络营销，酒店可以更加有效地促成酒店和消费者之间交易活动的实现。具体而言，酒店网络营销的功能主要表现在以下几个方面。

（一）宣传介绍功能

互联网是酒店在网络上宣传介绍产品与企业形象的阵地，由于网络突破了时空对传播的限制，因此，只要有网络条件，宾客就可以即时地了解酒店所有的相关信息。

1. 企业基本信息

酒店一般都会在网络上宣传介绍与酒店主营业务、企业形象相关的信息，包括企业的历史沿革、现在的基本情况与经营状况、企业拥有的设施状况以及酒店的地理位置、酒店曾经获得的荣誉、酒店近期的一些重大活动或者新闻等。酒店集团的网站还可以让客人了解集团旗下各个品牌酒店的情况，同时，还可以使公众在网站上看到集团在不同地区拥有的酒店数量及每个酒店的具体情况。可以说，酒店或者酒店集团自建的网站，是酒店在互联网上的一个窗口，类似于传统名片的作用。

2. 酒店产品与服务的信息

酒店可以利用多媒体信息技术，把其整体设施设备、内部环境装饰甚至员工的特色服务等在互联网上以照片和视频的形式形象地展示出来，客人可以更便捷地了解酒店，让他们足不出户便可以在自己家或办公室得到视觉上的、形象化的感受，从而做出预订决策。

3. 企业的经营理念与发展规划

注重长远发展的酒店或者酒店集团不仅仅注重向宾客宣传基本信息和产品服务信息，还会在网站中向宾客强调自身的文化价值观与经营理念，以及在此经营理念的指导下，酒店或者集团未来的发展方向与近期规划，这是向外界展示自身的实力，增强顾客消费信心的重要规划。

（二）预订/销售功能

借助网络，酒店可以实现客房预订及销售，提高客房出租率，这是酒店实施网络营销的主要目的。早在 2012 年我国不同类型酒店的客户来源中，在线预订（OTA、自有预订系统）份额就已超过了 40%。借助网络，酒店可以实现客房预订及销售，提高客房出租率，这是酒店实施网络营销的主要目的。早在 2012 年我国不同类型酒店的客户来源中，在线预订（OTA、自有预订系统）份额就已超过了 40%。信息技术日新月异，酒店业的生存与发展需要互联网平台，加强多渠道获客和预售，强化与 OTA 平台的合作力度。2024 年，伴随旅游业的全面复苏，酒店行业的订单量也迎来显著增长，网络成为其最重要的分销渠道。尤其对于经济型、中端酒店和民宿酒店而言，OTA 平台已成为其主要订单来源之一。同时，受行业整合营销影响，连锁酒店集团通过私域流量拓宽用户群体。截止到 2024 年底，首旅、华住、锦江酒店的会员数分别是 1.51 亿人、2.1 亿人、1.98 亿人，未来这些会员客群有望进一步提升酒店的直销比例。

通过网络，酒店可以及时地向宾客提供其在未来一天或者某一阶段客房的出租情况以及房价水平。宾客则可以随时随地根据自己的出行计划或预算安排，结合自己通过网络所查阅到的有关酒店产品或服务的介绍及酒店的预订状况等信息，预订需要入住的酒店与客房类型，更甚者，酒店的业务较完善，技术能力强大，宾客可以根据网上的图片与信息，选择具体的房号，在网上办理入住登记手续。

（三）信息发布功能

网络媒介传递信息速度快、范围广以及信息内容含量丰富、表现形式多样等特征，使酒店在发布促销或者即将举行的活动等信息时，更乐意采用这种渠道方式。网络不仅是酒店宣传自身的绝佳阵地，同时也是一个比传统的杂志、电视、报纸和其他广告形式等更有成本效益的广告方式。多数酒店集团或者酒店会在网站与社交媒体等线上平台的最显眼处发布自己的促销信息，并且通过一些链接使得用户进入具体的促销活动情况介绍的页面，部分知名酒店集团的网站与社交媒体平台中，充斥着各种各样的优惠活动信息。有些酒店甚至会给自己的促销活动设置一个专门的网页，并通过网页的促销信息栏目链接或者通过外部的搜索引擎直接引导宾客进入该页面。在功能上，酒店网页营销的目的是销售，发布信息的功能更多的是一种过程。

（四）沟通及完善服务与管理功能

借助网络，酒店可以促进自身与宾客之间的沟通，同时实现品牌在公众之间的快速传播。许多酒店在自建的网站中都会设置"联系我们"或"宾客服务"栏目，通过该栏目，酒店可以向公众公布各种联系方式，包括电话、邮件等信息，这样酒店能够在第一时间了解顾客所需要的信息，并且更细致、更周到地帮助其解决问题。对于顾客提出的建议或意见，酒店可以更快速地应答回复，从而达成双方互动。当然其他诸如应聘者、投资商、大客户等也可以通过这一栏目与酒店保持沟通。除此之外，酒店会在网站中设置讨论模块或利用社交媒体平台留言板功能抑或充分利用小程序的评分功能，吸引曾经下榻过该酒店或者酒店集团旗下酒店的顾客到这里发布自己对酒店产品与服务的看法，通过公众之间的讨论，提高自身品牌的美誉度与对顾客的吸引力。

网络营销的沟通功能可以帮助酒店完善自己的服务与管理工作。在顾客通过网络途径向酒店或酒店集团反映问题后，酒店可以对自己的产品与服务加以改进。例如，凯悦集团网站首页下端就有一个栏目"客户服务"，其共有四个板块，可以解决顾客的各种问题。其中"常见问题"以问题加答案的形式解答了一些顾客的常见疑问，只要属于这个范围内的问题，顾客均可以直接浏览该板块中的相应链接，即可获得解答。"反馈意见"则可以帮助顾客就其住宿的体验感受做出评价，并且提出建议，当然，凯悦会要求顾客留下联系方式，以便顾客代表与顾客联系沟通。"细则及条款"向顾客声明了凯悦忠诚顾客计划的细则和条款。"联系我们"为顾客提供了各种联系方式，以方便其联系到自己期望接触的任何一个地区的酒店，同时，该栏目还为有预订意向的顾客及一些想选择凯悦集团旗下度假俱乐部的顾客提供了快速的联系方式。酒店在推行网络营销时，必须确保顾客数据库与CRM系统的建设，只有这样，顾客的消费习惯与嗜好才能在酒店各部门及集团内酒店间被快速传递，为下次顾客入住的优质服务打下良好的基础。

三、"互联网+"背景下酒店网络营销策略

（一）酒店自建网站进行网络营销

酒店或酒店集团资金技术实力雄厚时，可以选择自建网站的模式实现网络营销的目的。中小酒店没有足够的资金技术支持时，又不想借助外部的网络力量推行网络营销，可以采用租用、共建等方式开发自己的网络营销平台。

与使用外部的专业订房网站相比，酒店自建网站的好处更多，如一般第三方网站

主要帮助酒店开展客房销售及促销信息发布等方面的业务,如果酒店拥有自己的网络平台,则不仅可以通过网络开展广泛的广告宣传、预订销售、促销等业务,还可以为顾客提供在线咨询、解决投诉等方面的服务,甚至可以开展员工招聘方面的工作。此外,由于对自身的情况极为了解,因此在为顾客提供预订服务时,顾客获得的信息也是最为直接快捷的,顾客可以直接从酒店方得到最终确认,省去第三方的服务与费用。一般来说,酒店的网络营销策略如下。

网站首页必须突出预订功能,在互联网上注册独立的域名。酒店网站不仅是酒店展示自身形象的窗口,也是酒店和顾客交流与交易的平台。酒店建设好自己的网站,意味着树立了酒店自己的品牌形象,同时也增加了一个交易的场所。

具体而言,网站的真正作用应该是酒店与外界沟通的平台。顾客可以通过它了解酒店,酒店同样可以在这里与顾客进行交流和互动,实现网上销售、顾客关系管理、会员管理、市场调研、信息发布、形象展示等功能。

不断提高网站的质量,应该从以下几方面着手。

(1) 美观实用的页面设计。美观的页面可吸引顾客眼球,留下良好的第一印象。实用的设计风格符合大众的浏览习惯,方便查阅。

(2) 内容的实时更新。根据市场情况,在网页上实时调整房间价格,发布促销信息。

(3) 强大的预订功能。现如今,一个酒店网站如果没有预订功能,就是本末倒置。如果能在酒店的官方网站提供实时的客房预订与支付服务,不仅能够为酒店带来更多的直接客源,还能大大降低客房的分销成本,并可通过更多折扣来鼓励顾客预付部分甚至全额房费,从而降低酒店客房的空置风险。

(二) 应用在线支付

所谓在线支付是指单位、个人通过电子终端,直接或间接向银行业金融机构发出支付指令,实现货币支付与资金转移。在国际信用卡组织和银行的大力推动下,在线支付已变得越来越安全、便利和有效,人们越来越多地使用网上支付。近几年,我国网上支付用户规模还在继续扩大,另外,受到电子商务发展的有力拉动,我国个人网上支付的市场规模也发展迅速。

随着传统支付观念的改变,网上购物选择在线支付的数量也明显上升,这说明电子商务已经深入人心,网上支付已经被大部分网上购物者认可。网上支付由于政府政策保障的增加、行业诚信体制的建立等关键因素的突破,有效防止了电子交易中的欺诈行为,成为当前在线支付的主流。在款项收付的便利性、功能的可拓展性、第三方信用中介的信誉保证等方面,在线支付已逐步表现出越来越强大的性能优势,正成为当今电子商务活动、网络消费方式的主流。

(三) "互联网+" 的数字营销

互联网、5G 技术、移动终端的发展丰富了 "互联网+酒店" 的营销方式。受新冠疫情的影响,酒店业遇到了前所未有的危机,经济环境与消费者行为的改变,使 "互联网+" 的数字营销成为酒店复工复产和获客的工作重心。

（1）搜索引擎推广。搜索引擎推广是指利用搜索引擎、分类目录等具有在线检索信息功能的网络工具进行网站推广的方法。许多顾客在知晓某一酒店品牌的情况下多会通过搜索引擎寻找酒店网址，然后进行预订或者了解酒店的详情。越来越多的搜索使用者会在搜索结果页面的第一页进入相关信息，而会继续浏览到第三页及以后的只有10%。因而，酒店必须在搜索引擎前列页面推广企业网站。

（2）网络广告推广。网络广告是常用的网站推广策略之一。网络广告的常见形式包括横幅广告（banner，一般放置在网页上的不同位置，在用户浏览网页信息的同时，吸引用户关注广告信息，从而获得网络营销的效果，根据其规格，可以分为全幅标志广告、半幅标志广告、垂直 banner、小型广告条的按钮广告）、关键词广告、分类广告、赞助式广告、电子邮件广告等。网络广告具有可选择网络媒体范围广、形式多样、适用性强、投放及时等优点，适合于网站发布期及运营期的任何阶段，在浏览量最大的（相关领域的）网站或者一些在社会中知名度颇高的门户网站上做宣传，可以快速宣传网站。酒店可以采取多种形式进行网络广告宣传，其所需费用较为灵活，可按需要控制投入成本。

（3）快捷网址推广。这是一种合理利用网络实名、通用网址以及其他类似的关键词网站快捷访问方式来实现网站推广的方法。快捷网址使用自然语言和网站统一资源定位器（uniform resource locator，URL）建立起对应关系，即酒店用自己的母语或者其他简单的词汇为网站"更换"一个更方便记忆的网址，只需要输入比英文网址要更加容易记忆的快捷网址就可以访问网站，极大地方便了习惯于使用中文的用户，该方法也为用户浏览网站提供了方便，比如为网站取一些别名，如"××酒店网站"，当用户输入该名字时可直接浏览网站。

（4）资源合作推广——广泛链接。通过网站交换链接、交换广告、内容合作等资源合作方式，可以实现在具有类似目标的网站之间互相推广，这种方式也是提升搜索引擎排名的手段之一，其中交换链接是最为常见的合作推广方式。交换链接的作用主要表现在：获得访问量、增加用户浏览时的印象、在搜索引擎排名中增加优势、通过合作网站的推荐增加访问者的可信度等。一般来说，每个网站都倾向于链接价值高的其他网站，获得其他网站的链接也意味着获得若干合作伙伴和一个领域内同类网站的认可。在与其他网站进行链接时，需要注意导出和导入链接的位置、数量、链接网站的内容等，其中最为关键的一点是宁缺毋滥，寻找有价值的网站链接。

（5）电子邮件推广。通过向目标受众发送邮件的方式宣传企业信息，如电子刊物、会员通讯、专业服务商的电子邮件广告等。进行电子邮件营销时，一定要准确寻找目标受众，最好采用一对一的基于用户许可的电子邮件营销方式，千万不要采用群发软件发送邮件的方式。基于用户许可的电子邮件营销可以减少广告对用户的滋扰，增加潜在用户定位的准确度、增强与用户的关系、提高品牌忠诚度等。如果酒店想在这种方法上取得良好的效果，必须保证自己拥有较好的邮件地址库，否则宣传邮件容易被识别为垃圾邮件，产生负面效应，因此，电子邮件推广的营销方式逐渐被其他更高效和低成本的营销方式所替代。

（6）网络直播推广。这是一种以直播网络平台为载体，将现在事情的发生及发展进程同时制作并播出，以达到吸引用户和增加销量的目的的推广方式。当前酒店进行网络直播的平台主要有主流电商类平台（如淘宝、京东等）、短视频平台（如抖音、快手等）、社交媒体平台（如微信、小程序等）、OTA 平台（如携程、途牛等）和自有平台（如官网、官方 APP 等）。网络直播推广方式以探店和带货为主。其中，网络直播探店是在互联网平台通过直播技术向用户展现实地考察酒店的全过程，用户可跟随直播画面直观、清晰和充分地感受到酒店的位置、环境、产品、设施与服务。网络直播带货则是在酒店开设直播间，邀请职业主播或行业翘楚对酒店的产品和服务进行线上展示并推介，回复用户疑问并导购销售，以增加酒店的销售量。

（7）社交媒体营销。社交媒体是全球各类型公司和组织借助移动手机进行产品和服务营销的桥梁，如脸书、推特（Twitter）、领英（LinkedIn）、微博、微信、抖音、小红书、知乎等。社交媒体营销是一种裂变营销方式，利用人们的社交属性，自发在社交媒体上进行产品与服务的传播。此营销方式的工作原理是鼓励用户在社交网络上分享他们的观点，以向其他潜在消费者提供酒店的信息，同时，也向酒店提供了消费者的信息。在酒店行业，社交媒体已成为营销其产品和服务的主要渠道之一，如客房早餐、自助午餐和晚餐、水疗中心以及更多面向消费者的设施和服务。社交媒体作为用户与访客之间的桥梁，有助于通过在线互动，分享他们对酒店的意见。当下受消费者追捧的社交媒体营销方式是社群营销与短视频营销。

➤ 社群营销，即通过在线的社区或社群裂变的方式实现客户群体的扩展。在行业社群里为群内用户提供有价值的资源和信息，获得群内认可，再选择合适的时机转发酒店公众号的精彩内容和优惠信息，获取群内潜在客户的关注。酒店应建立社群营销团队，安排专人建立微信群，并在群内与用户积极互动，及时响应用户，增加用户黏性，同时定期推送酒店产品和服务信息，吸引客户预订酒店的产品与服务。

➤ 短视频营销，在社交媒体网络上分享酒店相关的短视频，增加曝光率获取用户流量，吸引潜在用户，以提升酒店的销售额。酒店经营者可以使用其独特的设施、装饰、氛围和特色菜为主题制作短视频，且制作的视频需要定期更新。

案例分析：Canyon of the Eagles 通过移动网络提升预订量

业务挑战：为了提升酒店在线预订的业务量，作为营地度假酒店的 Canyon of the Eagles 尝试找到更便捷的网络营销载体，将目光聚焦在移动手机网站。

解决方案：酒店基于移动手机页面的显示习惯，整合突显酒店设计和特色的照片，并致力于关键词策略的营销开发，实施适当的重定向，首次发布手机预订网站，即带来 10%的预订量。

结果：酒店移动手机网站的预订量不断增加，最终通过移动网站的总预订量超过 10%。

分析与讨论：移动网络对酒店网络营销产生哪些影响？

分析提示：由于网络能够让消费者时刻都能快速联网，随时随地都可进行网络营销，增加了网络营销的深度和广度。

讨论与思考

1. 如何建设智慧酒店？
2. 智慧酒店的智慧化具体可体现在哪些方面？
3. 如何提高传统酒店的网络营销能力？
4. 比较国内外酒店及酒店电子商务化，了解信息化对酒店营销模式的影响。
5. 分析国内外酒店信息化建设的差异，总结归纳我国应借鉴的经验。

创新创业技能训练

1. 如果你作为一家传统连锁酒店企业的负责人，现在需要顺应数字经济的浪潮，对公司的运营进行智能化改造，你将从哪些方面开展酒店智能化业务？

2. 当酒店开拓"互联网+"渠道后，需要对在线上的营销宣传进行优化，请列举酒店网络营销的渠道，你将从哪些方面优化、完善酒店的网络营销？

3. 国内国外同星级酒店各选择一家，注册为会员，并按照预订程序实施一次模拟预订。通过预订，比较这两家酒店预订平台的优势与不足，分析在线酒店预订服务应该注重的细节问题。

4. 下载广州市黑马软件科技有限公司靓客栈客房管理系统试用版软件，学习如何操作预订、接待、开房、建立账套、结账和团队业务订单处理等业务流程。

网络资源

- http://sz.szahotel.com/BrandHotelCN/index.aspx
- http://www.chinahotels.org/
- https://group.accor.com/en
- https://www.huazhu.com/

参 考 文 献

邓晓珊. 1994. 马里奥、凯悦饭店尝试新的登记入住系统——联网手持终端机和自助登记入住机[J]. 旅游科学, (3): 21-22.

黄荔桐, 胡安安. 2021. 智慧酒店数字化转型进行时[J]. 上海信息化, (6): 38-41.
焦玲玲. 2021. 数字化背景下智慧酒店营销转型初探[J]. 现代营销（学苑版）, (7): 74-75.
李涛, 张文英, 金琪峰, 等. 2018. 智能酒店的控制系统分析[J]. 集成电路应用, 35(10): 65-66, 69.
罗丹利, 郭泉恩, 周佳蜜. 2019. 基于信息技术的未来酒店发展方向研究[J]. 广西经济管理干部学院学报, 31(2): 92-97.
马洁. 2020. 后疫情时代酒店业营销创新研究[J]. 商业经济, (7): 99-100, 112.
孟庆祝. 2018. 智慧酒店计算机网络系统方案设计[J]. 智能建筑电气技术, 12(3): 68-71.
唐岭. 2021. 新形势下酒店数智化转型发展探讨[J]. 中国管理信息化, 24(15): 92-94.
谢小耀. 2011. 论绿色酒店的建设方略[D]. 广州: 华南理工大学.
许晓薇. 2021. 新媒体时代"酒店+直播"发展现状及趋势研究[J]. 产业与科技论坛, (20): 16-17.
鄞昌锋. 2019. 酒店客房控制系统设计和实施[J]. 地产, (10): 111-113.
钟艳, 高建飞. 2017. 国内智慧酒店建设问题及对策探讨[J]. 商业经济研究, (18): 174-178.
周勇国. 2019. 互联网服务在智能酒店的应用探索[J]. 智能建筑与智慧城市, (5): 38-40.
Buhalis D, Leung R. 2018. Smarthospitality—Interconnectivity and interoperability towards an ecosystem[J]. International Journal of Hospitality Management, 71: 41-50.
Parvez S J, Moyeenudin H M, Arun S, et al. 2018. Digital marketing in hotel industry[J]. International Journal of Engineering & Technology, 7(2. 21): 288-290.

第七章 景区电子商务应用

● 学习提示

一、教学内容

- ◇ 旅游景区产业链及业务流程研究
- ◇ 旅游景区的技术应用及改造
- ◇ 旅游景区网络营销的必要性、存在的问题及解决方法
- ◇ DMS 在互联网背景下的发展

二、学习重点

- ◇ 掌握旅游景区产业链工作原理
- ◇ 了解旅游景区现在主要应用的技术有哪些及哪些技术得到了改造
- ◇ 学习旅游景区网络营销的方法
- ◇ 掌握"互联网+"DMS 的知识体系

第一节 旅游景区产业链与业务流程

一、旅游景区产业链

（一）旅游景区在旅游产业链中的地位

旅游景点、旅游景区作为旅游者实施旅游活动的主要吸引物，是旅游业得以发展的源泉，旅游产业链得以运行的根本动力。但是，随着宏观经济环境的变化以及旅游业的发展，旅游景点、旅游景区在管理体制和产权方面存在的问题成为旅游产业链发展的瓶颈。因此，对旅游景点、旅游景区管理体制和产权的改革势在必行。近年来，伴随我国旅游消费升级趋势的演进，传统旅游景区以"游"和"娱"为主要构成要素

的产品结构与游客的多元化需求有所脱节，打造满足"吃、住、游、购、娱"综合需求的旅游目的地成为当下旅游景区的模式转型路径，而新形势下网络技术的发展也为旅游景区旅游信息的发布与获取提供了便利条件。

（二）旅游景区经济模式

旅游景区一般经历门票经济模式－产业链拓展经济模式－旅游度假目的地经济模式三个阶段。因地区差异、景区类型、运营策略和交通等的不同，国内景区门票价格分布存在差异，但目前我国旅游景区仍以门票经济模式为主。近年来，供给侧结构性改革促使不少景区探索与开发二次消费项目，以摆脱"门票经济"，向多元复合方向发展。

传统旅游景区的游客人数难以大幅增长，在门票价格上涨受控的情况下增长瓶颈逐渐显现。新形势下网络化技术提高、散客化趋势加强，对旅游景区的旅游信息获取、旅游产品供给、经营管理能力等提出了更高的要求。为迎合行业转型背景下的旅游需求升级，旅游景区需要基于已有资源对餐饮、住宿、购物、演艺等全产业链要素进行整合，挖掘新的盈利增长点，从而摆脱门票经济束缚。其中，业务模式设计和经营管理能力是衡量旅游景区转型前景的核心要素。

（三）旅游景区产业链拓展，打破旅游产业链运行的旅游景区瓶颈

依托优质旅游景区资源，打造连锁度假目的地。例如，中青旅近几年处于由多元化经营向旅游主业集中回归转型阶段，"乌镇模式"下的旅游景区扩张是主要战略方向。乌镇内生性增长仍然可期；古北水镇项目品质获市场认可，2014年启动大规模宣传后客流快速攀升；异地第二单濮院古镇项目于2023年3月对外试营业。传统旅游景区方面，三特索道也拥有较为丰富的异地储备，但多为二、三线旅游景区资源，需要一定建设周期，因其资源储备丰富、定位分层准确，未来可形成资源连锁，满足观光休闲需求。峨眉山、黄山等成熟旅游景区客流增长较为平稳，主要将通过产业链拓展、旅游景区面积扩建等方式突破增长瓶颈。

加强旅游景区的产权改革和管理体制改革。旅游景区的改革可以根据旅游资源的性质而采取不同的经营与管理模式，如风景名胜区、文物点、博物馆等主要作为社会公益事业来发展，要更注重其承担的社会功能和文化功能而相对淡化其经济功能，对这些旅游景区不宜采取企业形式进行运作。其他的旅游资源，在坚持旅游资源国家所有的前提下，大力吸纳社会资金参与旅游景区的开发和经营，使资源和资本有机结合，产生良好的经济效益、社会效益和环境效益。但要注意旅游景区投资者为追求经济利益而导致的保护问题，旅游景区投资者的短期行为而引致的监督等一系列问题。

旅游产业链的形成以及演进受整个产业环境的影响，全球经济一体化、国际分工的深化、三大旅游市场的形成、旅游需求的多样化等环境因素的变化使旅游产业链也处于动态演进，要适应环境的变化需要，旅游产业链的构建需要相关政策支持。

二、旅游景区业务流程的变化

(一)业务流程研究现状

随着经济全球化和市场竞争白热化,为了最大限度地满足目标市场的需求,全世界掀起了一场管理革命。业务流程再造(business process re-engineering,BPR)就是近年来非常流行的一种组织创新和变革方法。"流程"(process)是指一个或一系列有规律的行动以确定的方式发生或执行,导致出现特定结果的一个或一系列连续的操作。自1993年美国学者迈克尔·哈默和詹姆斯·钱皮在他们合著的《改革公司》一书中首次提出流程再造理念以来,许多公司企业、公共组织运用其改进组织内部流程获得了巨大效益。

近年来我国旅游业发展迅速,伴随国民经济的发展和人均收入水平的提高,国人外出旅游的意愿越来越强烈。作为旅游的主要客体和有效载体,旅游景区因市场需求强势增长,而面临机遇与挑战。目前,我国旅游景区原有的管理模式、组织结构、业务流程等或多或少制约其进一步发展,难以满足和适应游客的理性诉求。基于业务流程再造的技术方法去探索我国旅游景区业务流程的再造设计方案显得尤为重要。

(二)前/后区管理视角下旅游景区业务流程

组织业务流程的构建应以增强顾客与员工达到满意交流的能力为目的。顾客与组织互相"交手"(encounter)发生在前区。前区是设计和再造为顾客提供产品或服务的业务流程的最佳起点,其接触既可通过人员,也可通过技术设备。简·卡尔森(Jan Karlzon)把顾客同组织最初的接触称作"致命一击"(moment of truth)。虽然服务境遇(service encounter)的时间可能很短暂,但却能使顾客对组织形成整体的印象和判断。分析清楚这一服务境遇,组织才能从这一点出发向后推展,保证流程从前区到后区的每一阶段都能以正确的方式做正确的事情。后区向前区提供有效的支持和交送服务。顾客与前区的连接以及前区与后区的连接顺畅有效是非常重要的。

由以上分析,可初步判断出我国旅游景区流程框架(图7-1)。由于旅游产品具有

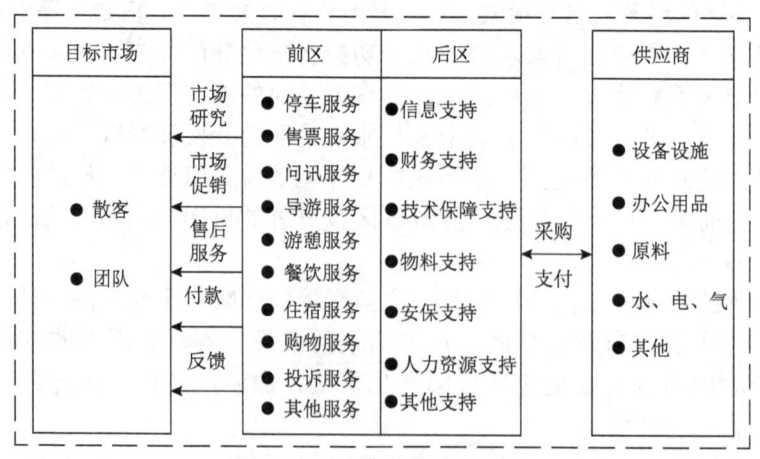

图7-1 旅游景区流程框架图

典型的服务产品的生产与消费同步性，本教材认为旅游景区服务产品具有综合交叉服务和旅游者综合感受的特性。

1. 目标市场

不同类型的旅游景区都有自己的目标消费群体，包括散客和团队两种类型，统称为游客。旅游景区为了招徕游客，首先由旅游景区的市场部做市场调研，确定目标市场的需求，再针对目标市场开展宣传促销活动。

2. 前区

根据游客与旅游景区相互间的"交手"发生区来判断，可将停车服务、售票服务、问讯服务、导游服务、游憩服务、餐饮服务、住宿服务、购物服务、投诉服务以及其他服务等十项服务过程归纳到前区。

（1）停车服务。一般团队游客所乘车辆或游客自驾车到达旅游景区后都要寻找停车泊位，接受车辆照看、停车收费等服务。散客一般不会接受此项服务。

（2）售票服务。绝大多数旅游景区都要向游客销售门票。门票收入是其维持正常运转的支柱来源，这一服务过程虽然短暂但十分重要，应为游客提供安全、快捷、方便的服务。

（3）问讯服务。按照文化和旅游部对旅游景区的质量评定标准规定，旅游景区必须向游客提供问讯服务。问讯服务不单指人员的咨询服务，还应包括电子触摸指示屏、道路指示标牌等非人员的广义的咨询和告知服务。

（4）导游服务。提供导游服务是旅游景区的一项必备职能。导游的服务水平、服务质量将影响游客对旅游景区的看法。在这里也最能体现旅游景区的人性化服务。

（5）游憩服务。游憩服务包括参观、游览、参与、体验等多种服务内容，这也是旅游景区服务的重中之重，游客来到旅游景区是否满意很大程度上受游憩服务影响。

（6）餐饮服务。旅游景区应向游客提供可口、卫生、有特点的餐饮，最好用地方特色餐饮招待游客。

（7）住宿服务。安全、卫生、舒适是游客对住宿的普遍要求，旅游景区在住宿安排上应尽力满足这种要求。

（8）购物服务。游客旅行结束后，一般都会购买一点有地方特色的物品带回家中馈赠亲友，或纪念收藏。因此，旅游景区向游客提供货真价实、有意义的旅游商品是旅游景区管理者必须重视的一项工作。

（9）投诉服务。有效的投诉或问题处理，将消除游客的不满意状态，为旅游景区树立较好的口碑，赢得更多目标消费者。

（10）其他服务。为游客在旅游景区游赏过程中提供干净、卫生的厕卫服务，大件或贵重物品的保管服务等。

3. 后区

后区主要职能是向前区提供组织正常运作所需的进度计划或信息、生产所需产品的必需物料以及确保正常生产或提供服务的人员。因此可将向前区提供信息、财务、技术保障、物料、安保、人力资源等的支持归到后区。

（1）信息支持。在新的业务流程中，管理信息系统/数据库占有相当重要的地位，前区发生业务的一切资讯信息最终都要流向数据库归总，是旅游景区业务流中的主节点。它为前区向游客提供周到、快捷、准确的服务提供了保障。

（2）财务支持。为前区接待做好应收账款结算服务，为前区的正常运转提供充裕的流动资金保障。

（3）技术保障支持。现在旅游景区的高技术装备越来越多，对技术保障的要求越来越高，同时旅游景区的游乐设施/设备需要技术保养，旅游景区的水、电、网络设施等需要日常维护，可以说缺少技术保障的旅游景区将寸步难行。

（4）物料支持。旅游景区的各项工作都要消耗或损耗一定的物品和原料，如餐饮要消耗一定的蔬菜水果，住宿要消耗一定的洗涤用品，旅游景区办公要损耗一定的器材和办公文具等。充裕、及时的物料供应为旅游景区的正常工作提供可靠的保障。

（5）安保支持。安保工作关乎人的生命财产保障。旅游景区必须建立有效的安保制度，森林公园要做好消防防火，游客参与和体验性强的旅游景区要做好人身安全保障工作等。

（6）人力资源支持。在组织中人的因素非常关键。合理的员工结构、恰当的激励和培训机制、凝聚人心的企业文化将鼓励员工用心工作，往往能起到事半功倍的效果。

（7）其他支持。比如为了让旅游景区在竞争中立于不败之地，获得较好的收益回报，旅游景区管理者可以聘请一些专家学者做顾问咨询，提供智力支持等。

4. 供应商

旅游景区的正常运转需要一定设备设施的支持，需要使用办公用品，餐饮、酒店也要耗费一定的原料，同时还有水、电、气等生产性资料的耗费等，这些东西旅游景区没必要自己去组织生产，可以到合适的供应商那里采办。

（三）旅游景区业务流程再造

对于旅游景区接待业务的内部运作流程来说，最关键的是信息流通的便利程度。旅游景区业务流程再造通过业务流的分析，检视原有部门的信息阻塞状态，按业务信息流重组内部组织结构，保障信息流畅，目标是使与游客接待业务有关的所有业务人员都能及时、准确地提供和获取游客的信息，并完成相应的工作，以使游客满意。

据此，根据前区、后区管理营运分工情况，可以将我国旅游景区业务部门重组为市场部、接待服务部、信息中心、财务部、人力资源部和后勤保障部（图 7-2）。这六个部门以信息中心为依托，同属一个层级，实施信息瞬时交换与处理，改变过去传统业务只归市场部和接待服务部的状况，将后区的财务、人力资源、后勤保障等直接融入游客服务链。充分利用现代信息技术，建立一个数据库来完善旅游景区的接待业务流程。

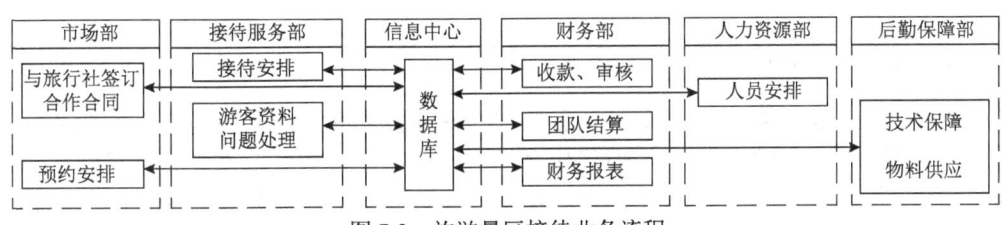

图 7-2　旅游景区接待业务流程

小资料：旅游景区业务流程

　　首先，市场部与组团单位签订接待协议书，同时将资料输入电脑联网的数据库。接待部在数据库的提醒下，制订接待计划安排，比如订餐、订房、订车等，并将此信息输入数据库。人力资源部则根据接待计划安排做出相应的人员安排并输入数据库。后勤保障部门从数据库中提取某个团队的信息，根据信息资料提供相应的技术保障和物料供应，并将安排信息输入数据库。一切接待安排妥当后，系统会主动提醒市场部向客户（组团旅行社）发出预约安排确认信息，市场部在向客户发出确认信息后可反馈回数据库，让数据库告知各个部门该团队已确认，可以做接待准备工作了。团队接待完毕后，接待服务部可将游客资料、接待过程中发生的问题以及处理结果输入数据库，而财务部门则可根据数据库信息做好结算收款工作，并做好财务报表输入数据库。这样，原来各部门之间错综复杂的文件往来改为与数据库的单点接触。资料翔实，信息交换快。因为电脑提示，填写单据过程中出错率能降到最低。当工作人员由于客户或其他原因对原计划作出变动时，因能获得充分的信息，在管理信息系统的协助下，可以顺利地与相关部门协商，完成改动协调工作，而不用再请示主管，由主管到相关部门协调交涉。

　　再造后的流程利用共享数据库，缩短了信息传递中介，把各个环节信息传递中的拖延和失误降到最低点，降低了各个环节进行衔接、协调、监督和控制所带来的成本，极大地提高了服务质量和效益。在进行流程再造的过程中，数据库和管理信息系统的设计和建立是关键，这虽是技术问题，但却应该由旅游景区的业务专家提出技术的性能要求，达到方便、高速、准确、有序和具有柔性。

　　因此，在旅游景区业务流程改造中，应构建以管理信息系统或数据库为中心的扁平化管理组织模式，打破以往的层层向上汇报的层级管理形式，形成高效、安全、及时的旅游景区内部业务信息、数据传递通道，结合旅游景区目标，运用先进的管理手段，提供人性化的服务，使游客和市场满意度最大化，从而实现旅游景区的长远发展。

第二节　旅游景区技术应用转型升级

一、旅游景区的技术应用

　　信息化技术应用旨在提升旅游景区的经营管理水平，提升游客体验。

（一）现代信息技术在旅游景区科学管理领域的发展

计算机技术的迅猛发展推动了信息技术、网络技术的不断进步，对人类社会各方面都产生了重大影响和变革。在现代信息技术条件下，人们获取知识、传播知识变得更为方便、快捷。旅游景区传统的管理模式已逐渐不能适应现代社会的需要。旅游景区管理应在现代信息技术条件下，进行科学管理。这种科学管理体系能够借助信息技术构建旅游景区"保护、管理、开发"的综合应用与基础平台，降低旅游景区"保护、管理、开发"的成本，提高旅游景区"保护、管理、开发"的质量和效率。例如，温州市雁荡山管委会按照上级的要求，把信息化建设当作重点工作来抓。通过上下共同努力，信息化建设从无到有，从简单到丰富，旅游景区各项基础设施、信息化建设步伐明显加快，信息监管系统、旅游电子商务平台、旅游景区"全球眼"监控系统、电子门禁系统、GIS 等一批信息化系统的开发建成，也促进了雁荡山旅游景区信息化建设的步伐，有力地拓展了信息网络应用空间，信息化建设为各项业务系统提供了重要的技术支撑，为提高旅游景区的科学管理水平，推动雁荡山风景旅游事业的发展奠定了坚实的基础。

（二）如何推进景区信息化建设

1. 领导重视、提高认识是推进信息化工作的关键

信息化建设是一项技术性工作，其推广应用涉及各部门的职能定性以及各项业务工作规范和每个人职责权限的调整、明确，由于各个部门单位基础状况不一样，工作人员素质也不尽相同，要做到思想统一，协调配合，整体推进。

2. 健全机构制度、精心组织是抓好信息化建设的有力保障

随着网络建设的逐步完善，网络应用进一步扩大。例如，雁荡山旅游网、世界地质公园网等网站建设完成。随着网络建设的增多，网络维护的任务也越来越重，这就要求设置相应的机构，明确分管责任，配备专业的技术人员以及充足的资金作为保障。当前，有部分单位已率先建立了信息网络中心，但由于各方面条件所限，很难协调解决信息化建设中存在的重大问题，要保证工作的统一性和必要性的行政推动力度：一是从人力、财力上提供有力保障；二是领导亲自参与其中，有力推进工作；三是完善制度建设，促进各项业务工作规范化和标准化。

3. 强化培训提高人员素质是推广信息化应用的根本

人员素质是搞好信息化工作的根本，特别是在信息网络化时代，没有一批具有现代化知识水平、懂计算机操作的人员是不行的，我们要采取多种形式开展培训，提高全体干部职工的计算机、网络应用水平，对领导可以采取一帮一单独培训，对干部采取分等级、分区域针对性的培训，对技术人员采取不间断培训，通过培训不仅使各种软件得以推广和使用，还逐步培养出一支懂网络、能管理的专业技术队伍，使信息化

（三）如何落实景区信息化

1. 科学制定发展规划

通过规划实施一系列的信息化工程，建立一套专业的信息系统，来不断促进旅游景区的 GDP 增长，创造一个良好的投资环境，保护好风景旅游资源，提升信息化分享能力，满足现代行政管理需要。

2. 搭建旅游景区管理委员会办公管理信息平台

根据上级部门的统一要求，建设旅游景区管理委员会办公管理信息平台，实现内部办公处理自动化，涵盖财务管理、人事管理、档案管理、后勤管理等一系列办公系统，提高办公效率，同时建立旅游投诉及响应平台，实现对旅游投诉信息的自动跟踪管理。

3. 完善"全球眼"视频监控系统

完善建设"全球眼"视频监控系统，目的是通过摄像头采集重要景点、客流集中地段、事故多发地段等地的实时场景视频数据，利用电信网络传输至指挥调度中心，供指挥调度中心实时监视各类现场，为游客疏导、灾害预防、应急预案制定实施、指挥调度提供有力保障。

4. 引入 LED 大屏幕信息发布系统

此举有益于面向游客提供旅游景区资源推介、旅游资讯服务和公益宣传，提高服务质量，加强全行业旅游宣传力度，逐步实现旅游景区客源和旅游信息的最大化共享。

5. 建设基础数据库

基础数据库是数字化旅游景区建设必不可少的重要组成，多数旅游景区基础数据不能满足数字化旅游景区建设的技术要求。

二、旅游景区数据采集及其技术应用

在数字旅游景区的建设中，可视化的 VR 对当前习惯于网络的游客显得尤为重要。通过可视化的 VR，人们可以足不出户来了解旅游景区，可视化的 VR 也可以用在虚拟规划和虚拟旅游、旅游灾害预防和控制等方面。3D 建模技术是 VR 的核心技术，建模的质量直接影响到 VR 的质量。数据采集恰恰又是整个 3D 建模的基础，其采集方法的选择很大程度上决定了建模的效率和成本。从应用上看，采集的数据可用于电子地图、具真实感的 3D 旅游景区模型、具操作与分析功能的 3D 旅游景区模型等，它包括地形数据的获取、地面纹理数据的获取、植被和水域以及旅游景区标志和普通对象数据的获取。

针对几种较典型的不同层次需求，可采用不同的数据采集方法。

（一）3D 电子地图

3D 电子地图主要是快速查询和浏览大致情况，以获取整体信息。为了达到基于 3D 图形界面的快速浏览的目的，3D 电子地图要求以最少量的数据反映较真实的 3D 旅游景区面貌，同时数据获取成本应低廉。为了体现旅游景区的绿色自然景观，更好吸引游客，并且降低成本，旅游景区景物的纹理宜采用颜色代替，或可通过矢量方式添加一定的条纹，这一数据获取方案基本上完全利用现有的 2DGIS 中的数据即能构建 3D 旅游景区电子地图，因此，3D 旅游景区的数据获取基本上无须额外的费用。

（二）3D 旅游景区模型

具有真实感的 3D 旅游景区模型主要提供任意浏览与动画功能。因此需要 3D 对象的真实纹理以及数字高程模型（digital elevation model，DEM）数据。但由于其主要目的是提供可视功能，对数据的精度要求较低，考虑到构建过程中的费用及构建周期，此时数据采集可采用如下方案。

（1）对景物侧面纹理采取地面摄影由计算机生成的方法，在摄影过程中尽可能仅获取具不同纹理的景物侧面纹理，对纹理相同或相近的景物由计算机根据摄影纹理生成。一方面，这种方法花费较少；另一方面，经过计算机处理的纹理，可基本去除地面摄影过程中受地面其他事物（如树木）影像产生的干扰。

（2）对建筑物高度采取结合 2DGIS 中所记录层数与地面影像上的层数信息相结合的方法求得。如安顺龙宫、青岩古镇、绥阳博雅苑的数据模型。

（3）对于关键的具体景物，大到乌江画廊、遵义娄山关、习水丹霞谷，小到百里杜鹃花、红崖石刻、遵义湘山寺匾额，其 DEM 数据均可通过激光扫描仪获取，其精度要求稍高并且变化较大，根据不同情况，在 0.01~0.5 米。

（4）对景物的第三维几何特征数据，可基于高分辨率卫星影像进行提取。

（5）对旅游景区中一般装饰性的又必不可少的如树木、路灯、凉亭、商店、雕塑、游人等对象可采用假定参数，以模型符号的方式表达。

（三）真 3D 模型

具有操作与分析功能的真 3D 模型往往要求提供给使用者实践可信的分析成果，因此，要求数据精度高，同时也要求景观表达真实，是目前人们理想中的 3D 旅游景区模型，其数据获取方法可采用如下方案。

（1）景物侧面纹理可采用与 3D 旅游景区模型同样的获取方法。

（2）景物高度可采用人工或半自动方式基于影像通过摄影测量方法得到，其精确度较高，变化幅度也较大，在 0.01~0.5 米。

（3）DEM 数据可通过航摄影像采用较精确的手段获取。

（4）景物第三维几何特征数据，同样可基于高分辨率卫星影像进行提取。

（5）对景区环境的树木等对象可采用参数模型，对如雕塑作品、红崖石刻、毛泽东手书的"遵义会议会址"等复杂对象进行简单的实际测量,其精度视实际需要而定。

小资料:华侨城数字化文旅

谋求企业经营深度融入互联网思维,持续推动"旅游+互联网+金融"创新发展模式的落地,打造产业互联网平台和数字化赋能新业务,是华侨城数字化文旅的重要思路。数字化转型与数字经济正在成为拉动经济增长的重要引擎。华侨城广泛连接市场要素和资本要素;引入民间资本,放大华侨城以国有资本为主体的功能。通过华侨城资本投资管理公司(资本集团)构建金融保障体系,构筑大文旅产业生态圈。通过在"文旅+科技"领域积极探索,华侨城数字化转型的步伐日渐加快。在数字化战略驱动下,文化和旅游主业在科技赋能下实现"赛道"切换,为创新文化和旅游供给持续赋能。

文化挖掘和科技应用的深度与广度,决定了旅游供给品质的高度。2020 年 11 月 11 日,华侨城旗下新一代科技娱乐复合型大型乐园南京欢乐谷正式开业,这一全新文旅产品,通过人工智能互动、全息投影、球幕光影、5G 等创新技术的应用升级游客的游园体验,是科技与旅游景区深度融合的集大成者,展现了华侨城多年来创新文化和旅游供给的深厚功力。

华侨城还借助一系列新技术、新手段"活化"传统文化,以科技之力推动文化遗产保护传承能力提升。2020 年 9 月底,央视文化 IP《国家宝藏》首个线下体验馆落地济南华侨城欢乐荟,展馆应用了诸多数字交互技术,让珍稀的国宝文物"活"起来,极大提升了观展的沉浸感和互动性。

通过智慧华侨城建设,华侨城构建了智云慧眼旅游服务管理体系,建成了智云营销管理平台、游伴园区服务平台、蜂巢分销系统、花橙旅游官方商城和统一会员管理系统等重磅平台。智云慧眼旅游服务管理体系旨在打造区域化目的地智慧旅游服务集群,对内实现华侨城用户、资源和营销的整合,对外输出平台技术服务能力,为华侨城管理输出和轻资产运营提供支撑。

2019 年,在中国 5G 商用元年,华侨城与华为、中国移动、中国联通、中国电信等国内通信行业巨头开展了 5G 战略合作,加速推进旗下主题公园、酒店等业态智慧化建设。2020 年,华侨城与腾讯签署战略合作协议,双方将在整体智慧化提升、新文旅融合、大数据价值深挖、生态互联互通等多个领域展开深度合作,共建数字文旅新生态。

三、基于数字化景区的图像配准技术

图像配准的实质是为两幅图像建立对应关系,然后得出它们的几何变换关系式,以此来纠正图形图像的形变。针对数字旅游景区的实际情况,应用单点配准技术对旅游景区图像进行配准,具有错误率低、灵活性高、适应性好等特点。

20 世纪 70 年代,美国首次提出的图像配准技术在军事领域发展迅速。随后,这项技术在模式识别、遥感图像处理等其他领域也得到了推广和研究。虽然图像配准技术在不同领域都有特定技术,但其方法上的相似性,使得其在各领域之间有着很好的移植性。

结合数字旅游景区实际情况，游客往往对旅游景区 3D 漫游中地形的精度要求不是很高，因此可采用单点配准方法。此方法在谷歌地图的基础上进行，因为此时提取的旅游景区图像是正南北向的，图像变换无须旋转。为了简化计算，可以用同一缩放率提取。

案例分析：丽江古城"智慧小镇"数字化转型实践

在我国文化和旅游部资源开发司公布的 2021 年智慧旅游典型案例中，全国共有 27 个案例入选，其中云南省丽江市丽江古城的"智慧小镇"数字化转型实践成为一大亮点。

丽江古城作为开放式景区，同时具备 5A 级景区、世界文化遗产地、居民社区的多重身份。为了应对这些多重身份性、不同服务对象的不同管理职能的需求，2019 年，丽江古城全面推进智慧小镇建设。通过将 5G、物联网、大数据、人工智能等数字化技术融入智慧小镇的各个方面，构建包括综合管理、智慧服务、智慧旅游、智慧创新在内的四大体系。科技的应用不仅提升了丽江古城的管理水平，也推动了其在遗产保护、文化展示和智慧管理上的全面升级。

丽江古城以资源数字化为核心，结合物联网、大数据等前沿信息技术，建立了一系列信息管理平台和应用系统。这些系统涵盖了智慧消防、遗产安全管理、环保监控、酒吧噪声监控、视频智能分析、公共安全管控、人流疏导等多个方面，整合和应用了各类资源数据，形成了智能、高效、安全的数字小镇运行体系，显著提升了综合治理的效率。

为了给游客提供更好的旅行体验，景区推出了"明厨亮灶"系统保障食品安全，智慧支付、智慧厕所和无人售货商店等智能服务措施也极大地提高了游客的便利性。丽江古城综合管理服务中心为游客提供"一站式"服务，并通过"1+5+N+1"旅游监管体系实现统一调度和科学管理。同时，丽江古城智慧小镇专区在"一部手机游云南"平台上提供了智慧导游导览、慢直播、智慧停车等功能，全面满足游客的"吃、住、行、游、购、娱"六大需求。

近年来，依托 5G 网络，丽江古城还引入了无人驾驶扫地车、无人驾驶巡逻车、无人驾驶观光车、无人机等智能设备，成为景区的"网红"项目。此外，借助大数据、人工智能等技术，景区推出了一系列沉浸式体验项目，为游客带来了独具特色的文化和深度游览体验，同时让古城充满了现代科技的气息。

从"智慧景区"到"智慧小镇"，丽江古城通过数字技术实现了管理模式的变革，在景区服务和古城保护方面取得了显著进展。智慧小镇的综合指挥平台、公共安全系统、智慧广播、人流监控系统以及数字宣传屏在应对突发事件、传播实时信息、防疫宣传等方面也发挥了重要作用。

分析与讨论：丽江在智慧旅游建设方面的做法是否体现了现代旅游业转型的方

向？为什么？

分析提示： 如何有效实现科技赋能旅游，是一个值得思考的问题。

第三节 旅游景区网络营销

旅游景区网络营销是结合互联网技术与现代营销学的一种最新的营销理念，已经成为旅游业开拓市场的重要途径之一。当前，酒店与旅行社利用网络开展营销活动已相当普遍，但众多旅游景区的网络营销则明显滞后。

一、旅游景区网络营销的必要性

网络营销是以网络为媒体，以互联网特有的方式、方法和理念，通过系统的营销策划，制定、实施一系列的营销活动，有效地促成交易活动实现的新型营销模式。它是企业整体营销战略的组成部分，是为实现企业总体或者部分经营目标所进行的，以网络为基本手段塑造经营环境的各种企业行为。网络营销不受时间和空间限制，大大改变了传统营销形态和业态。

随着信息技术的迅猛发展和网络竞争时代的到来，网络的作用日益突出。企业的营销方式应该从传统的市场营销转向网络营销。对于众多旅游景区而言，大力加强网络营销，已是迫在眉睫。

（一）日益增长的网民是旅游客源的主体

面对当前日趋激烈的旅游市场竞争，谁更好地掌握了网络营销，谁就将在未来的市场竞争中占据主动。根据中国互联网络信息中心（China Internet Network Information Center，CNNIC）发布的第 52 次《中国互联网络发展状况统计报告》，截至 2023 年 12 月，中国网民规模达 10.92 亿人，互联网普及率已上升至 77.5%。最重要的是这些网民中绝大部分是消费能力较高的城镇居民。根据旅游行业的研究，受过高等教育的人群通常是旅游市场的重要推动力量，尤其在文化旅游和深度旅游方面表现突出。因此，争取这些网民对于众多旅游景区而言有着决定性的意义。

（二）网络已经成为游客获取旅游信息的主要途径

目前，国内大多数旅游景区主要通过传统的电视广告、户外广告、广播等形式做宣传推广。然而，现今多数游客都是通过网络获得更深层次的旅游信息。中国互联网络信息中心发布的第 52 次《中国互联网络发展状况统计报告》显示，截至 2023 年 12 月，中国网民人均每周在网上停留的时间长达 29.1 小时，远远高于观看电视的时间。平面媒体因受众的局限性及时效的滞后性，无法满足游客获取旅游信息的要求，导致更多的人选择网络来获取信息。

可以说，网络媒体，日益成为重要乃至主流的信息渠道。因此，谁掌握网络这个信息渠道,谁就可以掌握营销的主动权。

(三)网络营销:小成本、大收益

网络营销费用较低,效果显著。澳大利亚昆士兰州旅游及活动推广局利用网络以提供"世界上最好的工作"为名在全球招募员工,引发了全球网民的关注。据统计,截至2022年6月,以"世界上最好的工作"为词在百度搜索结果达到1亿篇,使得澳大利亚旅游业广受关注,成为网络营销的经典案例之一。

二、旅游景区网络营销存在的问题

(一)对旅游景区网络营销的重要性认识不足

企业对旅游景区网络营销的重要性认识不足。一些旅游景区的领导层和管理层长期受传统营销观念的影响,虽然在形式上可能接受了网络营销这种新型营销方式,但在本质上仍然没有理解、接受网络营销,其旅游景区经营管理的理念没有及时更新,导致旅游景区网络营销流于形式,效果不彰。具体表现为:网站内容少,画面过于简单,更新不及时,网站更多只是作为摆设,未发挥沟通旅游景区和游客之间的桥梁作用。

(二)企业网络营销人才缺乏

人才是决定企业经营成败重要的核心因素之一。旅游景区开展网络营销需要精通网络技术以及营销知识的复合型人才,这种复合型人才是实施网络营销的中坚力量,而我国当前恰恰缺少既懂网络技术又熟悉营销业务流程的综合型人才。此外,多数旅游景区缺乏人才培养的观念和有效的激励机制,导致原本就稀缺的人才不断流失。

(三)我国旅游景区网络营销水平普遍不高

我国旅游景区网络营销刚刚起步,总体水平比较低,对旅游景区网络营销策略缺乏普遍和深入的研究,制约着旅游景区和我国旅游业的发展。因此,不断提高我国旅游景区网络营销的水平,对提高旅游景区的竞争力,更好地服务于我国旅游景区的发展,使旅游景区在激烈的市场竞争中立于不败之地,有着相当积极的意义。

三、旅游景区网络营销模式

旅游景区网络营销,是指景区以网络为平台,通过网络技术推广其产品及服务实现所提供产品和服务有效、合理地利用,使企业实现获利的经济和社会目标。通过互联网进行信息传递与沟通,如发布信息、收集情报、产品及企业文化展示,对企业具有很现实的意义。根据2021年1月发布的《侯斯特2021年全球数字化报告》,全球约有42亿人(53%)使用社交媒体,席卷全球的新冠疫情更是深刻地改变了人们的消费习惯,网络平台成为更受欢迎的沟通交流渠道和更热门的购物目的地。

（一）搜索引擎营销

搜索引擎营销是根据网络用户使用搜索引擎的方式，利用网络用户检索信息的机会尽可能地将企业营销信息传递给目标用户。据中国互联网络信息中心的统计，网民70%的信息是通过搜索引擎来获得的。作为网民获取信息的最主要渠道之一，搜索引擎营销方法包括竞价排名、付费搜索引擎广告、关键词广告、搜索引擎优化（搜索引擎自然排名）、地址栏搜索、网站链接策略等。

搜索引擎营销的核心工作是扩大搜索引擎在营销业务中的比例，通过对网站进行搜索优化，目标客户更容易看到企业的营销信息，并成为企业的最终客户。目前国内主流的网络搜索引擎主要有百度、必应、搜狗等。

搜索引擎营销策略主要有免费搜索引擎推广和付费搜索引擎广告两种，免费搜索引擎推广有分类目录登录、基于自然检索结果的搜索引擎优化排名等，付费搜索引擎广告则包括关键词广告及其优化和效果管理、搜索结果页面位次排名等。搜索引擎营销对旅游景区的市场营销有着重要的意义。

（二）网络视频

网络视频，一是指以电脑为终端，利用 QQ、微信等即时通信工具，进行可视化聊天的一种技术与应用；二是指视频网站提供的在线视频播放服务。美国莱彻曼研究集团（Leichtman Research Group，LRG）的调查结果显示：在美国，网络视频已经受到越来越多人的喜爱，87%的美国电视家庭至少拥有一台联网电视设备，美国电视家庭中有 46%的成年人每天通过联网设备观看电视视频。在我国，网络视频的发展也相当快速，网络视频网站的受访频率越来越高，这些视频网站对旅游景区传播营销信息有着很高的价值。

当前的网络视频主要有视频点播与视频分享两种模式。以网络视频承载主体区分，可分为门户网站、媒体机构、商业机构三类。旅游景区可以通过在这三类网站上传风光宣传片，将旅游景区的产品与服务传递给众多的网民，达到更加直观的宣传效果，吸引更多游客前往，宣传效果比传统广告更好。

（三）SNS 营销

SNS，全称 social networking service，即社会化网络服务，专指旨在帮助人们建立社交网络的互联网应用服务。SNS 营销是随着网络社区化而兴起的营销方式，在中国的发展虽然时间不长，但成长迅速，SNS 现已经成为备受广大用户欢迎的一种网络交际模式。SNS 营销就是利用 SNS 网站的分享和共享功能，通过病毒式传播的手段，将企业的产品推广到更多的人群。

提升品牌知名度和扩大品牌影响力是 SNS 营销最重要的营销价值之一。一般来说，像微博、微信、抖音等平台都拥有数量非常庞大的用户群，这些用户中会有众多潜在客户。旅游景区如果能够利用这些 SNS 平台进行营销，无疑能够快速提升自己的品牌知名度和扩大自己的品牌影响力。例如，旅游景区企业可以在微博、微信公众号开设属于自己的品牌账户，上传旅游景区的宣传图片、视频，这必将能够为自己吸引一批对旅游景区感兴趣的忠实粉丝，壮大品牌的声势；又或是旅游景区企业在这些 SNS 平台上联合举办一些具有创意性的活动，并在活动中设计一些充满趣味的游戏环节，以充分调动网友们的参与积极性，这不仅能够有效传递自己的品牌内涵，而且还能够快速提升自己的品牌知名度和扩大自己的品牌影响力。

除了提升品牌知名度和扩大品牌影响力、聚集一批对品牌感兴趣的忠实粉丝这两大营销价值以外，SNS 营销还有助于旅游景区管理者倾听来自消费者的声音，了解消费者的需求及意见，以便进行有针对性的改进，更好地满足消费者需求，提升消费者对旅游景区产品与服务的满意度和忠诚度。总之，SNS 的营销价值正在日益凸显，旅游景区如果能够对 SNS 营销这一新兴的传播工具善加运用，无疑非常有助于为其品牌传播加分。因此，旅游景区更需要思考如何运用 SNS 营销这个"新事物"，抓住其带来的巨大营销商机，实现营销新的突破。

案例分析：抖音，重新定义旅游营销

自 2016 年下半年抖音短视频上线以来，其迅速成为吸引流量的有力工具。截至 2017 年底，抖音的用户已超过 7 亿人。2018 年第一季度，抖音的下载量达到 4580 万次，成为苹果应用商店中全球下载量最高的应用程序。民间自制的短视频正悄然成为旅游营销的新利器。2018 年上半年，国内游客增长速度最快的城市分别是重庆、西安和成都，抖音短视频对这些城市迅速走红起到了重要推动作用。抖音的流行为重庆带来了显著的经济效益。"五一"假期期间，重庆共接待了 1735.73 万名国内外游客，旅游总收入达到 112.48 亿元，同比增长 30.5%；端午节假日期间，重庆洪崖洞接待游客超过 17 万人次，同比增长 143%。西安的"网红"效应最直接的体现就是旅游市场的繁荣，截至 2018 年 3 月，抖音上关于西安的视频量超过 61 万条，播放总量超过 36 亿次，点赞总量超过 1 亿；据统计，2018 年春节假日期间，西安接待游客数超过 1269 万人次，同比增长 66%，旅游收入超过 103 亿元，同比增长 137%。作为近几年非常受欢迎的旅游城市，成都在十一黄金周旅游收入位列全国第一，达到 228.8 亿元。

抖音的"网红"景点并非仅凭市场需求自然形成，而是旅游目的地和旅游企业基于市场需求预测所采取的有效营销策略。旅游需求的增长是抖音短视频作为营销渠道与工具，与旅游目的地"拉动"共同作用的结果。

分析与讨论：吸引潜在消费者是旅游营销最重要的目的之一，如何才能将抖音这类社交平台的线上用户线下变现？

分析提示：现如今大部分旅游企业都已意识到利用微博、微信、头条等各类网络媒体平台进行营销的重要性，而如何将这些平台与营销结合、如何打造好的营销内容和形式、如何成功线下变现，都是旅游企业需要思考的问题。

第四节 "互联网+"旅游目的地营销系统

随着旅游业的快速发展，有关旅游目的地营销的研究逐渐成为热点。针对日趋激烈的旅游市场竞争，以及旅游者需求的个性化与差异化，业界和学术界的研究重点在宏观层面上关注区域内的整体营销，在微观层面上关注旅游消费者行为。在电子商务时代，旅游目的地的营销实践开始尝试通过互联网提供的信息平台展开营销活动。旅游目的地营销系统（destination marketing system，DMS）就是由政府主导、企业参与建设的一种旅游信息化应用系统，为整合目的地的所有资源和满足旅游者个性化需求提供了一个完整的解决方案。

一、"互联网+"的意义

2015年3月5日，李克强总理在十二届全国人大三次会议上的政府工作报告中提出制订"互联网+"行动计划，强调"推动移动互联网、云计算、大数据、物联网等与现代制造业结合，促进电子商务、工业互联网和互联网金融健康发展，引导互联网企业拓展国际市场"。自此，"互联网+"作为一项国家战略，为未来各行各业的发展指明了方向。

（一）"互联网+"含义

"互联网+"代表着一种新的经济形态，它指的是依托互联网信息技术实现互联网与传统产业的联合，以优化生产要素、更新业务体系、重构商业模式等途径来完成经济转型和升级。"互联网+"计划的目的在于充分发挥互联网的优势，将互联网与传统产业深入融合，以产业升级提升经济生产力，最后实现社会财富的增加。

（二）"互联网+"概念解释

"互联网+"概念的中心词是互联网，是"互联网+"计划的出发点。"互联网+"计划具体可分为两个层次的内容。

首先，可以将"互联网+"概念中的文字"互联网"与符号"+"分开理解。符号"+"意为加号，即代表着添加与联合。这表明了"互联网+"计划的应用范围为互联网与其他传统产业，它是针对不同产业间发展的一项新计划，应用手段则是通过互联网与传统产业进行联合和深入融合的方式进行。

其次，"互联网+"作为一个整体概念，其深层意义是通过传统产业的互联网化完成产业升级。互联网通过将开放、平等、互动等网络特性在传统产业的运用，通过大数据的分析与整合，试图理清供求关系，通过改造传统产业的生产方式、产业结构等内容，来增强经济发展动力，提升效益，从而促进国民经济健康有序发展。

二、DMS

　　DMS 是旅游目的地以互联网为平台、以信息技术为手段建立的旅游信息系统。通过 DMS，政府可以面向公众建立权威的旅游目的地信息网，提供全面、丰富、准确、及时的旅游信息；还可面向企业建立公共的电子商务服务平台，提供预订、网络宣传、促销活动等信息服务。DMS 的成功应用可以提升目的地形象和旅游业的整体服务水平，是旅游目的地网络营销的有效解决方案。从运营效果上看，DMS 在国外应用较好，但在国内尚有很多亟待完善之处，其中营销功能不足是较为突出的问题之一。针对目前情况，应在 DMS 的建设和运营中，对旅游目的地营销组合进行深层次调整。这样能充分发挥 DMS 的营销功能，有助于形成旅游目的地的整体优势，进一步增强城市竞争力，促进当地旅游业健康发展。

三、目的地营销系统整合

　　对于尚处于成长期的中国旅游业来说，DMS 的建设和运营应当借鉴国外先进的成功经验，并结合目的地城市的地方优势与特色，以整合营销（integrated marketing communication，IMC）理论为指导进行统筹规划，包括旅游目的地资源整合、信息服务优化、传播信息渠道选择、信息技术应用与集成等方面，并在实践中奉行以客户为中心，以 4C（顾客、成本、便利、沟通，customer、cost、convenience、communication）为线索，以互联网为纽带，以信息技术为手段的原则和方法。

（一）分散资源与统一品牌整合

　　旅游目的地营销是在目的地城市整体形象的统领下对旅游景点产品群经过归纳、提炼、整合后形成竞争优势的营销。经过 DMS 整合后的产品群不再因分散布局而呈现一盘散沙的局面，而是围绕旅游者在目的地活动的全过程通过互联网规模化的营销方式打造而成的具有独特卖点的、有核心产品拉动的、个性化包装的、对目标细分市场有特殊吸引力的完整意义上的"产品"。如果没有统筹规划，旅游目的地的资源分散、单一，难以使消费者形成对目的地的理性感知和深刻印象，因而对消费者的旅游决策没有劝诱作用。整合分散旅游资源的关键在于目的地品牌形象的定位，即将目的地形象稳定、统一、系统、良好地表现出来，有效地传达到消费者的头脑中，使消费者产生情感认同以获取正面评价，并在后续的营销活动中，强化品牌塑造并达到建立品牌网络和形成品牌联想的目的。建立旅游目的地的整合营销可以通过持续不断地叠加网络宣传、定期举办大型活动、参加行业会展等形式，辅以全方位媒体传播来强化旅游者对目的地城市的良好印象。这些做法必须紧密围绕同一主题进行形象宣传，才能达到品牌塑造的目的。

（二）信息服务与客户价值整合

　　旅游目的地建设 DMS 的目标通常依次是：吸引网民访问网站并形成与目的地城市期望一致的良好印象；说服访问者按网站链接查询信息和使用预订等服务；鼓励访问

者回访网站。在此过程中，网站主要以信息服务的形式为客户不断创造价值，网民逐步转变成潜在客户、客户和忠诚客户，目的地城市的旅游企业最终获取客户价值。要实现这些目标，网站建设应以营销为导向，不能把网站建设成旅游产品大全，而应该是满足不同客户特殊需求的信息工具。这就要求 DMS 系统的建设应进一步强化网站的营销功能，通过优化网站的系统设计实现以下功能：识别具有相同特征的客户群和潜在客户、分析需求和可接受的成本、创建和传播满足需求的产品与服务信息、集成与客户互动沟通的技术和工具、估算客户的投资回报等。上述功能有助于通过互联网将信息的单向传播转变为与客户的双向信息沟通，旅游企业在信息服务中不断为客户创造满足个性化需求的产品和服务并最终获取客户价值，实现目的地城市形象成功塑造、企业利润和旅游者利益共同增长的多方受益局面。

四、"互联网+"兴起与景区营销

信息不对称会导致供需关系不明确从而影响行业的生产结构、生产模式与生产效率。以云计算、物联网、移动通信网络为代表的新技术为改变信息的闭塞与孤立提供可能。事实上，目前在旅游、交通、金融、物流、零售业、医疗等行业，互联网已经展开了与传统产业的联合，并取得了一些成果。"互联网+"作为外推力，有利于互联网与传统产业的深度结合。

互联网与旅游业的结合，使旅游业的去中介化愈加明显。基于途牛、马蜂窝等旅游经验分享型网站的兴起与发展，旅游业的产业发展模式得到改变。在电子商务时代，旅游目的地也开始尝试通过互联网的信息平台展开营销活动。

（一）外部驱动：为旅游目的地营销转型提供契机

信息技术极大地推动了旅游业的快速发展，借助互联网和 3S 技术，旅游目的地信息系统（destination information system，DIS）应运而生，且越来越受到政府、业界以及学术界的普遍关注。网络的快速发展对旅游目的地营销产生了巨大的冲击。

目前，DMS 涵盖了旅游景点查询、旅游电子地图、旅游企业黄页、旅游计划制订与管理、旅游路线专家咨询、地址标注、3D 实景演示、在线预订服务、在线购买、网站建设等多项功能，随着互联网新媒体的广泛应用，微博、社区和在线评论等也正在逐步丰富 DMS。

信息技术的发展与应用对旅游目的地营销产生了显著影响，以旅行社为中介的传统分销渠道功能发生变化，一些类似自助游服务的新分销渠道开始出现（如黄山的自助游服务酒店）。互联网使旅游目的地分销渠道更加多元化、网络化，目的地旅游分销关系、功能与结构等方面也发生了相应的变化，旅游者的主导地位增强，旅行社等旅游中介的垄断地位相对减弱。

（二）内在需求：旅游目的地营销转型的必要途径

互联网对传统旅游目的地营销的影响来自互联网数据化产生的用户权利的改变。互联网进入传统旅游业，传统单向信息传播方式被打破，受众不再被动接受信息，而是变身为用户,他们不仅可以主动参与到信息传播过程中,还可以利用第三方互联网平台进行信息生产。在新型旅游目的地营销模式中,用户的地位和作用尤其重要。

传统旅游目的地营销转型面临的最大阻力是传统观念的束缚。传统旅游业经营人员难以割舍传统产业模式带来的利益。互联网技术对旅行社信息垄断造成破坏,受众转移造成利益丢失。因此,多数旅游企业对于互联网的看法仅仅是希望通过互联网挽回利益损失。事实上,"互联网+"带来的是生产关系的重构,是新的经营与盈利模式。"互联网+"计划是旅游目的地营销转型的必要途径,通过互联网,可以激发用户的信息需求,提升旅游目的地营销水平,促进旅游业整体业态升级。

案例分析:黄山旅游的线上突围

案例背景

2022年5月19日,迎来了疫情之后的第三个中国旅游日。作为一位拥有20多年从业经验的资深旅游人士,黄山旅游发展股份有限公司党委书记、董事长章德辉在这个旅游人的大日子前夕表达了深深的感慨:"今年1~4月的情况非常不乐观,黄山整体的接待人数大约是20万,是去年同期的1/3,是2019年同期的1/5……疫情对旅游业的冲击可以说是显而易见的。"章德辉表示,旅游业的韧性成为黄山在过去两年半里坚持下来的信念之一。为了让游客在疫情后能够第一时间想到黄山,线上营销手段如直播和预售成为维系游客关系的关键途径。这几乎已成为旅游从业者们一致认同的策略选择。

"登黄山,天下无山",某知名旅游达人发布的一则游黄山视频,收获超70万的点赞,让因疫情出行受阻的游客们也能享受到黄山四千仞、三十二莲峰的壮观。通过短视频展现黄山的美景、美食以及住宿体验,可以带给观众更为生动、丰富的感官体验。从最初的货架式电商到如今的内容电商,黄山在各大线上平台上实现了传播的广泛裂变。早在2020年初,黄山旅游就在网络上开设了第一个文旅直播间。2021年底,黄山旅游主办了首届中国文旅直播大会,并发起了线上"文旅短视频挑战赛"。短短十几天内,参赛作品超过6000个,播放量突破3亿次。2021年12月,作为历史悠久的文化景区,黄山也迈入了直播团购的行列,短短3天内销售额突破200万元,不仅在线上获得了大量关注,还成功创收。

除了通过优质内容带来更大的产品曝光和流量引入,直播团购还为文旅行业带来了人货场一体化的新思路。疫情期间,短视频和直播等内容形式加速了对文旅行业的渗透,巨大的流量使得许多旅游目的地迅速走红。如何将内容与产品结合,进行有效的流量转化,成为行业内的重要议题。2022年4月,黄山在线"连麦"华山,为观众带来一场跨越千里的互动,在直播中,两大历史文化景区通过隔空对唱《宝莲灯》和黄梅戏,双双上热搜。在此期间,双方还互赠门票、索道票等景区福利,成功打造了一场现象级营销活动。过去,游客可以通过短视频页面的 POI 或直播间的"小房子"跳转至小程序直接下单,而如今,通过直播团购,游客可以更轻松地转化即刻的流量,一键预订、随时退订的房券极大简化了预订流程,进一步推动了预订率的提升。随着社交媒体的不断发展和深化,旅游市场的新业态逐渐成形,游客的消费行为和思维模式也在发生重大变化,具备"网红"潜力的旅游目的地正在成为新的市场热点。

分析与讨论:疫情背景下,黄山旅游景区采取的各项积极自救措施是否体现了旅游业转型的方向?为什么?

分析提示:旅游业在疫情下受到的冲击史无前例,但旅游产业仍是一个极具韧性的市场,大家对美好生活的向往没有变,从业者应该更加清楚疫情后旅游方式、消费主体、旅游需求都在发生剧烈的变化,企业更应该苦练内功,只有提升企业在服务端和产品端的自驱力,才足以支撑起口碑传播下的现象级营销。

讨论与思考

1. 旅游景区信息化建设的主要目标是什么?
2. 比较国内不同省市的 DMS 网站,分析其功能与结构上的差异。
3. 列举你知道的网络营销方法,结合旅游景区详细介绍一种网络营销方法在旅游景区的应用。
4. 如何理解"互联网+"的概念?
5. "互联网+"旅游目的地营销系统和传统旅游目的地营销系统相比有什么优势?

创新创业技能训练

1. 如果你作为旅游景区负责人,现在需要顺应互联网的浪潮,对旅游景区进行互联网电商化,你将从哪些方面开展改进?
2. 当旅游景区在线上进行布局,需要对在线上的营销宣传进行优化,你将从哪些方面优化完善旅游景区的网络营销?
3. 目前,我国大部分旅游景区的"互联网+"体系就是一个官方网站和几个社交媒体平台的官方账号,空壳工程让互联网上的旅游景区成了摆设。若让你为旅游景区撰写一份策划书,如何才能让旅游景区"互联网+"真正发挥作用?
4. 热门旅游景区过度收费现象时有发生。旅游景区开展电子商务业务后,能更公开、透明地提供产品与业务,作为旅游景区的负责人,你将从哪些旅游景区电子商务渠道让景点摆脱宰客形象?
5. 根据你对旅游景区业务流程与产业链的理解,请指出现在旅游景区发展存在的问题,并运用互联网的方法加以解决。

网络资源

✧ https://www.chinataa.orglscenic_spot.aspx

参 考 文 献

曹国伟. 2015. "互联网+"代表的是一种新经济形态[EB/OL]. http://tech.sina.com.cn/i/2015-03-21/163710019803.shtml[2024-04-06].
陈慧莎. 2011. 安徽九华山景区旅游产业链的构建研究[J]. 科技经济市场, (6): 62-64.
黄楚新, 王丹. 2015. "互联网+"意味着什么——对"互联网+"的深层认识[J]. 新闻与写作, (5): 5-9.
黄松, 李燕林, 戴平娟. 2017. 智慧旅游城市旅游竞争力评价[J]. 地理学报, 72(2): 242-255.
李凤亮, 杨辉. 2021. 文化科技融合背景下新型旅游业态的新发展[J]. 同济大学学报（社会科学版）, 32(1): 16-23.
刘传山, 贺道德. 2011. 毕节数字景区数据采集技术应用研究[J]. 毕节学院学报, (29): 27-30.
刘传山, 贺道德, 文开庭. 2013. 基于数字景区的图像配准技术应用研究[J]. 电脑知识与技术, 9(17): 4080-4082.
欧海鹰. 2013. 客户体验视角下旅游目的地营销系统的改进对策[J]. 电子商务, (5): 24-25.
宋子千. 2020. 科技引领"十四五"旅游业高质量发展[J]. 旅游学刊, 35(6): 10-12.
徐菲菲, 黄磊. 2018. 景区智慧旅游系统使用意愿研究——基于整合 TAM 及 TTF 模型[J]. 旅游学刊, 33(8): 108-117.
湛研. 2019. 智慧旅游目的地的大数据运用: 体验升级与服务升级[J]. 旅游学刊, 34(8): 6-8.
张玉. 2019. 新媒体下 5A 级旅游景区市场格局演变及营销创新[J]. 商业经济研究, (6): 183-185.
郑金标. 2011. 景区网络营销方法初探[J]. 济南职业学院学报, (5): 66-68.
朱万春. 2017. 基于在线旅游服务 2.0 面向游客的智慧旅游优化升级——评《智慧旅游——旅游信息化大趋势》[J]. 经济研究参考, (21): 91-92.
左霞. 2013. 互联网对旅游市场营销的影响研究[J]. 旅游纵览, (12): 34-35.

第八章 餐饮业电子商务应用新场景

● 学习提示

一、教学内容

- ◇ 餐饮供应链与主要的业务流程
- ◇ 互联网背景下，餐厅运营流程的变化
- ◇ 餐饮电子菜单的功能
- ◇ 餐厅网络化营销概念、现状及相关建议
- ◇ 餐饮电子商务实例的学习与分析

二、学习重点

- ◇ 了解餐厅运营的供应链
- ◇ 掌握电子商务前后餐厅主要业务流程的变动
- ◇ 掌握餐厅网络化营销的主要模式
- ◇ 了解餐厅网络营销的现状及其存在的问题
- ◇ 了解现实中餐饮电子商务的运营

第一节 餐饮行业供应链及其业务流程

一、餐饮供应链

在数字与信息化市场经济中，餐饮企业的发展及其业务流程面临新的挑战。在国家政策倡导供给侧结构性改革的背景下，餐饮供应链关乎着国内第三次消费升级竞争中餐饮企业未来的发展命脉，成为餐饮企业新的利润增长点和核心发展的驱动力。此外，经营成本上涨、人才流失、创新动力不足、食品安全等因素也严重制约着餐饮企业的发展。供应链信息化变革是餐饮企业减少投资风险，节约成本，提升竞争力，适

应互联网经济和市场环境的关键。

(一)餐饮供应链内涵

供应链是以客户需求为导向,以提高质量和效率为目标,以整合资源为手段,实现产品设计、采购、生产、销售、服务等全过程高效协同的组织形态。随着信息技术的发展,供应链已发展到与互联网、物联网深度融合的智慧供应链新阶段。餐饮供应链是餐饮行业的基础应用,以餐饮企业为核心,并与原料供应商、物流服务商和消费者等主体为节点组成网状链(图8-1)。餐饮供应链主要是以提供餐厅所需的各种食材为目的,以信息技术协调和连接原材料采购、加工、配送、销售、回收处理等环节的物流、信息流和资金流。

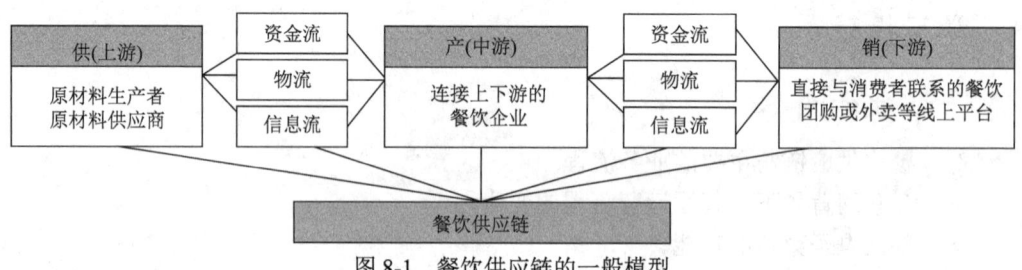

图8-1 餐饮供应链的一般模型

(二)餐饮供应链管理

餐饮业发展产业化,必须要有工业化的生产、先进的管理技术、便捷的流通体系和紧密完整的产业链作为保障。现代化的餐饮设施设备、先进的餐饮加工制作技术、信息化的普及、快速的商品物流体系为餐饮产业化发展提供了强有力的支撑。餐饮产业应充分利用现代化的优势,大力发展连锁经营,统一采购、加工、配送,规范化管理,使产业化水平不断提高。餐饮供应链是餐饮产业链的核心部分,餐饮供应链系统由供应商、产品加工企业和分销企业的所有材料、产品加工和待销售商品之间的流通内容与过程按一定的逻辑结构组成,每个结构节点的信息可完整跟踪与记录,保证资源合理配置和最大化利用。

二、餐饮企业运营业务流程

餐饮企业的运营业务流程是指由餐饮企业独具的经营特点所决定的生产、加工、销售和服务等业务的所有程序,繁多且复杂,主要涉及采购流程、生产加工流程、物流配送流程、销售服务流程、客户信息管理流程和反馈流程等,构成了餐饮供应链的主要流程。餐饮企业的一般运营流程可简化为如图8-2所示。

采购流程主要是指餐饮企业原材料的购买,包括制订采购需求计划、采购申请报批、比价确定供应商、发出采购订单、物料验收入库、发放管理六个步骤(图8-3)。

图 8-2 餐饮企业运营一般流程图

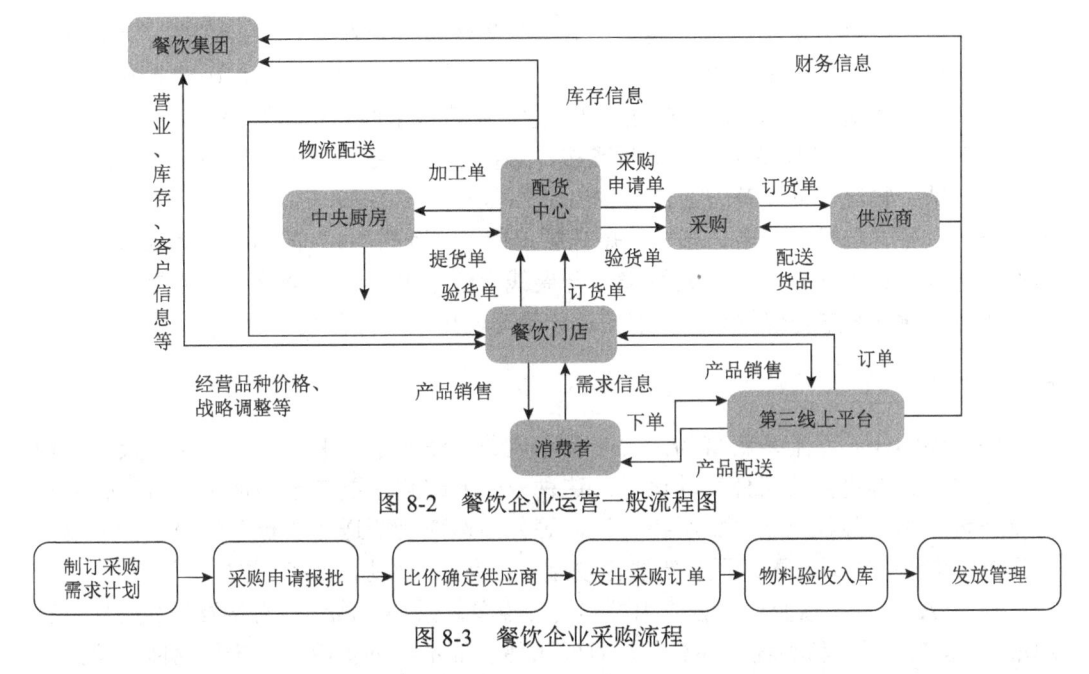

图 8-3 餐饮企业采购流程

生产加工流程主要是餐厅企业后厨的食品生产加工流程，包括食材领用与验收、清洁与粗加工、精加工、装盘与备餐运送、清洁与消毒场地和器皿（图 8-4）。生产加工流程决定了餐饮供应链中食品质量水平、产量、生产成本与效率等多个测量指标。

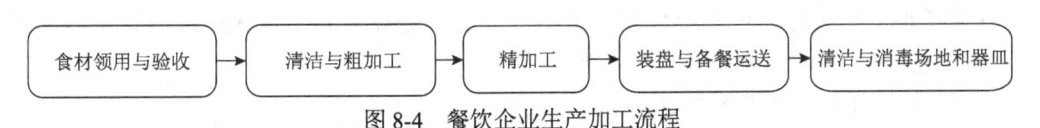

图 8-4 餐饮企业生产加工流程

物流配送流程主要是指餐饮门店向配送中心递交要货申请，配送中心根据库存和门店的需求向中央厨房发送加工单信息，向供应商发送订单信息，中央厨房和供应商依据订单信息进行物流配送。另外，物流配送也包括餐厅门店的产品向客户进行配送的信息。

销售服务流程是指餐饮企业生产的饮食产品在餐厅、店面、商超、线上第三方服务平台、线上小程序或 APP 等平台进行售卖，为客户提供饮食产品与服务。

客户信息管理流程是指餐饮企业收集、使用和完善客户信息的管理流程，主要包括客户识别、客户开发、客户响应、客户接待、客户服务、客户关怀、客户回访和客户互动。

反馈流程主要是指供应链上涉及的信息流和资金流。

第二节 电子商务推动餐饮行业业务流程改造

内部人力成本与原材料成本的增加，导致企业运营成本上涨，外部激烈的市场竞争进一步压低价格、新冠疫情席卷全球等因素导致餐饮企业运营举步维艰。互联网经济和信息技术的发展使得餐饮企业的生存和发展面临机遇与挑战。2010年，餐饮团购的兴起拉开了餐饮O2O商业模式的序幕，通过整合线上线下资源为餐饮企业的发展注入新的活力。互联网对餐饮行业不断渗透，涵盖了餐厅服务、用户和商户连接服务、支付、营销、物流、社交等方面，衍生出了外卖O2O、跑腿（代买）、预售、电子菜单、排队取号、私厨、菜谱、直播、短视频营销等"互联网+"的商业运营模式。这些商业运营模式助力餐饮走出经营困境，开展线上线下融合后的全渠道营销销售、打通支付闭环、建立客户管理体系，实现信息化管理，提高整体营收。

一、外卖

餐厅外卖业务并不是新事物，传统餐厅也通过在传单、卡片上印制菜单及外卖电话等方式为顾客提供购买外卖的渠道。这种方式的缺点主要在于增加了前台工作人员的工作量，由于各种因素（如听错、笔误等）易造成"所送非所点"的错误，且易发生漏单等失误。同时，配送服务需要由餐厅自行完成，增加了人工成本。

外卖APP和餐饮企业小程序由顾客自行点单，系统生成订单直接发送至餐厅，直观准确。APP平台和小程序都有送达时间预估、催单、外卖综合评价等功能，第三方的监控及客户评价体系对外卖的品质有所制约，顾客更易获得较好的消费体验。外卖APP和小程序线上销售会提供多样化的促销活动，使得顾客更乐于使用线上平台进行交易。对于餐厅而言，使用外卖APP可享受平台统一的配送服务，使用小程序销售则与短距离即时配送的众包平台合作，极小部分餐饮企业自有配送人员，可见，食品外卖为餐厅节约了场地经营和人力成本开支。

传统外卖流程如图8-5所示。

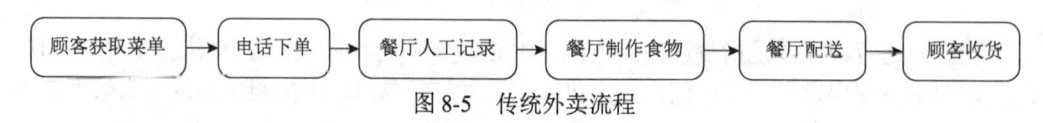

顾客获取菜单 → 电话下单 → 餐厅人工记录 → 餐厅制作食物 → 餐厅配送 → 顾客收货

图8-5 传统外卖流程

电子商务影响下的外卖流程如图8-6所示。

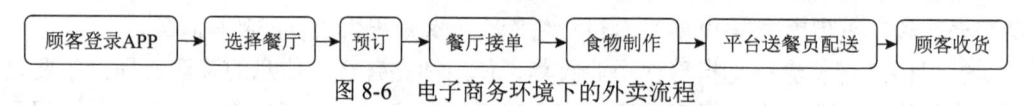

顾客登录APP → 选择餐厅 → 预订 → 餐厅接单 → 食物制作 → 平台送餐员配送 → 顾客收货

图8-6 电子商务环境下的外卖流程

新冠疫情加速了移动互联网对餐饮企业的渗透力度，外卖成为餐饮企业自救的第一根稻草。餐饮外卖的经营链条长、环节多，外卖的食品安全是守护舌尖上安全的重点。"互联网+外卖食品安全"模式应运而生，一方面，在商户端实行"互联网+明厨亮灶工程"，即在餐饮企业的食品生产加工场所安装摄像设备，以视频传输技术上传到外卖APP或小程序，用户点击可看到食品加工制作的关键部位和环节。另一方面，餐饮外卖实现无接触配送服务，推行使用商户出餐柜和外卖智能取餐柜，无接触外卖配送流程如图8-7所示。

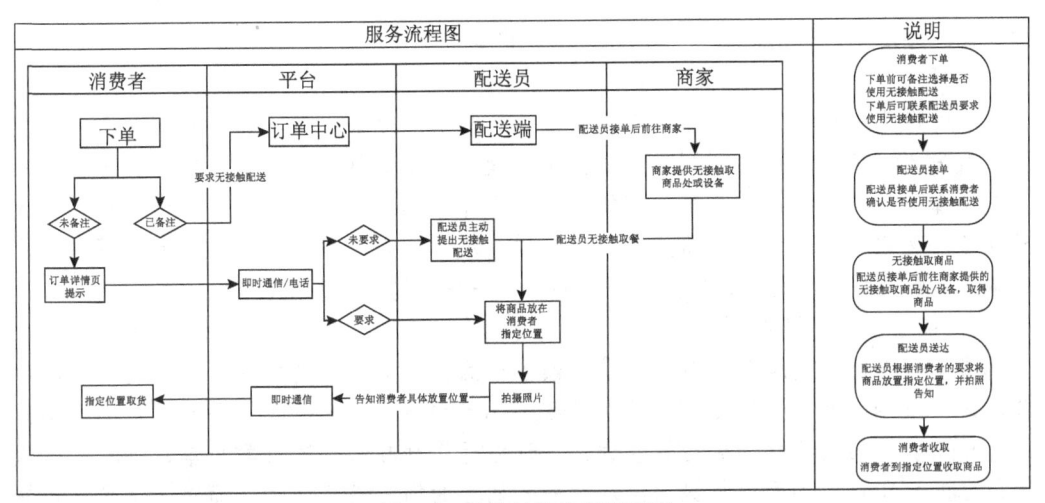

图 8-7　无接触外卖配送流程
资料来源：《商品无接触配送服务规范》

同时，受新冠疫情、人工智能技术迭代成熟与人力资源成本上涨的多重影响，外卖无人配送服务概念悄然入市，即通过使用无人配送车或无人机达到外卖自动配送的目的。无人配送车具有自动识别红绿灯、平稳通过减速带、自动躲避行人及障碍物等驾驶功能，国内无人配送还处于起步、小规模发展阶段。无人配送服务的外卖流程如下：用户使用外卖 APP 下单、餐厅接收订单信息、食物制作、无人配送车出发前进行全车消毒、出发取餐、配送、抵达用户小区等候取单、用户收取短信下来取单、订单完成并返程。上海金山工业园区内，无人机航线获准飞行，可实现无人机送餐。配送前，一名骑手将餐品装运在无人机上；配送过程中，无人机承担点对点的干线配送；最后，由另外一名骑手将餐品从无人机取下并送达用户手中。可见，现阶段的无人机送餐并非真正意义的外卖无人配送服务，只是推动外卖业务从劳动密集型进一步向技术密集型靠拢。

案例分析：饿了么

2008 年 4 月，张旭豪、康嘉等在上海创立了"饿了么"。饿了么将连接"跟吃有关的一切"作为自身定位，已打造成为一个中国专业的餐饮 O2O 平台。目前，饿了么以外卖、即时配送、新零售和餐饮供应链等为公司的主营业务。

饿了么已进驻全国超 2000 个城市，涵盖我国东北地区、华北地区、华南地区、华中地区、西南地区和西北地区等。在 2023 年底的用户规模达到 5.45 亿人，占整体网民的 49.9%；平台活跃的骑手超 400 万人，日交易额突破 2 亿元，超过 98% 的交易额来自移动端。饿了么率先提出的 C2C 网上订餐概念，不仅向用户传达了健康的饮食习惯和生活方式，而且为线下餐厅提供了一体化运营的解决方案。这种整合线下线上资源的方式，让用户足不出户，即可在线订餐，坐等美食上门。

1）价值理念

以用户为中心是饿了么的核心价值理念，分别从"多、快、好、省"四个方面实现价值主张。饿了么在各个城市不断扩张，吸引更多餐饮商户合作。饿了么不仅自主研发了蜂鸟配送系统，并与第三方物流众包合作，已形成一套全物流配送体系，极大提高了配送效率。平台依据商户情况，向用户展示诱人的餐品图片和信息，满足用户的认知体验，还推出满减、优惠券等活动，满足用户追求实惠的心理需求。

2）饿了么商业模式

饿了么创始人张旭豪曾对外披露：饿了么的核心竞争力是内部自主研发的餐厅后台软件 Napos、销售协同 CRM 软件 Walle 和专注于外卖的短物流平台的蜂鸟配送系统。Napos 是面向餐厅的后台管理软件，让餐厅实现在线管理外卖订单、处理堂食点餐、自助打印订单和网上收银。该软件最开始面向商户免费使用，而对于饿了么市场较为成熟地区的商户则采取有偿使用策略。Walle 是面向内部员工的销售协调 CRM 软件，除传统 CRM 的功能外，还具有销售协调和信息分享功能，不仅避免员工在销售时做无用功，还能通过同步业绩激励销售人员。

在牢牢抓住高校大学生、企业白领和社区用户这三类目标客户的基础上，饿了么主要依靠收取餐饮商户管理费用、竞价排名费用、增值费用和广告植入费用实现盈利。

分析与讨论：饿了么展示了精准营销的思路，能否总结出可以推广的商业模式？

分析提示：借助网络，餐饮行业的营销渠道和模式成为推动公司转变经营行为的动力，分析饿了么做法背后的长远战略意图。

二、电子菜单点单

传统的餐厅前厅服务流程是：顾客进店后招呼引导、协助顾客点菜、上菜、顾客用餐结束后买单，以及桌面清洁工作（图8-8）。

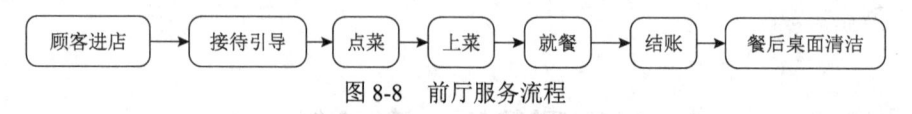

顾客进店 → 接待引导 → 点菜 → 上菜 → 就餐 → 结账 → 餐后桌面清洁

图 8-8　前厅服务流程

从传统的前厅服务流程可知，餐厅服务员需要服务顾客点菜，即站在顾客所在的餐桌旁，一边介绍餐品和询问点餐情况，一边快速地写下餐品名。顾客则是通过翻看纸质菜单（谱），把想点的餐品名告诉服务员。这种服务员与顾客面对面的点餐方式主要存在以下缺点：顾客点菜效率较低，无法快速找到自己所需菜品；纸质菜单（谱）更新的成本大，菜品更换需更换全部纸质菜单（谱）；点菜服务员人数有限，餐厅营业高峰期，点菜服务供不应求，容易造成顾客的不满。

自以色列 Conceptic 公司开发出电子菜单后，餐饮企业前厅的服务业务流程悄然改变。最早的电子菜单概念比较简单，主要是依托无线网络和可触屏技术，由无线网络连接餐桌上的可触屏与中央服务器，屏幕向顾客显示诱人的餐品图片，顾客可直接点击屏幕下单喜欢的餐品，点餐信息由服务器传送到后厨，即完成在线点菜。

技术迭代更新，发展到今天，电子菜单有以下两种主流形式应用于餐厅。

（一）基于平板电脑的电子菜单模式

这种模式的设计载体是平板电脑终端，是集成了菜单信息的浏览、查看、选定、修改、下单、加单、退单、支付、结账等多种功能的可视化餐厅电子菜单。这种在线点餐的一般业务流程如图 8-9 所示。

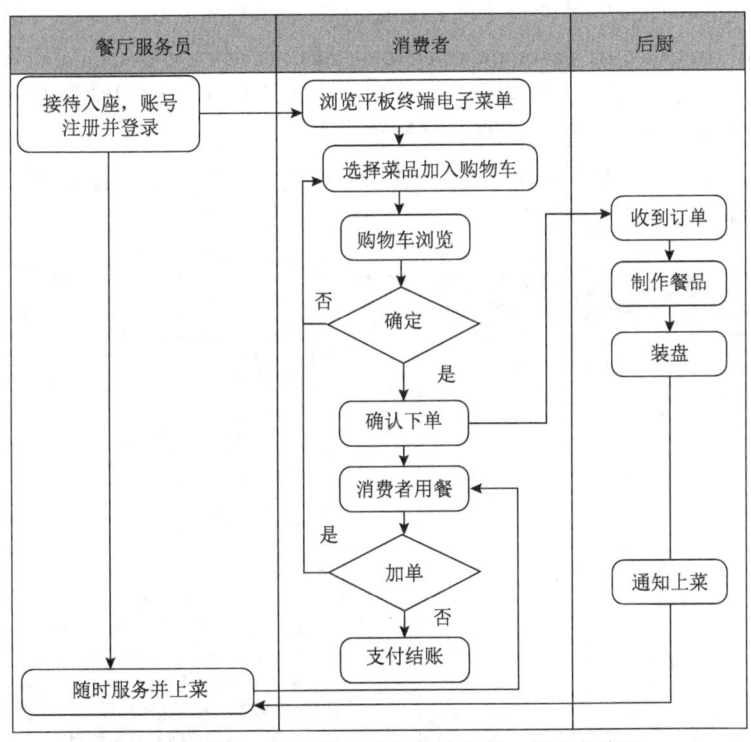

图 8-9　基于平板电脑的电子菜单点菜一般业务流程

基于平板电脑的电子菜单点菜流程的具体功能介绍如下。

（1）菜单展示功能。餐厅服务员提前处理好电子菜单的注册和登录，消费者入座后可直接使用平板电脑点击电子菜单的目录，实时浏览菜品信息；点击菜品的图片，可缩放查看，直观地了解菜品的食材构成、烹饪方式和摆盘等；消费者还可通过电子菜单系统推荐服务的功能，查看热销菜、招牌菜、特惠菜、新品等，可以自由灵活地选择。

（2）自主点餐与下单功能。平板电脑已连接 Wi-Fi，消费者在电子菜单上可自主选择喜欢的菜品加入购物车，通过"+""-"键选择数量，所需菜品选择完成后，点击确认键，所选菜品呈现在购物车里，此时，消费者可修改购物车的菜品，确认无误后即可点击下单键，完成点菜订单的上传。用餐途中，消费者还可以添加菜品，点击"加单"键即可完成加单。

（3）订单核对与支付结账功能。消费者用餐结束后，电子菜单系统形成最终的消费清单。由消费者核对并确认，点击"支付"键选择支付方式。

（4）修改、退单功能。对消费者下单的菜品进行删减的功能。但由于餐饮食品制作存在一定的成本，一般消费者下单后，无法自行在平板电脑上修改菜品和退单，只能呼叫服务员，由服务员与后厨沟通菜品的制作进度，以确认是否可修改或退单。

（二）基于微信小程序的电子菜单模式

这种模式的设计载体是微信小程序，依托二维码技术，调用微信"扫一扫"摄像应用程序接口（application program interface，API），让消费者自主使用智能手机实现餐厅会员注册、菜单浏览、选定、下单、加单、查询订单和调用微信支付接口完成支付等一系列点餐流程。面向餐厅端，餐厅管理者能够实现在线添加、修改和删除菜品信息，管理点餐订单、餐厅桌号和会员信息等功能。这种基于微信小程序的电子菜单点菜流程（图8-10）的功能如下。

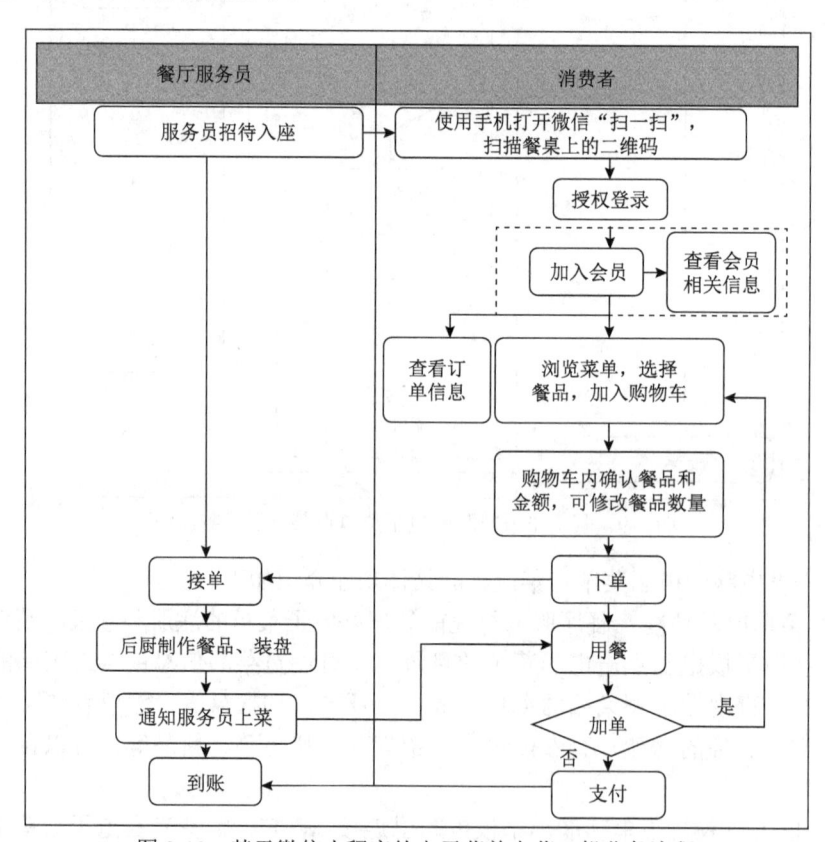

图8-10　基于微信小程序的电子菜单点菜一般业务流程

（1）扫码选桌的功能。消费者使用微信的"扫一扫"，同意授权微信账号在餐厅的小程序使用，即可进入该二维码的桌号开始浏览菜品。每张餐桌对应的二维码是依据餐桌号信息生成的，以此识别菜品下单的桌号。

（2）菜单展示功能。菜单展示功能是电子菜单的基本功能，与平板终端的菜单展示功能一致。

（3）自主下单和修改功能。通过电子菜单的购物车，即可实现消费者自主下单，在未下单前，对已选菜品可以进行删除或数量增减。

（4）支付功能。消费者提交菜品订单后，即可调用微信支付接口，确认无误后，输入微信钱包的支付密码即完成订单支付。

（5）会员中心功能。消费者同意授权微信账号成为餐厅的会员后，会员中心可以在此页面查看会员的相关信息，如会员卡号、会员资料、会员积分、会员卡充值、我的优惠券、店内收藏、积分商城等。不过，成为餐厅的会员，并不是消费者使用电子菜单的必需行为。

（6）订单查询功能。消费者可以在微信小程序里餐厅电子菜单中查询自己在餐厅的消费记录详情。

案例分析：美团的成功

案例背景

2010年3月4日美团网上线，定位为团购网站。2015年10月，美团合并大众点评网，成立新公司，餐饮、酒旅和餐饮之外的本地生活服务是公司业务范围的三驾马车。2016年，美团与餐饮SaaS服务行业的优秀代表企业展芯科技达成战略合作，2018年完成全资收购，展芯科技全面融入美团的餐饮生态体系，推动美团餐饮业务的数字化发展。发展到今天，美团业务涵盖餐饮、外卖、打车、共享单车、酒店旅游、电影、休闲娱乐等服务，拥有美团、大众点评、美团外卖、美团打车等APP。美团作为中国领先的生活服务电子商务平台，其使命是"帮大家吃得更好，生活更好"，当前战略聚焦"食物（Food）+平台（Platform）"，依然强调重视供给端的数字化建设。

美团展芯餐饮管家收银系统通过餐饮管家（收银端，云后台），即基于Windows的云ERP餐饮管理系统，实现智能收银、餐台事况管理、会员管理、智能库存、自助点餐、排队、预订、门店报表等功能；让餐饮商户可建立起餐饮门店的微餐厅，消费者扫二维码即可点餐和在线支付；餐饮经营者通过店小算APP，实现移动终端随时随地了解餐厅的实时桌态、客流报表、后厨食材消耗、收款构成等状况。

分析内容

1. 美团的电子菜单

美团的电子菜单又称芯菜单，是新一代电子点餐技术，是美团餐饮系统的重要组成部分。餐厅经营者使用美团管家、美团外卖商家版（图8-11）等软件，将餐厅菜品图片、介绍、种类等信息进行相关分类与排序，形成电子菜单，可同步至美团及大众点评 APP 的门店详情中。商家使用电子菜单，能够享受线上流量资源，提升门店曝光质量，吸引更多用户到店消费。同时，良好的电子菜单功能还起到扩展推广渠道、提升企业形象、方便订餐的作用。

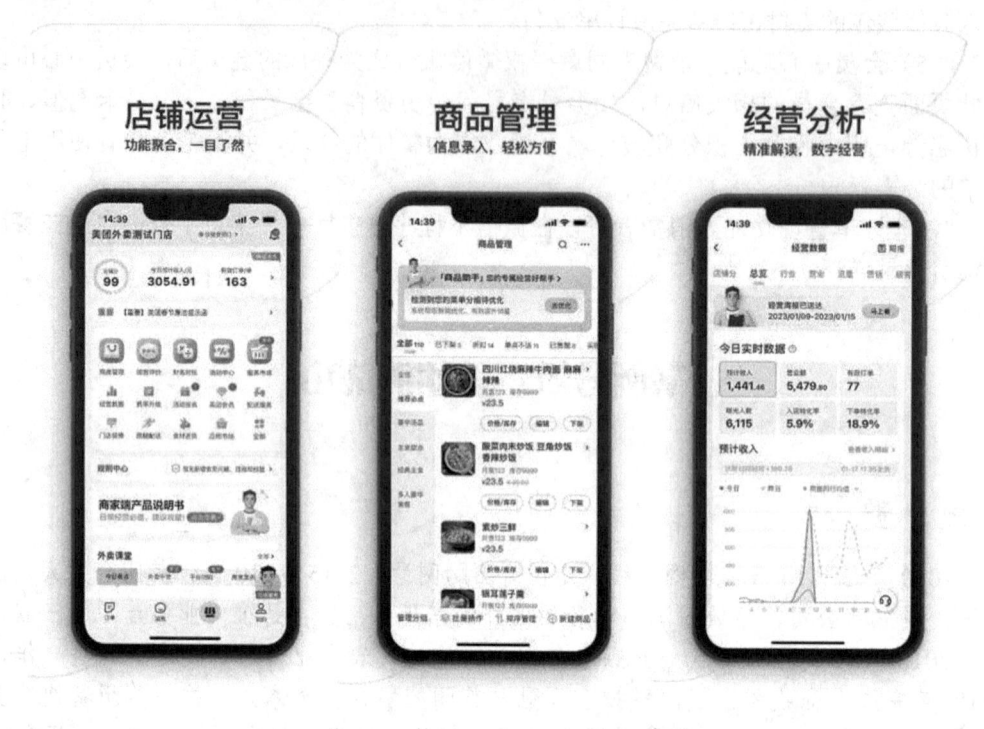

图 8-11　美团外卖商家版电子菜单功能图
资料来源：美团外卖商家版 APP 下载页面

美团外卖 APP 依托电子菜单技术，一方面让用户使用移动智能手机自由地浏览商家并挑选餐品，在线完成下单、支付、评价等操作；另一方面，餐饮企业商户可在线管理门店和餐品信息，实现线上开店、订单处理、菜单管理等。

2. 餐饮商户制作电子菜单流程

具有线下实体店铺和符合国家法律规定的经营许可证照的餐饮商家即可通过美团开店官网（https://kd.meituan.com/），点击"立即开店"或手机下载美团外卖商家端 APP，安装后打开，点击"开店"，依据提示提交相应的店铺信息及经营资质信息，等待平台资料审核通过后，即可在美团外卖 APP 开店并制作相应的电子菜单。

（1）打开"美团外卖商家版"APP 并登录商家账号。
（2）在主界面的下方，点击"门店运营"，选中"商品管理"（图 8-12）。
（3）进入商品管理界面后，点击右下方的"新建商品"（图 8-13）。

图 8-12 "美团外卖商家版"APP 商品管理页面
资料来源：美团外卖商家版 APP

图 8-13 "美团外卖商家版"APP 新建商品页面
资料来源：美团外卖商家版 APP

（4）之后通过"手动新建、语音新建、拍照录菜"新建菜品（图 8-14），建议点击"拍照录菜"，按提示要求对菜品拍照即可完成菜品新建。

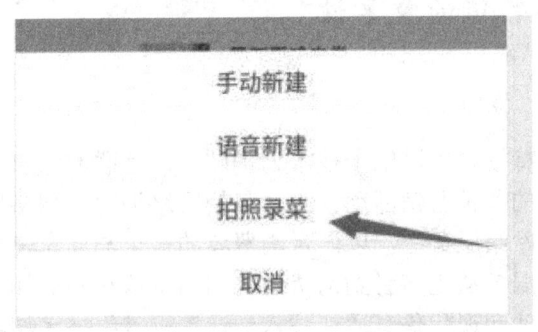

图 8-14 "美团外卖商家版"APP 拍照录菜页面
资料来源：美团外卖商家版 APP

（5）在商品管理界面，点击左下方的"管理分类"（图 8-15），可以新建菜品分类，编辑设置菜品分类，实现菜品分类管理。

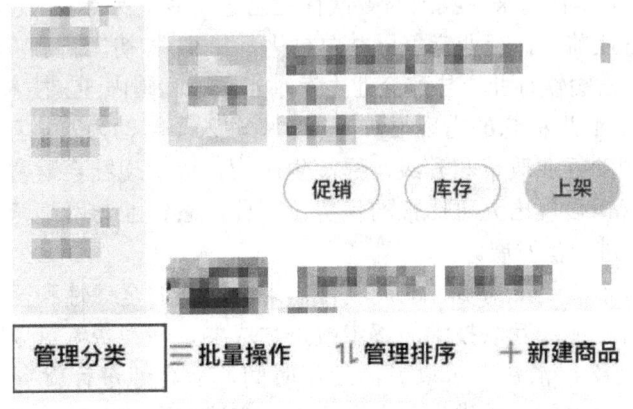

图 8-15 "美团外卖商家版"APP 菜品管理分类页面
资料来源：美团外卖商家版 APP

最终制作的电子菜单在美团外卖 APP 供消费者自由浏览和下单。

分析提示：截至 2020 年 12 月 31 日，美团年度活跃买家数为 5.11 亿人，比 2019 年底同比增加 6000 万人，增长 13.3%。2020 年，美团年度交易笔数稳步增长，达到 143.48 亿笔，同比增长 16.2%。受新冠疫情影响，到店酒旅业务交易数有所回落，跌幅 10%左右，餐饮外卖和新业务交易笔数都取得了强劲增长。请分析美团在餐饮供给端推动的数字化建设给餐饮行业带来的变革，并分析电子菜单进一步的发展方向。

第三节 餐饮业网络营销

一、餐饮业网络营销的重要性

（一）概念

餐饮业网络营销特指餐厅以电子技术为基础，以互联网为媒介和手段，通过市场循环营销传播而进行的各种营销活动，具体包括网络调研、网络新产品的开发、网络促销、网络分销以及网络服务等，以满足消费者的需求与商家需求的过程。网络营销可以使餐饮业商品和服务从生产者到消费者之间的价值转换更加便利。餐饮业网络营销是餐饮企业营销实践和现代信息通信技术、计算机网络技术相结合的产物，具有时域性、富媒体、交互式、个性化、整合性、超前性、高效性、经济性、技术性、成长性等特点，是餐饮行业在新时代取得竞争优势的新亮点。

（二）必要性

自 20 世纪 90 年代以来，我国的餐饮行业已连续多年保持了两位数的高速增长，经济贡献位居服务业前列，行业竞争日益白热化。2020 年初，新冠疫情席卷全球，公共卫生事件直接冲击餐饮行业，导致企业生存举步维艰。国内 5G 技术的应用、移动终端的普及和"互联网+"概念的出现很快为餐饮业注入了新动力。将互联网的思维融入传统的餐饮业，带动行业改革和升级，提高生产力，以实现社会财富的增加。互联网经济时代，网络营销显现出无可比拟的优势。因此，餐饮业与网络营销深度融合，将助推我国餐饮业的进一步发展。

首先，网络营销满足了消费者的便利性需求。网络的全球性和全天候性、电子物流配送系统的完善、无线互联技术的逐步改进与成熟，使消费者可以随时随地满足自己的需求。通过网络，消费者可以灵活运用时间，从容地进行就餐地点和菜品的选择，或进行价格上的比较，或进行地点、环境、交通方面的权衡，或进行不同餐馆菜单的浏览，来选择消费，继而或是根据选定餐厅在网络留下的电话订位或在企业网站、APP 或小程序上直接付费下订单等，大大节省了消费者的时间、交通成本等，满足了消费者便利性的需求，从而直接提高销售业绩，推动该餐厅的发展。

其次，网络营销满足了消费者一对一服务的需求，使消费者在交易过程中占据主导地位。消费者的个性化需求使一对一服务成为一种迫切的市场需求，而互联网的低成本互动性，则使得消费者和商家一对一的亲密沟通成为现实。在网络营销中，由于使用多种媒体的信息，如文字、声音、图像等信息，消费者可以根据自身的需求对产品的设计、功能及特征提出自己的要求。商家必须想方设法地满足消费者的需求。在餐饮业中，商家可以在互联网上发布各种食品信息，包括各种单品和套餐。消费者可以根据价格和自己的口味进行任意的组合搭配。同时，商家能通过网络及时了解消费者的就餐偏好、对环境的要求以及对价格的接受度等一手信息，更有效地满足消费者的一对一服务需求。

再次，网络营销能够提高商家与消费者的互动性，增强消费者的满意度。传统的企业在宣传与推广自己的商品信息时，多是运用广告、人员推销和销售推广等方式。传统的广告虽然具有广泛性和可重复性，但是对消费者反应的可预期性却很小。广告不能获得消费者及时的信息反馈，只是一种单向的信息传播，消费者是否接受广告的信息商家无从知晓，商家不能控制人员推销的方式。因此，传统的广告虽然是一种交互式的推销方式，但是范围有限，而且成本高。商家如果实行网络营销，通过在互联网上展示商品的信息，包括文字说明、图像、声音等，可以使消费者全面地了解商品的信息。在此基础上，商家通过网络与消费者之间的直接交谈，使消费者更加深入地了解企业的产品，并与消费者建立起良好的关系。研究表明，网络所具有的互动性会影响受众的喜好度、心理吸引程度，还会影响到用户对网站的信任程度。由此可知，网络营销的互动性能增强消费者的好感度和参与度。

最后，网络营销可以帮助餐厅降低宣传成本、提高促销效果。一方面，商家可以借助网络平台，让消费者及时了解最新消费潮流、企业最新的运营信息、正在举行的促销活动、主推的优惠套餐、最新的产品等信息，最重要的是商家能通过利用网络进行各式各样的促销宣传。另一方面，借助网络的易于统计、信息海量、便于互动，以及保护隐私等一系列优点，商家能更方便地进行直接促销和推广。因此，相对于传统销售，网络销售能帮助商家降低销售成本、减少中间环节、提高销售利润。

二、餐饮业网络营销模式

（一）由第三方建立餐饮综合性网站进行综合推广

第三方建立的餐饮综合性网站主要是介绍饮食文化、养生保健、各家菜系和有名的餐馆等，包括吃在中国、食谱大全、企业家园、饮食文化、健康常识以及饮食男女等内容（图 8-16 和图 8-17 为中华饮食文化网主页部分内容）。

图 8-16 中华饮食文化网界面
资料来源：中华饮食文化网

图 8-17 中华饮食文化网界面主要功能
资料来源：中华饮食文化网

（二）团购和餐饮点评

团购被许多餐饮商家喜欢，尤其是在开业和扩张期，能吸引人气，提高上座率。餐饮点评也是餐饮网络营销模式的一种，它主要是大众参与的第三方餐饮信息分享平台，如口碑网、大众点评网等。此类网站/APP 为消费者提供相对客观的餐饮信息，吸引网民参与，聚集人气，消费者用餐后在此平台上自由发表消费感受、就餐评论，分享消费信息。餐饮点评类 APP 中设计了"收藏"和"打卡"功能（图 8-18），便于消费者浏览时把感兴趣的餐饮店铺先收藏起来，在到店消费后，可点击"打卡"。"收藏"和"打卡"功能更像是隐形的电子口碑，餐饮店铺的收藏量和打卡数越多，意味着店铺越受欢迎，可以提升店铺在平台的排名和曝光率，从而吸引更多消费者关注与消费，进而增加消费者黏性。

图 8-18　餐饮点评 APP 中收藏和打卡
资料来源：点评类 APP

这些餐饮点评网站/APP 为餐饮企业提供针对性强且收费低廉的广告平台，因其所持的第三方中立公正的态度，网民愿意参考网上的点评意见，能促进餐饮企业的口碑宣传。图 8-19 为大众点评网网友对某团购产品的评价。

（三）餐饮电子商务网站运营

网上订餐给消费者和商家都带来方便、实惠和个性化。在美国，任何消费者只要轻松上网，输入邮区号码，就可以了解到在周围有哪些餐馆提供网上送餐服务，并可以浏览到这些餐馆的菜单，做出预订。仅在两分钟内，消费者就可以通过电子邮件得到确定，继而获得预订美食。一些高端餐厅则利用网络提供预订餐位的服务。

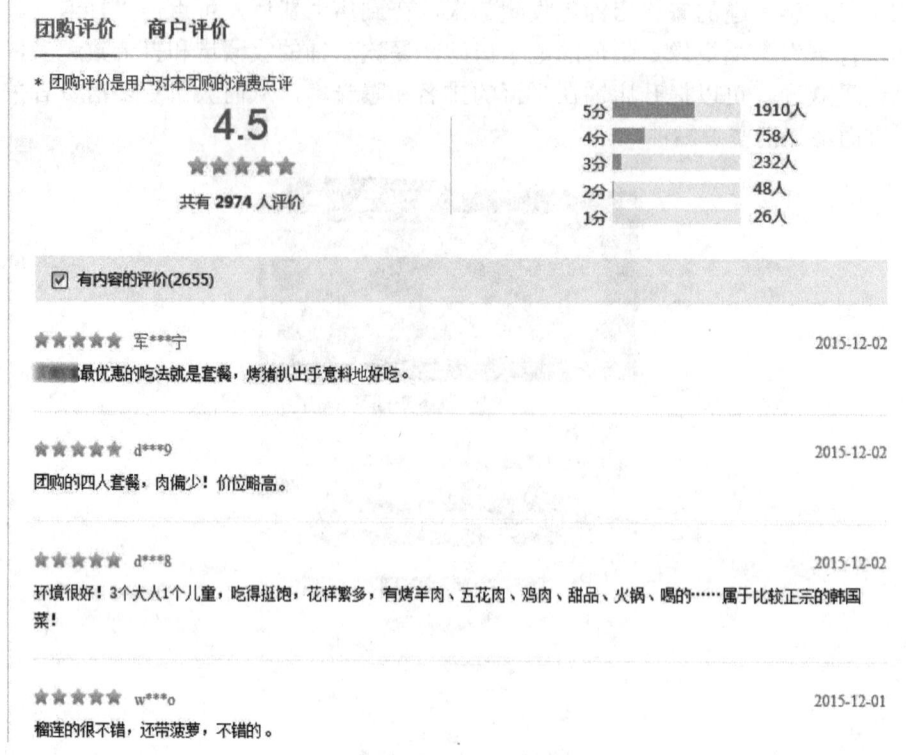

图 8-19　大众点评团购评价

资料来源：大众点评网

案例分析：网站是信息窗口，更是维护消费者关系的桥梁

作为为消费者提供信息的窗口，网站还是餐厅管理各项事务及维系消费者关系的核心平台，对于提升客户的长期价值至关重要。

快餐行业已是红海竞争战场，消费者的转换成本低，餐馆的产品和定价大同小异往往容易流失消费者。因此，区别于传统的吸引和维护客户的策略，快餐企业应该拥有独特的流程和高效的客户关系管理策略，才能赢得市场和保持竞争力。

快餐行业中，技术的应用不仅局限于供应链管理和市场营销，在客户关系管理方面同样亟待提升。快餐经营者若想增强自身的竞争优势，绕不开熟练和成功地运用客户关系管理系统。该系统通过向客户提供优质服务，能够增强客户忠诚度，实现高效的信息收集和知识共享，给快餐企业带来诸多益处。

电子客户关系管理（E-CRM）是依靠互联网，为客户选择、采集、保留和推广运用 CRM 策略，并为客户提供电子化的服务体验。E-CRM 融合了计算机与互联网技术，为企业提供了识别、获取和留住客户的新途径。信息、事务处理和关系管理是一个高效网站应该具备的三大 E-CRM 特性。良好的客户管理能够带来成本效益更高的营销活动，实现企业利润的提升。

分析与讨论：电子客户关系管理对餐饮电子商务网站运营有何作用？

分析提示：电子客户关系管理对顾客进行了划分和管理，使餐饮电子商务网站的运营更有针对性，更有效率。

（四）餐饮自媒体运营

自媒体由 WeMedia 译文而来，又称个人媒体。美国谢因波曼与克里斯·威理斯把 WeMedia 定义为一种途径，通过数字科技强化，普通大众与全球知识体系相连，并开始理解和实践如何提供与分享他们的自身事实、新闻。自媒体强调信息共享、个人自主发布、公众分享的基本属性，以资讯门户、音频媒体、社交媒体、短视频、视频直播等平台为载体。自媒体营销是互联网社交平台的产物，第 52 次《中国互联网络发展状况统计报告》显示，截至 2023 年 6 月我国手机网民规模达 10.76 亿人，即时通信用户规模达 10.47 亿人，网络视频用户规模达 10.44 亿人，短视频用户规模达 10.26 亿人，庞大的用户群体自然吸引了餐饮行业的青睐。目前，餐饮自媒体运营以文本类和视频类为主要内容形式。

1. 基于微信平台的餐饮运营

餐饮企业开展微信营销，即在移动互联网经济时代背景下，基于微信即时通信软件，与用户建立联系，向用户传递信息以达到推广餐饮商户、美食或服务的目的。餐饮企业可借助微信二维码、公众号、朋友圈、小程序、"发现"推广五类工具进行微信营销。借助微信公众号，餐饮企业可以向用户推送餐品、门店、优惠等信息，传递企业价值与理念，管理会员信息；消费者能与商家进行在线交流。微信小程序作为轻量级应用，以无须安装的便捷性深受餐饮商家和消费者喜爱。餐饮企业运用"公众号+小程序"组合拳的营销模式，既发挥公众号的存量优势，又发挥小程序的增量优势，让消费者在线享受自助点餐、外卖下单、商城购物、社群交流、会员权益等一系列便捷服务，在节约营销成本的基础上，极大地增加了用户黏性。

2. 美食类短视频营销

美食类短视频时长一般不超过 10 分钟，以美食制作教学、美食探索、美食体验为主题，在各大社交媒体传播。该类短视频主要分为美食教程类、探店类、吃播类、乡村生活类、故事宣传片类五大类内容（表 8-1）。第 52 次《中国互联网络发展状况统计报告》显示，截至 2023 年 6 月国内短视频用户已超过 10 亿人，贡献了移动互联网的主要时长和流量增量。美食类短视频对于餐饮企业来说，蕴含着无限商机。餐饮企业使用美食类短视频进行营销时，通过讲好饮食故事，突出饮食文化，与观众建立情感联系，更能挖掘消费者需求，引起共鸣，从而带动消费者的消费欲望。

表 8-1　美食类短视频的分类

分类	解释
美食教程类	菜品的制作步骤，指导观众如何制作一道菜品
探店类	主播选择一家餐厅，向观众介绍餐厅的环境、菜品、口味、消费等信息
吃播类	主播现场品鉴和评价食物，以语音、表情和动作向观众传达食物口感
乡村生活类	以乡村生活为背景，展示传统方式制作美食和特色烹饪方法等
故事宣传片类	向观众展示厨师、餐厅、节庆美食故事

资料来源：网络资源整理

案例分析："李子柒"美食短视频

"李子柒"美食短视频属于古风美食短视频，题材源于中国人古朴的传统生活，以中华美食文化为主线，主要在 YouTube、抖音、哔哩哔哩、微博、美拍等平台投放。2016 年，"李子柒"美食短视频《兰州牛肉面》播出后获得广泛关注与好评。

"李子柒"美食短视频紧扣中国传统文化，以传统手工制作美食、地方特色菜系、传统节日美食、非物质文化遗产美食等为主题，采用顺时序（偶尔使用过渡镜头倒叙）的叙事手法把原始食材的种植、收割、采摘、食材处理、制作过程、成品展示和享受美食的过程巧妙地展现出来。短视频中传统汉服、传统锅碗瓢盆酒坛等器具、竹篮、竹漏勺、葫芦瓢等手工劳作道具以及田园和山野场景处处凸显传统古风美食的特点。

"李子柒"美食短视频多数集中在 3～12 分钟，与用户利用碎片化时间获取信息的需求相契合，播放量集中在 3000 万～5000 万，深受国内外网友喜欢。对于国人而言，"李子柒"美食短视频让人思念家乡美食，也增强了自身对中华传统饮食文化的认同和自信。外国网友表示，"李子柒"美食短视频满足了其对中国美食，乃至中国文化的想象，古风疗愈的画面更有效地释放了心理压力。

2018 年，"李子柒"原创短视频获得 YouTube 平台白银和烁金创作者奖。2021 年 2 月 2 日，"李子柒"以 1410 万 YouTube 中文频道订阅量刷新吉尼斯世界纪录。可见，"李子柒"美食短视频传播范围广、传播效果好，影响力大。

分析与讨论：美食类短视频对餐饮企业开展网络运营有何启示作用？

分析提示：美食类短视频抓住用户心理需求，内容特征让人耳目一新，更容易获得用户喜爱和认可。

3. 餐饮直播

5G 时代的到来，让直播火速成为最受用户追捧的营销方式。过去，餐饮企业传统的营销方式是以图片、文字、电视广告、电台广告等形式开展的，是一种单向输出的营销方式。直播让消费者使用移动终端即可实现与主播开展实时互动，是一种双向、可交流、用户参与效果高的营销方式。在"餐饮+直播"相结合的模式中,餐饮直播内容可以是菜品的烹饪演示、菜品味道和营养成分分析、餐饮企业后厨运作、半成品售卖、套餐销售、节假日促销等。餐饮企业的直播间不仅可以全方位展示菜品信息、优惠、节庆活动,而且更加容易诱发消费者的从众消费心理和建立品牌情感,促进销售额增长的同时增强消费者对餐饮品牌的黏性。

4. 餐饮企业社群营销

餐饮企业社群营销是餐饮 O2O 的形式之一,即是一种线上线下互动的商业模式。在移动互联网时代,餐饮企业可借助微信、抖音、小红书等自媒体平台,吸引具有相同爱好或相同价值观的用户组建成群,并以社群成员的价值为导向,通过餐饮相关特色内容维系社群成员,将线上用户流量引入线下门店开展活动或消费,精准有效地实现餐饮企业和消费者的沟通和互动。餐饮企业开展社群营销,紧紧抓住了在线互动和社群裂变的特点,构建并不断巩固了餐饮企业与消费者之间、消费者与消费者之间的联系,回归了餐饮业社交的本质,有利于增加消费者黏性,培养出忠诚的客户群。

三、餐饮业网络营销策略

(一)创新观念,树立全新的网络营销意识

树立我国餐饮企业创新的网络营销意识,一方面,餐饮企业要正确地认识网络营销,真正地了解和掌握网络营销的内涵和外延,充分意识到网络营销对企业发展的重要意义,把网络营销作为企业长期发展战略的组成部分。另一方面,餐饮企业要真正树立以消费者为中心的营销理念,将以消费者为中心的思想融入企业文化建设中,网页设计中突出以消费者为核心,体现企业文化宗旨,不断为消费者提供信息服务。基于消费者的角度及心态进行思考,网络营销的内容设计应反映本企业特色,推出时令菜肴同步增加更新提示,还可利用网上调研等手段,挖掘消费者需求,推出更好的产品来满足消费者。此外,利润是餐饮企业的命脉,但餐饮企业在追求利润的同时,应该承担相应的社会责任,严格把控产品质量与卫生水平。突破传统的餐饮营销空间,开发更丰富的餐饮消费场景,进而提高消费者的复购次数。

(二)建立特色网站,打造品牌形象

品牌型网络营销目标主要是在网上树立企业及品牌形象,建立消费者对企业品牌的忠诚度,以实现企业现行的营销目标。开展网络营销,加强餐饮行业的品牌建设,必须先提高餐饮企业的文化品位,摒弃以往的低层次服务方式,走特色美食文化之路。企业在自己的网站或虚拟店中,不能只介绍饭店地址、订座电话以及仅陈列几张餐品图片,一定要突出餐饮的深层次服务。同时餐饮企业可以根据消费者的需求提供个性化的免费服务,建立与消费者稳定、长久的关系。例如,餐饮企业可以在与消费者进行交流的网络板块上精心设置一个优秀文章发表区,介绍餐饮企业特色菜品和最新的产品,推出最新奖励优惠策略,还可鼓励消费者自行设计和自主定制菜品等。不

断加强与消费者的沟通，树立餐饮企业的品牌形象，进一步提高消费者对本品牌的忠诚度。

总之，餐饮业网络营销中最重要的就是要提升自身文化品位，落脚于各阶层消费者对品牌的忠诚度上。餐饮企业同时也要充分利用网络技术建设企业网站，让消费者在网上就产生"闻其香、诱其色、醉其眠"的感觉。由此可见，网络营销凭借其强大的生命力，对企业提升文化品位、重塑品牌形象、增加消费者的品牌忠诚度具有其他媒体所不可替代的效果和作用。

（三）优化餐饮企业网络营销方式

（1）构建餐饮企业自媒体营销矩阵。当代年轻人主要通过微信、微博、今日头条、秒拍等自媒体平台获取资讯。因此，餐饮企业应与时俱进，针对年轻消费者的习惯和特点，结合企业自身文化内涵和价值，充分利用这些自媒体平台运营餐饮业务。重视强化微信营销渠道，完善公众号的功能和设置，提升推送内容的吸引力，避免轰炸式推文，充分利用微信后台数据挖掘消费者习惯与偏好，不断改进营销策略，形成高质量的微信营销模式。发挥抖音、快手等视频 APP 的特点，发布餐饮美食短视频和进行餐饮直播"带货"，通过丰富多样的消费场景，吸粉涨粉，转化线上粉丝流量为线下的实际销量。移动互联经济时代，餐饮企业必须适应自媒体的网络营销模式，设计相关文创产品吸引用户，对用户进行画像，开发一系列针对当代消费者的市场营销方案，从而构建起餐饮企业产品营销的自媒体矩阵，实现餐饮店铺引流和盈利。

（2）增加即时信息工具，加强与客户交流。餐饮企业 O2O 社群就是运用在线即时工具与客户实现深度沟通和互动的充分体现，利用互联网的思维维系客户群。微信是目前最普遍和便利的即时交流工具，餐饮企业使用微信组建社群后，必须把关社群成员的质量，投入相应的时间、精力与热情，及时回复客户信息，满足客户需求，征集并采纳客户对餐饮企业经营的有效建议，随时间推移不断增强与客户的连接、客户间的连接，将社群发展为熟人圈层。同时，在平衡利润和社会责任的基础上，餐饮企业应适时发起客户支持和参与的公益活动或线下门店餐饮活动，保持社群的长效热度，推动社群圈层满意度和传播效率的提高，实现客户和社群的裂变，吸引更多客户。餐饮企业还可以把最新推出的菜品或者优惠打折信息通过即时聊天工具发送给客户，此方式对于老客户则尤其重要，因为留住一个老客户的成本相当于开发一个新客户成本的 1/5。同时也让新客户感受到高效、良好的服务，使他们成为潜在老客户，如此良性循环正是餐饮企业维系客户群的最佳状态。

（3）深度开发网络餐饮外卖。餐饮外卖 O2O 本就是互联网时代的产物，新冠疫情加速了网络餐饮外卖的发展步伐。后疫情防控时代，正是餐饮企业深度开发网络餐饮外卖的良机。国内餐饮外卖 O2O 已经相当发达，逐渐形成了美团和饿了么两大网络餐饮外卖巨头。网络餐饮外卖符合国内居家防疫政策要求，创新的无接触配送方式和无人配送方式有效助力餐饮业实现逆势增长。一方面，餐饮企业应当充分利用各大外卖平台（网络/APP）或小程序，精心设计电子菜单，线上向消费者展现餐品的摆盘、食材和烹饪方式等信息，以诱人的餐品吸引消费者，进而提高用户黏性。另一方面，餐饮企业应该丰富线上产品类别，开发网络餐饮成品、半成品、特色调料和原材料等一体化的全品类外卖模式。此外，餐饮企业开发网络餐饮外卖时，物流配送机制应该逐渐趋向标准化管理，只有在时效和配送服务上满足消费者需求，在移动互联网时代才能得以长久生存乃至成为行业领跑者。

（四）引进并培养复合型餐饮经营管理人才

现在网络营销绝不是单纯的"网上促销"，而是一个企业整体营销战略的一部分。人才一直是餐饮业发展网络营销的瓶颈。现代餐饮业网络营销的建设和实施都离不开复合型人才，餐饮网络营销人才不仅要熟悉电脑、互联网，还要精通餐饮营销管理、物资经营管理，更要懂得如何通过网络完成交易的各个环节。企业应该从资本决定论向人才决定论转变，把企业的竞争定位为人才的竞争。企业要引进一批素质较高、层次合理的网络及营销管理等方面的复合型人才，建立完善的用人制度，为企业网络营销发展提供人才保障。企业还要经常组织相关人员进行培训学习，让复合型人才去顺应市场发展的潮流，不断地在观念、技术方面进行创新。

讨论与思考

1. 请简单描述餐饮企业的供应链。
2. 试详细描述餐饮外卖的业务流程。
3. 通过查阅资料，试描述餐饮电子菜单的制作步骤。
4. 请简单分点陈述餐饮业进行网络营销的必要性。
5. 说明餐饮业网络营销模式并举例。
6. 通过了解我国餐饮业网络营销现状，选一个实际案例进行具体分析。

创新创业技能训练

1. 如果你作为一家传统餐饮公司的负责人，现在需要顺应互联网的浪潮，对公司的运营电商化，你将从哪些方面开展餐饮电商的业务？
2. 当公司开拓电商渠道后，需要对在线上的营销宣传进行优化，你将从哪些方面优化完善企业的网络营销？
3. 互联网改变了人们吃饭的方式，从依赖大众点评、美团找餐馆，使用淘点点、饿了么点外卖，跟着下厨房、豆果美食上的菜谱做饭，到通过回家吃饭、妈妈的菜挖掘民间美食大家，甚至直接从好厨师、爱大厨、挑食上把厨师请回家。但也有另外一种观点认为餐饮业作为传统的行业，互联网再怎么发展也颠覆不了它，餐饮 APP 如果不是有优惠补贴也不能发展得那么快。那么，你认为互联网跨界传统餐饮，是噱头还是颠覆？

4. 寻找并归纳餐饮电商创业案例，尝试归纳创业成功者的共同点与失败者的经验与教训。

5. 访问一位餐饮电商创业成功的创业家，通过与成功创业家的访谈、交流与接触，走进创业家的工作环境中，了解实际的互联网餐饮电商创业过程。

网络资源

- www.meituan.com
- https://kd.meituan.com/
- https://www.ele.me/
- https://www.dianping.com/

参 考 文 献

范国婷, 任乐琦, 周灵辉, 等. 2019. 基于微信小程序的二维码点餐系统设计研究[J]. 赤峰学院学报（自然科学版）, 35(12): 59-62.

国务院办公厅. 2017. 国务院办公厅关于积极推进供应链创新与应用的指导意见[Z]. 国办发〔2017〕84号.

季永伟. 2020. 网络营销对餐饮业发展的促进分析[J]. 中国商论, (13): 9-10.

李艳萌. 2020. 互联网背景下餐饮业的创新营销策略研究[J]. 商场现代化, (7): 45-46.

罗佳. 2020. 新冠肺炎疫情背景下餐饮业的出路[J]. 食品安全导刊, (6): 49.

罗瑞珍. 2017. 餐饮企业O2O社群营销模式探索[J]. 产业与科技论坛, 16(2): 18-20.

唐安. 2021. 外卖O2O商业模式分析及发展建议——以"饿了么"为例[J]. 中国物价, (8): 101-103.

王艳辉. 2019. 基于微信小程序订餐系统的设计与研究[J]. 信息与电脑（理论版）, 31(21): 97-98.

魏润华. 2017. 餐饮供应链管理系统的设计与实现[D]. 济南: 山东大学.

谢娜. 2016. Android平板电脑的电子菜单优化设计[J]. 自动化与仪器仪表, (11): 189-190.

余锐. 2020. 自媒体平台中美食类短视频研究[J]. 今古文创, (16): 79-80.

张晓东. 2019. 互联网智慧餐饮发展策略研究[J]. 科技创业月刊, 32(7): 19-21.

赵楚莹, 欧绍华. 2017. 中小型餐饮企业供应链建设策略[J]. 现代企业, (10): 12-13.

郑慧敏. 2021. 李子柒美食类短视频内容特征研究[D]. 大连: 大连理工大学.

中国互联网络信息中心. 2023. 第52次中国互联网络发展状况统计报告[R].

中国商业联合会. 2020. 商品无接触配送服务规范[S].

周勤怡, 石自彬. 2021. 后COVID-19时代餐饮业发展模式变革与创新[J]. 江苏调味副食品, (1): 1-3.

第九章 民用航空业电子商务应用

● 学习提示

一、教学内容

- ◇ 航空业的历史与发展
- ◇ 航空公司信息化建设
- ◇ 航空公司电子商务

二、学习重点

- ◇ 了解航空运输市场的结构与特点
- ◇ 掌握航空公司主要信息系统在经营过程中的作用
- ◇ 了解 GDS 的历史与现状
- ◇ 掌握航空公司电子商务分销渠道的形态与特点

第一节 航空业发展史

一、航空业与航空市场

航空业包括军事航空和民用航空，民用航空一般分为两部分：商业航空和通用航空。商业航空也称为航空运输，是指用航空器进行经营性的客货运输的航空活动；通用航空是指民用航空除商业航空的其余部分，包括工业航空、农业航空等。

民用航空由三大部分组成：①政府主管部门，我国由中国民用航空总局负责管理法规制定、航路规划管理、民航机场统一规划等工作；②民航企业，主要指航空公司，它们掌握航空器从事生产运输，是民航业生产收入的主要来源，其他类型的航空企业包括油料、航材、销售等，航空公司的业务包括航空器的使用（飞行）、维修和管理以及公司的经营和销售；③民航机场，机场是民用航空和整个社会的结合点，同时也是一个地区的公共服务设施。因此，机场既带有盈利的企业性质，同时也带有为地区公众服务的事业性质，因而世界上大多数机场是地方政府管辖下半企业性质的机构。主要为航空运输服务的机场称为航空港，或简称空港。使用空港的一般是较大的运输飞机，空港要有为旅客服务的地区（候机楼）和相应设施。

民用航空是一个庞大复杂的系统，其中有事业性质的政府机构，有企业性质的航空公司，还有半企业性质的空港，各个部分协调运行才能保证民用航空事业的迅速前进。据国际民航组织的统计，2018 年世界民航定期航班运送旅客 43 亿人次，比上年增长 6.4%；航班起降为 3780 万架次，比上年增加 3.5%。《2018 年民航行业发展统计公报》显示，2018 年我国民航行业全行业完成运输总周转量 1206.53 亿吨公里、旅客周转量 10712.32 亿人公里、货邮周转量 262.50 亿吨公里，分别比上年增长 11.4%、12.6%、7.8%；客运市场方面，完成旅客运输量 61173.77 万人次，比上年增长 10.9%；货运方面，完成货邮运输量 738.51 万吨，比上年增长 4.6%；截至 2018 年底，我国共有运输航空公司 60 家、运输飞机 3639 架、定期航班航线 4945 条、定期航班国内通航城市 230 个（不含港澳台地区），国际定期航班通航 65 个国家的 165 个城市。国际民用航空组织（International Civil Aviation Organization，ICAO）数据显示，受新冠疫情冲击，2020 年全球航空公司可用座位数较 2019 年同比减少 50%，旅客人数同比下降 60%，2021 年有所恢复，可用座位数较 2019 年减少 40%，旅客人数减少 22.03 亿人次，同比降幅 49%。这种程度的需求崩塌在历史上前所未有。

2022 年，全球排名前十的航空公司依次是卡塔尔航空公司（Qatar Airways）、新加坡航空公司（Singapore Airlines Group）、日本全日空航空公司（All Nippon Airways）、阿联酋航空公司（Emirates）、澳洲航空公司（Qantas Airways）、德国汉莎航空公司（Lufthansa Group）、美国达美航空公司（Delta Air Lines）、英国航空公司（British Airways）、美国联合航空公司（United Airlines）、美国西南航空公司（Southwest Airlines）。民用航空市场构成主要包括航空公司、旅客或货主、机场、航线、销售网络和运价。民用航空市场的主要特征包括以下几个方面。

（一）自然垄断性与政府管制

民航属资本密集型产业，投资额巨大，进入和退出成本很高。民航业发展初期，受自然或技术条件限制，机场数量及航线资源有限，制约了市场容量的扩大，增强了产业的自然垄断性质，企业在规模经济、范围经济、网络经济的作用下，从事大规模的运输生产具有明显的成本优势和市场优势。随着规模的扩大，企业的成本函数呈"弱增性"（或称"次可加性"）特点，在一定的空间范围内，有限的市场需求决定了由一家或极少数几家企业经营是有效率的。此外，人们的主观认识原因，如认为航空运输业涉及国家主权与国防安全或属于重要的公益性运输服务部门，还有对飞行安全的担心等因素，都导致了对该产业的垄断性经营和政府管制。

（二）市场构成的复杂性和主体多元化

民航市场是以飞机为运输手段，实现旅客、货物发生空间位移和满足社会需求的交易领域，其构成比较复杂，具有多种形式的主体。航空公司是空运市场的经营主体，它们按照企业的意志决定投资、经营、机构设置、人事工资等，自主经营，自负盈亏。航空公司作为公共性企业，必须承担政府指定任务，并为公共利益服务，把社会效益置于重要位置。

（三）服务性和需求的无形化

人们对商品的需求都是有形的物质性需求，需求的满足主要通过物质产品本身的效用实现而获得，而民航运输需求则和其他服务需求不同，消费者支付货币后，实际消费的并不是有形的物质产品，而是无形的非物质性的劳务。

（四）季节性和使用的广泛化

现代人类生产和生活的各个方面、各个环节都离不开物和人的空间位移。除了一部分由个人或企业、团体自行完成以外，大部分运输需求的满足都来自运输服务的专门提供者。民航运输需求已经成为现代社会经济、文化、生活等方面基本的需求之一。民航运输需求的波动性记录了一定时期内民航运输需求的时间分布和运输空间分布所呈现出的不均衡状态。

二、我国民航企业的行业构架

2002年，国务院作出改革民航管理体制的重大决策，确定了《民航体制改革方案》。我国决定中国民用航空局直属企业组建六大集团，实施政企分开。目前，我国主要民航企业的主要类型如下。

（一）航空公司

作为直接为旅客、货主提供航空运输服务的企业，航空公司是中国民航的龙头。航空公司向旅客、货主提供旅客、货物和邮件运输服务，同时按照国家有关规定收取费用。

在2002年之前，我国原有从事公共客货运输的航空公司34家（其中中国民用航空局直属企业10家，其余为1984年以后地方或部门成立的非直属航空公司，包括2家专门的货邮运输航空公司），经过2002年的航空公司体制改革，我国民航业形成了以中国国际航空、中国东方航空、中国南方航空、海南航空四大集团为主体的格局。

（二）机场

机场主要为航空公司和旅客提供起降、候机等服务，按照国家统一制定的标准向航空公司、旅客收取有关费用。民用机场和航空公司的行政管理属于中国民用航空局、民用航空地方管理局。对于那些利用地方资金共同建设的机场，地方参与管理，航空公司和机场都是独立经营，独立核算，自负盈亏。航空公司与机场的关系常常是协议关系或股份关系。

（三）空中交通管理

空中交通管理是民航的重要组成部分。它为航空公司提供远近指挥、航路指挥等服务并按照国家统一制定的项目标准向航空公司收取费用。鉴于空管体系对我国航线结构的调整和横向体系扩大的制约及其公共产品特征，以及今后空军进一步将空中航线管理权移交给民用航空，空中交通管制将成为国家投资民航的最主要领域。

（四）航油供给

航油供给目前主要由中国航空油料集团有限公司经营，另有少数全资企业参与经营。中国航空油料集团有限公司在各地的分支机构为航空公司提供加油服务，同时按照经批准的价格收取有关费用。

（五）信息服务商

主要提供航班信息服务，如航班时刻座位信息管理、出票等。中国民航信息集团（简称中航信）是我国航空运输旅游业信息技术和商务服务提供商，也是全球第四大GDS提供商。主要GDS包括Amadeus、Abacus、Galileo等。一般的GDS包含了所有航班时刻、座位信息、票价和定价规则、离港系统，甚至是出票和结算等内容。航空公司、旅行社和线上线下的机票代理要给GDS交费，因为在查询、预订、出票等过程中不可避免用到GDS的数据。

（六）航空销售

航空销售服务部门是与旅客、货主等消费者联系的窗口单位，是民航产业的重要组成部分，可分为航空公司直销和代理销售两部分，但都需要航空销售服务系统的支持。

（七）飞机维修服务

飞机维修服务由专业的飞机维修公司有偿提供。目前中国民用航空局在北京和广州已分别建立了飞机维修合资公司，波音公司在北京首都国际机场建立了有30 000多个备件的供应中心；空中客车公司也已建成中外合作的支援中心。根据具体项目性质的不同，飞机维修服务收费分别采取了市场调节价、政府定价两种形式。

（八）其他

为航空公司或旅客、货主提供服务的企业或机构，还包括航空材料、航空食品、教育培训、各种专业设备制造等。

三、航空公司的营销管理

航空运输服务从购票开始到旅客乘机、货物托运，直到离开飞机实现空间位移的整个航行。航空公司也像其他企业一样提供产品与服务，航空公司产品是航线网及与此相关的有形展示、旅客服务等。航线网是航空公司产品的核心，有形展示包括客舱布局、航班密度和机型、服务环境等，旅客服务是旅客在乘机前、中、后需要的服务内容。

在运营过程中，航空公司要进行收益管理、成本控制、市场营销、服务与质量控制等工作，其中，市场营销在电子商务时代发生了巨大的变化。航空销售服务部门可分为航空公司直销和代理销售两部分。1981年以前，我国民航主要采取人工订座的售票方式。1984年民航建立了CRS，在39个国内城市和32个国外城市实现了联网，并逐渐向GDS过渡。2002年，GDS工程完成主体验收。

传统营销渠道为完善售票处软、硬件建设，重点提高服务人员的综合业务水平，建立24小时呼叫服务中心，树立航空公司形象，在发展企业自身销售渠道的同时发展销售代理，以进一步扩大销售影响力，有利于参与国际市场竞争，利用代理覆盖面广、影响范围大、服务水平高、业务能力全面等优势，达到拓展航空运输企业销售渠道的目的；同时在某种程度上可以摆脱资金和人力资源对发展销售网络的制约，也能够利用外围渠道及时、准确地掌握各种信息，做到市场反应快、销售快，增加市场占有率，也便于在定价、分销渠道和服务内容上进行一致化的控制。在现今激烈的航空市场竞争中，谁销售渠道广、方式多，谁就拥有更多的销售机会。

进入信息时代，互联网逐渐走入每个人的生活，电子化、智能化也逐渐被现代化企业利用，电子客票、城市值机、网上值机、收益系统等电子产品的应用代表了行业时代发展方向。网络营销依托电子商务，也就是在网络环境下的一种市场营销活动。网络环境下的市场营销要求企业转变管理和经营观念。在这种技术和环境的双影响下，网络营销成为一种具有完全不同的沟通方法，智能化的、全新的促销和推销技术，全新的发展战略以及全新的市场信息的发现机制。在这一观念的引领下，企业从不同的角度审视信息技术，以及它在管理过程中的作用。建立商务网站、推进网络营销，实际上就是利用网络工具来帮助企业完成各种营销和经营活动，用极小的成本代价极大地推进企业的整个经营管理和提高经营业绩。

第二节　航空公司信息化建设

20世纪90年代以来，全球经济持续增长，成因之一便是信息技术及其相关产业的高速发展。一方面，信息技术改造传统工业，迅速完成了产业升级；另一方面，对信息技术的运用及互联网的扩展，拉动了信息技术产业的发展。加快信息化发展，已经成为世界各国的共同选择，信息化同样也是衡量民航业现代化程度的重要标志。随着国内航空市场的逐渐开放和行业全球化竞争的加剧，以中国国际航空、中国东方航空、中国南方航空和海南航空为主体的四大航空集团，为了降低成本、改进服务、提高效益，在系统整合和管理方面提出了新的需求，大力推进航空企业信息化刻不容缓。

一、信息化对航空业的影响

在竞争日益激烈的航空运输市场，航空公司利用快速发展的信息技术，在保证飞行安全的同时，降低运行成本，明显提高市场竞争力。随着航空业全球化步伐的迅速推进，中国航空业不仅要面对铁路不断提速、全国高速公路网络迅速扩张的外部压力，还要面临航空业全球化的激烈竞争。在航空业务全球化的今天，必须借助信息化手段，不断提高航空业的安全性、可靠性以及提升客户服务的满意度，大力提升航空公司的核心竞争力。

（一）信息化是民航强国战略实施的有力保障

2003年，我国民航的世界排名挤进世界民航前五名，发展成为世界民航大国。民航是一个高度依赖信息化的部门，只有依靠信息化，充分利用信息技术，才能切实提高运营和管理水平，才能提高服务质量，维护公共利益。民航强国战略的实施，必须依靠信息化建设的有力支撑。

（二）信息化是航空公司参与航空全球化的必然选择

随着航空自由化和全球航空战略联盟的逐渐兴起及发展，以枢纽航线结构为主的运营模式日益成为世界航空运输推崇的一种主导方向。我国民航由大变强，必须适应国际民航发展大趋势，积极参与国际市场竞争，并在竞争中取得优势地位。信息化是竞争国际市场的关键和保障，信息化就像航空的眼睛和神经系统，只有信息化程度高度发达，才能保证航空公司发现市场、争夺市场、服务市场。只有加快信息化建设，才能保证航空公司主动适应航空自由化和真正共享航空联盟的资源，才能保证航空枢纽顺畅、高效。

（三）信息化是降低航空公司运作成本的有效手段

利用信息技术来降低航空公司运作成本已成为航空公司的普遍共识，不断创新使用信息技术，将给航空公司带来很大的改变。如电子客票业务，乘客只要持有银联卡就可以在航空公司的网站上完成航班查询、机票订座、网上支付等手续，再凭电脑记录号到机场航空公司电子商务柜台即可办理乘机手续。通过使用信息技术来提高生产效率，不仅仅是简单地降低人员成本，还能提供开放的服务，改变旅客传统的出行习惯。同时，航空公司提供标准的界面和架构，可以很容易地将一些创新性的技术深入运用到企业运作中，可以使航空公司提供更好的服务。

（四）信息化是航空公司安全管理基础

随着科技的高速发展，先进的信息化建设可以为庞大的航空公司的安全运转提供保证，信息化在航空公司安全运行方面所起的作用越来越大。如航空公司的地空语音通信系统可以实现指挥中心与航班机组人员即时沟通，这对于飞行指挥中心的决策和飞行人员的执行来说非常重要；航空公司的运行管理系统和飞行安全息息相关，通过统一航班的飞行时刻和放行标准,将公司总部-航空分公司-飞行站 3 级并行管理,形成信息共享和统一指挥,很好地保证了航空公司运行安全管理;航空公司通过航班运行控制(flight operations control,FOC)系统建立高效的运行指挥平台,使生产更加有序化、整体化,使飞行处于完全的受控状态,提高了安全生产水平,机组排班更加科学合理,做到有效利用飞行员资源,降低飞行风险,信息化已经成为航空公司运行安全技术层面上的有力保证。

二、发达国家民航信息化发展

欧美许多航空公司很早就将信息技术应用于航空公司运行管理。在 20 世纪 80 年代,美国航空公司和美国西北航空公司就开始提出系统运行控制(system operations control,SOC)理论,调整了公司组织机构,并建立了一套与之相适应的航空公司统一的信息处理计算机系统。美国三角航空公司建立了最先进的运行控制中心,以每天的旅客服务和不正常航班处理为重点,以公司最大效益为目的进行集中飞行控制,该系统不仅提高了航空公司对旅客服务的质量,而且每年至少为公司减少 3500 万美元的运行成本。德国汉莎航空公司和英国航空公司也采用了类似的运行控制系统。

从国外航空销售系统的演变和发展看,计算机技术的发展为航空销售提供了有力的手段。从 20 世纪 60 年代末开始,美国、欧洲等地的航空公司相继建立了以订座控制和销售为主的计算机系统;到 20 世纪 70 年代末,为满足销售代理人销售航空公司机票的需求,国外航空公司以库存控制系统(inventory control system,ICS)为基础,分离出与 ICS 相连接的 CRS;进入 20 世纪 80 年代末 90 年代初,随着航空企业的联合或联盟,CRS 逐步演变为全球化且具有运输、旅游等多种服务功能的 GDS。目前,世界四大 GDS 巨头分别是 Sabre、Galileo、Amadeus、Worldspan,国内最大的 GDS 是中航信的信天游(Travelsky)。

随着互联网的飞速发展,电子商务成为航空公司信息化建设的热点,电子商务的发展对民航传统产业结构,尤其是企业结构,将产生革命性的变化。1994 年,美国联合航空公司通过实施电子商务发展战略改变企业运作体制,完善商务信息系统与 GDS 的集成,组建明星联盟,实施低成本远行战略,开展电子票、网上售票、网上采购业务,使美国联合航空公司成为真正的全球承运人,美国联合航空公司约 20%的客运收入是通过电子商务实现的。美国联合航空公司是世界上第一家在国际范围采用网上售票与电子客票的航空公司,旅客在网上支付后,可以直接到机场美国联合航空公司的值机柜台凭有效身份证件领取登机牌。这样,旅客不必担心机票的丢失而带来的一系列麻烦,而且还大大降低了航空公司的销售成本。经过不到一年时间,美国联合航空公司就在美国境内的每条航线上实现了电子客票的销售。目前,美国联合航空公司在全世界的所有航线上销售电子机票。该公司支付的代理费则由 1998 年的 13.25 亿美元降至 1999 年的 11.39 亿美元,代理费成本降低 14%。目前美国所有的航空公司均已开展了电子商务,并提供电子机票服务。

三、我国民航信息化建设的现状和问题

（一）我国航空公司信息化建设现状

民航信息化建设是我国民航事业的重要组成部分，是我国由民航大国向民航强国跨越的有力保障。"十一五"以来，我国民航信息化建设加强了信息安全建设，基本形成了以空中交通管理服务的空管数据通信网和为航空运输服务的商务通信网为骨干的两大专用通信网络为依托，九大系统（订票系统、离港系统、货运系统、运行管理系统、行李查询系统、财务系统、结算系统、飞行部门编排航班系统、机组排班系统）为支柱的发展格局。各地区空管局的信息化系统基础设施建设已初具规模，在总局和地区空管局都相继建立了一些信息网络系统，空管技术改造不断加快，扩大雷达覆盖范围，部分地区完成雷达数据联网，网络化的雷达数据交换得到推广应用，提高通信保障手段，建成了包括民航专用转报网、分组数据交换网、卫星通信网在内的大通信网，初步实现了航行情报、航空气象等专业信息的网络化服务，提高了民航安全保障能力和服务水平，目前国内航空公司基本实现了主要业务的计算机化。

1. 商务信息系统

中国民航使用的旅客订座系统（reservation system）中存有国内 21 家航空公司的机票销售数据，它所连接的代理人分销系统通过民航商务数据网络连接着覆盖国内外 5000 多家代理人共 20 000 多台终端。航空公司订座系统和代理人分销系统与国际上的八大 GDS 连接，国内旅客购买国外航空公司机票以及国外旅客购买中国国内航空公司机票都可通过该系统实现。同时，订座系统还提供包括酒店、客房、出租车、旅游线路等在内的旅游产品分销服务。

2. 电子客票系统

电子客票是目前世界上最先进的机票形式，也是民航客运、销售等各相关环节进一步计算机化、电子商务化的基础，不但提高了航空运输企业的市场竞争力，降低了运营成本，同时也使消费者受益，简化了从订票到登机过程的中间环节。

2007 年，电子机票全面取代纸质机票，作为中国 GDS 建设的重要组成部分，中国国际航空、中国南方航空、中国东方航空等国内主要航空公司都相继在国内航线推出电子客票业务，电子客票在中国民航的使用几乎达到 100%。电子客票系统与航空公司的订座系统、运价系统、离港系统、常旅客系统和银行支付系统等多个计算机系统直接相联系，同时又与公司的客运业务和服务直接相关。电子客票发展主要分为三个阶段：第一阶段是在航空公司系统实现电子客票的基本功能；第二阶段是在代理人分销系统实现电子客票功能，并继续完善第一阶段的功能；第三阶段将实现跨航空公司（与国外航空公司、GDS）的电子客票系统。

3. 离港系统

离港系统具有提供旅客值机、配载平衡、航班数据控制三大部分功能，进一步将集中后台处理与分布前台处理相结合，提高系统的可靠性和响应速度。1999~2001 年短短三年中，国内新投产离港系统的机场数量几乎与过去 10 年相当，共有南宁、桂林、温州、青岛、长春、银川、湛江等 13 家机场投产。2002 年，吞吐量排名在前 100 的机场的离港系统建设工程也进入了攻坚阶段。目前绝大多数国内机场都采用中航信集中式离港系统，早在 2011 年 9 月 30 日，该离港系统单日旅客处理量就已突破百万人次。这种大规模的离港系统建设，可以提前完成"大型机场枢纽化、中小型机场信息化"的发展要求，配合中国民航电子客票的全面推广和使用，帮助有关部门开展市场监督、辅助决策、统计分析、综合数据等工作，有利于向旅客提供便捷的服务。

4. 收入结算系统

目前国内民航系统的结算工作大部分由民航结算中心负责，该中心开发完成的各种系统基本上能满足国内民航的收入管理、客运、货运、邮件运输、导航、起降、机场、商务、加油、配餐等收入结算的需要。处理航空公司收入管理业务的系统能与国际航空运输协会的 BSP、联运数据交换中心和地区销售报告系统及自动出票系统共享数据信息，其提供的服务覆盖中国国际航空、中国东方航空和中国南方航空等大部分国内航空公司以及机场、管理局、空管局、销售代理人等，并代理新加坡航空公司和澳门航空公司的客运、货运及邮件结算业务，而且通过竞标，还获得了大中华区 BSP 数据处理业务。目前该中心已成为中国民航收入管理外包服务及计算机系统产品服务的主要供应商，在中国民航结算业务领域占有主导地位。

5. 航空公司及机场信息系统建设

在民航六大集团组建之后，有效安排航班、机队、机组，合理调配飞机、人力和航材资源，就显得格外重要。在"九五"期间，民航机场主要解决了旅客信息服务系统的建设问题。"十五"期间随着飞机起降架次和客流量的不断增加，机场生产指挥和企业管理等信息系统建设成为重中之重，如首都机场无线局域数据通信网络、站坪管理系统、电子政务及企业综合信息服务平台等信息系统的建设。广州新白云机场投资 1400 万元建立全机场内的骨干网，实现了机场信息的互相传递、共享及协同工作，投资 1 亿多元建设的计算机信息系统构成了整个白云机场的中枢系统。2016 年出台的《国民经济和社会发展第十三个五年规划纲要》提出，要发展现代互联网产业体系，实施"互联网+"行动计划，促进互联网深度广泛应用，带动生产模式和组织方式变革，形成网络化、智能化、服务化、协同化的产业发展新形态。该规划纲要还提出，要实施国家大数据战略，把大数据作为基础性战略资源，全面实施促进大数据发展行动，加快推动数据资源共享开放和开发应用，助力产业转型升级和社会治理创新。加快政府数据开放共享，促进大数据产业健康发展。航空公司要从信息化基础建设转型为信息增值服务，深化"互联网+"行动，向大数据发力，开拓新的利润点。

（二）我国航空公司信息化建设存在问题

我国的航空公司信息化水平总体上与国外发达民航国家相比还有一定的差距，从现阶段看，我国民航信息化建设还存在一些亟待解决的问题。

（1）信息资源的开发和利用率低。航空企业要加快完善网络与信息系统的集成与整合，抓紧数据基地建设，利用信息资源提高运营和管理水平。

（2）信息化基础性工作薄弱，标准化和规范化水平低。要制定全行业基础信息共享和信息交换的统一标准，确立民航信息资源管理框架体系，推进民航公共信息网络平台的建设，实现民航主要生产和管理信息的交换和共享。

（3）技术创新和新技术应用深度不均衡。要加快新一代 GDS 的建设，从技术和功能上进行创新，满足我国民航快速发展的需要。要围绕"简化商务"，推广 RFID 等新技术应用，不断推出方便快捷的离港值机方式，全面支持传统柜台、自助值机、网上值机、手机值机、城市值机等多元化离港值机形式。依靠信息技术的进步，拓展民航信息应用的广度和深度。

四、航空公司信息系统框架与功能

航空公司信息系统是管理信息系统在航空企业的具体应用，是以计算机和通信网络为基础，通过对航空企业的各项业务活动信息的加工处理来达到对企业运营过程的有效控制和管理，并为企业提供信息分析与决策支持的人机系统。

（一）航空公司业务框架

航空公司信息系统总体框架包括了航空公司作业层、管理层、决策层三个层次的应用模式。航空公司信息系统的组织模式不同，因此它们的功能结构是有差异的，但是它们的核心功能模式是相似的，主要由以下三类应用系统组成。

（1）专用系统，主要面向航空公司的主营业务，是辅助航空公司日常运行的核心部分。分为两部分：内务系统和外部系统。内务系统主要组成部分为飞行运行管理系统、飞机维修工程系统、企业财务子系统、机务工程和航材系统、常旅客管理系统、行政办公系统、人力资源系统；外部系统指航空公司或跨航空公司的民航计算机业务系统，如订座系统、财务结算系统、离港控制系统（departure control system）等。航空公司应该建立内务系统与外部系统的数据接口，为航空公司提供丰富、可用的数据资源。通过这两类专用系统与通用系统紧密集成，实现航空信息系统的主体功能。

（2）通用系统，面向航空公司的主要职能部门和管理部门，为职能部门的工作人员提供自动化管理手段和信息服务，并提供综合统计分析和决策支持。

（3）通信系统，作为航空公司与外界进行数据交互的接口，一是获取报文、航行情报、气象信息等外部资源的通道，二是航空公司向外界发布信息的主要渠道。

航空公司信息系统应以专用系统为主体，以通信系统为基础，以通用系统为拓展，实现航空公司整体经营与管理目标，其功能结构如图 9-1 所示。

图 9-1 航空公司信息系统结构

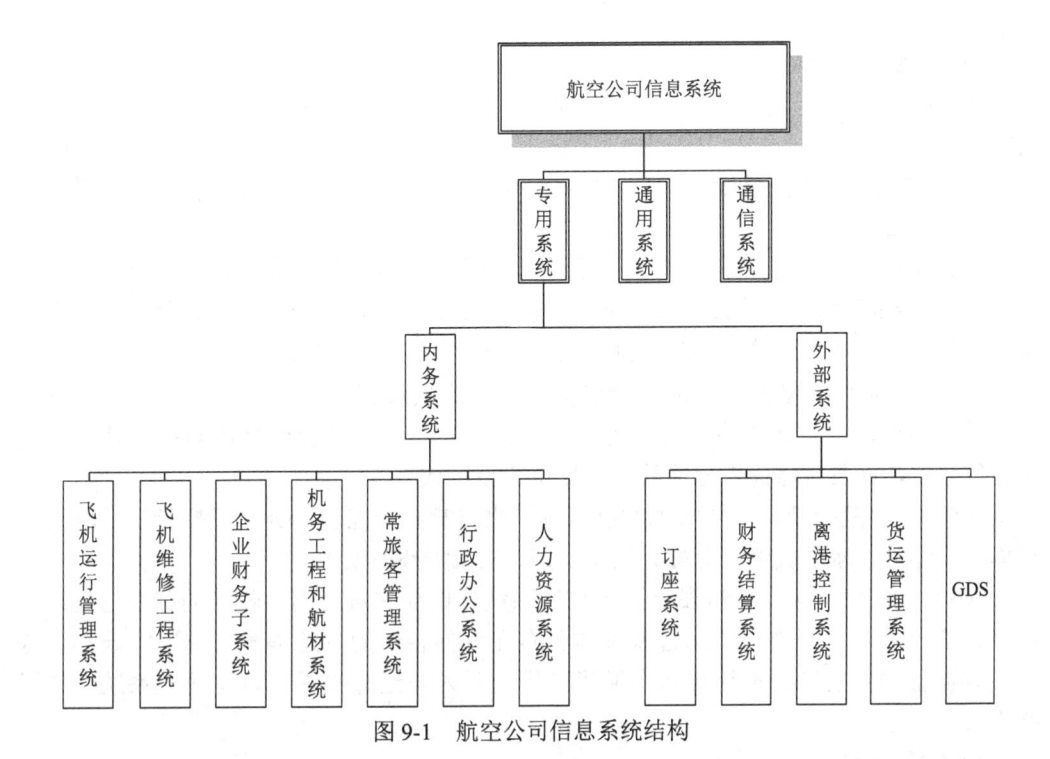

（二）航空公司管理信息系统功能模块划分

航空公司管理信息系统的核心功能，主要包括订座系统、离港控制系统、货运管理系统（cargo management system）、财务结算系统、GDS 等。

1）订座系统

订座系统是包含航空公司基础销售数据的子系统，也是航空公司销售机票的主要工具。客票首先在订座系统中诞生，并由此开始了对它的全程监控与管理。从数据流的角度分析，一方面，订座系统是离港值机工作中航班与旅客信息的数据源；另一方面，它也是结算系统销售财务数据，相当于一张客票的财务联的数据源。为了扩大航空公司的销售渠道，航空公司的订座系统还必须与一个 GDS 实现无缝连接。航空公司可以自建 GDS，或者与其他的 GDS 如 Galileo、Sabre 等连接。

在电子商务飞速发展的今天，订座系统既是航空公司电子商务系统通过国际互联网销售机票的主要数据源，也是电子商务与其他子系统相互连接的纽带。订座系统还需要通过网管系统与分布在世界各地的订座终端实时连接。

2）离港控制系统

离港控制系统涉及航空公司的机场业务，包括接受旅客登机处理、打印登机牌、逾重行李计价、向配平系统与订座系统发布旅客与行李数据。好的系统还应该能向财务结算系统提供客票的乘机联数据。在电子机票日益流行的今天，这项功能尤其重要。同样，离港控制系统要通过网管系统与分布在世界各地机场的值机终端进行实时连接。

3）货运管理系统

负责维护航空货运单（air waybill，AWB）与航班舱位记录两种数据库并执行下述功能。

（1）自动接受航空货运代理人输入的 AWB，包括货物的件数、容积、重量、价值、航路、目的地。

（2）能将客户发货人、代理人、受托人、经纪人等信息自动连接至 AWB 中。

（3）查询运价库并自动计算每批货物的运输费用、累计杂项收费、保价费、仓储费、服务费等，从而计算出预付或到付收费总和，并记入记录中。

（4）舱位预定控制。舱位是用重量、容积或集装箱数表示的一个航班的运货能力，通常按航段或货运类型进行分配。系统维护着每个航班已经使用与尚未使用的航班舱位清单，并及时将尚未分配的运力提供给授权代理人。

（5）进出港控制。主要实现对进出港航班与货物的控制，其中包括货物的验收、进库出库管理、航班货物的分配、飞机加载、交货与偏差处理等。

（6）能够将记录自动转发至财务结算系统，以加快货运销售收入的分配与处理。

当然，货运管理系统要通过网管系统与分布在世界各地的货运销售终端实时连接。为了使收益管理系统准确地计算每个航班的销售收入与运输收入，货运管理系统的建设必不可少。

4）财务结算系统

财务结算系统是航空公司信息系统中财务子系统的一部分。但是，和财务子系统的其余部分如投资与成本控制、会计与总账相比较，它与航空公司的市场及销售关系更密切。从广义上讲，财务结算系统负责空白机票的管理，因而是一张物理机票的诞生地。重要的是，它又是航空客运机票（普通票与电子票）、AWB 生命周期的最后一站，也是最后一道监控关口。一旦经过财务结算系统的处理，客运机票（普通票与电子票）与 AWB 就完成了它的历史使命，转入历史数据库，或者拷贝至磁带保存。从生命周期管理的角度分析，财务结算系统是航空公司信息系统必不可少的组成部分，其功能如下：第一，把应收款收回来，即把由其他航空公司销售，而由航空公司承运的客／货运收入追讨回来；第二，把航空公司销售及其他航空公司承运的客/货运收入转交给承运人。

销售收入与运输收入数据的自动录入将是系统正常工作的关键。只有财务结算系统向收益管理系统提供准确无误的数据，收益管理系统才能对航空市场做出精确的预测，并对市场运作起到正确的指导作用，航空公司才能在国际民航市场的激烈竞争中求得生存与发展。

5）GDS

由于 GDS 的正常运作是建立在一个庞大的航空销售代理人群体的基础上的，培育这样的销售群体一般需要相当长的时间。国际上已经有很多知名的 GDS 投入使用（Galileo、Sabre、Amadeus 等），航空公司完全可以将自己的订座系统与最适合自己市场营销策略的 GDS 连接，以扩大自己的销售渠道。

第三节 航空公司电子商务

传统的 GDS 是由众多航空公司、旅游公司、汽车租赁公司、铁路公司等旅游相关企业联合提供航班机票、旅游、租车等销售和服务的分销系统。它通过专用的网络系统代理全球航空公司的所有机票销售业务,并通过应用服务提供商的模式为各级渠道商提供实时航空机票在线预订、购买、修改、信息查询等服务。

一、传统的 GDS

航空公司发展初期,销售部门需要花费大量的时间手工处理和保存预订信息。20 世纪 50 年代后期,全美航空公司和 IBM 公司共同创建了实时编目控制的计算机系统,供全美航空公司内部使用,这就是 GDS 的远祖——世界上第一家航空公司航班控制系统 Sabre。在这一阶段,每个渠道商为了能够代理各个航空公司的机票,必须装上不同的终端为各个航空公司代理,航空公司也要在各地建立自己的销售代理,产生了大量重复建设和系统冗余。

20 世纪 70 年代早期,为了使渠道商能够通过自动化预订提高生产率,进而拓展航空公司的销售范围,增强航空公司的营销能力,Sabre 和 Apollo 首先将其内部订座系统外部化,提供给渠道商使用。自此,订座系统转变为代理人系统,GDS 的发展进入了第二个重要阶段。GDS 公司实质上已成为世界上第一批经营 B2B 电子商务的公司,但所有权仍归股东航空公司。在此阶段,各航空公司内部订座系统互相结盟,将资源集聚于代理人系统共同利用,建立多用户系统,与具有订座系统的航空公司连接,并为没有订座系统的航空公司提供计算机系统服务,从而避免了订座系统给渠道商销售多家航空公司机票带来的不便和浪费,预订效率和销售能力再度提高,旅客也因此得到更加便捷的服务。

20 世纪 80 年代中后期,美国代理人系统基本完成了对北美地区渠道商市场的开发,并出让其系统软件以获取欧洲系统的股份,进入欧洲渠道商市场。随着经济全球一体化进程,CRS 日益发展壮大,功能不断增强,最终演变成为 GDS。以美利坚航空公司将其在 Sabre 的所有股权出让给公众,Sabre 成为完全独立的 GDS 为标志,GDS 行业也逐步独立于民航业,并发展成为一大信息产业。

中国民航订座系统始建于 1986 年,包含主机、系统软件、通信网络系统、航空服务统一系统(uniform system for air service,USAS)(含订座、离港、货运)。1999 年,我国批准建设 GDS,主要完善了订座系统和代理人系统功能、里程制积分、网络、电子客票等。2001 年,国内航空公司共同发起成立了中航信,其是国内唯一提供分销系统服务的公司,拥有完善的技术支持体系和分销网络,其最大特点是同时提供代理人系统服务和订座系统服务。

GDS 实质上是代理人系统在分销广度和深度、信息质量及分销形式等方面的一次飞跃。在广度方面，GDS 能够在全球范围内，提供各种旅行分销服务；在深度方面，GDS 可以提供专业旅行建议和信息管理咨询服务，这些增值服务为 GDS 带来了巨大收益；在信息质量方面，信息技术的飞速发展和客户服务理念的不断增强，促使 GDS 提供的信息更加及时、准确、全面和透明，系统响应更为迅速；在分销形式方面，GDS 可以通过电话、互联网、电子客票、电子商务等多种方式为客户提供服务。

无论在国际市场还是在国内市场，分销系统都被少数几家巨头垄断。然而，GDS 的悠久历史一方面带来了先入为主的市场优势地位，另一方面也带来了技术升级的困局。随着技术的不断升级，其底层架构显得日益落后，严重影响新应用的开发。由于当初采用的封闭式底层架构已经完全不能对接当前的信息技术，因此，只有重建 GDS 的架构才能解决技术升级的问题，成本很高。从技术角度看，目前信息技术行业的提供商完全可以提供比现有 GDS 更为先进的信息系统，但难以逾越的障碍是多年来在 GDS 中沉淀积累并整合过的航空旅游行业业务流程和规则。

考虑到收益的情况，处于市场垄断地位的 GDS 巨头态度傲慢，对于重建 GDS 底层架构并不积极，进展缓慢。因此，以前的航空公司长期受困于封闭而落后的分销系统，更多采用人工方式维系渠道商，在渠道建设上举步维艰。

二、互联网时代电子客票的渠道变化

随着信息化时代的到来，互联网技术迅速发展，在线交易的方便性和安全性不断提高，电子商务的优势越来越明显，20 世纪 90 年代就有不少专业人士纷纷预测电子商务终将代替 GDS，尤其是出现革命性产品电子客票以后。

电子客票是以电子数据方式记录机票信息的无纸化机票。1993 年，世界上第一张电子客票在美国 ValueJet 航空公司诞生。这是一种无纸化的机票信息记录，其性质和原有纸质机票相同，都是旅客航空运输以及相关服务的有价凭证。不同的是，电子客票的信息是以数据的形式储存在航空公司的电子记录中，并以 EDI 替代纸票交换数据来完成信息传递。

对于渠道而言，电子客票为互联网渠道销售带来了极大的促进作用。电子客票的推广使得机票信息格式全球标准化，机票信息传递速度接近于无缝连接，因此，渠道商再也无须配备一个 GDS 终端进行机票销售，仅需一个互联网平台账号，将销售的机票信息通过互联网平台传递给 GDS 后台数据库即可。根据中商产业研究院数据库资料，截至 2022 年，中国在线旅游市场已达到 7460 亿元，显示了包括机票预订在内的市场的快速扩张。尽管机票预订增速放缓，但作为最成熟的板块之一，其市场份额依旧显著，且预计在线度假市场将保持高速增长。

虽然 GDS 仍然是所有机票信息的汇集地，但是随着电子客票的普及，无论是航空公司还是渠道商，都有机会摆脱 GDS，通过互联网等信息化手段直接进行销售。因此，航空公司也有机会通过互联网等技术手段实现同渠道商的沟通和服务，乃至于利用信息系统全面地管理渠道商的销售行为。

三、我国航空公司分销渠道变化

机票代理行业曾经是一个隐形暴利行业，受益于中国民航事业的快速发展，依靠销售机票而获得大量佣金。20 世纪 80 年代，中国民航处于完全卖方市场，飞机票属于稀缺商品，乘坐飞机需要一定的职务级别、介绍信等。这时，机票代理商扮演着"黄牛"的角色，每天都在各地民航售票处门前排队为其客户购买机票，赚取不菲的差价。进入 21 世纪，民航运力大幅提升，中国民航客运市场渐渐转向买方市场，乘坐飞机成为一种普通的出行方式。代理商的经营模式也出现了显著的差异。

目前，渠道商通常采用 3 种比较典型的经营模式：批发模式、在线分销模式和差旅管理模式。

第一种批发模式是最常见、最原始的分销模式。任何产品销售量到了一定规模，就自然地形成"批发-零售"的体系，机票销售也一样，每个地区都有一个或几个大规模的机票批发商。批发商往往是当地拥有一定社会资源和组织能力的企业，他们能够拿到航空公司较优惠的政策，并为其二级代理提供安全订票、出票、结算甚至是经营场地；二级代理（简称二代），分为核心二代和非核心二代。核心二代完全依附于某个批发商，其全部机票业务都是通过这家批发商完成的；而非核心二代，不会绑定批发商，通常是多家询价，最终选择提供最优价格的批发商来预订和出票。因此，批发商之间对非核心二代客户的争夺，是最直接的，甚至是非理性的。为了争夺业务，他们可能将全部代理费返还给二代，甚至连航空公司给的后返奖励也返给二代，为了突击完成航空公司的任务，有时候还可能出现倒贴钱给二代的现象。当然，核心二代与非核心二代，以及二代与批发商的关系，都不是一成不变的，没有资质的核心二代规模增大，自己可以独立发展，成为有资质的非核心二代，规模再大，也可以自己作批发业务。在市场经济中，真正决定你是谁的，不是你的计划和想法，而是你的实力和规模。

第二种在线分销模式是近年来新兴的一种机票分销模式。其业务模式很简单，只有航空公司、在线分销商、旅客三个环节，与批发模式相比，最大限度地压缩了中间环节。目前规模较大的在线分销商（如携程、艺龙），都是由经营酒店业务逐渐发展到了机票分销领域。因此，酒店分销和机票分销，对于这些企业而言，作用和收入同样重要。

第三种差旅管理模式，专门为企业提供出差相关（机票、酒店为主）的管理服务。国外专业的差旅管理公司在 2002 年前后采取合资公司的形式逐渐进入中国市场。差旅管理商实现了渠道商的彻底转型，它不再是一个渠道控制者，更像是一个企业的"差旅管家"。在国外，差旅管理公司更多是依靠收取服务费，而不是依赖航空公司的代理费生存。

信息技术给机票代理行业带来了巨大的改变。目前，基于电子客票工具和互联网技术形成了一系列航空客票销售模式：航空公司的 B2B、B2C 直销模式；以携程、艺龙等为代表的 OTA 分销模式；竞价平台模式；垂直搜索引擎模式；C2C 直销模式。这些营销模式都向传统机票代理商的关系营销模式发起了挑战。其中，有些渠道商参与并构建起了自己的新渠道，加入到这些新型模式中。

四、我国在线机票市场概况

2013～2019 年，中国在线机票市场交易规模保持持续上涨（图 9-2）。据艾瑞咨询等市场调研公司的预测，未来在线机票仍然保持 9.8%的年增长率。但 2020 年，受新冠疫情影响，在线机票市场交易规模大幅下降。直到 2023 年，国内旅行需求高涨。据《2023 年国内旅游预约数据报告》，2023 年中国在线旅行预订用户规模达 5.09 亿人，在线旅游 APP 流量呈现稳步复苏，飞机作为重要的出行方式之一，在线机票市场也得到回暖。

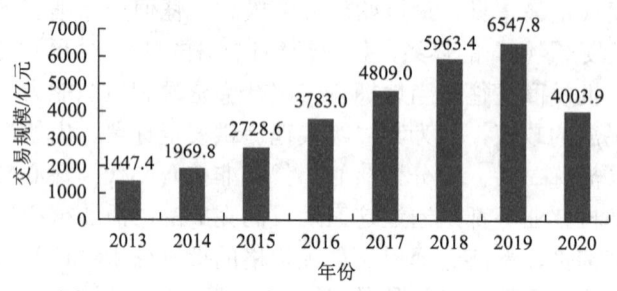

图 9-2 2013～2020 年中国在线机票市场交易规模
来源：艾瑞数据

中国在线机票市场渠道主要由分销渠道与直销渠道组成，分销商主要由批发商和平台企业组成。直销渠道是指由航空公司不通过代理商直接将机票销售给旅客（图9-3）。

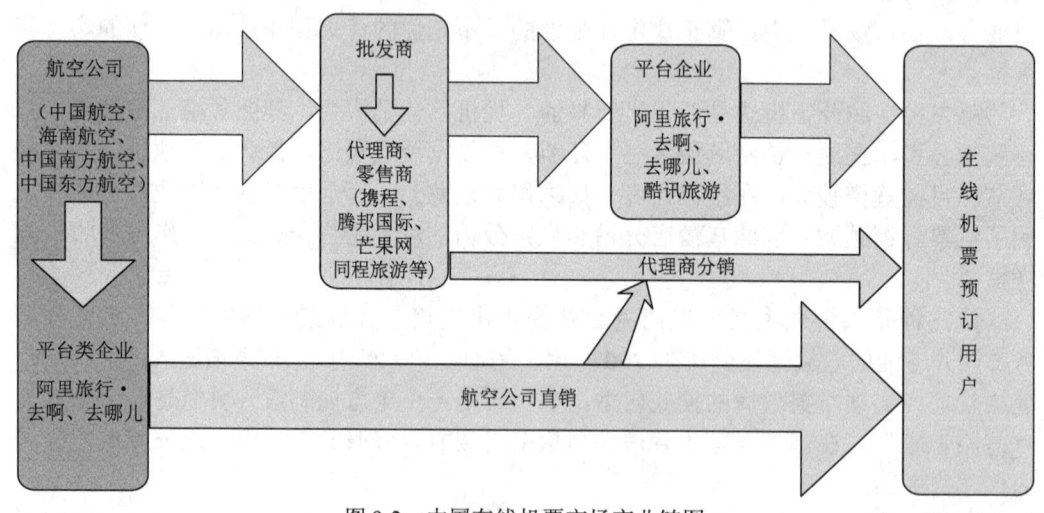

图 9-3 中国在线机票市场产业链图

航空公司主要通过平台类企业或 OTA 进行分销，或者通过自建网站、APP 等渠道直接面向用户进行直销。尽管航空公司一直在努力推动 B2C 直销平台的建设，摆脱对中间渠道商的依赖。但是，国内的机票曾一度主要通过中间渠道商，即机票渠道商或旅行社销售给旅客。

航空公司对分销渠道过于倚重的主要原因有以下三点：①机票代理商有效克服了航空公司机票销售地域限制，由于航空公司在所有潜在机票消费市场设置渠道的成本过高，因此，航空公司需要借助渠道范围几乎囊括所有机票潜在消费市场的机票代理商来实现销售额提升，这也是分销渠道占据主导的最根本原因；②航空公司过去营销意识不足导致其过于依赖机票代理商，从而让机票代理商牢牢把控住了大部分的机票营销渠道资源，缺乏渠道资源的航空公司的供应商议价权不断减弱；③代理商资质不断放开导致机票代理商总量井喷，庞大的机票代理商群体让航空公司营销部门无力去与其争夺渠道资源。

2015 年，国务院国有资产监督管理委员会要求，未来 3 年内，三大国有航空公司的直销比例要提升至 50%，代理费要在 2014 年的基础上下降 50%。同年 6 月，中国南方航空等国内航空公司陆续下调代理费至 0。2016 年 7 月，最严航司新政出台，国内各大航企关于代理人的代理费、前返后返费用全部取消，改为支付定额手续费，所有代理人的收入政策实现统一。同时，禁止机票标准产品的供应商销售模式，及未经航企批准，机票代理人不得擅自在第三方平台上销售相关机票产品。提直降代力度不可谓不大，三大国有航空公司 2017 半年报显示：随着提直降代的继续深入，中国南方航空电子直销收入同比增长 64.9%；中国东方航空直销收入同比增长 29.4%，直销收入占比同比提升 9.4%；中国国际航空则并未披露直销相关数据，但在 2017 年第一季度财报中，中国国际航空的直销占比已达到 41.6%。2018 年，国内机票市场航空公司的直销比例已达到了 54.4%。2019 年初，中国南方航空和中国东方航空签订"互售协议"，即在各自的官方渠道，互相销售彼此的机票。2024 年，中国国际航空也入局，形成三大国有航空公司互售国内机票的局面，以共同对抗 OTA 平台，达到"提直降代"的效果。

此外航空公司分销比例下降的主要原因还有以下两点。

（1）航空公司给机票代理商的佣金和优惠政策越来越少，国内主流航空公司在一年内连降 2 次佣金让一些小型的机票代理商出现经营困难。继 2014 年 7 月国内各大航空公司下调机票代理商佣金至 2%之后，2015 年 1 月，中国南方航空、中国东方航空、中国国际航空、厦门航空、深圳航空公司相继发出通知，宣布从 2 月起将其国内客票代理费从原来的 2%降低到 1%。此外，早在 2014 年，祥鹏航空和西部航空已直接将固定佣金从 3%调整为 0，提前进入"零佣金"时代。在利润降低竞争加剧的同时，航空公司又提出取消机票代理商的"当日废票特权"等优惠政策，这就让更多无法获利的机票代理商开始退出机票销售市场。

（2）航空公司转变营销意识，善用互联网渠道工具。航空公司在长期受到机票代理商掣肘之后开始意识到营销渠道的重要性，不断降低佣金和减少给机票代理商的优惠政策就是航空公司进行营销渠道争夺的第一步，航空公司纷纷开始运用互联网渠道的优越性来提升其营销渠道能力，在降低代理费用和增加品牌影响力的同时，提高旅客的购买黏性，为未来运用机票销售大数据来提供个性化服务做准备。

五、航空公司销售渠道的变化与发展

（一）航空公司各类直销渠道发展状况

航空公司直销渠道主要有航空公司售票处和直销柜台、呼叫中心、航空公司官网和航空公司在飞猪等电子商务平台上开设的 B2C 旗舰店，这 3 类直销渠道的发展状况存在一定差异。2018 年，航空公司售票处（营业部）、航空公司呼叫中心、航空公司官网及 B2C 类直销渠道的份额分别为 14.12%、2.53%、37.75%（表 9-1）。

以上数据表明航空公司官网及 B2C 类直销渠道份额在 3 类渠道中处于领先地位，且比例逐年提高，从 2013 年的 13.51%上升到 2018 年的 37.75%。这主要是由于两个原因：①以航空公司官网及 B2C 为代表的互联网渠道较航空公司售票处（营业部）渠道和呼叫中心渠道更有优越性，其信息交互充分性和购买便捷性让互联网渠道发展非常迅速；②目前机票消费群体已经逐渐转变为 80 后、90 后、00 后人群，其对电子商务的认可度和依赖度要远高于较年长的群体。互联网渠道最能满足这些年轻消费群体的需求，电子商务时代，未来人们选择购买机票的主渠道将逐渐基本变为互联网渠道。

表 9-1 2013~2018 年中国机票市场航空公司不同销售渠道占比 单位：%

年份	第三方渠道 B2B	第三方渠道 BSP	第三方渠道合计	航空公司官网及B2C类直销渠道	航空公司售票处（营业部）	航空公司呼叫中心	直销渠道合计	合计
2013	43.31	32.84	76.15	13.51	7.36	2.98	23.85	100
2014	43.23	30.97	74.20	14.85	7.91	3.04	25.80	100
2015	40.06	25.24	65.30	21.96	10.11	2.63	34.70	100
2016	26.99	28.80	55.79	28.11	13.36	2.74	44.21	100
2017	21.23	31.70	52.93	31.12	13.88	2.07	47.07	100
2018	15.32	30.28	45.60	37.75	14.12	2.53	54.40	100

资料来源：陆东. 2019. 国内线上航空机票销售市场效率研究——基于线上机票价格离散数据的分析[J]. 价格理论与实践, 422(8): 137-140.

（二）机票代理商分销渠道选择状况

目前，机票代理商的机票代理来源主要有航空公司 B2B 和中航信 BSP 渠道，中航信 BSP 渠道由于能够避免航空公司和代理人之间多种票证、多头结算、多次付款的复杂状况，为航空公司和代理人节约开支并提高工作效率和服务质量、杜绝欺诈等违规行为，其一直都是机票代理商的首选渠道。但中航信对其系统使用者设置了资质认证，因此，一些无法取得中航信资质的机票代理商就被排除在机票代理门槛之外。近年来，航空公司出于对降低使用中航信系统成本和掌握第一手旅客资料等因素的考虑，通过建构成熟可靠的 B2B 分销系统来大力提升 B2B 渠道的规模。航空公司 B2B 分销系统不仅凭借其使用便捷性以及价格差异的不显著性，促使越来越多拥有中航信资质的机票代理商转而使用该系统，而且更重要的是大大降低了机票代理的门槛，使大量无中航信资质的机票代理商通过 B2B 分销系统加入机票代理行业，这一增一减让机票代理商的代理渠道选择出现了变化。目前，较为开放的 B2B 分销系统已经开始显现出其相较 BSP 分销系统的优越性。由此，可以预见未来具有供应商优势的 B2B 渠道将成为机票代理商代理渠道的主流。

（三）互联网渠道发展状况

互联网渠道是未来最有前景的航空公司营销渠道，受到各渠道主体的共同重视。在互联网渠道中，OTA 分销、平台分销占比最大。虽然航空公司非常重视互联网直销渠道的发展，但目前互联网渠道中，分销渠道仍占据主导地位。国内在线机票预订 OTA 平台主要包括携程、飞猪、去哪儿、同程和艺龙。据博研咨询和市场调研在线于 2024 年 12 月发布的《中国在线机票预订平台行业市场占有率及投资前景预测分析报告》，携程以市场份额超 40%，稳坐在线机票预订业务的行业龙头之位。飞猪的市场份额为 20%，去哪儿的市场份额为 15%，同程、艺龙依靠二三线城市的布局策略，市场份额近年稳步提升，达到 10%左右。

除了 OTA 分销和平台分销具有渠道先发优势之外，分销渠道占据互联网渠道主导地位主要有以下原因。

（1）分销渠道机票产品丰富度高。旅客对机票价格和时间的敏感性较大，因此具有各个航空公司不同价位不同时间产品的 OTA 分销和平台分销渠道就成为最能满足其需求的渠道，而航空公司直销渠道由于受到航空公司自身产品线限制，有时无法给旅客提供满足需求的产品。此外，以 OTA 分销和平台分销为代表的分销渠道在销售机票的同时也将酒店和旅游产品结合到一起，这种融合旅游全产业链的销售方式大大提高了旅客的购买黏性，同时也增加了这些分销渠道的销售收入。

（2）分销渠道机票销售服务体验好。目前机票代理商在服务意识和服务行动上均领先于航空公司，机票代理商利用"互联网+移动通信"技术开发具有良好使用体验的移动 APP，同时运用旅客大数据分析等技术推出语音查询订票和旅客偏好订票等个性化服务，这种全方位又兼具个性化的服务与方便、快捷的销售方式颇受市场青睐。

案例分析：新冠疫情防控与航空公司数字化创新
——以直播带货为例

案例背景

2020 年起，新冠疫情给全球经济带来螺旋式下滑的巨大冲击，民航成为受疫情冲击最大的行业。专家分析指出，新冠疫情已重塑全球产业格局，损害了世界主要经济体的相互关系，引发经济衰退和产业链重组，为民航业带来深远的不确定性。在此背景下，航空公司面临经营效益下降和现金流紧张的双重困境。

首先，航空公司的经营受到疫情的直接冲击。国内民航业经受了前所未有的严峻挑战。运输量和航班数量因管制而骤减，旅客数量的下降导致客座率低迷，营收大幅下降。以春运首日为例，2022年的旅客运输量较2020年同期减少了72.2%。此外，三大航空公司——中国国际航空、中国东方航空、中国南方航空两年累计亏损将近700亿元，是2019年总利润120亿元的580%，其中仅2021年亏损就超过400亿元。航油价格持续攀升，2021年航空煤油价格涨幅超过60%，大型航企成本增加了70多亿元。

其次，航空公司的现金流状况也受到严重威胁。中国国际航空、中国东方航空、中国南方航空三大航作为国内主要的航空公司，现金储备都极为紧张。2019年底，中国国际航空、中国东方航空、中国南方航空的现金及现金等价物余额均不高，中国东方航空、中国南方航空的自有现金仅能支持企业存活一周。新冠疫情持续压迫航空公司现金流，国资大股东不得不持续增资，三大航近两年的增资均在300亿元左右，中国东方航空的资产负载率仍然高达82%。三大航资产流动比率和速动比率长期低于0.5，新冠疫情期间甚至低至0.18，资金风险较明显。

航空公司的自救

在新冠疫情的冲击下，国内航空公司在政府的政策引导和扶持下，实施了降低成本和提升运营效率的自救措施，并取得了初步成效。航空公司通过创新思维拓展新业态。工业和信息化部数据显示，2021年软件业利润总额达到11 875亿元，同比增长7.6%，两年复合增长率为7.7%，主营业务利润率为9.2%。这些数据揭示了数字经济新业态在面对疫情等外部冲击时的韧性，为航空公司提供了参考。在疫情防控期间，我国航空公司利用直播带货等数字经济模式，通过高层、形象代表和网红三种带货方式，推广机票、虚拟票券、航空衍生品和国际商品等产品，实现了经济效益、品牌忠诚度和数字化进程的三重提升。春秋航空通过直播带货在2021年实现扭亏为盈，预计净利润超过3500万元；中国南方航空通过深化直播带货，其经营恢复速度在三大航空公司中领先。这些实践证实了新业态的有效性。随着数字经济时代的到来，航空公司尝试了直播带货、"无限飞"等创新商业模式，虽有所收获，但整体效益有限。为此，需要进一步探讨航空公司如何通过数字化转型实现可持续发展。

航空公司数字化发展的冷思考

不可否认，航空公司的直播带货尚未达到现象级传播，其直接销售和间接收益均未超过千万元，与格力空调直播带货的50亿元相比差距显著。这一现状反映出公众对民航业的关注度下降，且民航企业的抗风险能力未见增强。因此，航空公司需大力推进经营模式的创新，加强与消费者的联系，并通过数字化转型提供超越期待的体验，以实现智慧民航的目标。

首先，航空公司应不断探索经营创新。在数字化和互联网，尤其是移动互联网的浪潮中，中国拥有领先机遇。民航业应把握新阶段，贯彻新理念，构建新格局，努力发挥优势，构建具有国际引领性的创新能力，摒弃传统思维和程序化模式，创新经营方式。以直播带货为例，航空公司需关注产品特性，设计简洁有效的爆款产品，以适应人们注意力的缩短。同时，航空公司应深化对营销数据的应用，精准描绘旅客画像，实施精准营销，以满足用户需求。

其次，航空公司需构建强有力的客户关系。在社会联系中，长连接（强连接）与短连接（弱连接）并存。短连接如家政、机票等，是低频且临时的，服务结束后连接即断开；而长连接如微信、APP 等，则始终在线。在数字化时代，有竞争力的连接模式是免费长连接与付费短连接的结合。目前，航空公司主要依赖短连接，而缺乏长连接，这是其无法摆脱对 OTA 依赖的根本原因。OTA 通过旅行、资讯、支付和金融等服务与客户建立了长连接，而航空公司仅依赖航空旅行这一短连接。因此，航空公司必须提高用户黏性，实现飞行过程中的联网，打造数字化生存的基础，利用飞行时段的排他性连接提供高端数字化服务，以获得竞争优势。

最后，航空公司应充分利用数字化成果。2021 年，民航业在数字化方面取得了显著进展，如 29 家机场实现身份证一证通行，66 家机场应用人脸识别技术，234 家机场实现"无纸化"便捷出行，40 家千万级大型机场开通旅客"易安检"服务，29 家航空公司推出定制餐食服务，全行业客票退款手续实现 7 个工作日内完成，842 架客机具备客舱无线网络服务能力，较 2020 年增长 29%。航空公司可以通过直播等方式向公众展示其数字化能力，建立长连接，有效管理公众注意力，将企业势能转化为客户伙伴能力，创造超预期的用户体验。航空公司应突破国际航空运输协会（International Air Transport Association，IATA）的规则限制，立足国内数字化发展现状，抛弃过时的"一证通关+面像登机"（One ID）、全单（ONE Order）等理念，借鉴我国央行数字人民币等国内数字经济的先进理念，与国内数字经济同步发展，建设智慧民航强国。

（作者系王珍发，中国南方航空公司）

六、航空公司电子商务发展趋势

（一）分销主导局面将呈现寡头竞争趋势

占据大部分渠道资源的机票代理商所建立起的多级代理模式其渠道渗透力要远强于航空公司，而大型机票代理商对产品设计和服务体验的先进意识也增强了其继续占有甚至扩大渠道资源的能力。因此，旅客和航空公司的双重依赖将维持分销渠道主导局面。航空公司零佣金趋势和部分优惠政策取消令中小型机票代理商获利空间不断压缩，国外 GDS 进入中国市场和"飞常准"等积累大量旅客资源的 APP 进入机票分销市场进一步加剧了航空公司混合营销渠道的竞争激烈度。已有部分中小型机票代理商开始退出市场，而各个大型机票代理商将借助这个行业洗牌机会开展兼并行动增强自身实力，最后整个机票代理市场将呈现寡头竞争局面。

（二）互联网渠道主流化将催生更佳购票体验

据《中国青年报》的报道，截至 2024 年，中国国内在线机票预订平台每年处理的订单量超 3 亿张，占机票总销售量的 60%。伴随着国际航线网络的扩张及航班频次的增长，互联网渠道已经基本能和其他类型渠道份额的总和抗衡，互联网渠道的优越性和机票销售主体对互联网渠道的重视程度可见一斑。随着未来旅客群体愈发年轻化和电子商务技术的不断优化，互联网渠道将成为未来旅客购买机票的首选渠道和最大份额渠道。同时在互联网渠道绝对主流化的背景下，技术革新带来的即时出票普及将给旅客带来更佳购票体验，移动互联网提供的便捷购票服务和其较低的机票价格也将让无线端机票销售份额稳步上升。

（三）渠道产品类别扩充将偏向多样化、个性化

无论旅客出行目的如何，其所需要的都不仅仅是机票。针对这样的市场需求，未来航空公司混合营销渠道中将不仅仅只售卖机票，包括酒店、机上服务等以机票为核心的商旅全产业链产品和服务都将成为渠道中的重要内容。由于旅客需求种类愈发繁多和个性化，基于旅客个性化需求的差旅管理产品也将出现在航空公司混合营销渠道中。

除了提供给旅客的渠道产品外，提供给航空公司和机票代理商等主体的渠道产品也将更为丰富，比如为上述主体在各个渠道环节提供咨询、销售联合、运营、技术系统、代理商资金授信、电子商务化进程等服务的渠道产品都将逐步涌现。

（四）航空公司推行直销将争夺企业客户资源

航空公司将继续保持推行直销的较强力度，除了采取降低佣金等较为被动的策略，航空公司中的营销部门也开始主动进入一线市场争夺渠道资源。一方面，通过降低佣金等措施挤压机票代理商的生存空间；另一方面，通过大客户开拓和品牌形象建设提升渠道容量。这种以双管齐下的方式从机票代理商手中争夺渠道资源的现象将会成为中国各航空公司的常态。

比起竞争激烈的普通旅客机票销售，企业客户等大客户机票销售则是一片仍富潜力的蓝海。未来航空公司混合营销渠道中将出现针对企业类用户的商旅管理服务产品，这种服务产品通过为企业客户节约商旅费用来获取管理服务佣金从而获得利润，不过由于这类服务产品对运营主体的管理和技术水平要求较高，因此，还需各渠道主体在专业性和服务性上增强实力。

讨论与思考

1. 试述航空业的利益相关者及他们之间的关系？
2. 航空公司运营涉及哪些环节的内容？分别都有哪些信息系统？这些信息系统之间的关系是怎样的？

3. 试分析航空公司不同分销渠道的优劣势。

4. 试结合案例，从不同利益相关者的角度分析疫情下航空公司数字化转型的影响，并探讨其合理思路。

5. 航空公司与渠道商具有竞合关系，假设某航空公司需要进行春节促销，以扩大市场份额，请提出不同渠道的营销计划。

参考文献

江超, 胡荣, 金翔宇, 等. 2015. 航空公司混合营销渠道发展现状及演化趋势研究[J]. 华东交通大学学报, 32(5): 58-64.

陆东. 2019. 国内线上航空机票销售市场效率研究——基于线上机票价格离散数据的分析[J]. 价格理论与实践, (8): 137-140.

涂玉华. 2021. 跨境电子商务高质量发展问题研究以航空运输物流为例[M]. 成都: 西南财经大学出版社.

王鹏虎, 张连泽, 李良方. 2013. B2B 电子商务领先企业成长引擎[M]. 北京: 企业管理出版社.

尹丽敏, 王琳. 2020. 网络营销[M]. 北京: 航空工业出版社.

Bubalo B, Gaggero A A. Low-cost carrier competition and airline service quality in Europe[J]. Transport Policy, 43: 23-31.

Moreno-IzquierdoL, Ramón-Rodríguez A, Ribes J P. 2015. The impact of the internet on the pricing strategies of the European low cost airlines[J]. European Journal of Operational Research, 246(2): 651-660.

O'Connell J F, Bouquet A. 2014. Dynamic packaging spells the end of European charter airlines[J]. Journal of Vacation Marketing, 21(2): 175-189.

第十章

旅游电子商务发展趋势与战略设计

● 学习提示

一、教学内容

- ◇ 旅游电子商务发展趋势
- ◇ 如何编制旅游电子商务发展战略
- ◇ 旅游企业核心竞争力提升途径
- ◇ 旅游企业电子商务发展战略的阶段性
- ◇ 旅游电子商务体系基本内涵

二、学习重点

- ◇ 了解旅游电子商务需求
- ◇ 学习旅游电子商务发展战略的意义
- ◇ 学会根据市场需求确定电子商务战略的思路
- ◇ 掌握旅游企业编制电子商务战略的方法

第一节 旅游电子商务发展趋势

互联网信息技术的飞速发展开创了全球经济一体化的新格局,"智慧地球""地球村"等新词汇缔造了一个囊括全球的数字世界,产品和服务几乎可以瞬时在世界各地交易,以网络和电子商务为主要特征的新经济以不可争辩的事实席卷了全球每一个行业,并重整再造全球财富的新格局,推动全球第四次经济浪潮的到来。国际数据公司的调查数据显示,全球 B2B 电子商务交易自 2002 年起,呈现持续高速增长态势,2007 年全球 B2B 交易额达到 8.3 万亿美元,2011 年全球电子商务交易额达到 26.8 万亿美元，10年间增长了42倍。2007～2011年，全球旅游电子商务连续保持350%以上的增长速度。尽管受新冠疫情冲击，2020年全球在线旅游交易规模大幅降低，其降幅明显少于旅游消费的降幅，同时，在中国市场，2020年5月在线旅游月活用户与2019年12月相比，恢复率已达到92.1%。危机伴随着转机，新冠疫情亦倒逼旅游企业改革创新，丰富旅游业态，旅游电子商务因其具有的无限潜力，恰逢其时地得以进一步发展，成为开拓旅游新业务和新市场的重要构成部分。

一、旅游电子商务需求分析

电子商务作为一种新的交易手段和商务模式，也正以空前的速度进入包括旅游业在内的传统商务的各个领域。实际上，国际旅游业电子商务市场的竞争早已步入了跨国界、跨行业的竞争阶段，发达国家旅游业电子商务发展势头日趋强劲。eMarketer数据统计显示，2012年，全球跨境电子商务市场规模超过1万亿美元，同比增长约21%，2013年，全球电子商务市场规模共计1.221万亿美元；2012年，我国电子商务交易总额是8万亿元人民币，为全球第二位，仅次于美国；2013年，我国电子商务交易额超10万亿元人民币，超过美国，成为世界电子商务最大的总额。2015年，我国全社会电子商务交易额达21.8万亿元人民币，2015年上半年的在线商旅产品购买人数渗透率达到64.2%。火车票、机票、景点门票和国内酒店的购买人数居于前列，占比分别达到60.5%、39.4%、36.2%和23.8%，未来几年将保持平稳快速增长。2019年，全球电子商务市场规模达到了26.7万亿美元，较2018年增长4%，等比于当年全球国内生产总值的30%。2020年，我国电子商务市场规模达到37.2万亿元人民币，全国网上零售额达到11.8万亿元人民币，我国已连续8年成为全球规模最大的网络零售市场。其中在线旅游市场虽然占比较低，但受酒店、旅游度假等细分市场的推动，一直保持25%以上的增长，逐渐成为电子商务市场重要的组成部分。因此，旅游电子商务成为一种发展的潮流，它代表着未来旅游业创新与发展的新方向。

（一）旅游企业的需求

旅游业对信息化的渴求，实际上是由旅游业自身对信息的敏感造成的。

1. 行业的信息密集性和信息依赖性

从旅游活动的方式看，在旅游市场流通领域活动的不是商品，而是有关旅游商品的信息传递引起的旅游者的流动。从这个意义上看，旅游业的核心是信息。因此，信息的收集、整理、加工和传递是重中之重，这是旅游商品的无形性、不可移动性和非贮藏性决定的。无形的旅游产品在销售时是无法展示的，而且通常是远离消费地点被预先销售，因此，信息传播对于旅游业而言至关重要。旅游者在旅游过程中所涉及的食、宿、行、游、购、娱并不是在物质上传递给旅游代理商，并且将它们贮藏并出售给旅客；相反，其交流和传递的是有关服务的可获得性、价格、质量、位置、便利性等方面的信息。同样，在电子货币应用广泛的国家，真正付款的通常不是通过代理商传送给供应商，佣金也并非从旅游供应商直接传送至旅游代理商，而是通过网络支付手段将借贷的信息输出。旅游经营管理者之间的联系也不通过产品，而是通过信息资源，同时伴随着数据流和资金流，进而带来客户流。可见，信息是旅游业内部相互联系的纽带，更是与游客最直接、最客观的链接。

旅游业信息密集性的特点还可以从旅游业的脆弱性来分析。从外部原因看，旅游业的脆弱性主要表现在受自然因素、政治因素和经济因素的影响较大，就政治因素而言，包括国家的政策、国际关系的变化、战争、社会动荡、恐怖事件的发生等。从内部原因来讲，由于构成旅游商品的成分多种多样，它们之间的比例关系错综复杂，这就要求旅游业内部各组成部分之间及旅游业同其他行业之间保持协调，否则，任何一部分脱节都会造成整个旅游业的失调。因此，不管是对于旅游部门还是对于旅游企业来说，有效地获取信息以辅助科学决策都显得特别重要，旅游决策对信息具有很强的依赖性，旅游业对信息的依赖性说明迅速准确地获取、加工、传播、利用信息至关重要。现代旅游业中信息技术种类繁多，如计算机预订系统、在线交易系统、网上展示技术、EDI、安全系统、客户关系数据的移动分析技术等，其中计算机预订系统占据着支配地位，离开信息和信息技术的利用，旅游业将难以为继。

2. 旅游业全球一体化发展趋势

现代的旅游业具有很强的国际化功能，它的需求在外，供给在内，是少有的集经济与文化于一体的产业。许多人真正了解外部世界就是从旅游开始的，旅游活动促进了世界经济、文化的交流和发展。通信和运输手段的现代化促进了世界经济的发展，改变了人们出国旅游的时空感，为国际旅游产生的三大因素（充足的时间、方便的交通、可供自由支配的收入）提供了保证。当前，国内国际市场趋于统一，全球经济一体化实际上促进了旅游活动的国际化和资本流向的国际化，这使得世界各国的旅游业越来越相互依赖，紧密联系，呈现一体化的无国界的旅游状态。信息技术作为生产力中最活跃的因素日益渗透和改变着现代旅游业，并从社会文化、技术力量、旅游市场结构等方面加速旅游业国际化发展趋势，任何游离于旅游业信息化发展道路的国家都将陷于"信息孤岛"的状态。

3. 个性化、多样化和智能化的旅游趋势

当代经济日益发展，网络技术日益成熟，通信方式发达，人们思想开放、追求时尚，在旅游业发展中旅游者的个性表现在：越来越多的人倾向自助游、半自助游、自驾游；旅游方式也越来越彰显自主化；随着旅游新名词不断出现，越来越多写"游记"的作者开始通过强调"旅行"与"旅游"的不同，来表现出游的特殊意义和独特感受，进而彰显其个性。由于生活节奏加快生存压力大，人们渴望回归精神家园和拥有更多的个人空间，旅游者的个性化需求日益强烈，旅游消费需求呈个性化趋势发展，客观上要求旅游供给的多元化。尤其是随着网络信息技术的发展，新的旅游方式出现。如3D旅游、虚拟旅游等，被称作"E时代的旅游方式"。不管是网络自助游还是智慧旅游，它们都离不开互联网的支持。

（二）电子商务基础服务产业基本形成

电子商务是商务运作、商务需求与信息技术、计算机网络技术相结合的产物，在世界范围内正逐渐成为标准的业务活动。同时，也面临着新的挑战，那就是如何将多种业务流程集成到一个无缝的集成环境中，因为每一个网上贸易的参与者都希望在交易活动中实现一对一的交互，而不是一对多的协商。电子商务基础服务产业是以电子商务基础服务为对象的新产业，它不仅仅拥有技术手段和商业标准以及完善的商业服务，而且还具备了实现世界范围内资源互通的手段。需求向来是所有技术应用发展的直接动力。围绕电子商务的应用，国内外正在逐渐形成一个新的产业——电子商务基础服务产业体系，其主要成分包括以下内容。

1. 软硬件服务体系

（1）接入服务业，包括网络基础设施运营和接入这类企业，包括互联网、内联网、外联网和商业增值网等。

（2）托管服务业，包括提供服务器托管、整机租用等在内的企业。

（3）加密认证服务业，提供电子商务的资格认证等服务的企业。

（4）技术平台服务产业，包括为企业提供技术平台和应用服务提供的厂商，像惠普、IBM、苹果等公司。

（5）应用软件服务业，包括提供电子商务中贸易、销售和营销的应用软件的企业，这些企业中比较出名的有 Infobank、OceanBase、Hybris 等。一些传统的 ERP 软件企业也开始进入这个领域，包括用友、金蝶、甲骨文（Oracle）、思爱普（SAP）、QAD 等。

2. 商业服务体系的完善

（1）认证支付体系，包括各大银行提供在线的认证和支付服务体系。

（2）物流配送服务体系，基于网络化、电子化的发达的物流配送服务体系。

（3）专业化的电子交易服务体系，包括现在常见的电子交易市场，它有水平与纵向之分，提供各种市场交易机制（拍卖、交易、社区），来促进买方和卖方的交易，以及其他包括电子保险、商检、电子海关等服务的体系。电子交易解决方案服务、应用软件服务、数据中心服务、接入服务等在内的全球电子商务基础服务业市场将达到一个较大的规模。

（三）旅游电子商务发展战略的主要内容

我国的旅游企业中已经有许多旅行社、酒店、景区、餐饮和航空公司先后介入电子商务领域，从实际的运行效果看，思路还是比较清晰的。

（1）电子化市场战略。通过信息化方式实现在线营销、在线交易和在线服务，从而达到扩大市场、增加销售量和降低成本的目的。

（2）客户关系管理战略。把有关市场和客户的信息进行统一管理、共享，并进行有效分析，从而为企业内部的销售、客户服务等提供全面的支持。将传统旅游业务中以销售产品为中心转到符合电子商务特征的以提供服务为中心的模式上来，客户关系管理战略是一个十分重要的环节。

（3）电子贸易战略。传统的旅游企业之间大多存在竞争与合作的多重关系，合作上的一对一、一对多或多对多的业务关系复杂且链条较长，如旅行社、酒店、景区之间，以及这些三大传统企业与其他服务商或产品供应商之间，都存在着或多或少的业务联系，线下交易往往要耗费大量的资源和时间，无论是直售还是分销都要占用产品成本。通过电子交易的方式，合作的买卖各方能够在线上完成整个业务流程，使企业之间的交易减少许多事务性的工作流程和管理费用，可降低企业经营成本。

（4）网络营销战略。网络营销是以国际互联网络为基础，利用数字化的信息和网络媒体的交互性来辅助营销目标实现的一种新型的市场营销方式。企业要引入网络营销，首先要清楚网络营销通过何种机制达到何种目的。然后企业可根据自己的特点及目标顾客的需求特性，选择合理的网络营销战略。网络的出现不仅改变了企业营销方式，而且推动企业对管理理念、决策方式、业务过程组合营销方式的战略性思考和变革，最为重要的是，电子商务支持并形成战略性伙伴关系和虚拟企业。由此可见，网络营销也是旅游电子商务战略中不可或缺的重要成分。

电子商务就是利用信息技术，将贸易企业的管理和消费者的行为通过一个平台进行结合，是互联网时代发展起来的一种商务交易活动。随着网络电子商务的迅猛发展，对信息技术的合理应用是旅游企业长期的战略目标，只有有效的、科学的、合理的战略规划，才能将电子商务充分运用于旅游企业，才能不断提高企业的竞争能力和经济效益。

小资料：旅游电子商务市场逐渐向专业化发展

世界旅游组织早在2001年的报告中便已预期全球旅游电子商务将连续5年以350%以上的速度增长。历经20多年的网络培育之后，市场逐渐成熟，稍具规模的在线旅游服务代理商、航空公司、酒店都在不停地推出新的信息以及功能全面的服务。Phocuswright相关报告显示，目前世界上主要旅游客源地约60%的旅游产品订购都是通过互联网实现的。此趋势从美国早期的市场扩张速度便可初见端倪，在线旅游机票和酒店订购业务，占旅游预订业务的份额从1999年的6%上升到2004年的23%。

JupiterResearch研究报告称，美国的在线旅行市场在2005年有620亿美元的规模，占美国旅行总体市场的26%，而到了2009年，在线旅行市场规模将达到910亿美元，占旅行总体市场的33%，即美国旅游服务约1/3都将在网络上进行。行业类型方向，将不会再出现一枝独大的局面，市场已经细分为六大类型（表10-1），分别是在线旅游服务商、传统旅游服务商线上分支、在线旅店预订服务商、传统航空公司自营、在线旅游搜索引擎及在线旅游社区平台。

表 10-1　全球在线旅游企业类型及代表性企业

企业类型	国外代表性企业	国内网站名称
在线旅游服务商	亿客行 Travelocity Orbitz	携程 艺龙
传统旅游服务商线上分支	希尔顿 CheapTickets	游易航空旅行 阳光旅行
在线旅店预订服务商	Hotels 爱彼迎	莫泰168连锁酒店 途家
传统航空公司自营	西南航空	春秋航空
在线旅游搜索引擎	SideStep Kayak FareChase	去哪儿 飞猪 美团 途牛
在线旅游社区平台	猫途鹰	驴妈妈旅游 马蜂窝

我国旅游业电子商务的战略格局也基本形成，旅游服务类网站主要包括旅游预订网站和旅游资讯网站。旅游预订网站比较典型是携程、中国通用旅游、艺龙等，旅游资讯网站包括门户网站旅游频道和垂直的旅游资讯门户，典型的如搜狐旅游资讯频道、爱自由旅游网、同程等。

无论是旅游预订网站还是旅游资讯网站，为用户提供的旅游资讯服务和旅游预订服务都是免费的，旅游预订网站主要的盈利方式是赚取预订金额的佣金分成，旅游资讯网站主要通过流量赚取广告收入。可以说旅游资讯网站更具媒体特性，而旅游预订网站更具服务行业特性。因此，旅游预订网站可以针对各自特点扩展业务范围，拓宽企业的盈利模式，例如设计与开发针对不同消费能力用户的高、中、低端旅游产品，使企业用户规模和收入都得到最大化；而旅游资讯网站则可以利用中高收入水平的用户特征吸引广告商，利用线上和线下营销方式，创造优势媒体平台价值。

二、如何编制旅游电子商务发展战略

（一）编制原则

按照"统一规划、科学论证、分期实施、滚动开发"的方针，很多企业采取的发展思路都是以企业电子商务门户网站为主要发展方向，树立集网络功能与信息服务于一体，不断完善综合性网络信息服务的原则。旅游行业的信息流程有三个环节最为关键，分别是信息的收集、信息的加工和信息的利用。信息的收集实质是信息从什么地方来，通过什么方式汇集到一起。信息的加工实质是信息以什么方式整理储存，按照什么规则和方向从无序状态转化为有序状态的阶段。信息的利用实质是信息发挥什么作用，为谁所用，向什么地方传送的问题。在这三个环节中，信息的收集是基础，支撑着后面信息流的流程；信息的加工是中间环节，在决定信息的功能作用过程中起关键作用；信息的利用是信息的终极目标，决定信息的收集的内容和信息的加工的方式。旅游行业信息化所涉及的相关技术和信息服务分别与这三个环节相对应。

1. 认识是关键

我国的旅游企业，或由于资金所限，或由于技术所限，对信息化应用存有"心有余而力不足""徒有其表"的无奈。但现在并不是让企业思考是否应该加入旅游电子商务的行列中，而是应思考怎样将旅游电子商务做得更好、更具体、更有特色。电子商务对信息化的依赖程度非常高，一个企业的领导层，如果不能充分认识到信息系统对于企业管理的重要作用，那么就无法提高电子商务的信息化建设程度。另一种是管理层对于信息化技术抱有的期望值过高，认为电子商务的信息化程度能够为企业带来很高的经济效益，然而一旦经济效益在短时间内未能达到他们的预期，他们就无法坚持投入。这种对电子商务过高或过低的认知程度，给旅游企业带来很大的弊端。

2. 组织是保障

旅游企业的信息化工作，是一项长期的、战略性的工作。因此，有必要建立健全组织机构，成立互联网信息中心十分必要。互联网信息中心的主要职责是在企业主管部门的领导下，统一负责企业及下属企业的网络规划、管理和人员培训等工作。

3. 人才是根本

市场的竞争，说到底就是人才的竞争。旅游管理信息化主要需要两方面的人才：一是系统开发所需要的信息技术人才；二是既能熟练运用信息技术，又掌握旅游景区管理知识的复合型人才，这方面的人才缺口很大，使得很多景区建立的信息系统无法及时更新、维护，因此，旅游企业要把信息化人才引进放在突出位置。

4. 技术标准与信息共享是基础

旅游业信息化要能够健康、有序发展，最为基础的工作就是建立技术规范和标准。制定技术标准的目的是规范建设方向。技术规范和标准制定工作需要覆盖底层基础，如旅游综合数据库建设规范、旅游集成电路智能卡的技术标准；上层建筑，如国家旅游业信息化建设技术规范、旅游业信息分类标准；应用模块，如内部办公网络、管理业务网络和电子商务网络的建设技术方案等。

随着旅游业信息化进程的推进，逐步深化完善旅游业网络信息化工作的技术规范体系。执行共同的技术标准，可使旅游信息网络成为一个开放的网络体系，便于信息资源和技术手段的应用、共享和扩展。随着时间的推移，可扩展性和开放性是网络体系的重要属性。

旅游企业信息化顺利实施后，将在系统平台上进行延展，其主要内容包括网站内容管理系统、旅游目的地信息管理系统、社区系统、调查系统、投诉处理系统等旅游网站应用系统，并逐步集成为一个完整的目的地营销网络，为区域旅游的整体促销奠定网络基础和信息管理中枢，并通过多语言转换系统向海内外进行推广。随着旅游信息化建设步伐的向前推进，将相关资源的营销网络实施接轨与整合，特别结合国家与智慧化相关的导向，促进以信息化带动旅游业向现代服务业转变，深度挖掘旅游市场潜在活力。

（二）战略关注要点

国内外旅游电子商务的实践经验表明，成功的旅游电子商务应用必须具备以下三个基本要素。

1. 完整实时动态信息

以亿客行、缤客、美国航空等为代表的重量级网络为例，旅游网络和主页的设计应图文并茂、生动、有吸引力，而且信息内容应尽量准确、详细、注重时尚文化，适应市场需求，给予用户其旅游资源相关信息不仅数量巨大、准确性和时效性也很强的印象。在服务内容方面，由单纯的信息发布、网络营销向全方位交易服务发展，实现集线路预定、团队组合、交费、服务监控、投诉管理于一体的"一站式"服务。在使用便捷方面，在完善的安全、信用、服务保证机制下，具有提供酒店、机票、包价旅游、租车等网上预订、支付功能。

2. 个性化服务

时代在不断发展，大众所选择的旅游形式也正在不断趋向个性化、多样化。所以，现在的旅游电子商务平台运营工作，不能够只是停滞在陈旧的传统旅游业经营模式上，除去固定的旅游线路介绍、景点介绍及网上订房、订票、租车等环节，还应当包含自助旅游协助、旅游线路设计、虚拟实景旅游体验等环节。旅游行业要懂得针对不同类型的游客个人或群体，开发出更多具有自身特色的旅游路线及旅游相关产品。

3. 细化市场划分与定位

旅游企业的在线平台，想要针对整个旅游顾客市场进行更加细致的划分与定位，就要针对不同类别的目标顾客，提供不同类型的服务，这对于旅游在线平台服务范围的拓展，旅游领域经济收益的提升，以及整个旅游行业竞争力的强化都有着至关重要的含义。

中国的有关旅游电子商务网站自1996年出现以来获得了长足的发展。旅游电子商务的系统建设离不开商务、支付、安全、技术、物流、客服体系等诸多要素的配套体系设施，每个部门、每个环节都有巨大的提升空间。在旅游电子商务企业数量持续增加的同时，在线旅游市场流量趋于集中。据CNNIC发布的第53次《中国互联网络发展状况统计报告》，截至2023年12月，国内在线旅行预订的用户规模达5.09亿人。用户使用的在线商旅网站主要集中在携程、去哪儿、飞猪、马蜂窝、途牛、同程、艺龙、驴妈妈和穷游。游玩体验和服务品质已然成为用户决策的关键部分，与此同时，用户将消费重心落于个性化体验后，他们对产品的软、硬件配置要求会更加深入细化。因此，细分客群的差异化兴趣点将会在用户出游考量中扮演愈加重要的角色，它也将成为各旅游供应商持续优化和更新优质产品的运营重点。

国内信息技术企业和旅游企业的实践证明，我国的旅游电子商务正处在快速发展的阶段。国内现有的较成功开展旅游电子商务的企业，如携程、去哪儿、同程等OTA把旅游网站作为一种渠道方式，投入资金、人力完善网上的各种服务，建立国内、外知名的品牌形象。支付手段也是多种多样，针对不同的目标客户市场，以移动支付为主，以网上支付（如招商银行"一卡通"）、传统支付为辅。由此看来，我国发展旅游电子商务正经历着一个渐进的过程。旅游企业发展电子商务，本质上是建立一个有商业盈利模式的外部网络，其核心是如何利用电子商务创造服务价值和形成价值链。

（三）旅游电子商务发展战略框架

旅游企业搭建电子商务框架，是一项长期而又艰巨的系统工程。需要做的阶段性工作包括：企业发展电子商务的商业目标确定、网络化应用、开发工具和实现工具确定、信息收集和数据库建设、基础技术提升、信息安全维护和网络环境搭建等。

旅游企业电子商务战略规划的总体框架设计包括以下内容。

1. 管理网络化

旅游业的特征之一是分散经营，难以有效集中管理。随着网络信息技术的导入，这个问题在一些规模较大的旅行社，已经逐步得到解决。例如，浙江新世界国际旅游股份有限公司借助完善的互联网收客系统，成功地将省内368家中小旅行社改造成为自己的门市部，这是旅行社行业出现的网络信息管理新模式。但是目前旅行社网络信息管理模式还是偏重企业自身的内部管理。即使与其他旅行社有所沟通，也仅限于同一系统或者业务联系比较密切的协作单位。互联网的本质特性是信息交互和共享的多维与开放。编制企业旅游电子商务发展战略的目的，就是期望通过网络营销的新形式，寻找新的价值机会，创造具有前景的新产品，开辟新的市场空间。要实现此目的，至少要实现三个空间的互联互通：客户的认知空间、企业的能力空间和协作伙伴的资源空间。与这三个空间相对应的关键词分别是需求、资源和合作。因此，旅行社现有的网络信息系统建设，必须突破线性思维模式，进一步增强开放和合作的精神。

2. 渠道扁平化

到目前为止，由于旅游业电子商务整体发展尚不成熟，基于产品的电子分销模式清晰度低。设计产品和产品的批发与零售，以及水平分工和垂直分工的差异，目前尚缺乏清晰的界限。长期以来，旅行社行业的分销，应该是分销游客，而不是分销产品。这种分销形式的两大特点：一是从分散到集中，二是从集中到分散。比如某一旅行社收了几个散客，转给其他旅行社集中起来拼团。这种分销方式由于渠道复杂，分销链较长，会带来许多不可知的因素，从而影响旅行社对服务质量的控制。旅游信息网络的建立，则有助于旅行社突破时空限制，最大限度地扁平化接触游客，从而更好地了解游客的旅游感受，发现游客的心理诉求和产品需求。因此，旅行社在建立网络信息系统的过程中，如何与普通游客进行良好的沟通和互动，是一个值得深入研究的问题。

3. 信息集成与处理系统化

随着网络信息技术的高速发展，旅游企业面向未来的竞争，将不再仅仅局限于产品和服务方面。要想谋求市场竞争的先发优势，还必须建立和拥有面向消费者的信息传递和沟通体系。在网络时代，各种市场信息的获得已经变得越来越便捷。要将浩如烟海的数据信息变成有利于企业决策的有效信息，还需要做好去粗取精、去伪存真的工作，将信息分析与信息处理系统化。对于旅游企业而言，客户的需求信息是一个尤其需要重视的管理环节。与传统的旅游业务相比，电子商务是一种新的市场交易形式，有许多新的特点。但是要做好电子商务，必须深入研究和准确把握旅游者需求。网络信息技术提供了探索客户认知空间的新工具，为旅游服务的个性化、定制化提供了新手段，为建立客户需求管理系统提供了技术支持。旅游企业发展电子商务的着力点，首先应该是面向旅游市场的需求信息管理和客户关系管理。

4. 口碑虚拟化

互联网的传播特性对于旅游企业实施电子商务战略来说至关重要。对于企业的品牌形象来说，口碑的作用尤为重要。在传统的市场营销理论中，口碑的形成主要是在相互熟悉的消费者之间以口头方式完成传递的。但是在互联网环境下，由于网络所特有的无限延展性，信息传播可以有效突破时空限制，瞬间到达社会生活的各个层面和角落，旅游企业的口碑可以在素不相识的陌生人之间完成传播，具有明显的虚拟化特征。对于有意涉足旅游电子商务的旅游企业来说，塑造虚拟口碑成为一个现实的问题。目前来看，不少企业对于如何在网上宣传自己，制定企业在互联网上的品牌传播方案还存在不少误区。比如，有些旅游经理人求成心切，往往不分场合和对象，急于表现自己；也有些朋友不顾别人的感受，在各种网络平台、微信朋友圈和群组大量发布企业的广告信息。如此种种，不但不会取得良好的宣传效果，相反会引起别人的反感。企业的营销人员在虚拟网络中所表现的一言一行，潜在客户会从中窥一斑而知全豹，对企业品牌信誉和综合实力做出判断。因此，旅游企业的市场营销人员要在网络世界中成功地宣传企业，需要具备良好的举止、互助共享的精神和开放包容的胸怀，才能赢得用户以及潜在游客的尊重。

5. 移动智能化

随着旅游电子商务的不断发展和深入，"指尖上的旅游"和"一站式服务"已不再是梦。随着移动通信技术和各种业务应用的快速发展，移动终端的发展变化也极为迅速。目前移动终端正在向着开放式、智能化的方向发展，可进行丰富的拓展，集成更为强大和复杂的功能。利用人人电子商务的社交营销模式结合中国移动互联网优势、客户规模优势、线下实体网点优势、专业的市场和产品运营团队以及大数据分析挖掘能力可以更广泛、更准确地将商品推广给目标客户群体，在提高供货商销售量的同时提升生产商的品牌认知度。例如，移动互联网 LBS 使实体旅游供应商的位置信息一目了然，推荐列表也更加精准，大幅升级了在线消费体验，培养了用户新的消费习惯。大数据感知除了为政府旅游管理部门提供更加全面、客观、科学的决策依据，还可以帮助旅游管理部门提高管理效率，提升游客满意度。

案例分析：飞猪旅行的大平台直销模式

阿里巴巴已逐渐发展为全球领先的企业之一，2021 财年，其生态体系的商品交易额累计为 8.119 万亿元，涵盖了中国零售市场、跨境及全球零售市场和本地生活服务等领域。全球活跃消费者总数达到约 12.8 亿人次。除了淘宝网、天猫、聚划算、1688、支付宝和钉钉等众多知名品牌外，飞猪旅行作为阿里旗下的综合旅游平台，成为生活服务领域的重要业务单元，专注于满足消费者的度假和出行需求，并以推动旅游行业的数字化转型为长期发展战略，备受关注。

飞猪旅行整合了数千家机票代理商、航空公司、旅行社、旅行代理商等资源，提供酒店、机票、旅游度假、景点门票等一站式旅游服务（图 10-1）。平台使用支付宝担保交易，确保交易的安全和可靠。针对用户的灵活出行需求，飞猪旅行推出了酒店预售套餐，用户可提前购买并按需核销。此外，"信用住"服务的推出，让用户在入住时可享受免押金、免排队、免查房的便捷服务。飞猪旅行还创新了诸如包船南极游、在线签证、旅游直播等新型旅游体验，进一步增强了平台对用户的吸引力。

为了推动旅游业的数字化转型，飞猪旅行借助阿里巴巴的云计算、数字营销、金融服务等资源，帮助合作伙伴实现数字化经营。飞猪旅行开创了旅游企业官方旗舰店模式，使商家可以直接与消费者互动，提升自主运营管理能力。在新冠疫情期间，飞猪旅行的数字化战略优势愈发凸显。2020 年双十一期间，飞猪旅行的旅游商品交易额同比增长 82%，参与用户增加了 61%，酒店套餐预订量同比增长超 100%，并且旅游直播单场收益最高超过 8000 万元。

飞猪旅行也是阿里巴巴全球化战略的重要组成部分，已与多个国家的旅游局建立了紧密合作关系，70 多家知名航空公司在飞猪旅行开设了官方旗舰店。2019 年，飞猪旅行平台已包含 200 多个全球目的地的出境游产品。

飞猪旅行不仅承载了阿里巴巴在旅游电子商务领域的期望，还帮助阿里巴巴构建了包括旅游生态在内的线下服务生态体系。尽管携程在品牌认知度上略高于飞猪旅行的前身"去啊"，但飞猪旅行的购买转化率和复购率分别达到 31.5%和 94.3%，居于领先地位。如今，旅游企业的主要盈利来源仍为佣金和广告，而飞猪旅行则依靠阿里巴巴庞大的流量及金融支持，采用纯平台模式，帮助商家自主经营，进一步推动了在线旅游市场的发展，逐渐占据了市场的一席之地。

通过这些创新模式和紧密合作，飞猪旅行为航空公司和酒店降低了销售成本，在在线旅游市场中不断拓展其市场份额。

图 10-1　飞猪旅行主页界面
资料来源：飞猪旅行官网

分析与讨论：阿里巴巴介入旅游业的切入点是否合适？你觉得飞猪有何特色？
分析提示：通过与其他 OTA 的比较，应该能得到有意义的启发。

案例分析：携程集团的社会型和时代型企业发展战略

案例背景

携程集团是全球领先的一站式旅行平台。2016 年，携程上榜《财富》中国 500 强，获评达沃斯论坛 2016 年"全球成长型公司"；2020 年，集团以 41%的市场占有率成为中国最大的 OTA 平台；后于 2021 年，以 177.71 亿元的品牌价值入选《2021 中国品牌 500 强》，排名第 143。

分析内容

1. 集团简介

携程集团创立于 1999 年，总部位于中国上海。集团旗下的平台可面向全球用户提供一套完整的旅行产品、服务及差异化的旅行内容。近年来，携程不断加大在人工智能、云计算等方面的研发和投入力度。在服务上，携程在全球的客服人员约 1 万名，配备深度神经网络客服机器人及 21 种语言的全球化服务能力。此外，携程先后建立了"六重旅游保障""先行赔付"等创新举措。为应对新冠疫情，携程启动多项举措保护用户和合作伙伴的权益，发起"旅行复兴 V 计划"和"BOSS 直播"，履行社会责任，推动行业复苏。

携程通过收购和战略投资方式和持股方式持续拓展产业链和市场规模。2016 年，携程加速了全球化脚步。2019 年全年，携程总交易额突破 8650 亿元人民币，实现净利润超过 65 亿元。携程于 2003 年在美国纳斯达克交易所上市，并于 2021 年在香港联合交易所上市（图 10-2）。

2003年
12月，在美国纳斯达克上市，上市首日市值达5.2亿美元

2010年
2月6.84亿港元投资香港永安旅游（控股）有限公司旗下旅游业务90%股份；
3月收购汉庭连锁酒店集团和首旅建国酒店管理有限公司8%和15%股份；
4月并购中国古镇网

2013年
10月，2300万美元收购易到用车20%可转换优先股；
12月，收购Keystone Lodging Holdings Limited的4%股权、一嗨租车19.6%的可转换优先股、控股途风旅游网

2015年
1月，7560万英镑收购Travel Fusion的70%股权；
5月，以4.22亿美元收购艺龙37.6%股权；
10月，通过和百度换股收购去哪儿网45%股权；
2015年对途牛合计投资5000万美元，持股约4%

2021年
4月，携程正式在港交所挂牌上市并收购荷兰机票预订旅游公司Travix；
7月，累计购买TripAdvisor5.2%的股票

1999年
携程旅行网成立，通过呼叫中心提供预订服务

2009年
4月，战略投资ezTravel；
5月，增持如家至18.25%

2011年
7月，收购久久票务网

2014年
1月，控股蝉游记；
4月，2亿美元战略投资同程及1500万美元战略投资途牛；
9月，联合中信产业基金战略投资华远国旅，成为第一大股东及5250万美元收购天海邮轮70%的股份（其中35%出让给皇家加勒比）

2016年
1月，购入印度OTA公司Make My Trip的1.8亿美元可转债；
4月，以30亿元认购东航3.22%股权；
10月，控股旅游百事通；
12月，以14亿英镑收购天巡及以如家15%股权置换首旅酒店15.43%股权

图 10-2　携程集团发展历程（1999～2021 年）
资料来源：携程集团官网

2. 业务板块

携程集团能够提供超过 120 万种全球住宿服务，480 多家国际航空公司，以及超过 31 万项目的地内活动。用户可以通过携程的平台进行任何类型的旅行预订，包括从目的地内活动、周末短假及短途旅行，到跨境旅游及商务旅游等。

集团的主要收入来源是住宿预订、交通票务、打包游和商旅管理，其中，住宿预订和交通票务是集团的核心业务。具体而言，首先，在住宿预订板块，携程通过持股、战略合作以及签订分销协议的方式获得众多品牌住宿房源；集团在 2021 年 3 月推出的"星球号"聚合流量、内容、商品三大部分，可以帮助携程搭建其私域流量池，从而为企业带来更为稳定的收入，并使住宿预订业务的增长空间进一步增大。其次，交通票务板块的收入占集团总收入的比例稳定在 40%左右，但该业务的盈利空间相对较小，变现能力较差，未来盈利增长空间被预测为集中于租车服务。再次，携程集团

的打包游业务包含跟团游、半跟团游、定制游、交通和住宿打包服务;自 2015 年起,该板块收入呈现上升趋势,2020 年,打包游收入占携程总收入的 7%。最后,携程集团的商旅管理业务主要向用户提供商务访问、会议旅行和旅行管理解决方案等服务;该板块收入在 2020 年占总收入的 5%,随着商旅管理宣传力度的加大和普及度的提高,此板块有望成为携程新的增长点。

3. 案例经验

携程集团联合创始人、董事局主席梁建章曾表示:"携程不仅仅追求商业上的成功,更希望成为一家社会型和时代型企业,为社会作出更大的贡献。"自 2019 年年底新冠疫情暴发以来,截至 2022 年 4 月,旅游业仍然面临着巨大挑战。携程秉承社会型和时代型企业的发展战略,通过一系列探索和实践,在保障用户权益和帮助供应链自救方面取得了稳健进展。携程财报显示,尽管新冠疫情给公司带来了史无前例的亏损,但自 2020 年第三季度起,携程已逐渐转向盈利,当季度净利润为 2.34 亿美元(约 16 亿元人民币)。2021 年携程集团全年净营业收入为 200 亿元,约已恢复至 2019 年的 56%。

1)"服务提升+产业赋能"双轮驱动

2018~2021 年,携程在产品研发费用上的投入累计达 369 亿元。其中,2021 年,此项费用达到了 90 亿元,占集团营业收入的 45%,这一比例甚至超过了许多国际互联网巨头。在此背景下,技术已深度融入集团业务的各个环节,利用人工智能、数据分析及云技术提升产品服务和运营效率。在疫情影响下,携程长期的技术投入展现了巨大的潜力,通过服务提升和产业赋能,助力旅游行业实现高质量复苏。

在服务提升方面,携程应对疫情引发的大规模退改订单,成为检验其技术和服务能力的关键。2020~2021 年,携程平台处理了近 1000 亿元的退改订单,占年度交易额的 20%。在极端天气和疫情叠加影响下,2021 年 8 月平台取消订单量接近 2020 年初的水平,但得益于技术进步,客服电话量减少了 50%,用户排队时间缩短 90%,用户满意度创新高。携程还在全球范围内优化服务,截至 2021 年底,海外客服中心的人工智能聊天机器人自动化解决率接近 80%。

在产业赋能方面,携程累计为供应链合作伙伴提供了大量纾困支持,减负金额相当于疫情期间公司非 GAAP 净利润的 2.5 倍。携程通过精准导流、交叉引流等方式,为旅游合作伙伴提供了多样化的支持。

2)"乡村振兴+区域联动"双轨并行

2021 年 3 月,携程发布"乡村旅游振兴"和"旅游营销枢纽"两大战略,推动集团履行社会责任,同时激活了目的地旅游经济,创造了市场复苏的新生态。2021 年,携程乡村旅游订单量较 2019 年增长了 6%,其中酒店订单增长了 32%。新开业的携程度假农庄引发了显著的乘数效应,用户预订农庄时也预订周边景区门票和其他旅游产品,推动当地旅游消费的增长。

携程的旅游营销枢纽战略依托于一站式服务平台,通过多要素组合和跨区域联动,提升了目的地的曝光率和旅游经济活力。例如,携程通过直播为目的地旅游资源集中曝光,并通过无损退订等机制提高用户购买意愿。2021 年,携程直播的观看人数同比增长 171%,直播后 24 小时内下单率达 44%。

3)"混合办公"制度推广

携程于 2022 年 3 月 1 日正式推广"混合办公"制度,允许符合条件的员工每周有 1~2 天可选择灵活办公。这是中国首家大规模推行混合办公的公司,实验结果显示,参与混合办公的员工工作满意度提升,离职率下降约 1/3。这一制度在提升员工工作满意度、减少通勤时间、平衡工作与生活等方面展现了显著优势,并为未来的企业工作模式提供了重要参考。

携程通过上述举措,展示了其在疫情常态化背景下的灵活应对策略,以及对旅游行业复苏和社会经济的贡献。

分析提示:新冠疫情席卷全球,携程集团没有选择独善其身以求自保,而是通过推动"服务提升+产业赋能""乡村振兴+区域联动""混合办公"在内的多项实践,化危机为转机。请分析概括携程集团的旅游电子商务战略。

第二节 旅游电子商务战略规划编制

一、旅游电子商务与文旅产业核心竞争力

文化和旅游的关系源远流长。2018 年,文化和旅游部的组建,为我国文旅产业的融合指明了现实发展方向。当下,中国特色社会主义进入新时代,我国社会主要矛盾已经转化为人民日益增长的美好生活需要和不平衡不充分的发展之间的矛盾。文旅产业是人民群众喜闻乐见、参与度高的幸福产业,是反映民众生活质量的晴雨表,其发展空间大,未来释放和不断增长的消费需求也很大,处于提振内需消费的主力军地位。但文旅产业同时也是一个敏感型和脆弱型产业,容易遭受突发事件的冲击和影响,从而造成严重的衰退和滑坡。

2020 年,受新冠疫情的影响,整个文旅产业都被按下了"暂停键"。新冠疫情不仅严重抑制了消费者的文旅消费需求,而且对旅游市场造成了严重的冲击。因此,市场驱动下"旅游搭台,地产唱戏"的发展模式不再适用文旅产业。文旅产业的发展,不仅需要 5G+VR/AR 等科技的融合,更需要互联网平台与旅游营销、旅游电子商务等进行深度融合。

旅游电子商务凭借个性化服务优势,已成为电子商务领域的热点。电子商务不仅能够有效降低旅游企业和旅游管理者的成本,提高旅游管理效率,而且能够为旅游者提供个性化、便捷、快捷等的旅游服务。此外,它还具备极大的潜力,如推动企业打破原有战略束缚,彻底改变企业运作流程,增强顾客与供应商的联系,开拓新市场等。当下,文旅产业成为推动区域经济发展的重要驱动力,具有产业带动性强的特

点。因此，旅游电子商务对文旅产业的发展具有战略性意义。同时，旅游电子商务应当充分利用信息技术，将文旅项目文创化、IP 化和品牌化。

国内文旅企业欲在新冠疫情和经济全球化的浪潮中立于不败之地，关键就是提升自身的核心竞争力。以技术创新为核心，以信息化为动力，以资源整合为依托，以品牌战略为手段，以企业文化为后盾，才能在日趋激烈的国际市场竞争中有所作为。

（一）以技术创新为核心

随着现代信息技术的广泛应用，科技创新成为文旅企业获得持续竞争力的源泉，是企业发展战略的核心，也是未来发展的主要趋势之一。企业要想在日趋激烈的市场竞争中占有一席之地，必须从知识经济的要求出发，从市场环境的变化出发，不断进行技术、管理、制度、市场、战略等诸多方面的创新，其中又以技术创新为核心。众所周知，文旅产业以及其上下游产业涉及面广，因此与之相关的技术也丰富多样，如互联网技术、VR 技术、游乐设备技术、人工智能技术、区块链技术、大数据技术等，这些都为文旅产业的发展带来了更多的创新可能。

文旅是典型的应用创新和集成创新行业，表现为外部生产力引起行业内部生产关系创新。技术创新对文旅生产关系变革具有三大作用：创意设计平权、制作传播平权和体验平权。首先，在创意设计领域，新技术大大解放了传统的设计人才，普通人也可以参与到创意设计之中来。例如，腾讯推出的"敦煌诗巾"，数字化解构了敦煌壁画、藻井、雕像的 200 多种文化元素，短短一个多月就有 200 多万人次参与设计，形成了 10 多万个可以商业化的创意作品。其次，在制作传播领域，从文字、图片到语音、视频，实际上是生产力的变更。在短视频时代，只要对着手机镜头会说、会演，就是合格的创作者，这大大降低了创作门槛、扩大了生产人群、增加了传播渠道。如抖音全球下载量超 10 亿，月活用户达 5 亿人，在全球领域实现了人人都是创作者，人人都是传播者。最后，在体验领域，一般而言，文旅体验会受到时间和空间限制，而游戏引擎、AR/VR/MR 等技术则为增强体验提供了可能。例如，育碧用 10 亿点数据建模巴黎圣母院，误差不超过 5 毫米，无论在何时、何地，都能相对完整地体验。由此可见，推陈出新的硬件设施、不断提升的网速，以及搜索引擎技术、电子商务、VR 技术等为旅游电子商务提供了坚实的技术支持。

（二）以信息化为动力

企业信息化是电子商务的基础，电子商务是企业信息化的"高级阶段"。加强企业信息化建设，可以强化企业财务管理，促进管理创新，为企业带来巨大的经济效益。中国（海南）南海博物馆 5G 创新应用项目就是一个典型的信息化的项目。2019 年，中国（海南）南海博物馆携手中国联通，基于 5G 网络与相关信息技术的融合，打造 5G 创新应用，通过构建以科技手段为支撑的博物馆旅游信息体系，提升观众参观体验，让中国（海南）南海博物馆成为宣传南海、进行蓝色国土教育的示范基地，成为海南旅游的一张闪亮的名片。中国（海南）南海博物馆 5G 创新应用项目的应用内容主要包括全馆 5G 网络覆盖、5G+VR 全景直播、5G+AR 文物修复、5G+AI 游记、5G+感知安防等。中国（海南）南海博物馆+5G 的创新应用，融合 VR、AR、人工智能等前沿技术，有效提升了博物馆在观众服务、文物修复、安防管理等领域的智慧化水平。企业信息化、商务电子化可以提升文旅企业的核心竞争力，那么企业怎样实现信息化呢？信息化涉及的环节很多，最为关键的两个环节是：企业核心业务和主导流程的信息化、企业员工的信息化。

许多成功企业的信息化都紧紧围绕着企业的核心业务和主导流程。中国（海南）南海博物馆 5G 创新应用项目的核心业务是馆藏品的展览与修复，主导流程是观众参观体验，因而它不惜花巨资来信息化其核心业务和主导流程。文旅企业信息化的主要目标之一就是要推倒以计算机技术为界的无形堡垒，使工作人员、参观游客等不同人群消除彼此在认识上、知识上和语言上的障碍很好地融合在一起。

（三）以资源整合为依托

在全域旅游的大背景下，旅游行业正在发生着深刻变革。全域旅游意味着全地域覆盖、全资源整合、全产业融合、全社会参与以及全需求满足和全过程服务。随着旅游竞争由单一产品→复合产品→产业链→区域整体竞争模式的延伸，客观上单一企业或集团无法或难以通过自身力量实现较高层面的资源的整合，以应对更加残酷的市场竞争。因此，应当着力整合"旅游要素、旅游+、企业价值链、智慧旅游、公共服务"五个圈层的产业资源，打造"泛旅游全产业链生态圈"，以提升旅游用户体验，实现旅游产业综合实力和核心竞争优势的显著提升，增进资源互联互动，整合旅游产业链上下游资源，使企业发展成为专业化、大型化的综合旅游企业，实现合作双赢。

（1）"旅游要素"圈层产业资源整合，作为传统旅游六要素，"吃、住、行、游、购、娱"是发展旅游产业的核心资源。因此，"旅游要素"圈层的产业资源整合应当以重点景区、重点线路、重点区域等旅游产品开发为基础，对核心旅游要素进行有效整合，以提升综合竞争实力和核心竞争能力。

（2）"旅游+"圈层产业资源整合，消费者的个性化需求为"旅游+"的跨界融合提供了良好的契机。如当下众多旅游企业通过探索旅游"+乡村""+工业""+科技""+教育""+体育"等发展战略推进旅游产业转型升级。

（3）"企业价值链"圈层产业资源整合，联合区域内外优势力量，以智库为依托，构建开放式结构，打造"企业价值链"创新旅游发展模式。

（4）"智慧旅游"圈层产业资源整合，线上线下融合发展成为当今旅游发展的主流与趋势。旅游企业应该充分运用云计算、互联网、移动互联网、物联网等高新技术，从产品和服务上进行深度创新，构建一个可持续发展的智慧旅游生态圈。

（5）"公共服务"圈层产业资源整合，在完善旅游信息服务体系方面，充分利用现代信息技术，整合旅游公共信息资源，搭建智慧旅游平台，扩大旅游公共信息服务的覆盖面，打造全域公共服务平台。

旅游电子商务网站的不断增加掀起了各网站之间的直接竞争，缺乏资源优势的旅游网站将无法在竞争中立足，优胜劣汰不可避免。在这种形势下，大型旅游企业将会在电子商务领域投入更多的资金和先进的技术，扩展网站功能，增大服务的范围，提供多样化的分销渠道和支付方式选择；中小型旅游企业则利用互联网，形成企业联盟，化竞争为合作，追求双赢模式下的平均利润以维持生存与发展。在未来几年，旅游业信息技术的应用将获得空前的整合。

（四）以品牌战略为手段

在激烈的市场竞争环境下，品牌时代已经到来，品牌已经成为企业竞争力的综合表现。菲利普·科特勒博士认为品牌是一种名称、术语、标记、符号或图案，或是它们的相互组合，用以识别企业提供给某个或某群消费者的产品或服务，并使之与竞争对手的产品或服务相区别。品牌作为高品质、高文化、高附加值的象征，具有巨大的经济价值，是一个企业永恒的竞争力，品牌定位战略是提升企业核心竞争力的一种重要手段。文旅产业是对品牌 IP 依赖性较高的产业，品牌因素对文旅产业好感度提升的驱动作用很大。通过新品牌 IP 的打造，能够提升文旅产品的知名度和吸引力，提升文旅产品的品牌价值，赋予其新的生命力。

（1）进行成功的品牌企业形象设计。通过企业规范化管理，调动每个员工的主观能动性，使企业各职能部门的经营有效地运作。通过社会公众对企业的认同感和价值观，建立理想的企业形象和恰当的品牌定位。品牌所表明的是产品与消费者之间的关系，因此，品牌定位的目标在于使品牌所体现的价值与消费者的购买动机相吻合。品牌定位对于企业来说至关重要，只有做好品牌定位后，才能提炼品牌核心价值，与客户建立信任传递的关系，引导产品开发和营销战略方向。

（2）注重产品质量。没有质量就没有市场，没有质量就没有效益，没有质量就没有发展。长期以来，我国产品在国际市场上的总体形象是质次价低，这与中国企业落后的质量观念和质量管理体制不无关系。注重产品质量对于正处于品牌经营起步阶段的中国旅游来说有着尤为重大的意义。

（3）取得有关国际标准认证。在国际市场上，不少工程项目的招标、主要物资的采购和贸易洽谈，都以取得 ISO9000 和 ISO14000 认证为前提条件。因此，取得有关国际标准认证是中国企业创建世界名牌的必由之路。

（4）保持独特的个性魅力。名牌是一种富含品质、文化形象与承诺的品牌，它具有独特的个性魅力。个性化的品牌形象才能吸引消费者注意力，才能激起消费者的购买欲望和品牌忠诚。2022 年，据全球知名品牌价值评估机构 Brand Finance 的评估，苹果蝉联全球品牌价值 500 强排行榜榜首。苹果的品牌价值比 2021 年增加了 35%，以超过 3550 亿美元的品牌价值再次创造纪录。

（5）进行成功的品牌宣传。享誉世界的品牌，无一例外都具有成功的品牌宣传营销。借助互联网实施品牌传播，应该较之传统的营销方式更有效。

（五）以企业文化为后盾

企业文化是由其价值观、信念、仪式、符号、处事方式等组成的、企业全体员工所共有的价值文化体系，它在很大程度上决定了员工的看法及其对环境的反应模式。企业文化作为管理学的理论，对企业管理起着至关重要的作用，其内容由理念文化、制度文化、行为文化和物质文化等层次组成。约翰·科特和詹姆斯·赫斯克特在《企业文化与经营业绩》一书中明确地指出：企业文化在下一个 10 年中将成为企业兴衰的关键因素。不仅如此，企业文化还是企业中不可或缺的一部分，能够营造良好的企业环境，提高员工的文化素养和道德水准。企业文化不仅强化了传统管理的一些功能，而且还具有很多传统管理不能替代的功能，如导向、凝聚、激励、规范等功能，通过这些功能的发挥，可以直接或间接地提升企业核心竞争力。

（1）导向功能。企业文化就像一个无形的指挥棒，是全体员工共同的价值观念，它对全体员工有一种内在的号召力，使员工对企业有一种归属感和认同感，能引导全体员工把企业与个人的意愿和远景统一起来，朝着一个共同的方向努力。

（2）凝聚功能。企业文化是一种黏合剂，能减少企业内部的摩擦和内耗，形成和谐宽松的人际关系，强化团队意识，增强凝聚力和向心力，使全体员工把精力放在企业的生产经营发展上。对企业发展至关重要的团队精神就是企业文化凝聚功能的一种很好的表现形式。

（3）激励功能。企业文化可以增强企业员工的荣誉感、归属感和责任感，自觉维护企业的声誉，努力工作。企业文化所形成的文化氛围和价值导向是一种精神激励，能够调动与激发职工的积极性、主动性和创造性，营造良好的工作氛围，使员工的能力得到全面发展，增强企业的整体执行力。

（4）规范功能。企业文化中的价值观念、道德规范、约定俗成的行为准则，能约束企业职工的言谈举止，发挥企业文化的"软"约束作用，从而提高员工的自觉性、主动性和积极性，进而保证企业健康、稳定地向前发展。

案例分析：国内旅游引领者——故宫博物院

作为中国四大名胜古迹之一，故宫博物院始终向国内外展示着中国丰富的历史文化遗产和前辈在建筑领域的杰出成就。故宫博物院 2020 年 1 月发布的观众流量分析数据显示，2019 年故宫的年参观人数首次突破 1900 万，位居全国博物馆参观量的首位。此外，中国文物交流中心于 2020 年 5 月发布的《2019 年度全国博物馆（展览）海外影响力评估报告》也显示，故宫博物院在海外的综合影响力居于榜首。

然而，2020 年初，突如其来的新冠疫情对整个旅游行业造成了严重冲击。为了疫情防控，故宫自 2020 年 1 月 25 日起暂停开放，直至 5 月 1 日才重新迎客。虽然线下旅游受到限制，但故宫博物院通过一系列"云端"服务，依然为游客打开了一扇探索故宫世界的大门。

◆ "云端展览"

闭馆期间，故宫博物院整合了大量的数字资源，通过官方网站和微信公众号推出了"云游故宫"，游客可以随时随地在线浏览文物藏品和展览内容。"数字文物库"（图 10-3）共公开 191 万余件文物藏品的高清影像，并按照类别清晰分类，方便游客在线游览观赏。此外，线上还同步推出了"故宫展览"和"故宫讲坛"，使得大众居家便可虚拟漫步于展厅，深入了解历史、建筑与文物等领域的知识。

◇ "云端开放"

2020年清明节假期期间，故宫博物院联合多家网络媒体在600多岁的紫禁城里进行2020年的首次网上直播，直播主题为"安静的故宫，春日的美好"。这不仅带领观众在春日中欣赏故宫的建筑美和历史氛围，还通过分时段的直播体验，让观众能够多角度感受故宫的魅力。这场直播在短时间内吸引了大量观众，浏览量超过4.3亿次，证明了线上旅游的广泛吸引力和故宫的品牌号召力。

◇ "云端传播"

从建馆以来，故宫博物院一直致力于向全世界人民传播中华优秀传统文化，通过深挖馆藏资源，利用电子商务等技术以各种形式向大众展示"国际化"且"通俗易懂"的故宫。它不仅推出了面向儿童的读物和视频课，如面向全国小朋友们的少儿读本《我要去故宫》和同名的公益视频课；还通过公益宣传片和面向国际的图片展览，多角度展示了故宫的文化底蕴与历史价值，无论是"一起读故宫"公益宣传短片还是向韩国民众推出的"云·游中国"探春紫禁城图片展。这些举措不仅提升了故宫的国际影响力，也进一步扩大了其文化传播的受众面，特别是在年轻群体中取得了显著效果。

图 10-3 数字文物库

故宫博物院通过"云端展览""云端开放""云端传播"的创新实践，传递了未来旅游发展将更多依赖高科技与文化结合的信号。无论是早已爆红的"故宫超级IP"计划，还是新冠疫情期间的云游项目，都昭示着文旅产业必须不断创新，才能打造独特的品牌优势，吸引更多的游客并形成良性循环的旅游生态。

分析与讨论：为什么故宫博物院能够如此吸引国内外游客？

分析提示：可从旅游营销、发展历史等方面着手。

二、新技术应用与业务流程再造

2015 年 3 月 5 日第十二届全国人民代表大会第三次会议上，李克强总理在政府工作报告中首次提出"互联网+"行动计划。"互联网+"行动计划，意在强化互联网与传统行业的融合，提升中国经济的核心竞争力。互联网消费热潮，以及人们思维、消费行为习惯的转变，已然不可逆。在满足人们对旅游的需求的过程中，"互联网+"为智慧旅游的发展提供了源源不断的动力。文旅企业编制电子商务战略的目的，就是通过互联网技术改变甚至改造现有的业务流程。

（一）跨界驱动文旅产业变革

跨界是指突破原有行业惯例，通过嫁接其他行业的价值或创新，实现价值跨越的行为。跨界融合产生的创新驱动力和强大竞争力，为旅游业提升价值内涵、实现可持续发展提供了新的探索，引发广泛关注。当前，信息技术是跨界融合的关键应用，互联网成为文旅跨界与创新的重要媒介。

近几十年来，以微处理器和光纤技术为基础的数字化技术的出现和广泛应用，使人类社会的信息化速度飞速提高。进入 21 世纪后，随着计算机互联网的迅速发展，世界各国掀起了建设信息高速公路的热潮，遍布全球的网络使个人微机使用者可以与世界上任意一点进行实时连接，传统意义上的几何空间将被计算机化空间替代。互联网的开通和不断完善及用户的迅猛增长，开启了一个全新的网络营销时代，为企业的营销带来了新的契机，也向传统营销市场提出了新的挑战。数字技术对全球经济、社会结构的变革越来越明显，改变着社会经济的各个方面，也变革着企业的管理方式和组织形态。这种数字化转型顺应了新一轮科技革命和产业变革趋势，加速了文旅产业优化升级和创新驱动。

如今，大数据作为互联网时代的技术产物，其创新价值、生产价值和竞争优势在社会各个层面广泛凸显。大数据时代的来临给所有产业都带来了巨大的变化，旅游业的转型同样是大势所趋。毋庸置疑，文旅产业作为一种信息密集型产业，与数字信息技术有着天然的适应性。大数据凭借其科学性、精准性、引导性等特质，为新时代的市场营销提供了新的手段，也成为文旅产业发展中营销的主要方式。以互联网、信息通信技术为核心的数字技术引起了整个文旅产业的革命，深刻地改变了文旅产业的经营、管理和运作模式。目前，许多文旅企业已经成功地利用了由互联网技术提供的机会，直接上网经营运作，直接面对客户提供一条龙服务。当下，中国旅游在线预订市场更是迅速扩大，旅游 OTA 产业快速发展，风险投资与其他产业不断涉足该领域。艾瑞咨询的《2023 年在线旅游平台用户洞察研究报告》数据显示，2023 年，后疫情时代旅游行业复苏并迎来快速发展，出游人数恢复接近 2019 年水平，在线旅游行业 APP 端流量同比增长 40%左右。与此同时，旅游群体的年轻化、旅游消费的本地化、旅游体验的数字化等趋势逐渐显现。

由于在线旅行预订的市场潜力很大，旅游行业的中间商承受了巨大的压力。传统的中介机构——旅行社的中介功能已经逐渐弱化，甚至因此出现了一个专门的词汇

"中介人消亡"(disintermediation)。网上交易已经成为 21 世纪旅游业发展的一个重要趋势。时下的旅游业网上交易已经不再是一个能否实现的问题,而是将以多快的速度和多大的规模来实现的问题。旅游产品的不可移动性决定了旅游业的根本业务是信息,因而网络化对旅游业的市场、分销、销售和传播带来了深刻的影响,并导致旅游业的变革和重组。在当今数字化时代,网络联系方便、快捷,而且费用低廉,因此上网人数呈指数率迅猛增长。国家统计局数据显示,2016~2020 年,全国电子商务交易额从 26.10 万亿元增长到 37.21 万亿元,年均增长率为 9.3%。我国网购用户规模已达 7.82 亿人,连续多年保持全球规模最大、最具活力的网络零售市场。我国电子商务正在从高速增长迈向高质量发展阶段,新技术应用日益深入,新兴资源要素重要性逐渐凸显,新模式新业态层出不穷,并已成为经济增长的新亮点。网络已经延伸到了社会的各个角落,深刻地影响着人们的工作和生活方式。网络已经不仅仅是一种媒介,而且已经成为现代企业经营的主要中介。同其他行业一样,旅游业也在这场信息浪潮中经历着巨大而深刻的变化。

(二)"互联网+"时代的文旅产业业务流程再造

互联网的实时双向互动、时空限制的消失、网上信息的交流共享、自由、非干扰性等特点,对传统的营销理论和营销管理产生了重要的影响和冲击,改变了旅游市场的结构和企业与消费者的关系以及信息储存、传输与处理方式,推动了旅游业流程再造。

1. 互联网改变了消费者行为

随着"互联网+"加速与产业融合,数字经济已成为中国发展的新引擎。新冠疫情防控期间,云旅游、无接触服务等数字文旅新业态不断涌现。随着疫情防控进入常态化,"互联网+旅游"等新业态将迎来更大的发展机遇。互联网尤其是移动互联网带给旅游者 4 个变化:接取信息的方便、安排行程的自由、价格选择的主动、分享旅游的恣意。互联网的便捷改变了人们的旅游决策,同时影响着旅游产品结构与业态。以往人们的旅游决策依赖于个人经验和他人口碑。在"互联网+旅游"的情境下,人们有了更多选择。此外,信任关系得以扩展。人们从对亲朋好友的信任拓展到对其他网民的信任,网络点评成为重要的决策依据,从而大大节约了购买成本。因此,应全面推进"互联网+",打造数字经济新优势。在产业互联网蓬勃发展的形势下,文旅企业必须抓住机遇,推动"互联网+"时代的文旅深度融合。

2. 网络营销扩大了文旅产品销售的市场范围

互联网作为信息高速公路,把产品的销售范围迅速扩大到了世界市场,增加了销售机会。通过互联网信息可以将文旅产品的订单发送到世界各地,广告、产品和服务的覆盖也是全球性的,越来越多的交易可以通过网络完成,用户和企业均可足不出户就能完成交易。在传统的旅游市场上,旅行社的主要功能之一便是咨询服务。旅游消费者通过旅行社了解旅游线路、风土人情、酒店和交通等方面的信息,所耗费的时间和精力很大。互联网具有自动查询功能，而且信息量大。在互联网上，旅游消费者不需要花多少时间就可以了解到同类型的旅游产品的特点、价格，甚至通过互动的多媒体在网上直接浏览将要去的景点或酒店。消费者通过这种方式来确定自己的消费选择，不仅兼具快速、高效、便捷的优点，且能节省费用。此外，结合"一带一路"倡议，国内文旅企业通过海外并购、联合经营、设立分支机构等方式，开拓国际市场，在海外提供旅游产品和服务，从而增强中国文旅产业的竞争力。

3. 互联网使文旅产业效率更高

互联网与文旅产业的深入融合，创新出越来越多的业态与产品。伴随着科技手段被运用到文化和旅游场景消费中，游客、政府、企业"铁三角"式的价值共创网络逐渐形成。未来，伴随着5G、人工智能、物联网、云计算、区块链等技术的进步，信息技术会成为文化旅游产业新的发展引擎，不仅催生更多新模式，提升文旅产业效率，同时也为消费者带来新颖、智能的体验和更高效、更人性化的服务。无所不在的互联网技术使得文旅产品生产企业（景点、酒店和交通等）与消费者更容易直接接触，信息通道从专业旅行社转移到计算机终端使用者手中，互联网已经使直接从供给者到消费者的交易成为可能。从线上预约到"一机游"，从线上消费到线上营销，"互联网+文旅"无疑将提高信息流通效率，降低营销成本。提供信息是文旅产业的根本业务，因而，信息的传播组合是文旅产业营销的重要方面。此外，网络广告信息将呈现立体化和多方位，并且随着互联网信息技术的进一步发展，还可以实现一些新的网络促销方式，如VR旅游体验，可以使人们部分实现畅游的体验。

4. 互联网为全面详细了解消费者的需求提供了快速准确的手段

满足消费者的需求是市场营销工作的中心，其前提是深入了解消费者的需求。互联网的出现为文旅企业提供了一个崭新的高效率、低成本的市场调研途径，而且为文旅企业建立日常与双向交互的运作机制创造了最有利的条件。在消费者进行网上交易时，通过运用大数据的技术手段，会对消费者行为产生很大的影响。在大数据时代，网络购物平台基于先进的数据挖掘技术，对消费者从搜索、浏览停留时间和习惯等方面数据进行收集，收集到的数据尽管杂乱且量大，但是准确全面，通过完善的软件处理即可形成一个综合性的、有关消费者的详细的数据库。从而判断出消费者对产品的购买意愿大小，进而对消费者进行精准的产品投放，达到促进消费者消费的目的。这个资料库对于了解企业的顾客状况，了解企业与顾客之间的联系是极其重要的。例如，消费者在进行文旅产品购买的时候，网络平台上会积累消费者足迹、点击、浏览等方面的数据，进而反映消费者的性格、偏好、期望等方面的信息，从而更好地抓取消费者的兴趣、爱好、生活方式等。相较于传统的消费模式，文旅企业更容易根据消费者的需求信息，提供个性化的文旅产品和服务。

5. 互联网改变了企业的产品策略，促进了文旅产品设计的个性化

在信息化时代，随着社会经济的发展，个性化消费日益成为人们追求的目标，消费者的行为正在从静态的信息准备转向动态的信息准备，消费者期望最好的选择、透明的市场和个性化的产品服务。在大众旅游时代，消费者的需求更加多元化、个性化，因此，个性化定制服务模式成为未来的发展趋势。个性化定制服务模式要求企业加强精准营销的意识，精准分析把握不同群体文化旅游消费需求，推出"适销对路"的服务。保持高度的市场敏感度，对文化旅游产品需求的变化迅速作出灵活调整。互联网的运用为个性化文旅消费的实现提供了先决条件。通过互联网文旅消费者可以获取海量的信息，查询各种自己感兴趣的产品和服务要素信息，并根据自己的情况进行组合，设计适合于自己的文旅产品。个性化产品能够与正在出现的一对一经济体系标准相匹配，这种体系最终将替代以大规模标准化生产、大规模媒体和市场为特点的旧体系。在新的体系中，文旅产品需不断地迎合个人的品位，电子媒介将注重单个消费者，媒介通信交流将是双向的。新的文旅产业游戏规则不是试图向尽可能多的消费者出售产品，而是尽可能满足每一个消费者的个性化需求。

6. 互联网改变了中国文旅产业链

近年来"互联网+旅游"的高度普及和快速发展，促使 VR、AR、大数据等现代信息技术与文旅融合，极大地丰富了沉浸式文旅体验内容。可以说，消费升级、科技赋能、文旅融合，正在相互促进，形成良性循环。旅游产业链的改变源于互联网旅游企业的成功。线上旅游的兴起，首先冲击的是旅游产业链中尚未成熟的一环：组织旅游。组织旅游的根本价值是四点：专业化的信息集成、产品主题的内涵创意、预订批发的价格优势、服务质量的标准化控制。线上旅游利用互联网的优势，轻松地搞定了前三项，又使用了旅游产业标准化的成果，并且把这些组织旅游的核心内容完全开放。结果是，旅游企业"组织旅游"的产品整合能力也大为下降。由于市场分散化、多元化、产业链弱化，之前处于市场客户端的组团优势减弱，而处于接待端的主动性增强，产业链的生态状况逐步变化。被冲击的同时也在被催化，旅游产业链也在互联网条件下创新发展。传统理论是把旅游产业链归于六大要素，实际上可以进入旅游产业链的并不止六大要素。比如旅游产业链发展过程中将越来越信息化，对信息服务依赖大幅度加深，现在 O2O 正在兴起，从线上到线下的模式转变，各种信息服务的企业会成为旅游产业链中一个必需环节。再比如飞猪基于 OTP 的模式开创了旅游企业与品牌的官方旗舰店模式，通过飞猪平台，旅游企业可以直接与消费者进行互动，自主运营、管理和累积其数字化资产。此外，旅游企业还可依托飞猪，充分触达淘宝、支付宝、高德地图等场景中的用户，进而实现"一键配置、多端投放"。

7. 互联网重组了文旅市场

新冠疫情扰乱了世界各地的生活、社群和企业的正常秩序，并深刻影响着整个

文旅产业的系统生态。但危机也进一步凸显了该产业在应变、沟通和复苏方面的能力。特殊的行业背景下，我国文旅产业积极应变，数字化文旅步入上升通道，主导消费升级的文旅产业异军突起。融合、跨界、创新，引领消费大规模回流，不断凸显出以经济内循环为主体的文旅产业新格局。最先成功的以携程为代表的专业电子商务，是以电子商务 B2B 的概念，揉进了旅游产业链的本质。旅游分销代理体系的本质就是 B2B。携程在"互联网+"背景下的电子商务平台改变了旅游业，让所有传统分销商更开放、包容，成为集合酒店、航空等实体旅游供应商的超级平台，使得旅游供应商和消费者之间的关系更加公开、透明，消费者的可选择性大大增强。要强调的是，携程的商业成功仍然运用了传统旅游产业链的利益机制，组合了"机+酒"，实现了"组织旅游"的四点根本价值，也赚取了"组织旅游"的回报，回报主要来自产品代理方的佣金。继而兴起的"淘宝旅行"平台类电子商务，以强大的集成功能改变了旅游业供应商之间的关系。B2B 也好，企业对企业对消费者（business to business to consumer，B2B2C）也好，标签不重要，重要的是淘宝搭建的第三方平台，是变革传统的商业模式。"淘宝旅行"依靠淘宝模式，将旅游景区、酒店、航空等多个实体供应商集合于该平台，这相当于把旅游业六要素整合于一个平台，以供旅游者选择。平台化、扁平化、去中介化和直接对接的模式变革，重塑了原来的产业链结构、纵向分工体系、相互之间的依存关系、利益分配的传统格局。

以上这些改变已经足以说明，互联网实则是从文旅产业的技术基础开始改变的，赢得了市场，形成了新的生产动力，不仅改变了文旅产业的内部关系，也改变了文旅产业与其他行业的相互关系（从依存，到包含，到融合，到跨界）。文旅产业供需都已发生变化，根据生产力决定生产关系的理论，必然也冲击到文旅产业的规则、制度和体制机制层面。互联网为文旅产业带来的创新驱动和跨界融合对于文旅产业业务流程的发展就是"再造"。

（三）新时代旅游业面临的机遇和挑战

新冠疫情对全球旅游业造成了冲击和影响，许多企业面临诸多困难和挑战。在许多国家，旅游业是其经济的驱动，占 GDP 的 10%以上，是其出口和外汇收入的重要来源。旅游业与其他行业高度关联，新冠疫情重创了全球旅游产业供应链，数百万旅游业岗位岌岌可危。随着信息化革命的深入，互联网、物联网、大数据、智能化等现代科技对旅游业的变革具有重大意义。目前，互联网用户往往在经济发展水平较高的国家更为普及，如美国、西欧和日本，这些国家是我国旅游业的主要客源国。此外，近年来我国网民的数量也在不断增加，这是开展网上营销的重要的社会环境。经过几年的发展，中国的线上旅游服务已从萌芽阶段，进入规模化发展阶段，中国旅游市场将全面进入智能化、科技化的新时代。《"十四五"文化和旅游发展规划》提出，"大力发挥科技创新对文化和旅游发展的赋能作用，全面塑造文化和旅游发展新优势""深化'互联网+旅游'，加快推进以数字化、网络化、智能化为特征的智慧旅游发展"。但是，我国在旅游业网上营销方面所遇到的问题，远比发达国家多。我国不仅需要解决信息网络的技术问题、网络传输中的安全保密问题,以及一些网络运行的管理和法律方面的问题,而且还需要解决一系列特有的问题。所以,信息技术的高速发展以及大数据时代的到来为旅游业带来的既是机遇也是挑战。

1. 文旅企业发展意识重塑

文旅企业的发展理念需要与时俱进,必须摒弃传统发展思维,以更加前瞻性的视角应对市场和消费者的需求变化。文旅产业是未来最具潜力的消费领域,互联网对其影响至深,改变了传统的消费模式,不仅使得消费者能够应用先进、便捷的信息搜索工具、比价工具、预订工具和支付工具,而且使得消费者对互联网的依赖程度越来越高,正在逐步改变消费者的观念和心理。所以,还在沿用传统产品模式的旅游企业必将被行业淘汰。企业发展要以意识革新先行,了解互联网发展的背景、特点及趋势不仅仅是迎合潮流,更是关乎企业命运的必选功课。因此,要扭转传统的经营思路,大力发展互联网、信息技术,重视数据的运作与管理,为决策和预测提供科学的依据。

2. 文旅企业组织架构重构

目前,各行业均在挖掘大数据及物联网应用等先进的信息技术,使其可以有效地提高大数据的智能化水平,从而使各行业都能够适应新时代发展的要求,为未来文旅企业的发展提供新方向和新的驱动力。因此,传统旅游服务企业的组织架构需要重新构建。传统的文旅企业甚少重视信息技术,认为安装几台电脑、传真电话就可以开展业务了。如今大数据时代,各种价格信息、客流信息、产品评价信息、同业竞争信息层出不穷,开设独立的数据部门就显得尤为必要。同时,文旅产业大数据的分析涉及跨界合作,如天猫+文博、王者荣耀+敦煌、奢侈品+酒店、动漫IP+主题公园、明星球队+小镇,"文旅融合"的产业大背景已然促成越来越多文旅跨界合作,各色人才需要通力合作,挖掘大数据背后的关键信息。简而言之,大数据生成于数据不断整合和多学科交叉的过程,企业未来的很多商机都可以依靠大数据被挖掘出来。有效地促进文旅产业大数据研发能力的提升和发展成果的应用,可以更全面地推动文旅产业高质量发展。数据部门或信息部门应该被放置在与战略部门同等重要的地位。

3. 国内信息化建设进展顺利

随着互联网的快速发展、科技的不断升级,文旅产业数字化持续加速。新冠疫情防控期间,在国家及地方出台的相关政策举措中,数字文旅成为推动文旅产业复苏、促进消费扩容提质的重要内容。但无论是从网络技术、网络的管理、技术标准和通信速度看,还是从资费水平、安全和保密条件等方面看,我国与发达国家还有较大的差距。虽然我国文旅信息化已从薄弱、零散的应用到现在的初具规模,但文旅信息化在满足消费者需求和文旅产业发展需要方面仍有很大差距。国内文旅产业信息化存在信息化技术创新投入不足，影响文旅产业结构的升级；专业的文旅信息化技术研发能力低下，针对性创新少；文旅信息化基础设施应用差，众多文旅企业的信息化基础设施建设滞后，管理手段落后；信息化服务缺乏个性和吸引力，文旅企业信息系统功能薄弱等诸多问题。加强国内信息化建设对我国文旅产业的转型发展起着至关重要的作用。

4. 网络平台建设至关重要

20世纪70年代末，网络已经成为人与人沟通的媒介，进入21世纪后，网络的发展速度越来越快，现已成为国家与国家之间政治交流、文化交流、企业信息交流的桥梁。在网络空间运作商务中，首要的问题是要建立一个优质的网站。网站质量的优劣，是决定网上商务是否成功的关键。信息是文旅网络营销的主要内容和依据，因此，要建立一个优质的网站，关键的问题包括以下几个方面。

（1）强化文旅信息的开发，提供全面、详细、准确、及时的文旅信息。目前，消费呈现大众化与家庭化、个性化与多样化、散客化与自助化、休闲化与体验化、品质化与中高端化等特征，客观上也要求文旅企业提供全方位、详细的产品信息，以提升服务质量，这样才能不断满足消费者日益增长的个性化需求。

（2）建立内部数据库。网页和数据库相关部分应建立链接，以按时自动更新网页上的信息和取得网上的各种反馈信息等。数据包括资源数据、互联网及营销数据、第三方平台数据、交通出行数据、高精度气象预测预报数据等。以"共建共享、互联互通"为理念，内部数据体系的建立不仅能够为文旅企业服务能力的提质增效提供强有力的支撑，而且能够为文旅企业实施精准营销提供数据保障。

（3）提供尽可能完善的服务信息和相关信息。网站应建立和国内外文旅站点的联系和链接，建立和相关服务机构的链接，以满足顾客的各种相关需求，增加顾客对站点的访问次数和依赖性，提高网站的知名度。此外还应尽量制作多语种网页，在设计上也要新颖别致，保持页面简洁和结构简单，并做好网站的宣传工作。

5. 文旅企业从业人员培养

文旅产业深度融合对从业人员的培养提出了新的要求，以适应互联网时代知识密集管理模式和满足人们具有更个性化、多元化和可变性的旅游消费服务要求。

改革开放40多年来，我国文化旅游人才队伍建设工作取得了长足的进展，为文旅产业的发展提供了重要的人才和智力支撑。但大多数从业人员对信息技术了解较少，往往仅涉及计算机的一些基本操作和文字处理系统，同时掌握文化旅游和计算机技术的人才非常稀少，高水平的人才就更少了。在信息化进程中，普遍存在专业技术人才缺乏的问题，特别是软件开发、网络管理领域的人才比较短缺，高素质复合型人才更是奇缺，因此，当前人才培养与市场需求存在脱节现象。未来文旅产业的从业人才应既懂得文化和旅游的基本知识和理论，又懂得一些电子商务知识，还能应用电子信息工具。尽快培养合格的与社会发展接轨的人才是当务之急。此外，必须尽快培育成熟的市场，提高金融服务的电子化水平，成立与全国文旅市场统一的、强有力的综合协调组织。

案例分析：亿客行，OTA 巨头的核心竞争力是什么？

20 世纪 90 年代，随着经济水平和生活水平的不断提高，公共服务建设不断完善，发达国家掀起了一股旅游热潮。在这一趋势下，微软公司于 1994 年敏锐地发现了旅游信息平台的潜在市场空白，专门成立了新产品部门，推出了一个名为亿客行的在线旅游信息平台。两年内，微软创建了旅游查询和预订网站。1999 年，亿客行从微软分拆出来，成为独立公司并成功在纳斯达克上市。2002 年，现在的 InterActiveCorp 公司（简称 IAC）收购亿客行公司并私有化。当时公司业务已扩展至多个国家，包括英国、法国、德国等，同时进入了商务旅行管理领域。2005 年，亿客行再次从 IAC 分拆，业务扩展至比利时和西班牙等国家，并完善了酒店、机票、租车、当地玩乐等产品线。如今，亿客行集团旗下拥有 Expedia、Hotels、Orbitz、Travelocity、Trivago、Hotwire 等众多品牌。

1. 亿客行的商业模式

亿客行作为一家在线旅游产品预订服务商，销售旅游产品供应商的产品主要以"代理+批发商"模式，并从中获取相应的佣金。获取佣金的方式则有两种模式，一种是代理模式，是亿客行以供应商规定的价格出售产品后按一定比例收取的形式；第二种是批发商模式，是亿客行从供应商那以固定的价格获取产品，然后赚取销售差价的形式（表 10-2）。

表 10-2　亿客行的两种商业模式

项目	批发商模式	代理模式
模式简述	通过与供应商协商获取固定配额和价格，并拥有定价权，通过差价盈利	通过与供应商协商获取固定配额和价格，并拥有定价权，通过差价盈利
模式特点	在这种模式下，通常可以获得较高的单笔交易营收	在这种模式下，虽然单笔交易营收较低，但是总体的营收会比较稳定
模式应用	该模式主要用于酒店预订方面	该模式主要用于机票预订方面

2. 多品牌运营，层次性提升核心竞争力

亿客行采用多品牌运营策略，不同品牌各具特色，构建了完整的竞争体系。

（1）Expedia。该品牌提供全球多元化的旅游产品和服务，涵盖机票、住宿、租车等各种产品，满足个性化需求。

（2）Hotels。专注于酒店预订，通过"模糊预订"模式，以低价提供产品，虽然细节在预订前不明确，但价格优势明显。

（3）Expedia Affiliate Network（EAN）。这一子品牌是对前两者的综合和再利用。主业务是分销 Expedia 和 Hotels 的相关产品至其他第三方网站，扩展了渠道并提升市场覆盖率。

（4）Egencia。提供企业差旅服务，涵盖差旅账户管理和会议服务。

（5）Classic Vacations 专注于提供高端奢华度假产品的个性化定制服务。CruiseShip Centers 为用户提供丰富的邮轮度假预订服务。Venere 的主要业务是遍布全球 30 000 个目的地的在线酒店预订、度假屋出租和住宿加早餐（bed and breakfast，B&B）服务。Trivago 专注于酒店元搜索，而 CarRentals.com 注重的是在线汽车租赁。

亿客行通过多品牌布局，打造了一个双向互动的平台，用户可通过平台预订各种旅游产品，并获得最新信息和优惠，为用户提供了更丰富的信息以及更方便的服务。

3. 业务升级，实现 O2O 转型

旅游点评、旅游激励、旅游计划、旅行搜索、旅行预订和旅游六个环节构成了在线旅游消费生态循环系统，这是一个封闭循环，每个环节都存在一定的差异性，因而公司在各个环节的发展程度也会有所差异。着眼于亿客行公司，其在旅游点评、旅行搜索和旅行预订三个环节具有较强的实力，一站式的旅行产品查询、预订服务在其业务模式下是可以实现的。

在 O2O 大趋势的影响下，亿客行也开展了其在线旅游服务 O2O 转型，全方位提升自身竞争力。亿客行在技术上的投入和对移动端的重视使得其能从在线预订向在线服务转型，并在此基础上能够不断加强在线旅游消费生态循环系统中的各个环节，将循环实现最大程度的效益。具体而言，亿客行从以下几个方面开展转型。

1）大数据应用

为了使用户在桌面端和移动端的旅游购物体验达到最佳状态，亿客行发布了几项搭载大数据的新功能，从旅行搜索和激励上给了用户更大的推动力。

2）航班推荐

航班推荐需要对用户的搜索请求有一个实时的洞察，并且在这基础上结合用户的机场选择、旅游时间、旅游频次提供相应的选择建议，这能够为用户的旅游计划提供最有力的帮助。

3）需求暂存

大量的数据和信息容易使得用户陷入其中，导致决策更难。因此有条理地整理储存消费者搜索请求，使得用户搜索到的信息井然有序，那么即可大大方便用户检索，帮助用户对信息有一个充分的掌握，从而做出明智的决策。

4）行程分享

旅游不仅仅是旅游，也在于生活，在于分享。从这个角度出发，亿客行对用户分享这一技术的投入也是非常值得的。通过这个技术使消费者不管是在亿客行的桌面端还是移动端，只要预订旅行产品都可以跟亲朋好友分享旅行线路和旅行信息。

总而言之，技术能够为亿客行转型提供强有力的支撑，但最重要的发力点还是在移动端，只有灵活的互动性才能真正解决旅游服务的多样性、复杂性，才能解决 OTA

产品单项无法满足多种个性化需求的旅游产品特性。

4. 品牌重塑，拉动核心竞争力

自 2020 年新冠疫情暴发以来，人们慢慢地更多在思考旅行的方式、时间以及一起旅行的人。亿客行也在努力靠近时代背景下的旅游者，希望能够参与到人们旅行的每一步。2021 年，亿客行启动品牌重塑，将自己定位为"终极旅行伴侣"，通过产品创新和互动提升用户体验。

1）产品更迭与用户忠诚

亿客行能够实时记录用户行程变化，提供个性化服务，并在应用中展示透明的价格信息。

2）沉浸式与交互式

利用新媒体开展宣传推广是目前较为普遍的营销方式，但如何在这基础上玩出花样，是值得思考的。亿客行与丹麦旅游局进行合作，开发互动式宣传网站，通过视频互动提升用户的沉浸感和参与感。

3）数字化的礼宾服务

丰富有趣的旅游活动项目过多可能会使用户眼花缭乱而无从选择，因此亿客行和位于加拿大的不列颠哥伦比亚合作开发了名为"礼宾服务"的微网站，旨在帮助用户快速寻找到理想的活动项目。网站上方美轮美奂的自然景观照片，展示了不列颠哥伦比亚独一无二的风光。网站下方的筛选框能够帮助用户快速定制一趟浪漫自由行或是美食之旅。网站将关注点不同的人吸引到页面的不同位置上去，并在对目的地做比较全面的展示的同时让用户都能获得自己想要的结果，充分考虑了用户的感受与体验。

4）新式的社交活动

通过社交奖励旅游，是亿客行进行营销的又一核心竞争力。亿客行与荷兰进行合作，在社交网络上组织了一场线上活动，以凡·高的画为宣传点，围绕凡·高与荷兰这一主题，在推特上鼓励人们更多地转发有"#VanGogh2015"标签的内容，形成了广泛的传播。最后的抽奖奖励是荷兰两日游，在进行广泛宣传的同时也提高了荷兰作为旅游目的地的知名度，一举多得。

分析与讨论：亿客行的重新定位为"终极旅行伴侣"在 OTA 竞争中能否占得优势？

分析提示：综合考虑时代背景以及旅游消费变化和机遇。

第三节 旅游电子商务发展战略内容

旅游企业在国际一体化下取得了良好的发展条件，但如何在国际竞争中具有竞争力，是一个需要认真思考的现实问题。制定和实施电子商务发展策略，利用网络和技术来创新并改变企业的发展方向，是一个全新的思路。

一、旅游电子商务发展战略的阶段性

旅游业引入电子商务的思想相对较晚，因而可以借鉴其他行业的电子商务应用经验。电子商务发展需要循序渐进，在中小企业互联网信息化的过程中，通常方法就是把中小企业电商发展与应用分成四个彼此联系的阶段。

（一）基础阶段

基础阶段重点是做好基础管理工作，即推进公司规范化工作，梳理基本数据，完善流程，甚至实施必要的制度改革，为公司信息化奠定一个良好的环境。旅游公司不能盲目部署新系统，而应首先营造良好的环境，投入必要的时间做好技术基础是必要的，即使不立即引入新系统也能提高公司技术水平和管理人员的整体素质，如公司真的需要引入新系统，那么在条件成熟时，这一过程则是水到渠成的，还能够降低公司经营风险，一举两得。

（二）企业信息孤岛整合阶段

当前众多旅游公司在信息化建设方面的价值潜力未能充分挖掘，为了破解此问题就需要构建权威性的信息化建设决策机构和管理制度，实现统一规划，搭建统一的网络平台，以破解过去各自为战，各立山头的问题，确保新增投入资源不再沿用旧有的低效模式，整合已经建立的信息孤岛，在充分发挥现有资源价值的条件下，突破信息壁垒，重新统一网络平台。

（三）企业内部信息化阶段

基于前两个阶段，将企业有关部分，即产、供、销、科技彼此衔接，互相共享，实现信息互动的体系。企业的信息化建设要整体规划，按照企业要求分阶段进行，但不可贪大求洋，一哄而起，这样甚至可能出现"全部上，全部垮"的情况。没有存量的新企业，结构上要和电子商务接轨，实行浏览器/服务器（browser/server，B/S）架构，老企业就要在整合阶段，逐步地将客户端/服务器（client/server，C/S）模式改革为B/S模式或混合模式。

（四）电子商务阶段

电子商务阶段，各公司的首要目标是建设各自的企业内部网络，访问互联网的重要信息门户，此阶段的主要战略目标是建设企业级营销渠道平台，进一步完善企业网络功能。网络的主要功能并不仅限于推广和宣传，而订货、成交和付款等基本功能也必须完善，使之发展成为真正意义上的企业电子商务网络。并进一步整合互联网/内联网技术，利用直接代理和反向代理实现企业内外部的交叉访问，进而建立全新的企业电子商务环境。前台与后台的整合是企业发展电子商务的重要环节，在旅游企业从传统经营模式向新的经营模式转化的发展过程中，如旅行社的转型，大量的前台人员压缩，后台的呼叫、网上咨询中心力量加强。

二、旅游电子商务发展的战略内容

得益于生产技术的提高以及市场经济的蓬勃发展，旅游产品与电商也同样形成了带动行业蓬勃发展的新动能与新动机。电商和旅游经济发展二者相互影响、共同成长、互为支持，才能更好地适应民众日益扩大的消费需要和旅行需要。为了打造旅行电商，传统旅行社必须懂得对网络的有效利用，从而创造更加标准化的商品与服务。

（一）完善旅游电子商务相关政策法规

建立和健全与旅游电子商务相关的政策制度与规范，以营造出一种公正安全的旅游电子商务贸易环境。例如，在信息安全技术方面着重处理防火墙、数据加密、身份验证技术等关键性问题，以提高旅游电子商务贸易的安全水平，使广大游客与消费者都可以安全地消费，保障广大消费者的利益。形成了旅游电子商务企业、银行与政府等有关部门之间的共同合作机制。借助银行信用卡业务和网上支付平台实现旅游电子商务贸易，商业银行为旅游电子商务企业的网上经营活动提供相应的信贷保障，对旅游电子商务企业形成了一种健全的商务诚信管理体系及评价体系，在有关政府部门所提供的良好的法治环境下，有效促进了旅游电子商务的健康发展。

（二）提供个性化的服务

传统的观光旅游所提出的旅行路线、旅游计划相对较为片面，无法掌握每一位消费者的消费心态。当下消费者的消费心态趋向于个性化，旅游电子商务要适应这个发展趋势。因此，旅游电子商务应该加入数字技术的应用，结合人工智能、云计算和5G数字化、网络化、智能化升级以及大数据等技术创新，推动文旅产业加速创新和迭代。针对消费者的实际需求，利用数字文旅技术提升消费者生活的体验性，及时推出定制化的咨询服务工程项目，以适应旅行消费者的多样化需求。

（三）注重和提升售后服务质量

竞争是优胜劣汰的过程，企业要顺应市场的发展。越来越多的旅行电商公司和旅行电商网站走进社会大众的视野，只有真正做到专注于消费者的需要，才能立足于市场。因此，旅行电商公司不但要重视商品售前宣传和迎接消费者时的售后服务工作，还应重视商品售后的服务质量，及时掌握消费者在旅行活动完成后的感受，获取数据资料，从而消除消费者的后顾之忧，实现全方位和多样化的旅行售后服务，并借助现代化的旅行电商网络平台，最大限度地提高消费者满意度。

（四）加强旅游电子商务人才培养

旅游电子商务的中心目标是人，在旅游电子商务领域以知识、信息和人员等要素，代替传统的以资金要素为主要中介。旅游电子商务发展人才要求既了解旅游产品又掌握电商知识。因此，旅游管理部门应该加大与旅游高等院校的合作，用科学合理的计划来指导实施工作，为旅游电子商务人员培训的发展保驾护航；而旅游高等院校则应该针对旅游电子商务的需求,适当调整其培养方向,以培育具备高水平的人才。另外,应主动开展该行业的人才职业技能训练及有关专业知识的培养,并由此来提升整个产业的综合职业水准。还可以出台相关政策,吸纳国内外优秀人才进入旅游电子商务行业。

三、文旅产业电子商务体系设计

2020年受新冠疫情影响,我国旅游业遭遇巨大打击,但由于我国网络服务行业的高速发展,许多传统行业利用互联网服务的快捷、有效等特性,使自己的行业优势最大化。旅行业务类也不例外,不论是资深网民或是新兴的旅行业务使用者,他们对旅行业务类网页的依赖性都贯穿于旅行准备期、旅行事件发生期,以及旅行任务完成后的整个流程之中。所以要制定中国旅游业的电商战略规划,就必须在设定好战略阶段的基础上,再设计并完成电商发展策略。例如,兴旅传媒的业务涉及旅行、商务、时尚、人文、娱乐等时尚生活方式领域,并致力于整合垂直的文旅资源,运用品牌推广、文化宣传、新媒体场景等渠道为顾客开辟文旅资源通道,创造了从IP创新到产品的全产业链服务模式。目前已有文旅行业在打造自己的电子商务体系,基于对行业的深度思考,兴旅传媒作为旅游业的垂直电商,在文创方面,除负责单一文创产品的设计研发外,还承接很多文化产业维度的内容,如展览、与科技结合的文化项目等,同时升级到了文化板块。原康农板块的内容是农产品运营,场景也是某种旅游商业下的场景,随着这两部分合并到了新商业板块,新的四大板块最终形成了完整闭环,奠定了现在文化、旅游、新商业、传媒四大板块协同作战的基调。应针对旅游公司制订电商计划的阶段性战略目标,综合考察各阶段的工作特点与技能需求,设计文旅产业旅游电子商务系统的编写方式。

(一)文旅产业电子商务体系框架

文旅产业转变为一种电商服务提供商,首先需要建立一个可以支持这种业务的企业级电子商务平台,以支撑处理大量数据的业务,迅速回应每一次信息请求,充分发挥出支持和服务的及时性和实时性,实现在互联网复杂多变的应用中确保交易的准确性和安全性。如图10-4所示,企业首先要搭建互联网外部平台(互联网),然后进行内部管理及信息系统(内联网)改造,从而实现企业信息系统的高度信息化和资源一体化,最后建立从外到内的网络(外联网),这时企业级的电子商务平台即可搭建完成。

建立文旅产业电子商务平台,以区域型OTA平台为中心点,分别建成旅游咨询中心、游客交易中心、同业交易中心(图10-5)。区域型OTA平台也就是本地化、官方的全域旅游运营服务平台的模式。这个模式的定位为在当地的文旅主管部门指导下,与当地的文旅投集团合作,挖掘当地旅游资源以及独特地域文化,营销结合推出景+X服务,实现产融结合的轻资产平台,由旅游咨询中心、游客交易中心和同业交易中心三大块组成。

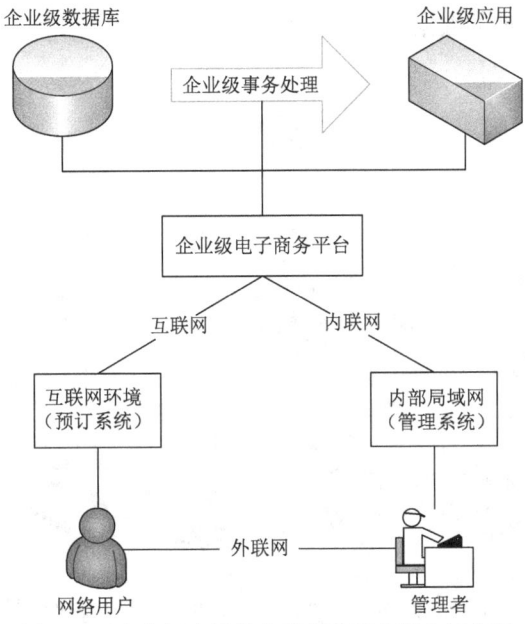

图 10-4　企业级应用的电子商务平台概念拓扑图

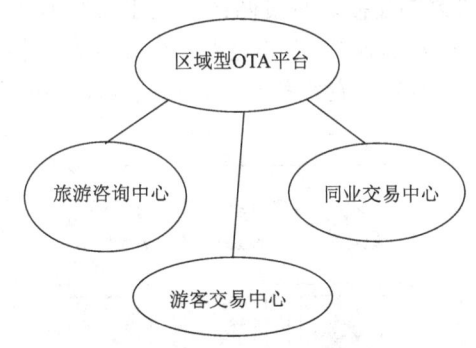

图 10-5　文旅产业电子商务平台硬件拓扑

第一，区域文创中心。围绕打造数字文旅产业链，重点培育一批数字文化企业，推进文创产业园、文化综合体建设，完成以数字出版、数字文创、数字传媒、数字营销为代表的数字文化产业布局等。同时，构建"1+2+3+N"沉浸式文化产业体系，积极发展沉浸式文旅产业。

第二，旅游咨询中心。综合目的地的食、住、行、游、购、娱六个要点及其他旅行有关资讯，为旅游者提供全面的旅行信息咨询服务，同时又担负着文化宣传的职责。

第三，游客交易中心。在当地把所有交易的行为放在一个平台里面，向游客提供丰富的、个性化的本地及周边旅游单品或线路产品，覆盖从预定到核销再到点评的行前、行中和行后全站式服务。

第四，同业交易中心。该中心把当地有特色、有市场竞争力的产品，通过平台提供给渠道商，同时结合这些交易的场景提供金融、结算等服务。电子商务平台的核心是一个应用处理高度集中的信息中心，信息中心的上级是一个海量的数据中心，数据中心拥有所有应用的数据库和数据仓库的数据，并且能永不停机地对请求做出快速响应（图10-6）。

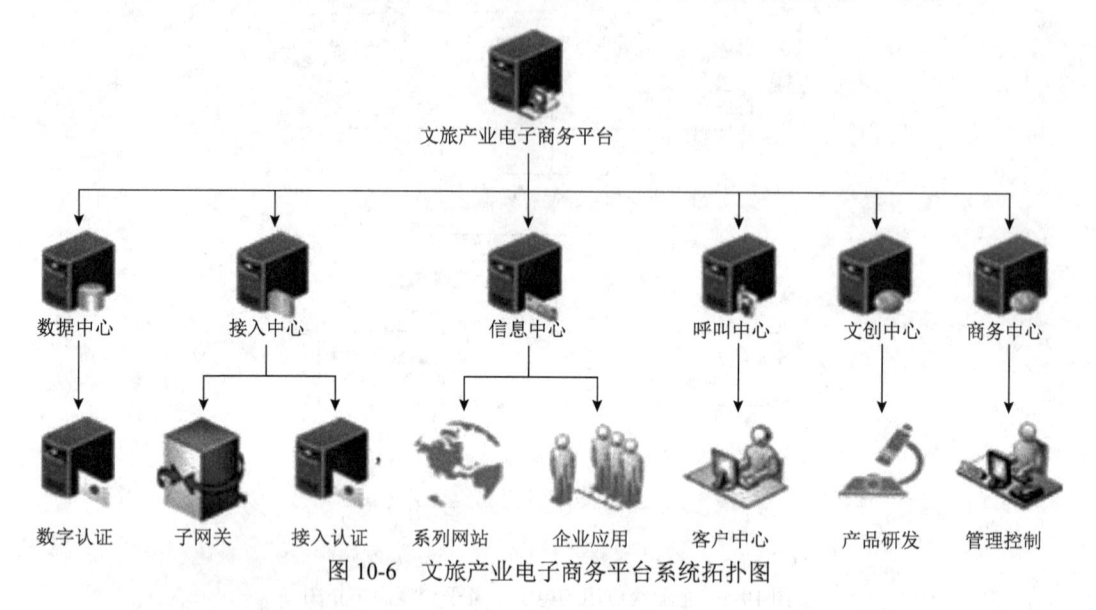

图 10-6 文旅产业电子商务平台系统拓扑图

接入中心支撑外部数据连接，负责两部分的工作高速接入互联网和使内部客户安全地联入内部网（图 10-7）。呼叫中心是专门负责与客户相关的服务中心，拥有许多座席和自动语音设备，兼具电话营销和电话销售的职能（图10-8）。

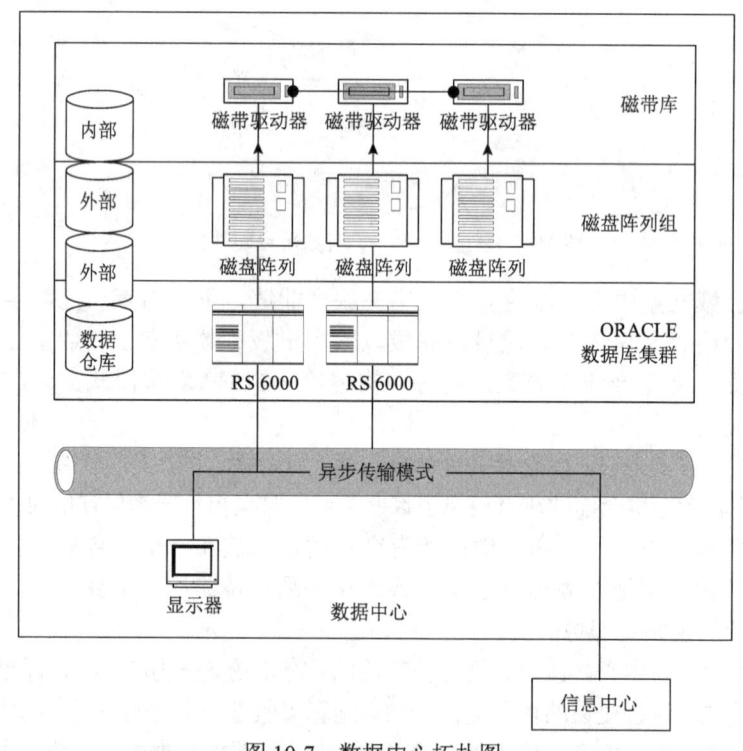

图 10-7 数据中心拓扑图

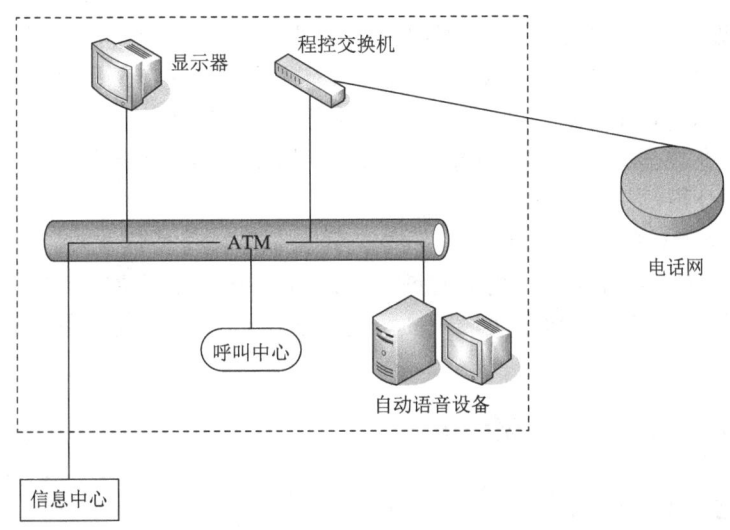

图 10-8　呼叫中心拓扑图

商务中心是企业的事务处理中心，对电子商务平台的日常维护、管理和信息的浏览使用等都由该中心处理。企业级的电子商务平台不仅仅是一个对外的电子商务网站，也是一系列企业内部基于互联网和内联网的信息化应用，所以，旅游企业的电子商务系统体系结构如图 10-9 所示。

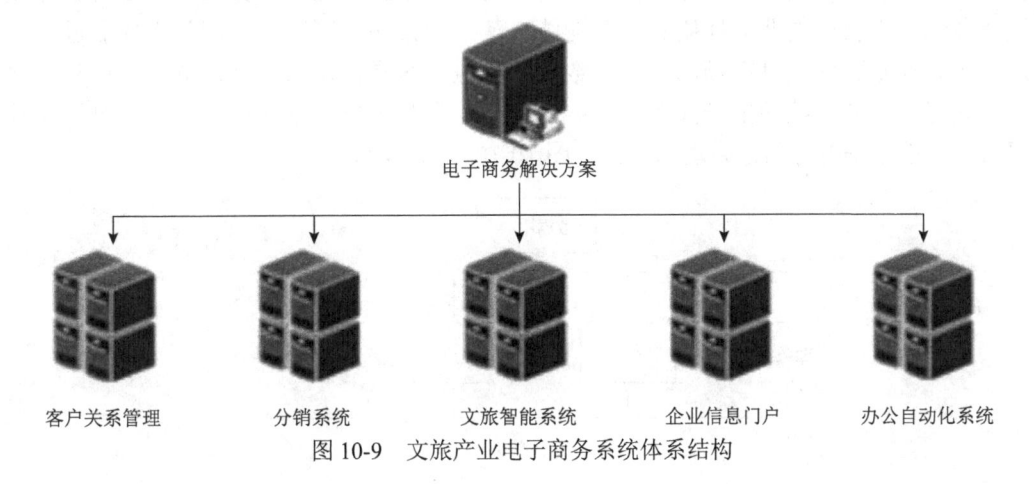

图 10-9　文旅产业电子商务系统体系结构

（二）网站建设策略

（1）电子商务网站模式与定位有关。要完成公司全面化的电商战略，在建立网站前必须正确掌握公司的定位，为公司未来的全面信息化战略打下基础，并预留必要的拓展余地。设计和发展网站，首先要形成可进行网上订购和付款的门户站点。很多旅游公司会把原有的线下服务逐步迁移到线上，在公司不断完善线上服务后，才形成真正的电商网站。

(2) 建设电子化营销队伍。针对电子商务网络的建立，所有公司的从业人员都必须进行学习和总结。重视人员培训，对公司所有人员进行全新的业务操作模式训练，让公司内部可以尽快地掌握并理解旅游电子商务的销售特点。只有公司内部人员掌握了电子商务的分销与直销渠道，才能够准确理解网上旅游业务的特点，并逐步驾驭电子商务方式并开拓新业务。

　　(3) 改变市场的投入份额，改变推广手段。当员工适应电商运营模式后，公司的服务已经实现了由线下到线上的过渡。此时，公司必须建立全新的市场策略，从而向电商模式过渡。在此期间，对公司的正面报道和广告投放是十分重要的市场行为。

（三）前台与后台信息一体化策略

1. 信息化管理模式设计

　　信息化管理模式设计是国内旅游公司进行电商规划的第二阶段，公司的主要电商门户网站已经形成，必须集中力量逐步向信息化模式过渡。旅行社对电商市场发展的动态具有高度的敏感性，由于中国传统的旅行社往往凭借多渠道获取市场发展，比如上海春秋国际旅行社便是代表之一，其在国内金融市场的布局也为其营业网点在本地化业务方面提供了良好的保障。但旅游公司为了推行旅游电子商务策略，首先就必须淡化各地分支机构的业务性质和运营功能，使之向市场经济和行政部门更加靠近。然后，由总部垂直对交易市场、营销、数据中心执行职责，再由交易市场、营销和数据中心垂直面对企业级的电子商务平台；而各分销商和零售店则通过与企业级电子商务平台实现销售渠道与预订系统的对接（图10-10、图10-11）。

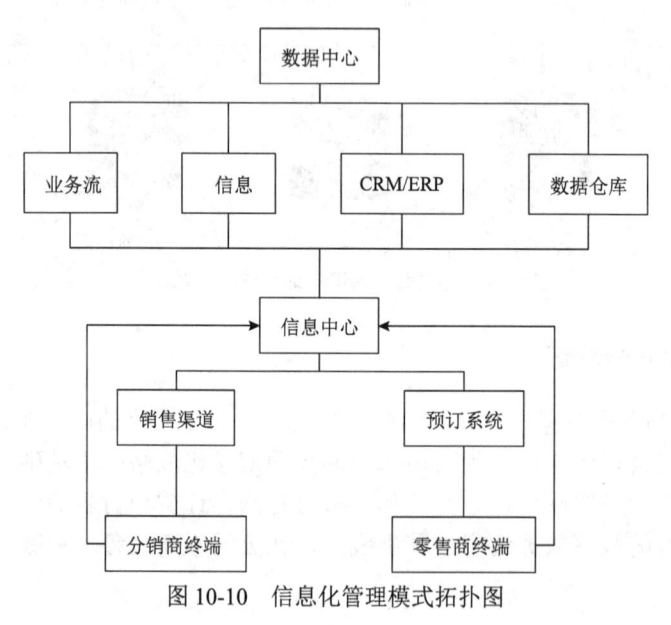

图10-10　信息化管理模式拓扑图

图 10-11 企业资源分配图

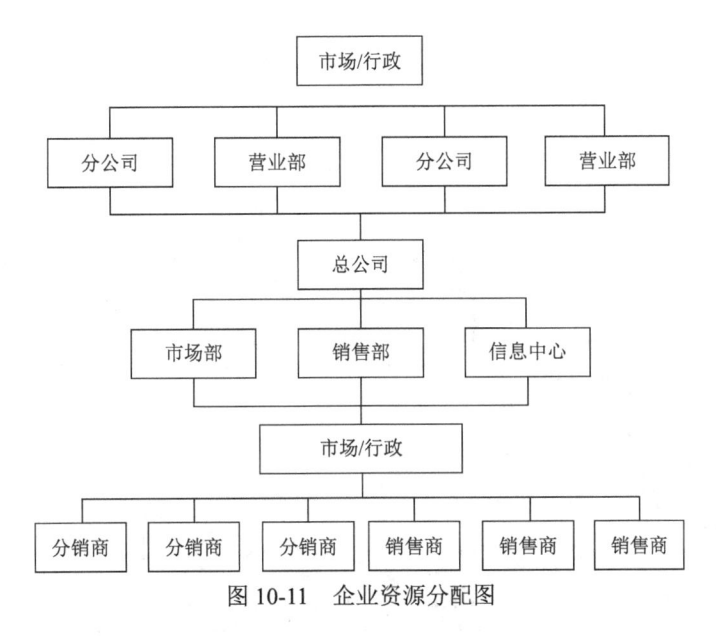

此时公司整合了内部的各种网络资源,将其转移至数据中心,共同建设下属各部门的电子商务企业级应用,把业务渠道模式化后引入了电子商务的发展轨道,并以此确保了旅游产品预订体系具备实时的市场反应能力。

2. 电子商务解决方案项目启动

企业信息化管理的具体应用体系是电子商务解决方案（E-Solution），电子商务解决方案是贯穿中小企业客户关系管理与产品资源利用两大主线的企业信息化应用体系,包含中小企业客户关系管理系统、中小企业产品分销商管理系统、供货商信息管理系统、中小企业信息技术智能系统、中小企业公共信息门户和办公自动化系统。这些基于互联网的电子商务解决方案系统陆续启用,是构建成熟的企业级电子商务平台的关键因素。

（四）电子商务全面导入策略

1. 跨行业电子商务推广方案

根据前述提及的旅游电子商务发展战略阶段,实际上可以将其在进入电子商务阶段的基础上进一步细分,即企业通过建设网站来满足 O2O 的形式化,从而在网站上实现各类信息发布；借助商务模块,实现用户的网上交互和在线预订；企业后台则集成上下游合作伙伴以形成产业链。未来的电子商务发展战略,将更加关注个性化、定制化和智能化的细分市场,借助移动网络的快速发展,逐步建立线上一对一营销和服务模式（图 10-12）。

企业级电子商务平台已经形成了支持线上交易的网络基础,与旅游业务预订等相关的营销渠道也均已相对健全,市场上也产生了很大的消费惯性。在此基础上,公司可以着手向相邻行业的电子商务交易系统拓展了，这将会产生很大的市场效果。

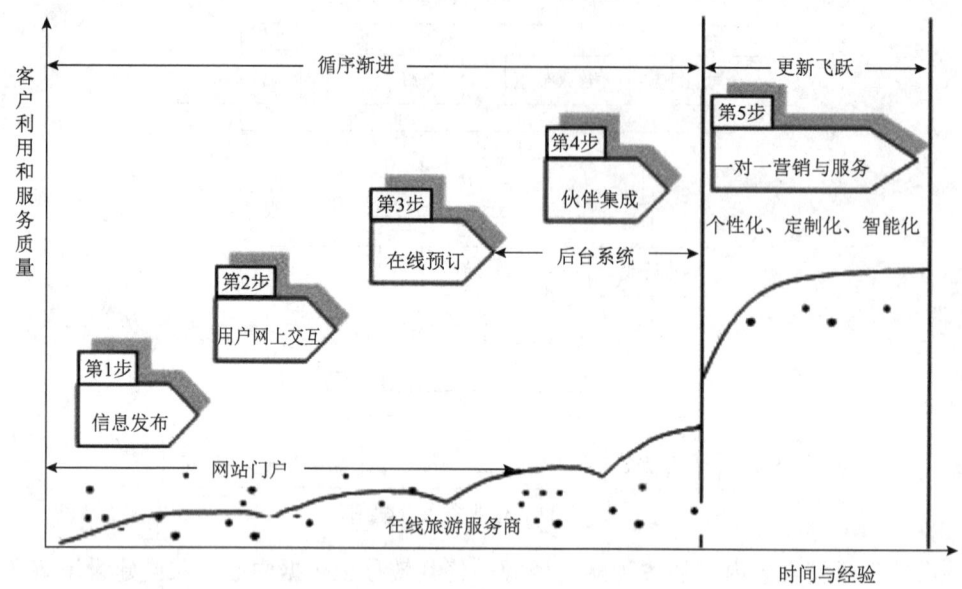

图 10-12　旅游业电子商务运营战略阶段

2. 扩大服务范围，加快并购

旅游公司在巩固电子商务网络及经营管理模式的同时，已经初步掌握了旅行业务预订的个性化和定制化特色，一对一电子商务营销平台现已全面启用，这时需要加强市场推广和收购力量，通过把传统的销售渠道商和网络渠道商合并起来，公司成功跻身网络旅游领先者行列。未来决定旅游公司成功与否的关键将不仅是市场占有率的多少，而是顾客份额的多少，即公司在一个消费者的同类消费行为过程中占有的份额多少。掌握了消费者份额的公司也就真正掌握了消费者的忠诚度，公司也才能在某种程度上立于不败之地。这也正是 CRM 的主旨所在，也是中国文旅产业实施电子商务发展战略规划的终极目标之一。

案例分析：旅游电子商务发展趋势

案例背景

Axess 是一家全球领先的票务与门禁管理系统制造商，依托其位于奥地利的生产基地及遍布全球的销售和售后服务网点，具备提供优质服务的资源。其产品广泛应用于滑雪度假区、旅游目的地、会展中心、体育场馆、主题公园和旅游交通设施等多个领域，为这些领域提供了度假区综合解决方案，集成了社交媒体功能的客户注册与忠度管理系统,以及与第三方系统兼容的标准化接口。此外,Axess 还基于成熟的技术为项目提供定制化开发方案。

作为中国"最知名的八大博物馆"之一,上海博物馆位于中国经济发达的城市——上海。上海积极推动着技术进步,为了适应未来的需求,上海博物馆联系 Axess 中国分公司为其定制开发了一套博物馆门禁闸机系统。与欧洲或北美市场不同,中国对技术的要求更为复杂,几乎所有与票务相关的操作都通过智能手机完成。为此,Axess 奥地利总部为该项目专门开发了集成身份证读取功能的双二维码模块。该系统为中国游客提供了三种便利功能:一是通过身份证线上预约并入馆,二是使用面部识别模块实现二次入馆时无须票证扫描,三是为团队游客打印二维码并通过闸机自动识别团队人数入馆。新冠疫情的暴发进一步加速了该系统的落地,确保了无接触式系统在 2020 年 10 月黄金周前顺利上线。

分析内容

旅游业已经进入一个动态变化的时代,传统的旅游产品和旅游服务正在面临一系列的发展挑战,只有与时俱进,积极应对,主动求变,才能实现可持续发展。

1. 消费需求的变化

总体来看,由于人民物质生活质量的不断提升,对旅游消费需求更加旺盛,旅游业还处于增长阶段。同时,由于旅游产品大多属于名胜古迹、名山秀水、地方文化特色等传统产品,新型、深度、定制化旅游产品还比较少,未来发展的空间也将非常之大。受到国外疫情的严峻形势、国际关系更加复杂动荡等因素的影响,境外游将持续大幅降低。在国内游方面,跨区域、长周期的旅游也会大幅降低。未来,城市休闲游、省内近程旅游、近郊农村旅游、自驾游等的占比会越来越高。在疫情前和疫情后,以互联网为基础的旅游业催生了不少创新产业,带来了非常高的社会吸引力和效益。如云购物、云旅游、互联网互动等方式,促进了花样繁多的区域优势商品的消费。

2. 产业发展新趋势

近年来,人们在旅游地点和产品选择、消费模式等方面出现较大变化,整个行业面临着转变和升级的挑战。

(1) 旅游产品的转型:传统依赖门票收入的观光型旅游景区正面临挑战,门票价格可能会持续下降。旅游业中的经济效益的更多来源并非景点门票本身,而是对交通、住宿、餐饮等相关行业具有 3~5 倍的经济拉动效应。景区门票价格的降低能起到吸引游客的作用,能促进二次旅游消费。部分景区永久性取消门票,为更好地促进二次消费,由政府给予景区运营单位一定的补贴。同时,随着都市休闲游、省内近程游、近郊农村游等的人群越来越多,围绕这类旅游产品进行深度开发也将成为趋势。

(2) 旅游消费趋势的变化:大众消费客群占比越来越高,高净值客群消费占比下降,高价旅游产品份额下降,物美价廉的消费旅游产品成为趋势和主导。根据 2021 年国庆统计数据，本地游使得交通、住宿消费降低，而餐饮消费占比显著上升，反映了旅游消费的新趋势。

（3）旅游度假酒店的变化：传统的旅游度假酒店依赖旅行社的团单，服务单一、设施简陋，严重受旅行社市场价格及行情影响，未来将无法适应新的挑战。由于新冠疫情，未来新型生活方式酒店将更受欢迎，其更加适应于特殊情况下的居住设计，独具特色的体验式服务方式满足了疫情下游客的需求。

（4）旅游餐饮市场的变革：旅游餐饮市场受到巨大冲击，接待团餐的传统餐馆难以持续发展。未来，对特别是以游客为主要客户的餐饮业，因客流量减少，餐饮业从业数量必然会减少，而位于市区或距离市区较近的餐饮业需将目标客户从以"一次性消费的游客"为主，转变为与"重复消费的本地居民"并重，并通过互联网实现线上预订、外卖等业务转型。

3. 新消费时代：产业互联网与消费互联网将进一步融合

新时期的消费主力军逐步从80后转为90后、00后，旅游消费需求向个性化、创新性转变。未来，新的消费理念和趋势会越来越突出、越来越显现，我们目前所看到的、感受到的、观察到的那些消费，将衍化成为不断迭代、创新的一些消费。

数字互联是消费互联网发展至今的基本逻辑，电商模式可以为中小企业和产品市场提供可以预测的规模效果和乘数效应，而新冠疫情时期就是对企业数智化变革的一个全方位检阅，新冠疫情时期实现稳定经营的中小企业通常是在前期就已进行过数字化改造的大公司。此后，利用电子商务模式进行数字化经营将变成一个常态。电子商务平台将以中小企业为轴心构建起连接用户、供应商以及中小企业的生态模式，突破传统消费场景的界限。

数字文旅正成为一种新趋势，它以互联网为媒介，以数码、信息通信科技和文旅产业的深度结合为特色，运用数码技术将大量文物、艺术、文旅资料数字化的产品形式。在文旅数字化创新大潮下，人们通过网络平台，能够更为方便地认识、欣赏人文艺术与旅游文化资源。数字文旅则更强调创新性、文化属性、沉浸性以及情景化，让旅游感官的获得更加直观、高效和便捷。例如智能旅游产品和公共服务，以高度智能化为特点的相关旅游产品和公共服务，也包含了智能宾馆、智能饭店、景点的无人商场、无人售卖车等，以无接触式业务为特点，也包含宾馆的住宿自助办理、景点的扫码入园等智能业务。

分析提示：请分析回答如何看待 Axess 运用定制化电子商务发展业务？旅游电子商务的未来发展趋势？赞同还是不赞同，请详细叙述理由。

讨论与思考

1. 后疫情时代，研究旅游电子商务发展战略有什么意义？
2. 旅游企业和其他行业的企业一样，各种战略都是建立在企业经营目标的基础之上的，从这个角度分析旅游业的电子商务战略需要解决哪些问题？

3. 对于传统旅游企业如旅行社来说，需不需要一个独立的在线公司？如果需要，所谓O2O的战略价值包括哪些方面？

4. 在编制旅游电子商务战略的时候，是否需要考虑通过互联网向顾客提供服务的成本是多少？请说明原因。

5. 通过实施旅游电子商务战略，在线旅游企业能够向顾客提供什么样的服务？如果竞争对手首先提供了这些服务，是否会导致企业在竞争中处于不利的位置？

创新创业技能训练

本章主要讨论旅游企业实施电子商务战略的宏观层面研究。本章提供多个选题，各小组可自行选定且只能选择一个题目，撰写一篇开题报告，主要内容涉及对此研究课题的认识、研究思路与研究方法、拟解决的难题、期望达到的目的等。

题目范围如下。

（1）华侨城集团公司虽然是国内居龙头地位的旅游企业集团，但是其信息化水平一般，所属主题公园的网站大多以外包形式运行。选择欢乐谷、世界之窗、东部华侨城、锦绣中华中的任意一个景区为例，以上马建设一个电子商务系统为题，请分析此文的撰写大纲及研究流程。

（2）众多旅游企业都强调企业工作应以人为本，在企业信息化建设的浪潮中，你觉得以人为本的思路主要包括哪些方面？选择一个自己熟悉的旅游企业为研究对象，深入分析和讨论企业管理中人本主义思想应该怎么体现？设计出一篇以此为中心的论文研究思路与研究方法。

（3）人文科学和社会科学的研究有不同的分类，其中有一类为"实验开发"，即"利用从研究或实际经验获得的知识"，通过对具体对象进行论证或概括性描述，上升到理论。假如你选定了某一家旅游企业为研究对象，题目设定为"企业信息化与业务流程重组"，请撰写论文的研究框架和流程。

（4）"十四五"期间，我国数字经济转向深化应用、规范发展、普惠共享的新阶段，数字经济与旅游产业的融合发展是未来发展趋势。设定围绕"数字经济与旅游产业融合"为主题，请拟定论文的研究思路与研究方法。

（5）论文中的文献综述部分属于论文的重要组成部分，综述性论文更是一种衡量某些专业领域近年来理论与方法总结的论文类型，尤其可以为后来者提供此领域的研究方向和趋势。拟撰写一篇题为"信息技术在旅游休闲领域的研究进展与展望"论文，请完成此综述性论文的大纲细目及思路。

（6）在信息技术飞速发展的背景下，旅游业的发展明显滞后，在学位论文中出现了很多将旅游业与信息技术应用结合起来的选题。假如给定的研究背景是"'互联网+'环境下，旅游业如何通过引入信息技术来达到服务创新的目的"，请拟定论文的研究思路、框架和完成论文需要的方法。

说明：此次开题报告撰写的训练，要求每一个小组提交的成果体例相同，必须包括的内容如下。

（1）题目及选题意义（不超过800字）。
（2）研究思路与方法的说明（不超过2000字）。
（3）完成论文研究的技术流程图（用Word或Visio编辑的框图）。
（4）其他需要注明的关键内容，如新理论或新方法、技术应用设计与难点等。

网 络 资 源

- http://www.tripadvisor.com/
- http://www.hotelmanagement-network.com/
- http://www.aoyou.com/
- https://www.cn.kayak.com/
- http://www.makemytrip.com/

参 考 文 献

邓爱民, 韦银艳, 粟红蕾. 2020. 中国文旅产业：疫情影响与全面振兴——中南财经政法大学博士生导师邓爱民教授访谈[J]. 社会科学家, (4): 3-8, 161.
杜一力. 2014-03-14. 旅游业之变（上）[N]. 中国旅游报, (09).
杜一力. 2014-03-19. 旅游业之变（下）[N]. 中国旅游报, (011).
黄健青, 黄定存. 2013. 旅游电子商务服务模式及其发展分析[J]. 现代商业, (35): 120-122.
金宗志. 2014. 旅游跨界融合的"模样"[J]. 当代广西, (21): 37-38.
柳静芳. 2015. 旅游电子商务网站商业模式分析[J]. 经营管理者, (17): 253-254.
孙诗靓. 2015. 大数据时代国内旅游业的变革[J]. 旅游纵览, (12): 53.
王兆峰. 2011. 信息化与旅游产业发展[J]. 商业研究, (3): 114-120.
杨宏浩. 2010-07-19. 世界最大旅游企业之一途易集团的成长之路（上）[N]. 中国旅游报, (11).
杨宏浩. 2010-08-02. 世界最大旅游企业之一途易集团的成长之路（中）[N]. 中国旅游报, (11).
杨宏浩. 2010-08-16. 世界最大旅游企业之一途易集团的成长之路（下）[N]. 中国旅游报, (11).
张海鸥. 2014. 我国旅游OTA发展态势探析[J]. 云南财经大学学报, 30(2): 154-160.
郑憩. 2020. 加快推进数字文旅产业高质量发展[J]. 宏观经济管理, (12): 63-68.
周人果. 2015-03-18. 期待"互联网+"为旅游业带来变革[N]. 南方日报, (B02).